浜松城　復興天守と天守門

浜松城の天守曲輪は，堀尾時代に築かれた石垣が見事に残されている。近年の発掘で，石塁囲みの強固な姿が判明した。曲輪内には，復興天守と木造で再建された天守門が建ち，満開の桜と見事にマッチしている。

高根城　整備された城跡と水窪中心部

平成 14 年（2002）発掘調査に基づき，本曲輪の井楼櫓などの建物とともに，全域の復元整備が完成。三つの曲輪で構成されたコンパクトにまとまった戦国期の城が甦った。城からは，眼下に水窪中心部や国境の山が一望される。

二俣城　本丸に残る小型の天守台

本丸に残る野面積の独立した天守台は，北側に石段の通路と付櫓台状の小さな平場を持っており，天守台上に礎石は見られない。石垣は，文禄年間（1593～96）の特徴を示し，浜松城主堀尾吉晴の弟堀尾宗光の時代が確実だ。

高天神城　堂の尾曲輪の横堀跡

武田支配下となった天正２年（1574）以降，唯一の緩斜面である西の丸北下の堂の尾曲輪を中心に大改修が施された。武田軍が持つ最新鋭の技術力を駆使して，緩斜面部分全体を横切る長大な横堀と巨大な土塁を設けられた。

駿府城　駿府城本丸と賤機山城、安倍城を臨む

静岡県庁別館21階展望ロビーからは，眼下に天守台の発掘調査が進む駿府城本丸，その背後に今川時代の駿府館の詰（つめ）の城と言われる賤機山城跡，そして安部川を挟んだ対岸に南北朝時代の南朝方の拠点安倍城跡が臨まれる。

丸子城　西側丸馬出前面の三日月堀跡

駿府の街の西側，宇津ノ谷峠越えを押さえるために，今川・武田・徳川三氏が利用した。城域の東西に築かれた丸馬出や西側に設けられた横堀は圧巻である。その巧妙な縄張は，県内屈指と評価が高い。

長浜城　内浦湾に臨む城跡全景

長浜城周辺の海は，周囲の山々によって風波が遮られるため波が穏やかで，しかも海岸線目の前で数メートルの水深となっている。まさに船の停泊に適し，小田原北条氏が韮山城へ抜けるルート確保のために築いた城である。

山中城　西の丸物見台と土塁

天正年間後半，小田原北条氏が総力を結集して改修した。中でも，西の丸と西櫓周辺の防備力が最も優れている。曲輪を囲む高い土塁と角地の櫓台。さらに，周囲には小田原北条氏特有の堀障子が廻らされていた。

韮山城　天ヶ岳砦より見た韮山本城

天ヶ岳砦は韮山本城の東背後に聳える標高約 129 メートルの山上に築かれた砦で，韮山城砦群の詰城的な存在である。山頂部からは，富士山裾野までの眺望が開け，城を取り囲んだ豊臣軍の軍勢が一望のもとであったと思われる。

中井 均・加藤理文［編］

東海の名城を歩く

静岡編

吉川弘文館

刊行のことば

静岡県には六六九ヵ所にのぼる中世城館跡が分布している。この数は昭和五十三年度から三ヵ年をかけて静岡県教育委員会が実施した悉皆調査の結果である。この数は意外に少ないと思われるかも知れないが、それは調査の年次による結果であることは否めない。しかし、都道府県単位での城館跡調査は昭和四十九年の三重県を嚆矢としており、静岡県の調査はそれに続く全国でも最初期の取り組みとしてこの数は大いに評価されるものである。

さらに静岡県による城館跡調査の先駆性は結果として、山中城跡、長浜城跡、興国寺城跡、久能山、小島陣屋跡、諏訪原城跡、高天神城跡、横須賀城跡、菊川城館遺跡群（高田大屋敷遺跡・横地氏城館跡）、二俣城跡及び鳥羽山城跡、三岳城跡の一一件が国史跡に指定されている。この数も全国屈指であり、静岡県がいかに戦国時代重要な地であったかを示している。

遠江、駿河、伊豆の三ヵ国よりなる静岡県は今川氏、北条氏、武田氏、徳川氏が覇権を争い、その舞台となった城跡は戦国時代を物語る最良の資料である。

駿河では今川氏の強力な守護権力による支配が行われ、その中心になったのが府中の館（今川氏館）であった。京都の将軍邸を模したものといわれたが、武田信玄の駿河侵攻により焼き払われてしまい、その構造はわからなかったが、近年の駿府城の発掘調査に伴い今川氏館の庭園と見られる遺構や鍛冶遺構などが姿を現した。

遠江では武田信玄、勝頼と徳川家康が大井川を挟んで対峙するが、天正元年（一五七三）に勝頼は遠江の橋頭堡として諏訪原城を築き、高天神城攻めを行う。高天神城は別城一郭構造であるが、勝頼はそこに長大な横堀を増築する。その後徳川家康が奪還に成功するが、その際に陣を構えた小笠山には累々と陣城遺構が残されている。

なお、従来諏訪原城に構えられた丸馬出は典型的な武田氏築城の特徴といわれていたが、発掘調査などから、実は武田氏撤退後に入城した徳川家康によって改修された可能性が高い。ちなみに興国寺城で検出された丸馬出は武田氏時代のものであることが明らかにされているが、この丸馬出は極めて小規模なものであり、明らかに諏訪原城の丸馬出とは異なっている。安倍川西岸に位置する丸子城は山城に丸馬出を構える城として諏訪原城とともに武田氏築城の城と位置付けされてきたが、今日の丸馬出の研究からはやはり徳川家康による築城と評価できよう。このように遠江には多くの丸馬出を持つ城が残されているが、それらの築城者を再考する時期に来ている。

伊豆では伊勢宗瑞による韮山築城によって戦国時代の幕が切って落とされた。宗瑞は関東に行くことなく韮山城で没している。天正十八年（一五九〇）の豊臣秀吉による小田原城攻めの一隊が韮山城攻めをおこなうが、その際に韮山城は天ヶ岳までを改修し、一方秀吉軍は韮山城の周囲を囲い込むように陣城群を築いており、攻守の城ともに見事に遺構を残している。

ところで、小田原北条氏の滅亡にともない徳川家康が関東に移封されたが、遠江、駿河は家康領との境目となったため、豊臣秀吉は中村一氏を駿府城へ、掘尾吉晴を浜松城へ、山内一豊を掛川城へ、松下之綱を久野城へ、渡瀬繁詮を横須賀城に入れ置いた。いわゆる天正十八年体制により駿遠には石垣、瓦、天守による築城が導入されたのである。

こうした遠江、駿河、伊豆の城のなかから今回六〇城を選んで掲載することとした。三国のなかから絞り込むのは至難の業であった。いずれも地域の戦国史を語る上で重要な城を選ぶとともに、執筆者もそれぞれの地域で活躍されている文化財担当者や発掘調査担当者にお願いした。

本書は東海の名城を歩くシリーズの一冊として編んだものである。名城を歩くシリーズで東海地方は三分冊による刊行となった。これは東海地方に数多くの戦国の名城が存在していることを示している。静岡県はその三冊目として満を持しての発刊である。本書をガイド役として静岡の山城を満喫していただければ編者として望外の喜びである。

令和二年七月

中井　均
加藤理文

目次

東部 217

静岡の城の歴史と特徴

加藤理文

東西交通の結節点にあたる静岡の地は、中世以降、さまざまな武将が戦闘をくり広げ、そのたびに特徴的な城が築かれた。守護として君臨した今川氏の城だけでなく、侵攻してきた小田原北条氏、武田氏、徳川氏が、橋頭保（きょうとうほ）とするためや、支配を固めるために数多くの城を築いている。そして全国統一を成し遂げた豊臣配下の武将たちは、威信をかけて最新鋭の城を県内各地に築き上げていった。江戸時代には、幕府の直轄地、旗本の知行地、諸大名の領地などが複雑に入り組む地であった。

【遠江、駿河における南北朝の対立】 南北朝期、遠江は南朝方で、宗良親王（むねよししんのう）が、**井伊谷**（浜松市）に入り、足利方の一族で守護の今川範国（のりくに）と対立する。延元四年（一三三九）、高師泰（こうのもろやす）が**三岳城**（浜松市）東側の支城、**大平城**（浜松市）を攻撃、同時に高師兼（もろかね）が鴨江城（浜松市）を攻め、陥落させた。その後、**千頭峯城**（浜松市）、**三岳城**、**大平城**も仁木義長の手に落ち、遠江南朝勢力は一掃されて親王は遠江から信濃へと落ち伸び、駿河安倍城（静岡市）に入城した。だが、今川方の攻撃を受け、駿河の平野部を失い、無双連山（むそれやま）城砦群の徳山城（川根本町）、護応土城（ごおうど）（本川根町）、萩多和城（はぎたわ）（静岡市）など、山奥の城へと逃げ込んだ。文和二年（一三五三）、今川範氏（のりうじ）による総攻撃でこれらの城も落城し、南朝勢力はついに掃討されてしまう。

【今川氏と応仁・文明の乱】　応仁・文明の乱の最中の文明六年（一四七四）、駿河守護今川義忠は、同じ東軍の斯波義良と対立。内通した横地氏と勝間田氏の城を囲んで両者を討ち取った。だが、凱旋途中に塩買坂で両氏残党の不意打ちに合い、不慮の死を遂げてしまう。嫡男の龍王丸（後の氏親）が幼少であったため、小鹿範満が家督代行を務め続けると、義忠の正室、北川殿とその兄（弟とも）伊勢新九郎盛時（後の北条早雲、以下早雲とする）が挙兵。長享元年（一四八七）、範満を自害に追い込み、ここに七代氏親政権が誕生した。早雲は、**興国寺城**（沼津市）を築き、ここを拠点に活躍していくことになる。

氏親は、早雲と連携し、遠江から東三河へと進出、ほぼ全域を支配下に置いた。

永正三年（一五〇六）には三河へと進出。今橋城（愛知県豊橋市）攻略に成功し、同五年、ついに念願の遠江守護に補任され、ふたたび駿河・遠江二ヵ国支配を実現した。氏親は、駿府館（静岡市）を拠点とし、支配下に組み入れた国人領主の城を支城として駿府防備網を築き上げた。交通の要衝には新たな城を築き在番が置かれた。

【義元政権の栄枯盛衰と「遠州忩劇」】　氏親の後継となった氏輝が、二四歳の若さで急死すると、正室・寿桂尼の子である梅岳承芳（後の義元）が還俗し後継者となった。これに対し、異母兄の玄広恵探が「花蔵の乱」と呼ばれる反乱を起こすが、義元側の勝利で幕を閉じた。今川氏が拠点とした今川館は「花の御所」と呼ばれた室町様式の優雅な館で、庭は遠景に富士山、中景に三保の松原を模した松林、手前に富士川を模した泉水を配す「駿河づくし」であったと伝わる。

義元政権発足により、武田信虎の娘を正室とし駿甲同盟が成立。これに反発した北条氏綱は、富士川以東へ乱入し「河東一乱」と呼ばれる抗争が始まったが、その後、「駿甲相三国同盟」が成立。三氏共に背後の備えの必要が薄れ、北条氏は北関東、武田氏は北信濃、そして義元は三河へと侵攻していく。

永禄三年（一五六〇）、義元は二万五〇〇〇の軍勢で駿府を発し三河へと向かったが、桶狭間の戦いと呼ばれる織田信長の奇襲を受けてしまう。今川方は義元をはじめ多くの有力家臣が為すすべなく討死にして総崩れとなった。義元を失った今川氏に対し、「三州錯乱」と呼ばれる反今川の動きが活発化、遠江へも飛び火し「遠州忩劇」と呼ばれる反今川運動が勃発し、今川家の弱体化に歯止めがかからなくなっていく。

【徳川家康と武田信玄の侵攻】 永禄十一年（一五六八）、家康は遠江侵攻戦を開始し、瞬く間に要衝の曳馬城（後の浜松城）に入城を果たした。家康の勢力は徐々に遠江を席捲し、東遠まで勢力下に置いた。いっぽう、武田信玄は富士川を南下し駿河を目指した。氏真は、駿府館を捨てて朝比奈泰朝の居城・掛川城へと退去し籠城した。籠城六ヵ月、家康からの和睦を受けた氏真は城を明け渡し、小田原へと向かっている。掛川開城によって戦国大名今川氏が滅亡し、家康は遠江一円をほぼ掌中に納めることに成功した。

遠江一国をほぼ制圧した家康は、本国・三河との往来、同盟者である織田信長との連携を考慮し、曳馬を拠点とする。家康は曳馬城の西対岸の丘陵部に中心域を移し、さらに南へと拡張工事を実施、城名、地名共に「浜松」と改めた。城は天正九年（一五八一）までの間、絶えず修築・増築をくり返し、約一五年間、居城の役割を担った。駿府に入った武田信玄は、駿河の大半を支配下に置くと、駿府から江尻に拠点を移す。武田氏は旧領主の支配権を認めつつ、重要拠点には重臣を配す、縁戚関係を構築するなどして支配権を吸収していった。

【徳川と武田の対立】 元亀三年（一五七二）、武田信玄は二万を超える本隊を率いて遠江侵攻を開始する。

本隊は、駿河から大井川を越え遠江へと侵入。遠江諸城を攻略すると、二俣城（浜松市）に押し寄せた。二俣の地は街道の合流点であり、水運の拠点で、遠江の交通の要衝であった。二ヵ月後、降伏開城させた武田軍は、**浜松城**を攻めることなく西進。祝田（ほうだ）から井伊谷をへて本坂峠を越えて東三河を目指す構えを見せた。すると、家康は、地形を知りつくした地元の利を生かし、背後から武田軍を急襲しようとし、三方原（みかたがはら）合戦が起こる。合戦は徳川軍が一千余名を打ち取られ、終わっている。勝利した武田軍も、信玄の病気が悪化し、帰陣。だが、途中で信玄は病没したと伝わる。家督は勝頼が継ぎ、遠江・駿河をめぐる抗争は、家康対勝頼に移ることとなった。

天正元年（一五七三）、信玄の死を知った家康は、三河へ侵攻し長篠城（愛知県新城市）奪還。勝頼は、難攻不落の堅城・**高天神城**（掛川市）を包囲し、ついに奪取に成功する。家康は直ちに馬伏塚（まむしづか）城（袋井市）を改修し、対抗した。天正三年（一五七五）、勝頼は奥三河へ侵入し、長篠城を取り囲んだ。救援要請を受けた家康は直ちに信長に連絡、世に名高い長篠合戦は、鉄砲を駆使した織田・徳川連合軍の大勝利に終わる。余勢をかった家康は、一気に北遠地方から武田勢力を駆逐しようと、光明城（浜松市）を落城させ、二俣城の補給路を断ち孤立させた。

西遠江で窮地に追い込まれた勝頼は、中遠・東遠地区を死守すべく防備を固めた。だが、家康の勢いは衰える気配を見せず、まもなく諏訪原城が落城。続いて二俣城も、半年後に開城降伏した。二**俣城**を奪還した家康は、北遠から武田勢力を駆逐すべく、犬居城攻めを敢行、山中の城をことごとく落とし、北遠から武田勢力を一掃した。北遠江を制圧した家康は、高天神城の周辺に六砦（小笠山砦・能ヶ坂砦・火ヶ嶺砦・獅子ヶ鼻砦・中村ノ砦・三井山砦）を構築し、孤立させる作戦に出た。天正九年、援軍の見込みもなく兵糧が尽きた城兵は、一気に討って出て壮絶な戦いの後、落城する。

【豊臣武将の入封と天守・石垣を持つ城の出現】 天正十年、突如本能寺の変が勃発。家康は変後の混乱に乗じて三河・遠江に加え、駿河、さらに甲斐・信濃までも手中に収め、たちまち五ヵ国を領する大大名にのし上がった。後継をめぐる次男・信雄と秀吉が対立、小牧・長久手合戦が開始されたが、講和が成立。信雄とともに戦った家康は、秀吉の侵攻に備え、諸城を改修すると共に、居城を駿府（静岡市）へと移すことになる。翌天正十四年、家康は秀吉の妹・朝日姫を正室に迎え、臣従を誓う。**駿府城**は、秀吉政権の意を受け、石垣・天守を持つ城をめざしたことが、発掘調査等から確実状況となっている。

この間、秀吉は着実に統一事業を進め、遂に小田原北条氏のみが敵対勢力として残ることになった。氏政・氏直父子は、箱根山中に防御線を設けるとともに、諸城も改修し、防御を固めたが、二二万余の豊臣軍の侵攻を受け、小田原城（神奈川県小田原市）に籠城二ヵ月半、ついに降伏、ここに秀吉による天下統一が成ったのである。

合戦後、家康には、北条氏の旧領の関八州が与えられ、替わって県内には秀次付宿老の堀尾吉晴が浜松、渡瀬繁詮が横須賀（掛川市）、松下之綱が久野（袋井市）、山内一豊が掛川、中村一氏が駿府へと入封する。入封と同時に大規模な城郭普請を実施し、それまでの土造りの城は天守・石垣を持つ近世城郭へと変貌し、領民たちは「新時代の到来と新領主の豊かな経済力」を実感することになった。

【江戸幕府の成立と江戸期の静岡】 慶長三年（一五九八）、秀吉が死去すると政権の主導権をめぐる抗争が表面化。家康は、関ヶ原の合戦に勝利し、実権を握ることに成功した。駿河・遠江には、ふたたび徳川譜代の武将が加増転封され戻ってきた。

慶長十年、将軍職を譲った家康は、駿府の地に隠居城を築くことになる。完成した天守は四周を櫓(やぐら)と多門で囲まれた中央に位置する特異な形式で、三〜五重目の屋根は鉛瓦、最上階屋根は銅瓦と、わが国初の金属瓦が採用されていた。元和二年(一六一六)、家康は鷹狩りに出かけた駿河田中城(藤枝市)で腹痛をもよおし、そのまま駿府城において七五年の生涯を閉じる。家康の遺体は遺言に従い、その晩即座に久能山に移されている。

江戸時代前期には、井伊谷藩、掛塚藩が立藩するが、廃藩。松平(滝脇)信治(のぶはる)は、大名諸侯に列し、小島の地に陣屋を構えている。明和四年(一七六七)、田沼意次(おきつぐ)は将軍家治より城主格に列せられ、築城を許され、駿河湾に注ぐ萩間川の河口に、三重櫓を含め六基の櫓を持つ相良城を築いたが、家治(いえはる)死去とともに失脚。城は廃城となり同八年、徹底的に破却された。

明治元年(一八六八)、新政府は徳川家の家名存続を認め、徳川亀之助(家達(いえさと))を徳川家の後嗣として駿府七〇万石を与えた。このあおりを受けて県内諸大名は、房総地域に転封されてしまう。静岡県は旗本領や天領が多く、藩はすべて譜代小藩で頻繁に藩主が交代している。そのため県内諸藩に任じられた藩主のほとんどが領内に居住することは少なく、領民との結びつきが希薄であった。そのため、江戸時代三〇〇年を通じて「おらが殿様」と呼べる藩主は一人も存在しなかったのである。

【参考文献】加藤理文・中井均編『静岡の山城ベスト五〇を歩く』(サンライズ出版、二〇〇九)、加藤理文『静岡の城』(サンライズ出版、二〇一一)、NPO法人城郭遺産による街づくり協議会編『戦国時代の静岡の山城』(サンライズ出版、二〇一一)、加藤理文編著『静岡県の歩ける城七〇選』(静岡新聞社、二〇一六)

●静岡県〈西部〉名城マップ

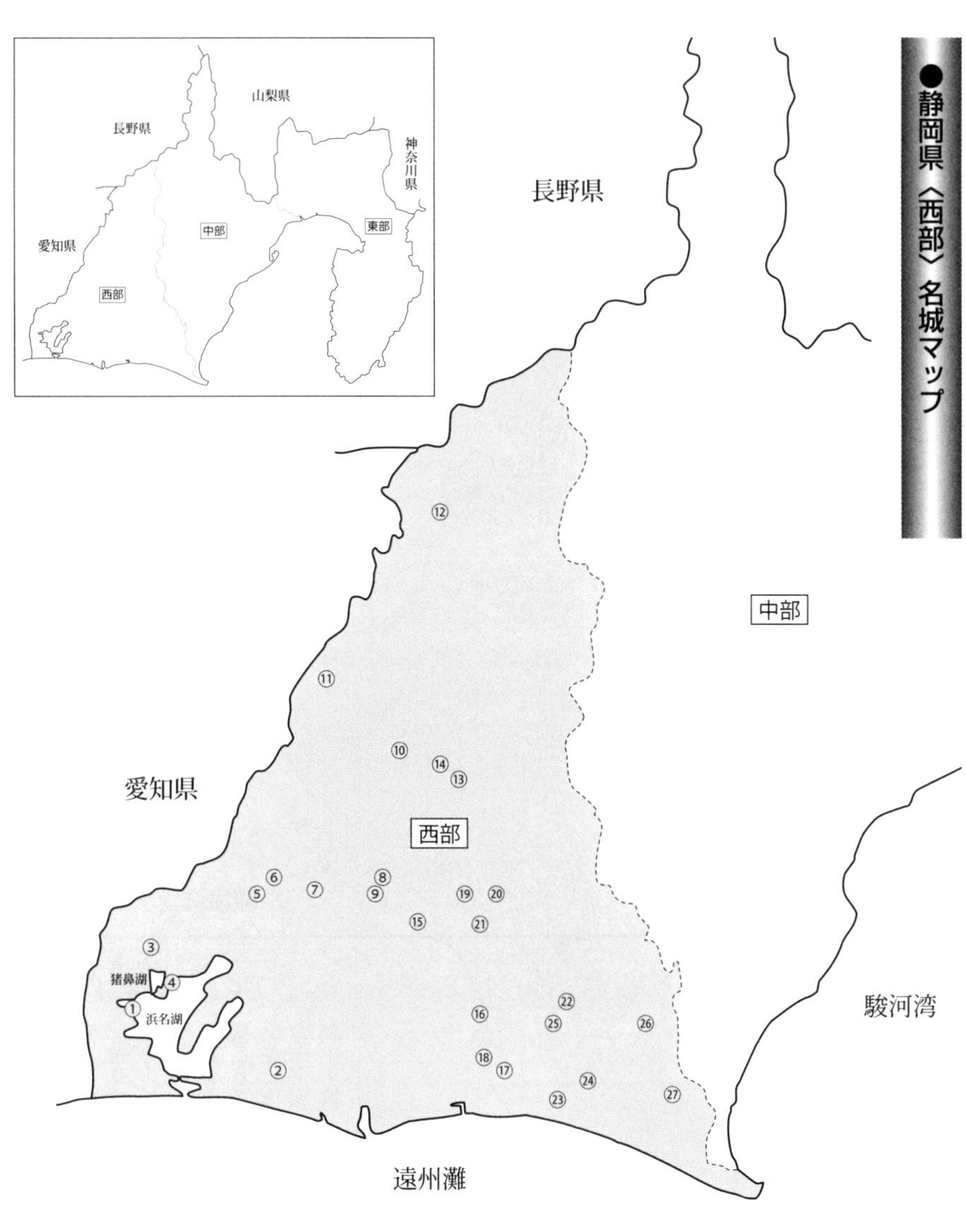

〔西部〕

①宇津山城
②浜松城
③千頭峯城
④佐久城
⑤井伊谷城
⑥三岳城
⑦大平城
⑧二俣城
⑨鳥羽山城
⑩中尾生城
⑪鶴ヶ城
⑫高根城
⑬堀の内の城山
⑭犬居城
⑮社山城
⑯久野城
⑰岡崎の城山
⑱馬伏塚城
⑲真田山城
⑳天方城
㉑飯田城
㉒掛川城
㉓横須賀城
㉔高天神城
㉕小笠山砦と砦群
㉖横地城
㉗八幡平城（新野古城）

●静岡県〈中部〉名城マップ

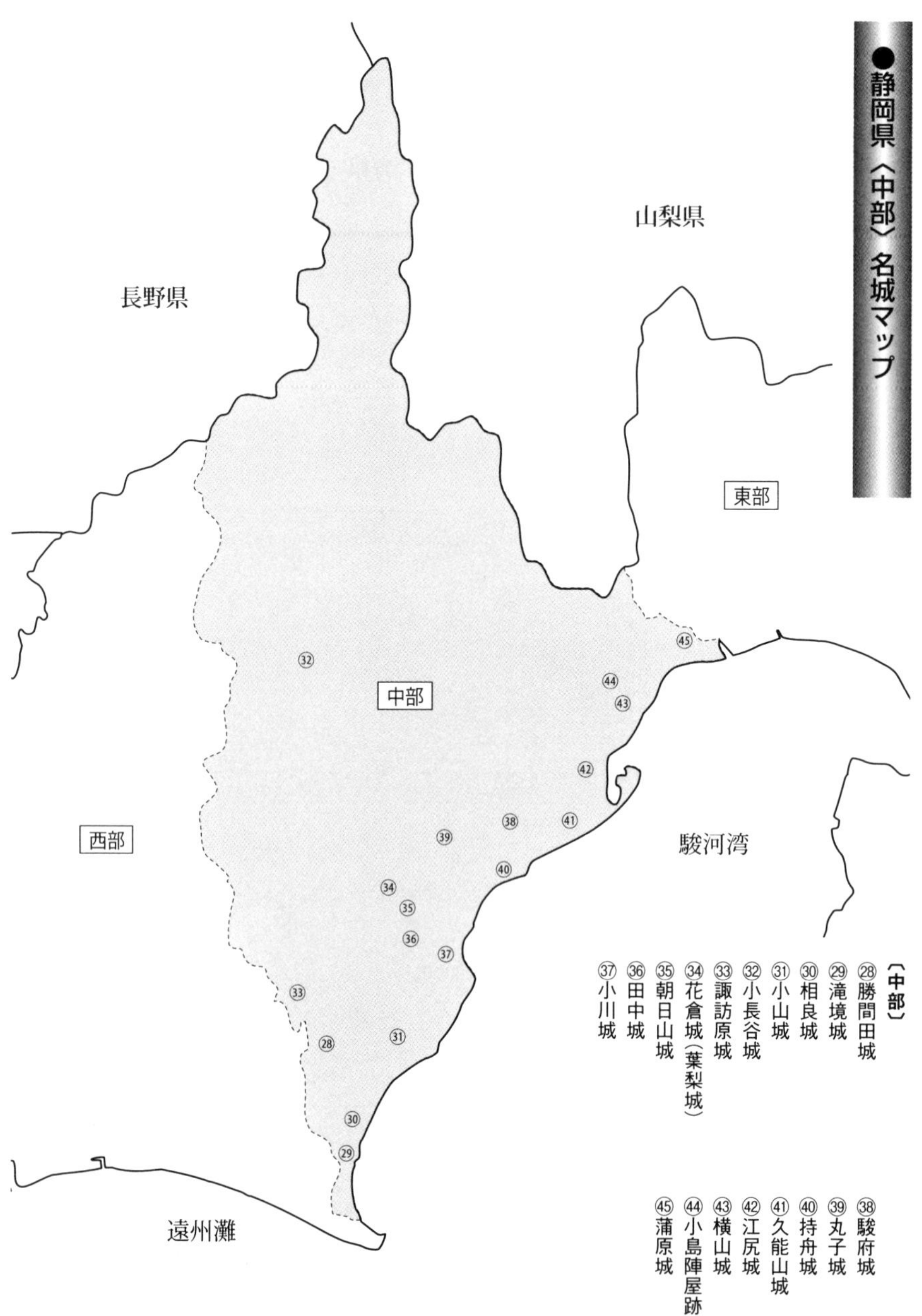

〔中部〕
㉘勝間田城
㉙滝境城
㉚相良城
㉛小山城
㉜小長谷城
㉝諏訪原城
㉞花倉城（葉梨城）
㉟朝日山城
㊱田中城
㊲小川城

㊳駿府城
㊴丸子城
㊵持舟城
㊶久能山城
㊷江尻城
㊸横山城
㊹小島陣屋跡
㊺蒲原城

●静岡県〈東部〉名城マップ

〔東部〕
- ㊻興国寺城
- ㊼長浜城
- ㊽山中城
- ㊾葛山城
- ㊿深沢城
- (51)長久保城
- (52)戸倉城
- (53)足柄城
- (54)韮山城・上山田城
- (55)柏久保城
- (56)狩野城
- (57)大見城
- (58)鎌田城
- (59)河津城
- (60)下田城

西部

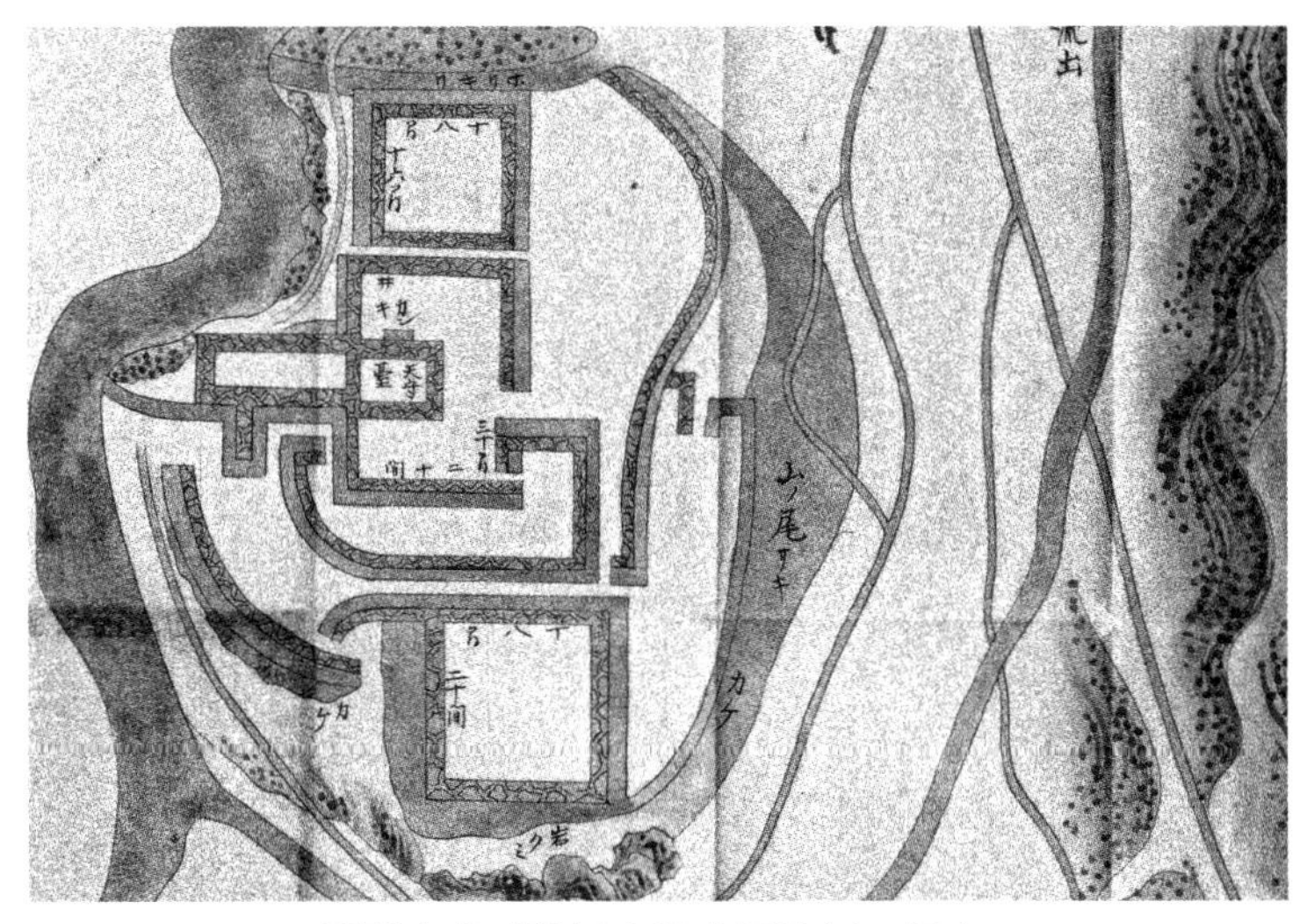

浅野文庫「諸国古城之図遠江二俣」
（広島市立図書館蔵）

●浜名湖の半島に築城された湖上の城

宇津山城（うづやまじょう）

〔所在地〕湖西市入出
〔比　高〕五一メートル
〔分　類〕平山城
〔年　代〕一六世紀
〔城　主〕長池氏、小原氏、朝比奈氏、徳川氏
〔交通アクセス〕JR東海道本線「鷲津駅」からコーちゃんバス「正太寺」下車。あるいは、東名三ケ日インターから車で三〇分。

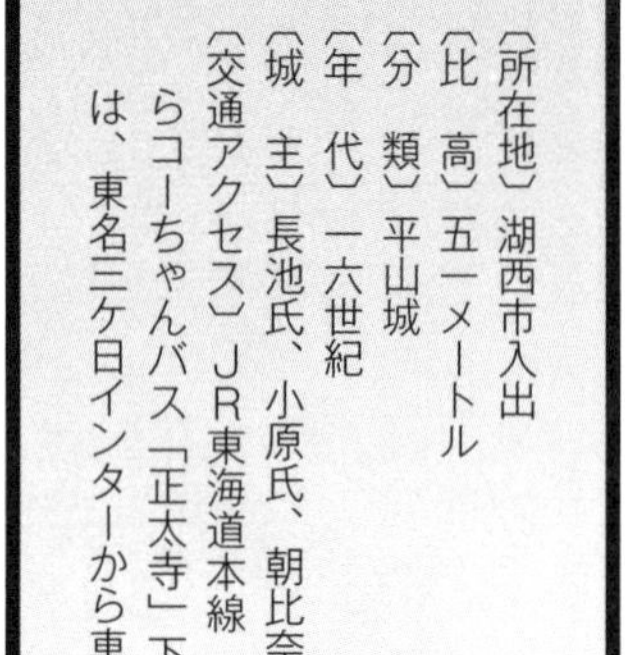

洲ノ鼻
松見ケ浦
正太寺鼻
宇津山城
コーちゃんバス
「正太寺」
333
浜名湖
0
500m

【浜名湖半島立地の城】　宇津山城の立地は浜名湖西岸でも奥まった場所の、東側にせり出した半島の先端に位置している。半島の西側は平地となっており、城は標高五一メートルになる独立丘陵上に立地する。城の東と南は浜名湖、北側は松見ケ浦に囲まれ、さながら海城の様相を呈する。

城の西側には三河国との国境となる湖西連峰を望むことができ、三河国から多米峠などを越えた街道も城付近を通過していること、また浜名湖を一望することができることから、兵や物資を載せた船の動きも把握できる湖上路と陸路の両方の交通要衝地を掌握する役割が考えられる。城の半島付根の南側には現在も入出の集落と漁港があり、浜名湖の水運を担う湊を掌握する城でもあった。このように宇津山城は浜名湖西岸の水運を掌握しつつ、三河国との国境を守る性格を有していた山城であった。

【今川・徳川争奪の城】　宇津山城は、永正三年（一五〇六）頃に、東三河侵攻のために築城された伝承はあるが定かではない。城が最初に登場する文献としては、今川氏の軍師で連歌師でもあった宗長が記した『宗長日記』に、宗長が大永七年（一五二七）四月、宇津山城を訪れた記録がある。日記には今川氏親の家臣で地元武将である長池六郎左衛門親能により大永年間に築城されたことが記載されている。また、城の様子の記載もあり、城の岸を回る大小の舟岸があり、城内の所々に堀切や竪堀、大海のごとくの水堀があったとされている。さらに、浜名湖の東向かいの堀江城、北の浜名城（千

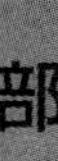

●―宇津山城遠景　松見ヶ浦方面よりの全景。半島状につきでた様子がわかる。

頭峰城か）、刑部城、いなさ山（三岳城か）、細江と船で往来が自由であるとされ、浜名湖の水運の拠点として利用されていたこともわかる。長池氏の後は小原備前守親高が城主となったことが伝えられている。さらに『本興寺文書』によると、享禄五年（一五三二）に今川家家臣である朝比奈兵部少輔氏泰が城主となっていることが確認できる。『藩幹譜』によると宇津山城主朝比奈備中守泰充が五本松城（豊橋市）を落城させたという。『土屋文書』には永禄九年（一五六六）朝比奈泰忠、同じく『旧一之宮神社文書』に朝比奈真次（泰忠）などの名前が見えるため、享禄五年から永禄九年頃にかけては、今川氏の有力家臣である朝比奈氏を三河との国境の地である宇津山城に配して、三河・遠江国境防御のための要の城としていたことがわかる。

永禄三年（一五六〇）桶狭間の戦いで織田信長により今川義元が打ち取られると、徳川家康は今川家より離反し、信長と同盟関係を結んだ。その後、家康は吉田城の今川氏家臣である小原肥前守鎮実（資良）を退却させ、三河統一をなし遂げる。永禄十年（一五六七）鎮実は吉田城退去の後に宇津山城主朝比奈泰忠を打ち取り入城し、家康の遠江侵攻に備えた。永禄九年の朝比奈氏は、今川氏か徳川氏につくか泰充と泰忠兄弟の間で内紛があり、泰忠が城主の泰充を殺害し家督

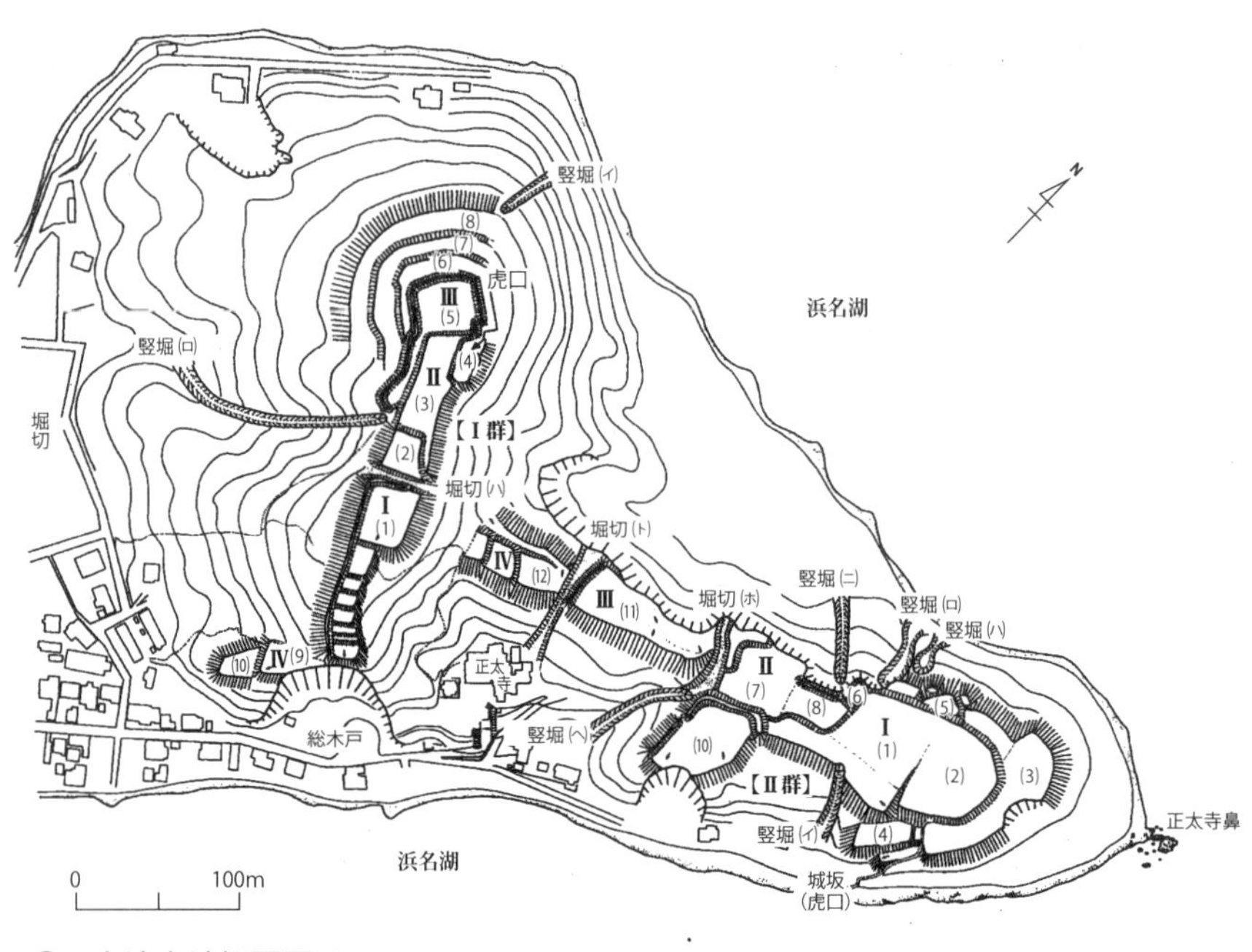

●―宇津山城概要図（作図：加藤理文）

を継いだという。永禄十一年（一五六八）に酒井忠次を先方とする徳川勢が遠江に侵攻し、宇津山城は落城する。元亀三年（一五七二）武田氏と徳川氏の挟撃にあった今川氏が滅ぶと、遠江は武田氏と徳川氏の戦いの場に移るが、宇津山城は武田氏の領地との国境から離れていたため、軍事的な役割は低下し、武田氏の勢力が遠江から一掃される天正九年（一五八一）頃には廃城になったと考えられる。

【Tの字型配置の構造】 城の立地する丘陵は、西側の南北方向に伸びた標高五〇メートルの高山、東側の東西方向に正太寺岬に伸びた標高二五メートルのやや低い丘陵地に配置された二つの曲輪群からなる。高山の曲輪群はI～IIIの広い曲輪からなり、発掘調査で確認された中央に堀切と高さ一メートルはある土塁、西側斜面に『宗長日記』に書かれたと思われる谷底まで降る長大な竪堀が配される。II・III曲輪西側斜面に石塁や低い石垣が見られるが、当時のものか疑問である。戦後の畑地開墾にともなうものとも考えられる。発掘調査でもI曲輪において石積で囲まれた平坦地が確認できたが、後世の開墾によるものと考えられる。II・III曲輪もトレンチ調査されているが、城の遺構・遺物は確認されていないため、居住施設はない曲輪群と思われる。

正太寺岬に至る曲輪群は、I～IVの広い曲輪からなり、

●―北Ⅰ-1曲輪土塁。付随する堀切は埋め立てられている。

現在見ることはできないが『日本城郭史資料』によると、竪堀に連結した二本の堀切で分断されている。江戸時代の宇津山城古絵図には四本の竪堀に連続した堀切が描かれている。曲輪の中でもⅠ曲輪は広く、城主の館があったかもしれない。(6)の曲輪は櫓台と思われる小曲輪である。(4)の曲輪はトレンチ調査されているが、城の遺構・遺物は確認されていないため、居住施設はなかったと思われる。

(10)曲輪は西側に虎口のある土塁で囲まれた曲輪であるため、Ⅰ・Ⅱ曲輪に至る馬出あるいは枡形虎口的な役割があったかもしれない。小字にⅠ曲輪南側斜面に城坂と呼ばれる場所があり、四曲輪下あたりに船着場に至る虎口が考えられる。高山曲輪群南の湖岸にも総木戸と呼ばれる場所があり、西側の城外に延びていた城道と接続していたと思われる。現在確認することはできないが、城の弱点である西側の低地には、『宗長日記』に書かれていた「大海のごとくの水堀」があったと推定される。

堀切や竪堀の配置、あるいは虎口の状況から見ると正太岬に至る曲輪群のほうが防御性の高い構造となっているため、高山の曲輪群と比べると時期差を見ることができようか。すなわち、長池氏～朝比奈氏段階の城の範囲は高山の曲輪群、正太寺岬に至る曲輪群は徳川氏の改修によるものと考えてお

●―北Ⅰ-3曲輪西石垣南端。近代の畑地開墾による構築物の可能性がある。

きたい。

【城の見どころ】　まず、半島状に立地する姿を松見ヶ浦側から見てみたい。高山曲輪群は後世の畑地開墾によりかなり改変されているが、Ⅰ曲輪の土塁は残っている。中央の堀切は発掘調査で確かめられた通り、後世の開墾で埋められており、現在確認することはできない。Ⅲ曲輪の石塁は良好に残されているが、後世の開墾の際に積まれた可能性が高い。

正太寺岬に至る曲輪群の堀切は、いずれも後世の畑地開墾で埋められ、現在見ることはできない。(7)・(10)曲輪の土塁、(6)曲輪の櫓台は残っているため確認することができるが、畑地の管理が行き届いていないところもあるため、見学も困難になっている。また、ほとんど畑地になっているため、見学する際には地元の方々に対する承諾が必要である。

【参考文献】湖西市教育委員会『宇津山城跡』（一九九五）（松井一明）

●「出世城」と呼ばれた若き徳川家康の城

浜松城

〔浜松市指定史跡〕

〔所在地〕浜松市中区元城町
〔比　高〕二五メートル
〔分　類〕平山城
〔年　代〕一五世紀代
〔城　主〕徳川家康、堀尾吉晴
〔交通アクセス〕ＪＲ東海道本線「浜松駅」下車、徒歩約一五分。

【現在の浜松城】　浜松城が位置する元城町は、浜松市役所、元城小学校（現在、廃校により建物は撤去されている）等の公共施設を中心に市街地化が急速に進み、かつての城の大部分が失われている。わずかに天守曲輪、本丸西側部分（旧本丸の約三分の一）、清水曲輪の北端、作左曲輪北東部分が残るのみとなってしまった。城を取り囲んでいた堀はすべてが失われ、堀の旧状すら判然としない。そうした中、唯一ほぼ旧状が保たれている天守曲輪は、浜松城の歴史を知るための極めて貴重な場所となっている。

【徳川家康の浜松入城】　永禄十一年（一五六八）、遠江に侵攻した家康は、旧今川諸将を味方に引きいれ、瞬く間に遠江西部地域を制圧してしまう。遠江一円支配を確実にすると、遠江国府の見付に城之崎城（磐田市）の築城工事を起こした。だが、背後に天竜川が流れる地形であったため、信玄と戦う場合「背水の陣」となってしまう。そこで、居城は川を渡った曳馬の地に造り直すことになったと言われる。家康が、新領国の支配の中心に定めた「曳馬宿」は、国府見付をしのぐほどの賑わいを見せ、名実ともに浜松荘の中心であった。城は、東海道を見下ろす台地端に選地された。戦国時代の天竜川は、大天竜と小天竜の二筋を本流とし、西側小天竜は、現在の馬込川のあたりを流れていたという。したがって、曳馬城は、小天竜を自然の堀とし、城の北に犀ヶ崖へと続く溺れ谷となった断崖地形、東から南にかけて低湿地が広がる要害の地に位置していた。この地に入った家康は、引馬

●—富士見櫓より見た主要部

城の西対岸の丘陵部に中心域を移し、さらに南へと拡張工事を実施し、旧曳馬城も、東の備えとして城域に取り込んだ。家康は、天正十三年（一五八五）までの約一五年間浜松城を居城とすることになる。

【浜松城の前身曳馬城】　曳馬城址は、現在の東照宮境内地にわずかに面影を残すだけであるが、江戸時代の浜松城絵図では「古城」と記され、方形を呈す四つの曲輪が描かれている。外周には水堀が廻り、堀で囲まれた各曲輪は土塁囲みである。『宗長手記』では、浜松荘領主吉良氏の代官巨見新左衛門尉の築城と記す。明応三年（一四九四）以降、今川氏が遠江へと侵攻し、守護斯波氏との間で抗争が繰り広げられた。永正十四年（一五一七）斯波氏方の大河内貞綱が今川氏親に敗れると、飯尾賢連が引馬城主となる。その後、今川氏の支城主として乗連、連竜と、三代約五〇年間に渡って引馬の地を支配した。

桶狭間合戦後の混乱の中、反今川の動きを見せた連竜は、氏真から駿府に呼ばれ暗殺される。その後、城代として江馬泰顕と時成が城に入るが、内紛により双方ともに殺されてしまい、引馬は政治権力の空白地域と化した。この好機を逃さなかったのが家康で、遠江へ侵攻すると曳馬城へと入城したのである。

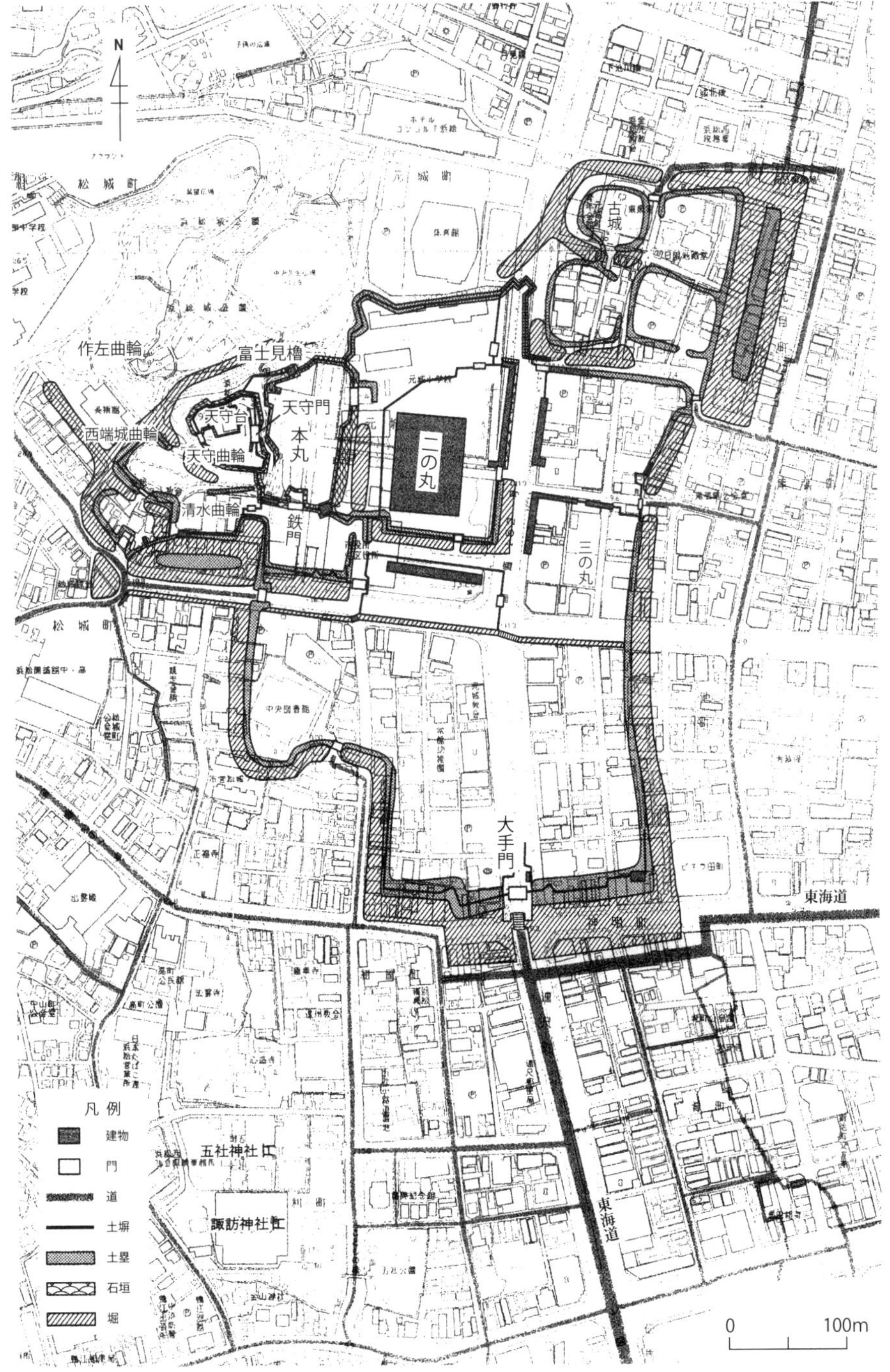

●—浜松城復元図（『浜松城跡４次』2010 ㈶浜松市文化振興財団より転載）

【徳川家康の浜松築城】　家康が、浜松城に移ると、東から武田信玄が侵攻を開始した。家康は、居城の改修より、信玄侵攻ルートの支城網の改修を優先し、来るべき武田の侵攻に備えている。戦闘の合間をぬって除々に浜松城の拡充を実施したようであるが、本格的な改修に乗り出すのは、武田勢力を北遠江から撤退させ、高天神城を孤立させた天正五年からのことである。

同年以降、『家忠日記』等に浜松城普請（ふしん）の記載が増える。天正六年二月の新城普請、七年二月の本多作左衛門尉（さくざえもん）かまへ（構え）の普請、同年十月の浜松普請、九年九月の浜松普請と都合三ヵ年にわたる築城工事が判明する。この間に、徳川の築城技術は急激に進歩している。それは、遠江に進出した武田軍の城を接収したことで、武田氏の持つ築城術を取り込んだためだ。中でも、「横堀」の使用がもっとも大きい変化であった。天正六年以降、徳川軍が築いた小笠山砦、諏訪原城には、長大な横堀や巨大な堀が残存する。これらは武田氏の築城技術を取り入れた結果として捉えられる。

浜松城でも、武田氏の築城技術を取り入れた可能性が指摘される。北側「作左曲輪」や南側出丸（でまる）を取り込むことを可能にしたのも、横堀の採用によるもので、中枢部を囲む堀幅をより広くし、防御構造を高くすることに成功し、その居城としての体裁を整えた。この時期、すでに織田政権下では、配下の有力武将までが瓦葺きの天守・石垣を持つ織豊系城郭を築き、土造りの城は時代遅れの城となっていた。だが、徳川家は未だ技術者集団を把握しておらず、石垣や瓦葺き建物を構築する段階ではなかった。

家康の築いた城の中枢部は、現在の天守曲輪から本丸にかけての部分であることはほぼ間違いない。家康の居住空間は、現在の天守曲輪で、そこを中心に周囲に物資保管施設があり、最下段の平坦地に家臣の居住空間が広がっていたと考えられる。

【堀尾吉晴の入城と近世浜松城の誕生】　天正十八年、豊臣秀吉の家臣堀尾吉晴（ほりおよしはる）が近江佐和山城（滋賀県彦根市）から入城すると、大規模な改修工事を実施する。石垣、天守（瓦葺建物）を持つ、現在の城の基礎を築き上げた。石垣石材は、浜名湖畔の大草山や知波田（ちはだ）で産出する珪岩（けいがん）で、水運を利用し運び込まれた。天守曲輪へと至る通路および天守門左右に配された巨石は、圧倒的な規模を誇り、豊臣政権の力を見せ付けている。この時期の瓦も出土しており、天守が築かれた可能性は高い。だが、記録にはまったく残されていないため、その姿形ははっきりしない。残された天守台は、穴蔵（あなぐら）構造で、地階中央部に石組井戸も存在する。

●―天守曲輪西面屏風折れの石垣

同時期の天守に共通する構造で、その規模から、二階建ての櫓（やぐら）の上に、望楼（ぼうろう）を載せた漆黒の四重天守が想定される。浜松城絵図は数点が存在するが、いずれも天守台のみで天守は描かれていない。正保年間（一六四五～四八）には、すでに失われており、短命天守であった。

浜松城は、最高所に天守が建つ「天守曲輪」を配し、居住空間を持つ本丸は一段低い東側に設けられていた。このように、天守と本丸がそれぞれ独立して機能する例は少なく、大部分の城は本丸内に居住空間である御殿と天守が併存している。天守曲輪をもつ城は、県内では掛川城（掛川市）が挙げられる。両城とも、敷地面積の関係で本丸と天守曲輪を独立した曲輪とせざるを得なかったのである。浜松城の場合は、東西に長い丘陵を利用しており、当初から西側が高く、東側が低い自然地形であったと思われる。現状で、本丸平坦面と天守曲輪平坦面との間には、一〇メートルほどの比高差があるため、自然地形を切り盛りしても、本丸と天守曲輪を併せた平坦面を確保するための土量が足りなかったと考えたい。

天守曲輪および本丸周辺は総石垣で固められ、特に本丸から天守曲輪へ至る通路西側面に巨石を鏡石として多数配している。さらに、天守門左右の巨石、門を入って内桝形（うちますがた）状の空間の正面に配された巨石等を見せることを重視した巨石配置となっている。天守曲輪は、出入の激しい塁線によって、どこからも横矢が掛かる戦闘的な構造だ。特に、西面南側の石垣は、屏風折れと呼ばれる鋸刃のような折れを持った石垣で、全国的に見ても類例は少ない。通常の屏風折れは、直線の塁線上に土塀を鋸刃のように折れさせたもので、石垣までをも折れさせることはほとんど見当たらない。

天守曲輪の虎口は、東西に各一ヵ所設けられ、本丸から続く天守門が正面口で櫓門を、背後は埋門とし、空堀を渡る土橋を経由して西破城曲輪、清水曲輪へと接続する構造であった。絵図等によれば、埋門は石垣を空けた形式で、上部に土塀が設けられている。現存する例では、二条城の西門とほぼ同様の構造となる。絵図は、あくまで江戸期の絵図であるため、堀尾期の姿についてはまったく不明としかいいようがない。

【浜松城の発掘調査】 平成二十一年（二〇〇九）以降、浜松城公園整備にともな伴う発掘調査が実施され多大な成果が見られた。天守門の調査では、石垣に囲まれた門部分で、一メートルを越える巨石の礎石が検出された。石材は、石垣と同じ圭岩の扁平な自然石であったため、石垣構築と同時期に建てられた門と推定、礎石配置から櫓門が確実な状況だ。江戸期においても、規模を変えずに建て替えられていたことが判明している。

天守曲輪南側の土塁部分の調査では、石塁の石垣が高さ二メートルほど（石垣九段分）も地下に残存していることが判明。石垣は、未加工の自然石を積み上げ、石材間の隙間には丁寧に間詰めが施されるという、明らかに堀尾期をさかのぼる石垣であった。併せて天守曲輪南東隅に隅櫓（辰巳櫓）が建てられていたことも判明した。櫓は不等辺五角形の平面規模で、南北約一〇メートル×東西五・四～七・二メートルほど（五間×三～四間）が推定される。

この調査によって、石塁の旧状が高さ三・二メートル、上段幅三・六メートル（最下段で七・二メートル）と判明し、現在の地表面から二・五メートル下に堀尾時代の生活面があることがほぼ確実となっている。当然天守台石垣も現在より約二・五メートル下までであることになり、その高さも八・五メートルになり、よりシンボルとして強調されていたことになる。

【江戸期以降の浜松城】 関ヶ原合戦後、一時徳川頼宣領となるが、その後譜代大名が入れ替わり城主を勤めている。藩政約二六〇年の間に、二五人が城主となったが、老中五人、大坂城代二人、京都所司代二人、寺社奉行四人を輩出することになる。なかでも、天保の改革で有名な水野忠邦は、家康にあやかりたいと自ら浜松城主になったとも伝わる。このように、浜松城在職中に幕府の要職に就いた例が多いため、「出世城」と呼ばれるようになったと言われるが、家康が将軍就任の基礎を築いたのが、この城であったことを忘れてはならない。

●—天守門脇の巨石（鏡石）

現在、浜松城公園として整備が進んでいる。残された石垣は県内最古級のもので、最大の見所となっている。昭和三十三年（一九五八）に復興された天守は、予算の関係で天守台いっぱいの建物ではない。実際の大きさは、岡崎城天守にひけを取らない規模の可能性が高い。平成二十六年（二〇一四）には、木造で天守門と土塀の一部が復元され、天守曲輪を中心に往時の姿が甦りつつある。城跡を覆っていた樹木も順次伐採・剪定（せんてい）され、屏風折れの石垣や野面積（のづらづみ）の石垣が見えるようになり、城らしさを増している。現在、城跡の整備計画および、江戸期の姿に復す計画が進行中である。

なお、旧曳馬城を取り込んだ曲輪群は、江戸期には米蔵などが置かれていた。明治二十七年（一八九四）、東照宮が創建。昭和二十年（一九四五）に焼失したが、同三十四年に再建されている。

【参考文献】『浜松城のイメージ』（浜松市博物館、一九九五）、浜松市教育委員会『浜松城跡—考古学的調査の記録—』（一九九六）加藤理文・中井均編『静岡の山城ベスト五〇を歩く』（サンライズ出版、二〇〇九）、加藤理文編著『静岡県の歩ける城七〇選』（静岡新聞社、二〇一六）、鈴木一有他『浜松城跡』四次～一一次 浜松教育委員会、二〇一〇～二〇一六、加藤理文「浜松城をめぐる諸問題」『地域と考古学 向坂鋼二先生還暦記念論集』（一九九三）、加藤理文「浜松城をめぐる諸問題」その二『静岡県考古学研究』No.四一・四二（静岡県考古学会、二〇一〇）

（加藤理文）

●浜名湖北岸の街道を押さえる城

千頭峯城（せんとうがみねじょう）

〔県指定史跡〕

〔所在地〕浜松市北区三ヶ日町摩訶耶
〔比　高〕約一〇〇メートル
〔分　類〕山城
〔年　代〕一六世紀
〔城　主〕今川氏、徳川氏
〔交通アクセス〕天竜浜名湖鉄道「三ヶ日駅」下車、徒歩約三〇分。

【文献に見る千頭峯城】　奈良時代の神亀三年（七二六）、行基（ぎょうき）菩薩が開創したと伝えられる摩訶耶（まかや）寺の北東に位置する通称センドウ山の山頂部に築かれた城である。創築時期ははっきりとしないが、南北朝期に遠江南朝方の拠点の一つとして築かれたと考えられている。畿内での南朝勢力が後退する中、後醍醐天皇の第八皇子宗良（むねよし）親王が暦応元年（一三三八、延元三）頃、井伊氏をたよって三岳（みたけ）城（浜松市）に入城したと伝わる。井伊氏は三岳城を本城として奥山城・千頭峯城・大平（おいだいら）城・鴨江城（いずれも浜松市）などの城網群によって、北朝方の今川氏や仁木氏などに対抗していた。

文献上で千頭峯城が登場するのは、わずか一回でしかない。大福寺所蔵文書『瑠璃山年録残篇上（るりさんねんろくざんぺん）』に「暦応二年七月二十二日為井責越後殿（高師泰）下大平ニ向給尾張殿（高師兼）浜名手向給カモヘノ城二十六日追落畢、同十月三十日千頭峯城追落畢、同次正月三十日ミタ（ケ）□城追落畢、同次年八月二十四日夜大平城□□□（追落畢カ）……（後略）」とあり、十月三十日に千頭峯城が落城したとある。

諸記録から、北朝方が遠江南朝方の井伊攻めを開始したのが七月二十二日と判明している。高師泰（こうのもろやす）が大平城に、高師兼（もろかね）が浜名方面に向かったとされ、七月二十六日に鴨江城が落城、ついで千頭峯城が十月三十日落城、翌一月三十日に本城である三岳城が陥落。最後の砦大平城も八月二十四日についに落城し、一年余の交戦によって、遠江南朝勢力は一掃されてしまった。

●―城跡遠景

以後、文献記録に千頭峯城が登場してくることはない。現在の城は、残された遺構から戦国時代の改修が確実で、南北朝期の遺構等を見出すことはできない。南北朝の城は、自然の地形を巧みに取り入れ防御施設としており、いうなれば山々そのものが城であった。標高わずか一三七メートルで、天嶮にも恵まれない本城が南北朝期の城とは思えない。

【出土遺物から見た再利用の時期】　昭和五十六年（一九八一）・五十七年度に発掘調査が実施され、時期特定ができた出土遺物は、おおよそ一六世紀初頭のものであった。従って、一六世紀の前半に一度再利用を受けていたことになろう。だが、最高所から派生する各尾根筋上に階段状の曲輪を設け、堀切によって遮断し、重要曲輪には土塁を設ける特徴は、静岡では永禄年間後半（一五六八年頃）から天正年間初頭（一五七五年頃）にかけて見られるもので、基本的には徳川家康の遠江侵攻以後の城とするのが妥当である。

一六世紀前半の千頭峯城周辺での戦闘は、遠江守護である斯波氏と駿河守護である今川氏の抗争でしかない。明応三年（一四九四）以降、今川軍は遠江侵攻を開始した。これに対し、斯波氏は、村櫛の堀江城（浜松市）を拠点に、文亀元年（一五〇一）信濃小笠原氏に援軍要請を行う（「勝山小笠原文書」）など反転攻勢に出ようとした。『宗長手記』等から、

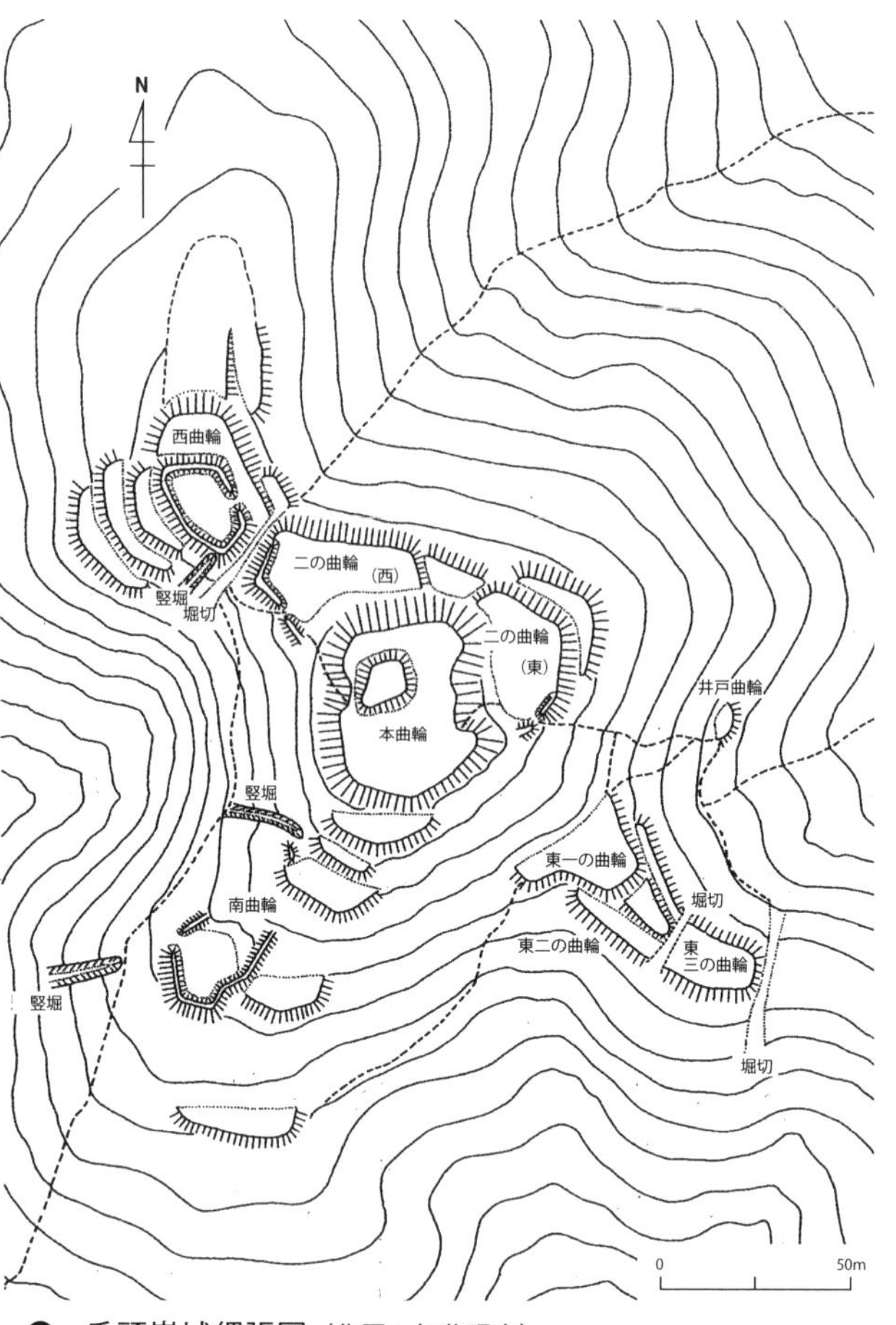

●—千頭峯城縄張図（作図：加藤理文）

この年の戦闘は、当初斯波軍が優勢だったが、遠江南部において次第に今川軍が圧倒し、ほぼ遠江を制圧したことが解る。

その後、三河侵攻を開始した今川氏親に対し、斯波氏も軍事行動を起こし、永正七年（一五一〇）頃、引佐郡花平に陣を置き、三岳城（浜松市）へと入城した。今川氏は刑部城（浜松市）と気賀を拠点として対抗している。同十年、三岳城に籠っていた斯波義達が、朝比奈氏に攻められて奥山に退出、ついで尾張に帰ったという。この後、井伊氏や菅沼氏・奥平氏などが、今川氏に従い、遠江の一円支配がなったのである。

この間に、将軍足利義稙より遠江守護職も拝命、名実ともに遠江を支配下におくことになった。この戦いの経過の中で、三河からの街道に面した千頭峯城の位置は重要となる。この時、再利用したなら、出土遺物の大窯1段階と合致する。

もう一つの可能性は、『宗長手記』にある大永七年（一五二七）の宇津山城（湖西市）の築城についての記載である。三河・信濃国との国境を警備するために宇津山城を創築した内容だ。当然、信州、三河への街道を押さえ拠点であった千頭峯城を放置しておくことは考えにくい。この時期、今川氏の手によって千頭峯城が再整備されたということも考慮する必要があろう。小和田哲男は、今川氏親の勢力が浜名湖周辺域までおよんだ時、福島左衛門尉助春が千頭峯城へ入った可能性を指摘している（『静岡県史　通史編二中世』）。

【「遠州忩劇」と城の改修】　永禄三年（一五六〇）、桶狭間において今川義元が戦死すると、嫡男氏真が家督を継いだ。義元の死は、駿遠三の領国内に動揺をきたし、まず三河の松平元康が、公然と反旗をひるがえす。以後、「三州錯乱」と言われた東三河での今川対松平の抗争が激化していく。

遠江においても「遠州忩劇」と呼ばれる反今川の動きが勃発する。反今川に動いたのは、井伊谷の井伊直親、引馬の飯尾連竜、見付の堀越氏延、犬居の天野景泰などであった。残されている感状等から、国人内部での分裂抗争もあったようである。永禄七年頃には、終息に向かったと考えられている。この時期、三河においては、徳川家康の力が急速に三河全域におよび始める。

家康は、戸田重貞、牧野成貞の調略に成功すると、東三河最大の今川方の拠点吉田城（愛知県豊橋市）への攻撃を開始した。小原鎮実は、城を支えることができず退却したが、永禄十年正月宇津山城主朝比奈泰忠（真次）を討ち取って入城、徳川勢による遠江侵攻に備えた。三河を失った今川氏は、遠江を守るべく最前線基地として宇津山城を中心に浜名湖西岸の吉美城（湖西市）、堀川城、堀江城、佐久城（いずれも浜松市）等の整備拡張工事を実施している。

記録には残っていないが、東三河から本坂峠、宇利峠を越えて浜名湖北岸に至る街道を押さえる千頭峯城が未整備ということは、当時の状況から考えにくい。浜名湖に面する堀川、堀江、佐久、宇津山各城と、千頭峯城が整備されることによって、浜名湖北岸を通る街道を完全に掌握することが可能となるためだ。

永禄十一年、武田信玄と徳川家康は東西から今川領内へと侵攻した。家康は、内通した井伊谷三人衆（菅沼忠久・近藤康用・鈴木重時）の道案内により、吉美城・宇津山城を相次いで落城させると同時に、南信濃から遠江へ侵入していた武田氏家臣秋山信友を撤退させ、曳馬城（浜松市）へと入城を果たした。

この時の家康侵攻ルートに対して、宇津山城・佐久城と千頭峯城で挟撃作戦をとれば、多少なりとも徳川勢に抵抗が可能だったはずである。しかし、家康は南側の宇津山城・吉美城を攻撃しているが、千頭峯城を攻撃してはいない。何ら抵抗なく本坂峠、井伊谷を通り曳馬城へ入ってしまった。今川氏真による浜名湖西岸の城郭整備に、千頭峯城は組み込まれていなかったのか、あるいは情勢不利とみて抵抗しなかった

●―西曲輪東側の堀切

●―西曲輪北側土塁

のであろうか。難なく本坂峠を越えて遠江へと侵入した家康は、千頭峯城と宇津山城という街道を挟んだ南北の城を整備することの重要性を認識したと思われる。事実、宇津山城を松平家忠が整備した記録が残る。しかし、千頭峯城に関する記録は見えない。

【徳川家康の再整備】 現在の城跡に残される遺構は、家康の遠江侵攻以後の可能性が高い。徳川方が、千頭峯城を周辺城の守りを固めなければならなかったのは、元亀三年（一五七二）の遠江・三河侵攻を前に、武田信玄は信濃と国境を接する北遠江、奥三河地方の国人領主層に調略の手を伸ばしたことが、残された文書等から判明する。信玄は、奥三河の山家三方衆、北遠江の奥山氏、天野氏等に調略の手を伸ばし、次々と味方に引き入れようとしたのである。調略の成功を確信した信玄は、駿府を発し、大井川を越え西進し、久野城（袋井市）を抜け、国府・見付に攻め入っている。山県昌影・秋山信友率いる別動隊は、山家三方衆の奥平貞能（作手城主）・菅沼定忠（田峯城主）を味方とし、長篠に陣を張って野田城（愛知県新庄市）を攻めたてた。さらに秋山信友は織田方の岩村城（岐阜県恵那市）をも陥落させ、その後、井平（浜松市）に陣をとって本隊と合流している。『三河物語』には、二俣城を手中にした信玄は、家康の居城・浜松城を素通りし、祝田から井伊谷を経て長篠城に抜ける構えを見せたと記す。これに対し、家康は追撃を行い、両軍が三方原で合戦に至ったのである。この戦は、武田軍の圧倒的勝利に終っている。

三方原合戦に至る信玄の遠江侵攻に備え、元亀年間以降、家康は国境の城の改修を実施する。武田軍の侵攻ルートを伊奈から天竜川沿いに南下するか、三河から本坂峠・宇利峠を越えると予想していたようだ。そのため、宇津山城にも明らかに、この時期の改修と見られる構造が見られる。長大に連なる西向きの土塁（どるい）、四条の堀切（ほりきり）、海岸線まで達する竪堀（たてぼり）がこの時の改修と思われる。時を同じくして、千頭峯城が大改修を受けたのではないだろうか。曲輪を土塁で囲む方法、堀切によって各曲輪群を独立させること、堀底道を通路として利用することなど、かなりの共通点が見出せる。今残る遺構は、元亀年間に信玄の侵攻に備え、改修を施した姿なのである。

【城の構造と現状】　城跡は、山頂本曲輪を中心にT字状に伸びる尾根筋を利用し、街道を見下ろす南西側を正面として築かれている。山頂に本曲輪を置き、北背後の下段に、帯曲輪（おび）状の二の曲輪が付設。二の曲輪西部分に土塁と虎口（こぐち）が、東部分には、虎口とその両脇にのみ土塁が認められる。二の曲輪は連続しておらず、中央部の低い平坦地により、それぞれ独立する。

　二の曲輪西側には、城内最大の堀切（幅約六㍍・深さ二㍍）を挟んで、西曲輪群が展開。西曲輪の中心曲輪は、虎口部分を除き四周を高さ一㍍ほどの土塁が取り囲む。曲輪北側部分にも平坦地が広がるが、自然地形のままで人工的な改変は認められない。

　東尾根上に展開する三の曲輪は、三段の階段状曲輪によって構成。三段目の曲輪のみ東西に堀切が配され、東端堀切は幅約五㍍、深さ三㍍で両側に竪堀を配し、尾根続きを遮断している。

　本曲輪から南下尾根に六ヵ所の曲輪が確認でき、南曲輪のみ三方を土塁が取り囲む。南曲輪の南西下に通路が残り、通路下から斜面にかけて竪堀が残るため、ここが麓から続く往時の正規なルートの可能性が高い。

　井戸曲輪は、二の曲輪東側部分から東に約三〇㍍下がった所に位置する。斜面を削り平坦地を設け、中央部に素掘りの井戸が残る。

　摩訶耶寺の前の道からオレンジロードに入り、「千頭峯トンネル」を抜けた南側に駐車場がある。城は、昭和五十六年（一九八一）静岡県の史跡に指定された。

【参考文献】平野吾郎・小和田哲男他『千頭峯城跡』（三ケ日町教育委員会、一九八三）、加藤理文・中井均編『静岡の山城ベスト五〇を歩く』（サンライズ出版、二〇〇九）、加藤理文編著『静岡県の歩ける城七〇選』（静岡新聞社、二〇一六）、加藤理文「千頭峯城の再検討」『考古学論文東海の路』（東海の路刊行会、二〇〇二）

（加藤理文）

●奥浜名湖を制した名門浜名氏累代の居城

佐久城

〔浜松市指定史跡〕

〔所在地〕浜松市北区三ヶ日町都筑
〔比　高〕一二メートル
〔分　類〕平城
〔年　代〕貞和四年（一三四八）
〔城　主〕浜名氏、徳川氏
〔交通アクセス〕天竜浜名湖鉄道「都筑駅」下車、徒歩二五分。あるいは、東名三ヶ日ICから一〇分。

【名門浜名氏の曲折と栄枯】　佐久城を累代の居城とした浜名氏は、鎌倉時代から浜名湖北岸を地盤とする御家人としてその名が現れる。やがて地頭として土着、しだいに勢力を拡大していった。城館としては、貞和四年（一三四八）浜名左近太夫清政が猪鼻湖西岸の鵺代に居館を構えたことに始まる。

南北朝期、浜名湖北岸を含む西遠江一帯は南朝方の勢力下にあり、南朝の宗良親王を迎えた井伊氏は三岳城を本城とし北朝方の今川氏や仁木氏などに対抗していた。北朝方にあった浜名氏は井伊氏に従わなかったため圧迫、やがて浜名湖北岸を追われることになる。

暦応二年（一三三九）、北朝方による遠江侵攻が開始されると、浜名氏は高師兼軍に合流し南朝方の諸城を次々と陥落させ、南朝方の本城三岳城の落城により遠江の南朝勢力を一掃する。浜名氏は、その功により故地への凱旋を果たすことになった。

復帰を果たした浜名氏はふたたび鵺代に居館を構えたが、その基盤を確固なものとするため猪鼻湖の大崎半島に築城、これが佐久城である。

二代詮政から数代にわたり足利将軍の近習として仕え、その後、湖北一帯を治める国衆としての地位を固めていく。

戦国期には今川氏に与し、今川氏の三河侵攻に従い転戦している。往事の様相としては、『宗長日記』によれば大永二年（一五二二）連歌師宗長が逗留、浜名備中館（佐久城）にて連歌会を催しており、浜名氏が武功のみならず歌道にも通じていたことがわかる。

永禄三年（一五六〇）桶狭間の戦いにより今川氏の勢力が衰えると三河の徳川家康は遠江への侵攻を開始、同時に今川方の国衆の懐柔策を進め、遠江は今川離反による混乱状態に

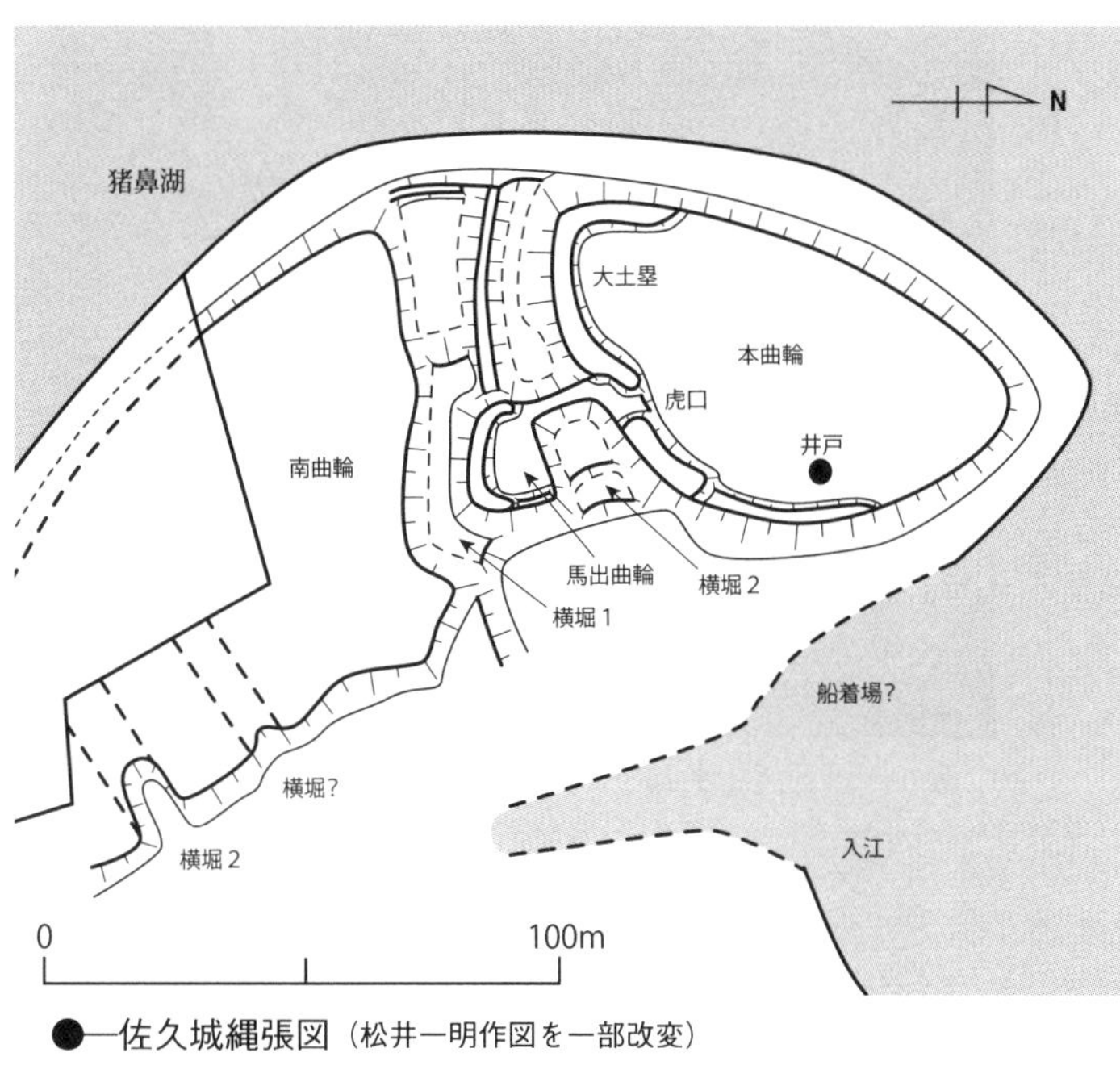

●—佐久城縄張図（松井一明作図を一部改変）

陥った。今川氏の没落にもかかわらず浜名頼広は忠誠に背くことなく、永禄十一年（一五六八）徳川家康による遠江侵攻に対し抵抗、攻め寄せる徳川勢を撃退した。

家康は曳馬城を奪取するもののいったん三河に引き上げ、翌十二年（一五六九）ふたたび遠江侵攻を開始、佐久城への攻撃も再開された。徹底抗戦もむなしく佐久城は落城、一〇代二二〇余年にわたり浜名湖北岸を治めた名門浜名氏は滅亡した。

【徳川氏による物資供給の拠点城郭】 徳川配下、本多忠勝・戸田忠次の両将が置かれ、次いで家臣本多信俊・信時父子が城代となった。天正十一年（一五八三）新たに野地城が築かれると間もなく佐久城は廃城となった。

浜名湖には内湾がいくつもあり、佐久城はその内湾の一つである猪鼻湖の東岸から突き出した大崎半島の小岬状の台地に築かれる。

標高一一メートルほどの半島状の台地は、北・西・東の三方が湖水に面した天然の要害である。楕円形を呈した広い本曲輪、その前面に配された馬出曲輪、さらに南の曲輪から成る。南の曲輪は開発と畑地の造成による改変が著しい。

本曲輪には馬出曲輪に面した側に高さ二メートルほどの土塁が設けられているが、湖に面した部分には土塁がない。本曲輪の

●—土橋と馬出曲輪

虎口は、馬出曲輪と土橋で連結しクランク状に屈曲して本曲輪に入る。本曲輪は湖に面していることから船着を兼ねた虎口も存在したと考えられるが、曲輪西側は改変が著しく確認できない。

本曲輪と南曲輪は、馬出曲輪を介し幅一五メートル、深さ一〇メートルを測る二重の横堀により分断、堅固に防御されている。かつては湖水面が高かったとされ、横堀は湖水に満たされ水城としての体をなしていたと想定される。

馬出曲輪はほぼ方形を呈し、南面には高さ二メートルほどの土塁をともなう大規模な二重横堀に囲繞されるものの虎口は存在しない。

馬出曲輪の前面と背後に横堀を配した形態は、諏訪原城タイプの丸馬出をもつ城郭との類似性も指摘されているが、虎口のない佐久城の馬出と諏訪原城のような土橋をもつ馬出との機能差が示唆され、佐久城独自の形態と見える。また、丸馬出を得意とする武田氏の関与については、武田氏の関与がまったくなかったわけではないが、積極的な関与を見出すことはできない。遠江における大規模な横堀や馬出等の新しい築城術の導入がおおむね一六世紀後半以降であることを勘案すると、佐久城の横堀と馬出を組み込んだ改修は永禄十二年（一五六九）以降の徳川配下による所産と考えられる。したがって、浜名氏の累代の居城としての痕跡は見出し難い。

天正十年（一五八二）の武田氏の滅亡により遠江を平定した徳川氏は、浜名湖北岸の交通の押さえと、浜名湖北岸周辺の物資集積、さらに湖を利用した水運による浜松城への物資供給の拠点城郭として整備されたと考えられる。

【参考文献】『図説 遠江の城』（郷土出版社、一九九四）、松井一明「遠江の山城における横堀の出現と展開」『森宏之君追悼城郭論集』（織豊期城郭研究会、二〇〇五）

（戸塚和美）

井伊谷城〔浜松市指定史跡〕

●軍事性を感じさせない山城

〔所在地〕浜松市北区引佐町
〔比　高〕約八〇メートル
〔分　類〕山城
〔年　代〕一五～一六世紀
〔城　主〕井伊氏か
〔交通アクセス〕JR東海道本線「浜松駅」から遠鉄バス渋川行で「井伊谷」下車、徒歩二〇分。あるいは、天竜浜名湖鉄道天竜浜名湖線「金指駅」から徒歩五〇分。

井伊谷城
303
257
遠鉄バス「井伊谷」
0　500m

【井伊谷の地】　平安時代末期より井伊家を育んだ地である。井伊家はこの井伊谷を一角とする井伊郷を基盤とした。その活躍する姿は『保元物語』に「井八郎」が登場することを最初とする。鎌倉・南北朝時代は「井伊介」と称して、遠江国の在庁官人に系譜を引き、東遠の横地・勝間田氏とともに遠江国の有力領主であった。しかし、南北朝の内乱の当初、宗良親王を擁し、井伊谷東北の三岳城に籠もり、南朝方として活動した。これにより三岳城は足利方の攻撃を受け、暦応三・興国元年（一三四〇）に落城する。時代の流れに逆らった井伊家は大きな打撃を蒙ることになった。その後、井伊氏は室町幕府奉公衆に編成された横地・勝間田両氏とともに行動することはなく、かつ呼称に「介」を付すこともなくなった。すなわち、従前と同じように室町幕府や遠江守護から認められた存在ではなくなってしまった。その井伊氏が歴史の舞台に再浮上するのが戦国時代の後半ということになる。

【地名のイメージ】　井伊谷という地名は現代の私たちはどのような中世の景観を想像させるであろうか。またこの地を訪れた人はどのような印象を抱いたであろうか。他方、現地に足を踏み入れたことのない歴史家であれば、谷という文字にひきつけられ、切り立った高い山に挟まれ、少ない田地を営む、開発領主の本拠地をイメージするかもしれない。もしくは常総台地の谷田地帯に拠点を構えた坂東武士の姿を予想するかであろうか。いずれにせよ谷底に河川が流れ、山に挟まれた狭い空間を基盤とした武士の姿であろう。

●—遠景

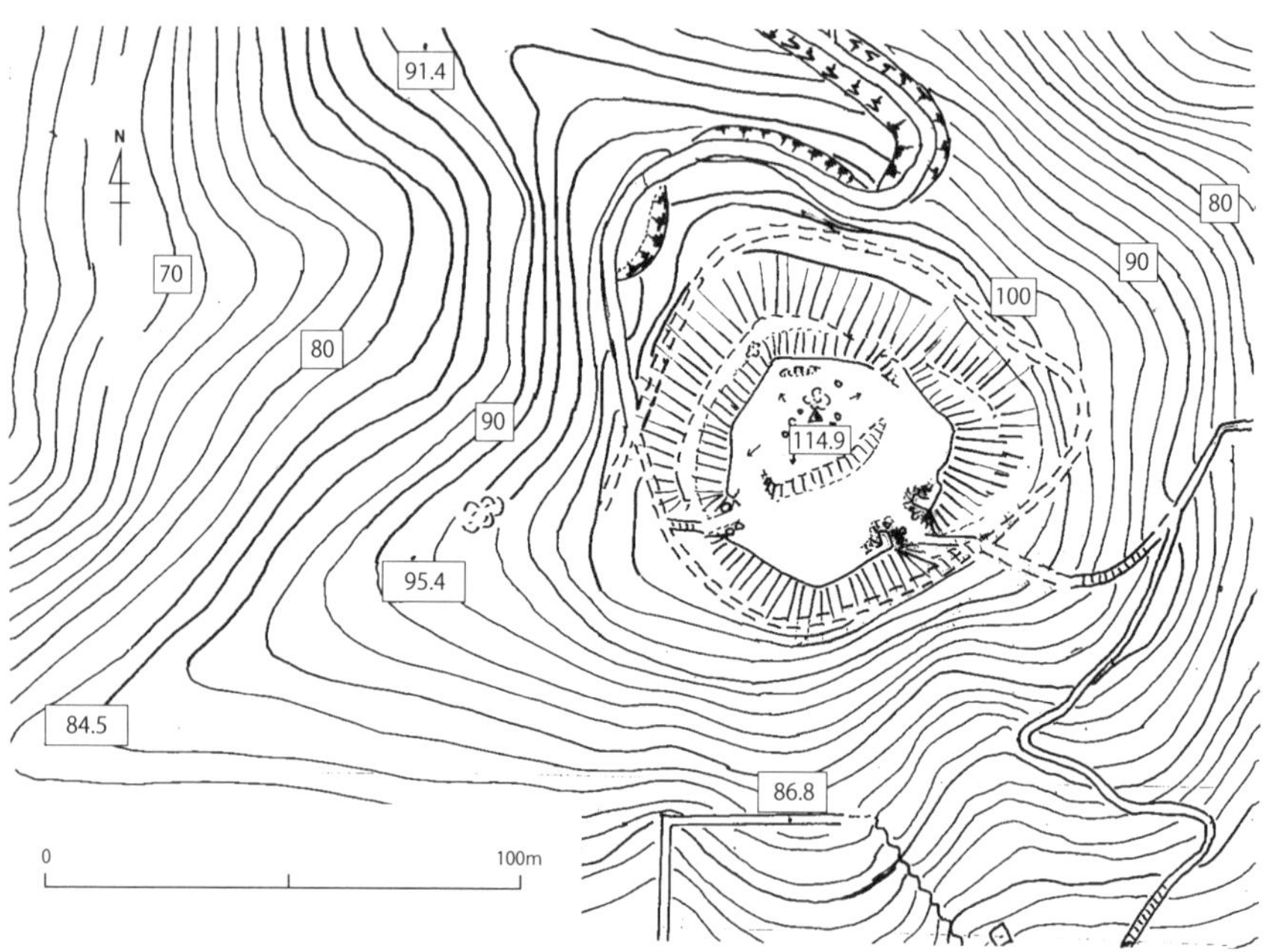

●—井伊谷城縄張図（作図：齋藤慎一）（＊浜松市地形図（2500 分の 1）を基礎に作図）

　実際に井伊谷の地は山地から平野へと平地が開ける直前に位置する。井伊谷川と神宮寺川が合流してやや広い谷を形成する。付近には田園地帯が開けていたであろう。どちらかといえば、開放感のある広い谷の地であった。鎌倉時代に安芸国に西遷した小早川家が本拠とした沼田荘（広島県三原市）の景観をも連想させる。時代に翻弄され、盛衰の歴史を経て、時には緊迫感すらもったであろう井伊氏の本拠地が井伊谷であるが、一族の歴史的経過とは異なり、開放感のある広い谷の地は訪れる人にほのぼのとした風景を印象づける。

【城の構造】　井伊家が拠点としたといわれる井伊谷城は、井伊谷の平地を南に望む標高一一四・九メートルの小山の上にある。遠くには浜名湖の東北辺をも見渡すことができる。眺望のよさは、広くこの城館を見上げることが可能であることと表裏の関係であり、井伊谷城が領主の象徴性を語っていたことにもなろう。

　城館はきわめてコンパクトであり、切岸で囲まれた上下二段のひとつの郭で成り立っている。周囲には横堀や堀切・竪堀などの空堀をともなわない。南側の下段は整地されているようであるが、北側の上段は自然地形に近く、頂部には巨石などで構成された祭祀空間のような方形の区画がある。上段は宗教的な空間、下段は屋敷などがある空間であったことを考えさせる。

　下段は西と南に虎口すなわち門を設けている。西側はスロープがつく平入りの虎口。南側は虎口の直前で右折するものの、門の構造は両側を土塁や壁で固めた平入りの虎口である。南側の虎口について子細に観察すると、門内の壁面には石材がみられ、数段ほど積まれた石垣の虎口であったらしい。さらに床面には礎石と思われる石材が二点ほど据わっている。どうやら石垣で固められた礎石立ちの門であったらしい。これらの門のあり方から南向きの虎口が正面の門であったと考えられる。

　このように全体を観察すると、井伊谷城は横堀、竪堀、堀切などが見当たらず、城としての軍事性は著しく低いといわざるをえない。一般的な城館のように、戦争を意図した城館として理解することは不可能である。しかし石垣で固められた礎石立ちの門が予想されることから、日常的な拠点の一ヵ所として取り立てられた城館であることは間違いなさそうである。発掘調査を経ていないので、起源や中心となる年代はわからないが、石垣で固められた礎石立ちの門に注目すれば、終末については天正年間（一五七三～九二）ぐらいを上限に視野にいれて考えるべきであろう。

【小字名が語るもの】　井伊谷城の南東に「大手下」「大手東」

●―下段と虎口（内側）

の小字がある。一般に「大手」は城の正面を意味する語彙である。西側に小字「大手下」、北側に「大手東」である。この二つのならびから対になる城館は二ヵ所の小字の北側に位置すると考えたい。通説では、この地名は井伊谷城の南東山麓に構えられた井伊氏館に関わるとされる。この井伊氏館は天保十五年（一八四四）に二宮神社神主の中井直恕が著した『礎石伝』に紹介される。残念ながら図にみられる様相は近世城館である。加えて現在、対象地では遺構を確認することができない。また先述の小字のほか直接的に城館に関わる小字や地割の痕跡がみられない。『礎石伝』所載の城館図は考証図というべきものであり、その存在は肯定的に捉えうるものではないと考えざるをえない。したがって「大手」の小字は井伊谷城と関連するものと考えるのが妥当である。山頂の南向き正面門から下った道は山麓に至り、この小字付近を通過していたのだろう。ちなみに井伊谷城付近には「城山下」「城山麓」などの城館関連地名が見られる。

また井伊谷城の南麓に小字をさらにさぐると、谷の中央部、神宮寺川と井伊谷川合流点の北に、「一ノ坪」「二ノ坪」「三ノ坪」の小字が南北に並ぶことに気づく。しかも「三ノ坪」はやや形が崩れてはいるものの、おおよそ個々の小字の範囲が方形を成している。かつてこの付近には井伊谷条里の痕跡がみられた（『引佐町史』）。この条理は「一ノ坪」を東北端として、南西方向にみられ、井伊谷川の南にまで広がっていたと報告されている。地割は約一一・五度西に振った地割であるが、この方向性について、『引佐町史』は「井伊谷小学校の南に東西方向に走る道路が（町道下町神宮寺線）、ほぼこの条里界線に沿っている。この道路の北側は、井伊谷の市街地をのせる段丘状の台地となっており、この台地端部の方向が井伊谷条里の傾きを決定することとなったとみられる」

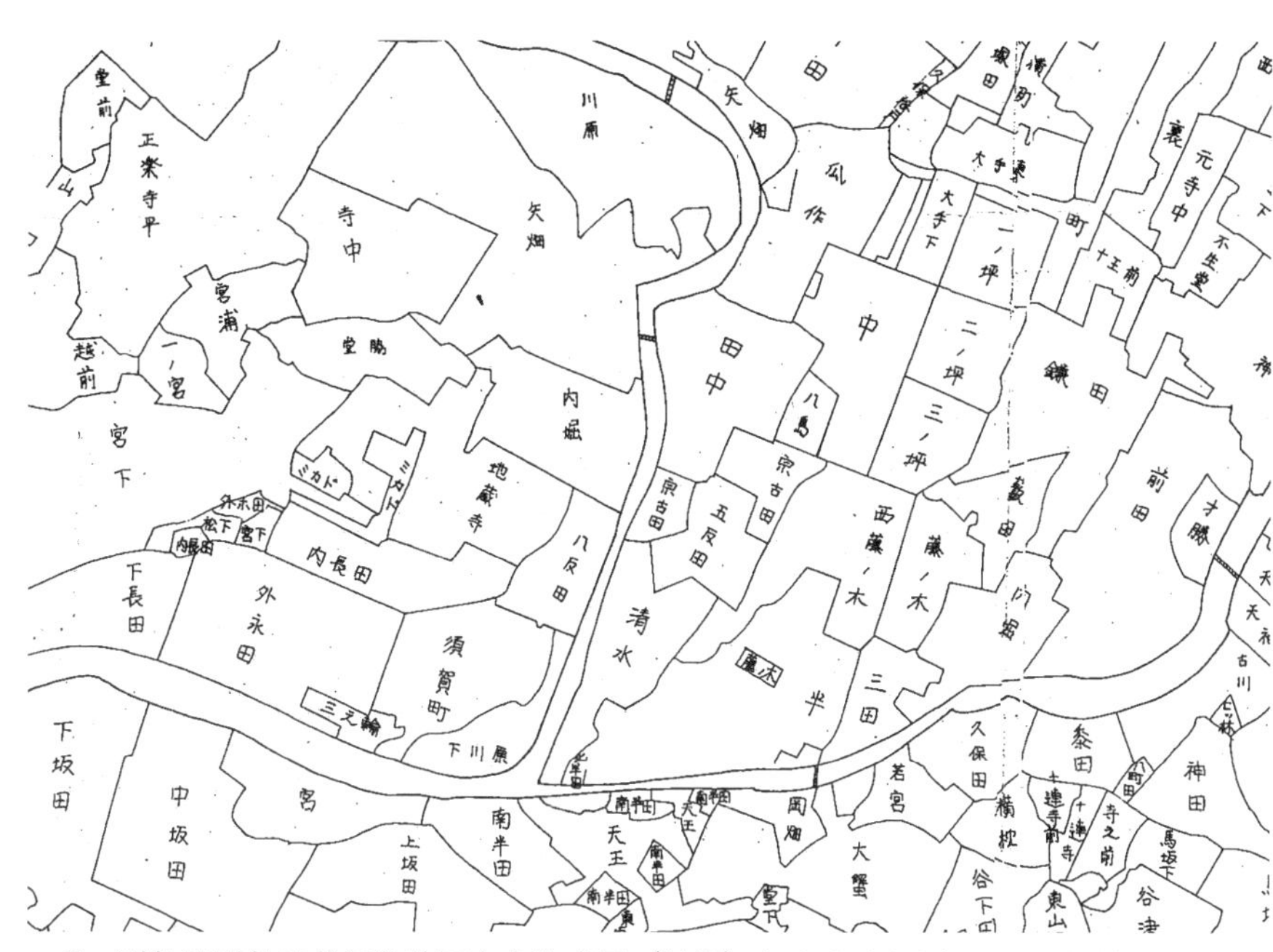

●—引佐郡引佐町井伊谷地区小字集成図〈抄録〉（浜松市地域遺産センター提供）

と分析している。井伊谷条里の開発年代は明らかではないものの、井伊谷の水田が条里の施行によって開発されたことを物語っている。井伊氏が「井伊介」と呼称され、国衙権限を継承したことと重ね合わせた時、井伊家の権力を固めた中心に井伊谷条里があったことを予想させる。

また小字「三ノ坪」より東に少し隔て、井伊谷川西岸に小字「前田」がやや広くある。河川に面することから、低湿地を開発した水田で、条里の開発より遅れて成立した水田であることを予想させる。一般に「前田」の字とは領主の屋敷の前面にある、収穫量の安定した直営田を指す場合がある。河川に沿う地点であることは、収穫量については期待される場所なのかもしれない。では「領主の屋敷の前面」という点はどうであろうか。とりあえず「屋敷」や「館」などの城館や荘園の政所（まんどころ）の存在を直接的に示す遺構や小字はみられない。しかし小字「二ノ坪」「三ノ坪」の西側に接して小字「中」があることは注目される。この小字は遠江国にあっては相良氏や勝間田氏に関連して事例があり、荘園・公領のなかで中心となる場所に見られる地名である（齋藤慎一、二〇一〇）。すなわち、この「中」の地点が井伊家の屋敷地が想定される場所となる。条里や「前田」の小字などと関連させれば、井伊氏の屋敷が想定される年代は一三世紀から一四世紀頃である。

【天白磐座遺跡】 この井伊谷に注意すべきは天白磐座遺跡である。鬱蒼とした渭伊神社の社叢の背後に小高い山があり、その山頂には向かい合った二つの巨石が聳えている。周辺にはほかにも岩が集中しており、神秘的な雰囲気を醸し出している。すでに『引佐町史』上巻（引佐町　一九九一）、辰巳和弘『聖なる水の祀りと古代王権　天白磐座遺跡』シリーズ「遺跡を学ぶ」〇三二（新泉社　二〇〇六）などが、遺跡の概要を紹介しているが、天白磐座遺跡は古墳時代以来の祭祀遺跡であり、井水を神聖視した聖水祭祀を行った場である。井伊の地名・名字に関わる遺跡といえよう。そしてさらに注目しておきたい点は灰釉陶器や山茶碗などの鎌倉時代初期までの遺物が出土し、そのなかには経塚の遺品が含まれている点である。確実に井伊氏の時代と重複する。発掘調査の成果では鎌倉時代初期までの遺物が出土したということであるが、この天白磐座遺跡の山麓に渭伊神社が鎮座する。『引佐町史』が「渭伊神社は磐座での祭祀を継承し、当初から現在地に祀られた神社」と指摘するとおり、信仰の場が継続していたと考えるべきであろう。すなわち、天白磐座遺跡・渭伊神社は井伊谷における聖地という位置を、中世を通じて保っていたと考えたい。中世井伊谷においても重要な位置を占めたことになる。

この天白磐座遺跡は、井伊谷城の南西にあたる。遺跡へは井伊谷城からは一本の尾根が真っ直ぐに下っている。あたかも天白磐座遺跡・渭伊神社での神事は、引き続き尾根を井伊谷城へと上り、山頂の祭祀空間のような方形の区画での祭事となったのではなかろうかと想像させる。方形区画の東北方向には三岳山が聳える。「御」「岳」が語源と考えられるこの山は、地域で信仰された山であったことは間違いないだろう。水の祭祀を行ったとされる天白磐座遺跡・渭伊神社と地域の山岳信仰の対象であった三岳山を繋ぐ位置に井伊谷城はある。あるいは両者の信仰を繋ぐ祭礼の場が井伊谷城であったのではなかろうか。

二ヵ所の信仰の対象、地形的・地理的条件さらには遺構の様相から考えられる井伊谷城の様相は、軍事的な要請から築かれた城館とは著しく性格を異にする城館ということになる。

【参考文献】 齋藤慎一『中世の道と城館』（東京大学出版会　二〇一〇）

（齋藤慎一）

三岳城（みたけじょう）

●井伊谷に聳える石垣の山城

〔国指定史跡〕

〔所在地〕浜松市北区引佐町三岳
〔比　高〕約一五〇メートル（駐車場から）
〔分　類〕山城
〔年　代〕建武四・延元二年（一三三七）カ。
〔城　主〕井伊氏
〔交通アクセス〕JR東海道本線「浜松駅」から遠鉄バスで「井伊谷」下車。あるいは、天竜浜名湖鉄道「金指駅」からタクシー。中腹の三岳神社駐車場から徒歩約二五分。

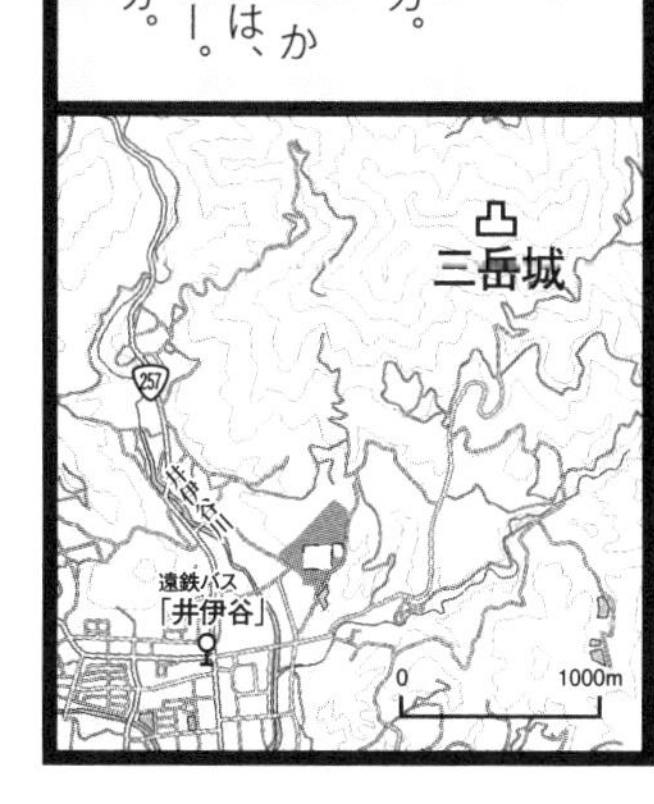

【井伊谷を望む】　井伊谷を東北方面から望む一際高く聳える山、標高四六六・八メートルの三岳山の山頂部に、三岳城は展開する。西側の山頂部には主郭を構え、東側に続く平坦な山をも城域とし、実に広い空間に城館が構えられている。

主郭の西側および東側の山の東北方向のそれぞれに横堀・堀切（ほりきり）が普請され、城域が画されている。主たる尾根筋が西側および東北方向に伸びていることもあるが、この方向からの侵入を警戒する構造になっている。

山頂からの景色は抜群で浜名湖を見渡すことができ、南北朝期初頭に三岳城に籠城した宗良（むねよし）親王が『李花（りか）和歌集』に、「はまなの橋かすみわたりて、橋本の松原湊のなみかけてはる〳〵とみわたさる、あした夕のけしき」（静岡県史　中世二一九八）と遠く橋本の松原までの風景を読み込んだ場所は、まさにこの地と実感できる。眼前には三方ヶ原も広がる。また井伊攻めに参戦した松井助宗が「遠江国井伊城前の三片原の御合戦において」（静岡県史　中世二一一六三）という空間認識を軍忠状に書き記したのも、山頂よりの景観が納得させてくれる。まさに風光明媚の地である。

【南北朝合戦等の舞台】　すでに触れてきたが、この三岳城では実際の合戦があった。建武四・延元二年（一三三七）から暦応三・興国元年（一三四〇）にいたる籠城戦は、各地で戦われた南北朝期の合戦のなかでもとりわけ代表的な戦いである。また時代は下って永正八・九年（一五一一・一二）にも三岳城は登場する。遠江国に侵攻する今川勢を迎え撃って

●—山頂からの景観

斯波・井伊勢が籠もったのが三岳城だった。ただし史料には「ミたけ井伊次郎陣所・番所」と見えており（静岡県史　中世三・五六二）本城として整備された城館とか、あるいは本格的な戦闘機能を常に維持した城館と考えることはできないようである。

　このような文献資料の様相に照応するかのように、三岳城で観察できる遺構は一部を除き、明確な構造を示さず、自然の要害に依拠した山城の様相を呈している。

【信仰の山】　そもそも三岳城が所在する場所は標高四六六・八㍍の三岳山にある。名称の三岳の語源は「御」「岳」であったと考えられ、同山が信仰の山であったことを予想させる。山の南側中腹には三岳神社が鎮座するが、このことは信仰の山であったことと関連する。さらに「三岳山」の名称は建武四年（一三三七）に「井伊三嵩」（『静岡県史』中世二・一六七）と見ることができることから、三岳山が地域の信仰の対象であったのは中世前期以前にはさかのぼることは確実である。近年、霊場に城館が構えられることが指摘されている（中澤克昭、一九九九ほか）。三岳城の事例もこの研究成果を踏まえ、地域霊場であった三岳山を、南北朝時代そして戦国時代に要害を営んだと考えるべきなのであろう。

　このように三岳山が地域霊場であるとしたとき、井伊谷に

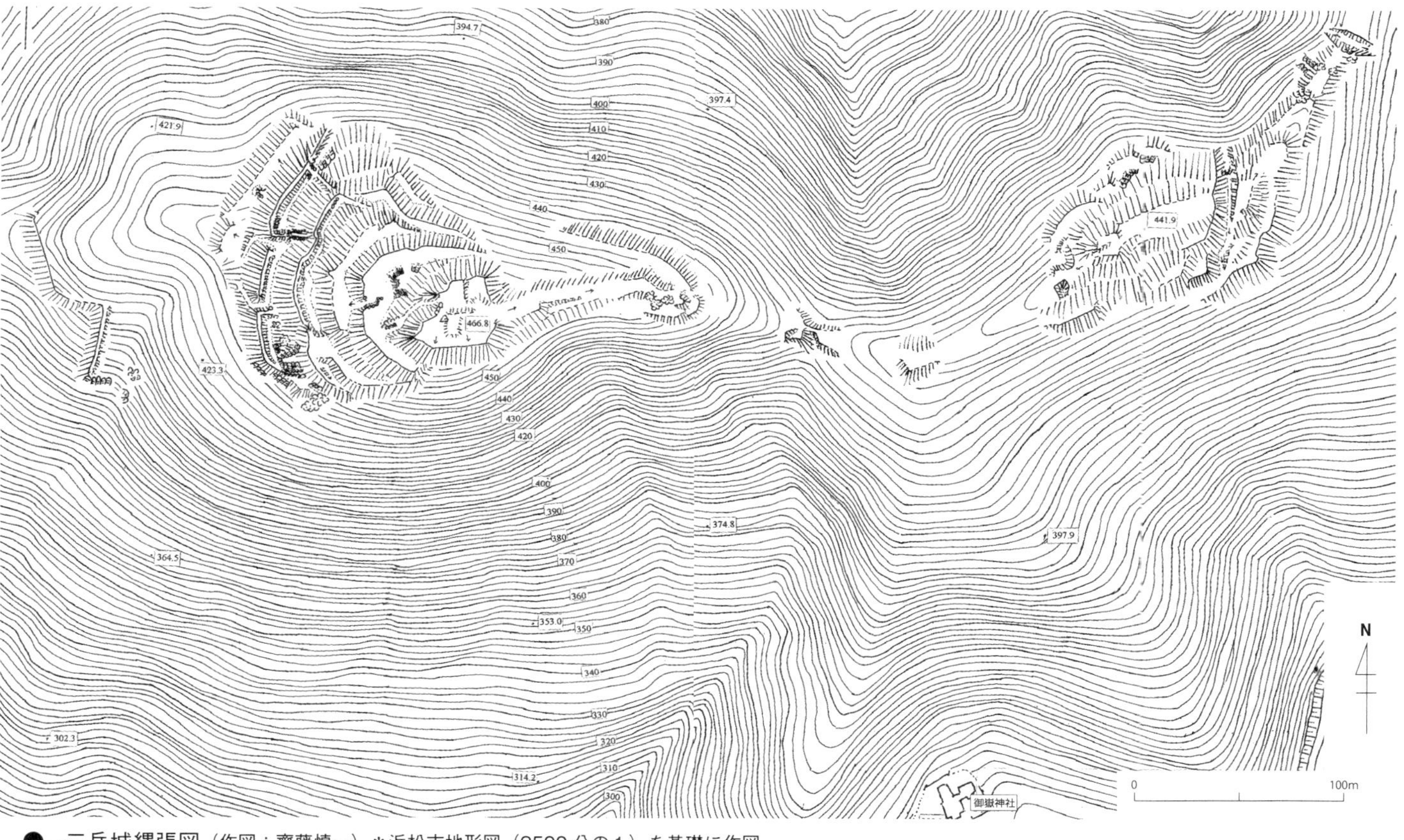

●—三岳城縄張図（作図：齋藤慎一）＊浜松市地形図（2500分の1）を基礎に作図

●―石積

おいては天白磐座遺跡・渭伊神社との関連も注目される（同遺跡さらには井伊谷城の機能との関連など、可能性については井伊谷城の項を参照されたい）。この視点は三岳城を城館単体で捉えるのでなく、井伊谷全体で考える視点を提供している。

【遺構の構造】　さて、現存する遺構のなかで、先に除かれると指摘した一部の遺構とは、山頂西側の横堀付近である。まず注目すべきは横堀の規模の大きさである。そして随所に岩盤を切った壁・竪堀さらには石垣を見ることができる。石垣は粗割で野面積という戦国期らしい石垣であるが、一部には登り石垣を思わせる遺構もあり、精査が期待される遺構である。また岩盤の穿った竪堀は他にあまり例をみることができないほどの貴重な事例である。普請に際して多くの石工が投入されたこと確実である。この付近の遺構は、石工の動員に始まり、普請にかかわる土木量が多く、遺構の規模の大きさや投入された労働力の差が顕著である。城館に石工が投入されるのは戦国期以降のありかたでもあり、少なくとも南北朝時代の遺構ではありえない。戦国時代以降の改修であることは間違いない。この横堀と石垣を中心とした主郭西側の遺構は三岳城のなかでも一番の見所である。

さらにこの西側の横堀と対をなすように東側の山の東北隅に堀切が普請されていることにも注意を払いたい。先にも述べたとおり、城の東西に堀を普請し、城域を画すという設計が三岳城の基本的な構造であり、石垣の有無の差異は存在するものの、両者の遺構はおおよそ同時期に設計されたと考えられる。南北朝期に先行する城館があったことを考えれば、山頂を中心としたであろう山城の構造から、東西の堀切で区画された構造へと城館が改修されたと考えたい。

あるいは東西に堀を普請する段階、そして西側のみに石垣を普請する段階の二段階を考える必要があるかもしれない。この点の検証については、考古学的検証を必要とするものであり、後の課題として指摘しておきたい。

南北朝時代の構造からの変更という改修の年代については、文献資料から明らかにできない。ましてや二段階になるかどうかは課題となるが、政治情勢や残る石垣の状況、すなわち遠江国での石垣導入を踏まえるならば、現在に伝えられる構造への改修は、あまり古くまでは遡りえないであろう。あるいは天正十三年（一五八五）前後ではなかろうか。天正十二年九月に小牧・長久手の戦いが終結し、天正十四年（一五八六）十月の徳川家康が上洛するまでの間、徳川領国の境は不安定な状況にあった。事実、天正十三年十二月には豊臣勢が三河国に至ったという情報がある（鹿沼市史補遺三八）。この時期に井伊谷は徳川領の三・遠国境の重要地点となっていた。ここに三岳城が取り立てられる理由がある。全面的な築城ではなく、西向きだけの石垣等の普請という部分的な様相は、この緊急事態への対応だったことを物語っているのではなかろうか。

この天正十三年前後の石垣普請はひとつの解釈ではあるが、三岳城が南北朝期に取り立てられつつも、現在に伝えられる遺構が戦国時代後半のものであることは間違いない。

【参考文献】中澤克昭『中世の武力と城郭』（吉川弘文館、一九九九）

（齋藤慎一）

●南北朝・戦国時代と二度の騒乱に関わる城

大平城

〔浜松市指定史跡〕

〔所在地〕浜松市浜北区大平
〔比　高〕約六〇メートル
〔分　類〕山城
〔年　代〕一四世紀前半・一六世紀
〔城　主〕不明
〔交通アクセス〕天竜浜名湖鉄道「宮口駅」下車、北へ徒歩五〇分。

【南北朝期の内乱】　後醍醐天皇の南朝と足利尊氏が光明天皇を擁立した北朝の対立した南北朝内乱期、遠江国の浜名湖北岸は、南朝方に与する井伊氏などの在地領主が引佐郡や浜名郡・麁玉郡北部に勢力を持っていた。建武五年（延元三年・一三三八）後醍醐天皇の皇子宗良親王（妙法院宮）が遠江国へ遣わされ、井伊氏の本拠であった三岳城（浜松市北区）へ入った。

大平城は、この三岳城の支城の一つにあたり、その東方を守っていた。大平城のほかに三岳城の支城として西に千頭峯城（浜松市北区）、南に鴨江城（浜松市中区）が存在していた。この支城群が三岳城の防衛線となっていた。

大平城を巡る攻防は、暦応二年（延元四年・一三三九）七月の北朝方の高師泰・仁木義長軍による大平城攻めに始まる。この戦いの様子は「瑠璃山年録残編裏書」（大福寺文書）に詳しい。同年七月二十二日に高師泰軍が大平城攻めに向かい、のちに三岳城攻めに転換している。北朝方の軍勢は三岳城を攻めながら、支城の攻撃も行われ、最初、同年七月二十六日に鴨江城、同年十月三十日に千頭峯城が落城している。

暦応三年（興国元年・一三四〇）正月三十日には本城の三岳城が落城してしまい、井伊氏の籠もる城は大平城のみとなってしまった。最後まで応戦した大平城も同年八月二十四日の夜戦時に城に火が放たれ、落城してしまった。これを以て遠江の南朝方の勢力は一掃され、宗良親王は駿河国へ落ち延びて行った。

【今川・徳川・武田の争い】 戦国時代、天竜川西岸から浜名湖北岸の地は、国衆井伊氏の所領であり、遠江国の守護は斯波氏であった。駿河国守護今川氏がたびたび、侵攻し斯波氏と争った。永正七年（一五一〇）、今川氏親は三岳城に籠もる斯波氏や井伊氏を打ち破って遠江を平定した。

●—大平城付近から三岳城を望む

永禄三年（一五六〇）、今川義元は尾張侵攻の最中、桶狭間にて織田信長に敗れ討死した。従軍した遠江の武将たちも多数討死したこともあり、遠江の国中に動揺が走って行った。永禄五年（一五六二）に遠江国の国衆たちは義元の跡を継いだ今川氏真に対して反乱を起こした。国衆たちは山城を修築し戦乱に備えた。この「遠州忩劇」と呼ばれる動乱は永禄九年（一五六六）頃には今川氏により鎮圧されるが、今川氏は弱体化していった。

永禄十一年（一五六八）、十二月三河の徳川家康は遠江への侵攻を開始した。家康は遠江の国衆たちを次々と調略し、掛川城に籠もる今川氏真を相模国に追いやり、戦国大名今川氏を滅ぼした。

元亀三年（一五七二）、家康は武田信玄の遠江侵攻に備え、領国の城の修築を行っている。十二月信玄は遠江を蹂躙し、三方ヶ原において家康を撃破している。

【三岳城の東方の防衛線】 大平城は、三方原台地の北側にあり、東西に延びる標高約一〇〇メートルの丘陵の末端を利用して築かれた山城である。城の南側には灰木川が東から西に流れ、三方原台地との間に天然の堀の役割を果している。また、この城は、天竜川筋と遠江三河の山間部や、浜名湖北岸を繋ぐ街道が通過する要衝の地にある。城の東側に井伊氏が支配した赤佐・宮口（浜松市浜北区）があり、西側に川名・井伊谷（浜松市北区）などの井伊氏の本貫地がある。このことから大平城が三岳城を東から攻撃を防ぐ重要な場所であったことは明らかである。

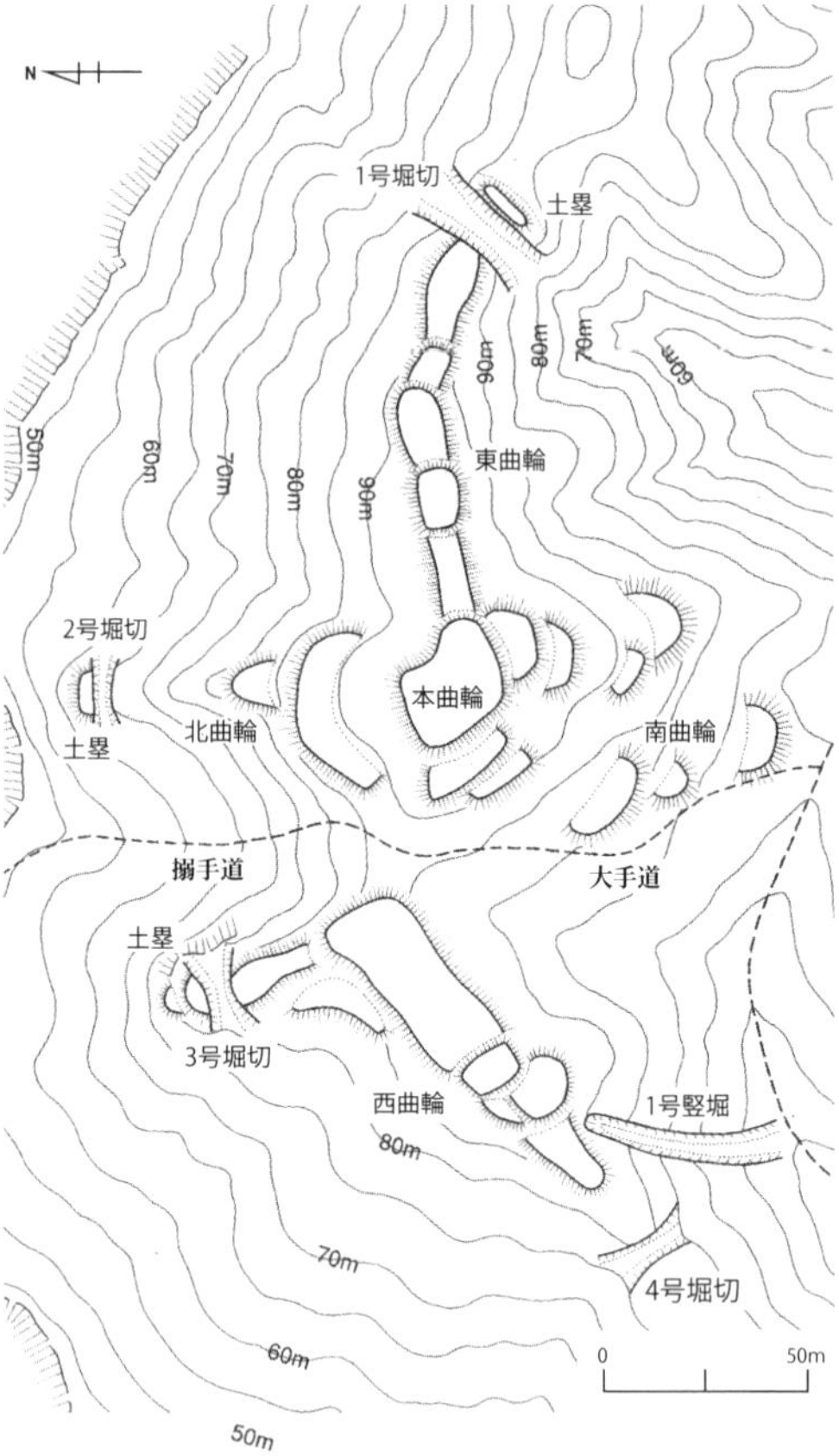

城の構造は、北・東・西に四条の堀切により囲まれた場所が、戦国期に利用された城域である。南北に通路を設け、中心部の本曲輪とされる場所は、この場所にあった山岳寺院を取り込む形で整備されたと考えられる。曲輪の配置は、中心機能を持つ本曲輪を中心に、兵を配置した大規模な東・西曲輪、大手道を守る南曲輪、搦手道を守る北側の曲輪群により、城の守りが固められている。堀切は、尾根線を寸断する東側の堀切がもっとも規模が大きい。これは尾根に沿って東から攻略される点を重視して防御力を高めている。北側や西側の堀切は東側に比べ小さいものとなっている。

南北朝期のこの城の構造や規模については、戦国期に大きく改変されていることから明確に確認することはできない。

採集される遺物は、平安時代末から戦国時代までの幅広い時期の陶磁器や土器が出土している。おそらく、大平城は南北朝期にこの地にあった山岳寺院をそのまま利用して城とした可能性が考えられる。また、戦国時代には大規模な堀切を設け、山城としての改修がなされている。これは、井伊氏が対今川、その後、徳川氏が対武田の城として戦乱に対応して改修されていったと考えられる。

●—大平城概略図（浜北市 2004：一部訂正）

【城の現況】城郭の整備は行われていない。旧麁玉村の財産区であったため、一部に植林地造成がされ、また、城内に五体力神社が鎮座している。南側の新東名高速道路浜松サービスエリア（上り側）から城跡の全景を見ることができる。

【参考文献】『浜北市史　資料編　原始・古代・中世』（浜北市、二〇〇四）

（久野正博）

●徳川・武田両氏の争奪戦の舞台となった城

二俣城（ふたまたじょう）〔国指定史跡〕

〔所在地〕浜松市天竜区二俣町二俣
〔比　高〕約四〇メートル
〔分　類〕平山城
〔年　代〕一六世紀中頃
〔城　主〕徳川氏、武田氏、堀尾氏
〔交通アクセス〕天竜浜名湖鉄道「二俣本町駅」下車、徒歩約一〇分。

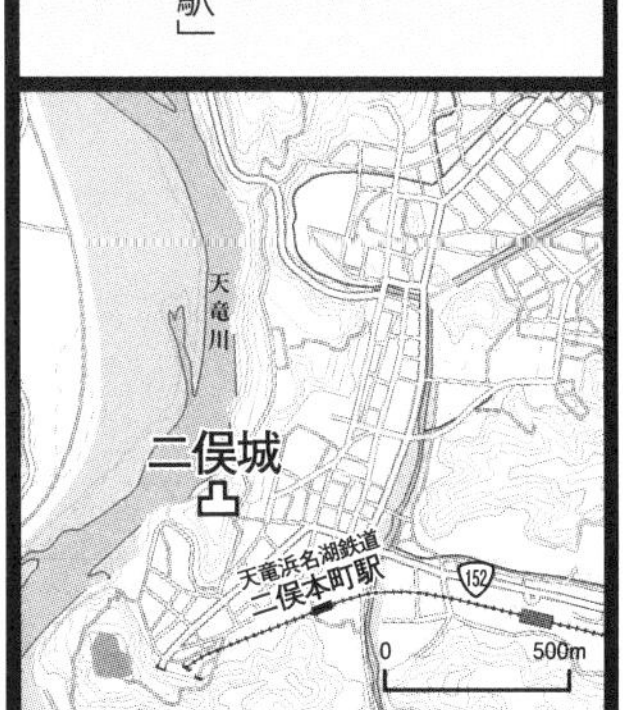

【二俣城の立地】　二俣は、二股・二又とも書かれる。二俣川と天竜川が合流する地点ということで「ふたまた」と総称されるようになったという。二俣は、遠江の平野部と山間部の接点に位置し、信州から続く街道と、掛川・見付（みつけ）・浜松・浜名湖（はまなこ）方面など遠江各地からの街道、さらに三河へと延びる三州街道の交差点でもある。陸上交通だけでなく、北遠江山間部からの物資は、天竜川水系の水運を利用し、二俣が一大物資集散地であった。

天竜川水系の支流の大部分は、二俣の鹿島以北の地で本流に合流しており、二俣ですべての水系近辺の物資収集が可能なのである。二俣の地は、水陸の交通の要衝として軍事・経済の両面からの重要拠点であった。

この二俣には、三ヵ所の城が所在し、史料に見える二俣城が正確にどの城を指しているのかがわからない場合が多い。笹岡城（二俣古城）・城山（通常は、この地を二俣城と言う）・鳥羽山城（二俣川を挟んだ城山の対岸の丘陵）で、その距離は二キロでしかない。中世後期〜近世初頭、この三ヵ所はすべて二俣郷、あるいは二俣の内であった。城の立地を描写している史料は、場所が特定できるが、「二俣の城」のみだと、その所在は判然としない。だが、笹岡城の発掘調査が実施されたことにより、当初の城が笹岡にあり、永禄後半〜元亀年間（一五六五〜七三頃）に城山へと移り、堀尾吉晴入封の天正十八年（一五九〇）には、二俣・鳥羽山が、一城別郭（いちじょうべっかく）として機能を果たしていたことが、ほぼ確実な状況である。

●—本丸に残る天守台

【笹岡からの移転】　二俣城の初見史料は、建武五年（一三三八）正月の記事で、「遠江御家人内田致景が、代官内田西妙を二俣城に詰めさせたとして、某から承認を得た」というものである（「内田文書」）。内田氏は、守護今川範国の下で、北朝に属していた。次に、二俣城が史料に見えるのは、明応三〜永正十四年（一四九四〜一五一七）におよんだ守護斯波氏と駿河守護今川氏親の遠江をめぐる抗争時のことになる。明応三年、氏親による遠江侵攻が開始されると、斯波義寛は広域的な反今川包囲網を形成し、信濃守護小笠原氏に援軍を要請している。文亀元年（一五〇一）深志の小笠原貞朝が二俣城へと入城すると、社山城（磐田市）・座王城（袋井市）・天方城（森町）・馬伏塚城（袋井市）等で両勢力による戦いが展開する。永正年中（一四年カ）犬居の天野民部少輔は、氏親から北遠山中の戦闘を讃えられ、水窪（浜松市）の奥山氏も永正十四年の戦いに対し、恩賞を与えられており、北遠地域が今川支配下に入っていたことが知れる。翌年には、二俣城が今川氏の勢力下に入ることになる。

今川氏の勢力下となった二俣城に誰が居たのかははっきりしない。永禄二年（一五五九）今川氏真は、松井宗信に二俣等の知行分・代官職を安堵している（「土佐国蠹簡集残編三」）ことから、これ以前の段階で松井氏が二俣城に居たことは確実である。二俣城主となった宗信だが、桶狭間の戦い（一五六〇年）で討ち死にしてしまった（『信長公記』）。討ち死後に、今川氏真の側近三浦正俊は、その父貞宗に宗信の奮戦振りを褒め、御城（二俣城カ）の防御を命じているため、引き続き松井氏が城をおさめていたとして問題はあるまい。同年暮れには、宗信の息子宗恒が家督相続し、二俣城主となったようである。

桶狭間の戦いによって、今川家の重臣の多くが討死にしたことで領国統治が機能せず、今川家から離反する動きが広がった。永禄四年（一五六一）には、松平元康が岡崎城に入り、公然と三河の今川方を攻撃し、西三河を制圧すると、東三河進出を開始する。氏真は、こうした松平元康を中心にした反今川の動きを「三州錯乱」と呼んだほどである。

永禄六年になると、遠江の家臣団や国人衆にも混乱が広がり、井伊谷の井伊直親、引間城主・飯尾連竜、犬居城主天野景泰・元景父子等が離反する「遠州忩劇」と呼ばれる反今川の動きが活発化した。二俣城主の松井宗恒もこの動きに加担している。遠州忩劇は、氏真の反転攻勢によって鎮圧され、宗恒は所領を没収されたようである。永禄七年には、氏真が二俣領において禁制（伊藤文書、河島文書）を発しており、さらに光明寺の寺領および別当職を安堵（光明寺文書）するなど、二俣周辺が今川支配下であったことが判明する。

永禄八年、徳川家康の力が急速に三河全域におよび、東三河最大の今川方の拠点吉田城（愛知県豊橋市）が陥落した。氏真は、家康の侵攻に備え、永禄十年に西遠江諸城を一気に整備している。中尾生砦、頭陀寺城（共に浜松市）、吉美城（湖西市）などである（奥山文書・頭陀寺文書・妙立寺文書）。次いで、宇津山城（湖西市）、堀川城、堀江城、佐久城（いずれも浜松市）も整備された。記録にはないが、二俣城も三州錯乱前後に本格的整備が開始され、この頃、軍事機能に優れた天険の現在地へと移された可能性が高い。天竜川と二俣川に囲まれ、尾根続きを除けば段丘崖面で守られた地は、理想的な城地の条件を備えている。なお、二俣城からは鳥羽山が視界を遮り、浜松方面が望めないため、鳥羽山の地にも出城もしくは支城を構築したことが出土遺物から推定される。新城に入ったのは、吉田城から駿府へ帰った鵜殿氏長である。この頃、二俣籠城時の兵員の数、兵糧米等が決められていたことが、「徳川家康起請文写」（譜牒余禄後編七）から判明するのは重要であろう。

【徳川・武田の争奪戦】 永禄十一年、武田信玄と徳川家康は東西から今川領内へと侵攻した。家康は、事前の調略もあり瞬く間に西遠江の要衝引馬城（浜松市）へと入城を果たしている。二俣城の鵜殿氏長の許には、一族の鵜殿休庵を派遣し、氏長や城兵を説得して開城させ、そのまま城の防備を命じ、所領を安堵した。

元亀年間（一五七〇〜七三）に入ると武田信玄が、北遠江・奥三河の国人領主層に調略の手を伸ばす。これにより奥三河山岳地帯に勢力を張る「山家三方衆」や北遠地方の奥山氏・天野氏が武田方に降ったと思われる。危機感を募らせた家康は、遠江平野部と山岳地帯、三河からの街道が接続する要衝二俣城の戦力補強を実施する。譜代の中根正照・青木又四郎・松平康安等を城に入れ防備を固めたのである。

元亀三年、武田信玄は駿府から大井川を越え、相良方面から高天神城を攻め、見付に出て北上し二俣城を取り囲んだ。武田軍は、二筋の河川に挟まれた要害地形の城に対し、力攻めを避け、水の手を断つ戦法をとったとされる。籠城一ヵ月ほどたった十一月晦日、武田軍に天竜川から水を汲み上げる釣瓶縄も切られ、やむなく降伏・開城している。信玄は、直後に城の改修を実施し、遠江の拠点とした。この後、三方原合戦、野田城攻め、信玄の死と続くことは周知のとおりである。

武田軍が二俣城を確保したことは、家康にとってはきわめて重大なことであった。なぜなら、当時小（古）天竜で二俣と浜松は結ばれていたためである。二俣城下で船に乗ると、浜松城近くに着くことが出来たため、家康は喉元に刃を突き付けられた状態になり、完全に行動を制限されることになったのである。武田氏が二俣城の城将を誰にしたのかははっきりしない。在番衆として依田信蕃、深山宗三が居たことは判明する。家康は、二俣城奪還に向け社山・合代島・渡ケ島に砦を築いたとされる。さらに天正二年（一五七四）二俣城を孤立させるため、犬居攻めを敢行するが失敗してしまう。

天正三年、両氏存亡に関わる長篠合戦が勃発。勝利した家康は、直ちに北遠地域の武田方諸城の攻略に取り掛かる。二俣城の四方には、毘沙門堂・鳥羽山・蜷原・渡ケ島の砦を築き完全に包囲した。そのうえで、光明・犬居両城を陥落させ、城を孤立無援の状況に置いた。同年末、籠城七ヵ月の末、武田方は遂に徳川軍に城を明け渡した。家康は、大久保忠世に城を与えることになる。

【堀尾氏の入封と大改修】 天正十八年、徳川家康の関東移封にともない、豊臣秀吉の家臣堀尾吉晴が近江佐和山から、一〇万石（後に一二万石）で入封。二俣城は、弟の宗光（氏光）に与えている。豊臣大名の入封によって、城は石垣・瓦葺建物（天守）を持つ近世城郭へと変化した。往時の状況ははっきりしないが、残存する石垣および近年実施された発掘調査で、本丸・二の丸・南の丸Ⅰ（蔵屋敷）・西の丸で石垣が検出され、総石垣の城であった可能性が高まった。石垣は、積直しを受けているものの、残存部は「野面積（のづらづみ）」の石垣で、石材は丘陵上で産出するチャートを主体とし、間詰石（まづめ）や裏込石（うらごめ）には、周辺河川の円礫が使用されている。時代的には、文禄期（一五九三〜九六）の特徴を示し、堀尾時代として間違いない。瓦も天正後半から文禄期の特徴を示し、一部文様が判明する軒平瓦は、浜松城と同一文様である。堀尾氏は、同時に対岸の鳥羽山城も改修したと思われ、同様の石垣が残されている。城下町は、東側山麓の二俣川との間の低地に置かれたと考えられるが、面積が限られ、分散するような状況が推定される。関ヶ原合戦（一六〇〇）後に、堀尾氏が出雲に転

●—二俣城縄張図（『二俣城跡・鳥羽山城跡，総合調査報告書』2017　浜松市教育委員会より転載）

●—西の丸Ⅰ，南面の石垣

封されると、浜松城主となった松平忠頼領となる。廃城年ははっきりしないが、徳川頼宣領となる慶長十四年（一六〇九）であろうか。

【現在の状況】 城跡は、江戸期以来の開墾と近年の宅地開発で大きく姿を変えている。天守台の残る本丸（南に一段低く二の丸を配す）を中心に、北に堀切から続く竪堀を挟んで北の丸、その北下に現在道路となっているが、両側に竪堀を配す巨大な堀切の痕跡が残る。南側には、南の丸Ⅰ（蔵屋敷）、Ⅱと二曲輪が階段状に配置され、それぞれ堀切を配し独立する。西側には、小曲輪群が階段状に配され、西側と南側を石垣で囲まれた西の丸Ⅰが中心曲輪と思われる。天竜川に面する最西端にも曲輪の存在が推定されるが、後世の改変が著しく現状では認識できない。

●—本丸と南の丸Ⅰ（蔵屋敷）間の堀切

本丸は、西側を除く三方に土塁が残る。外側をはかつてすべて石垣であった可能性が高い。本丸に残る野面積の独立した天守台は、北側に石段の通路と付櫓台状の小さな平場を持っており、天守台上に礎石は見られない。積直しは受けているものの位置と大きさはほぼ現況通りと思われ、天守は三重程度の規模が推定されよう。本来の大手口と考えられる二の丸東側の開口部は、南側の石垣は現況を保っているが、北側は完全に積直されている。また、そこに至るルートもすでに失われ、はっきりしない。発掘調査により、本丸と二の丸の間に喰違いの石垣を配し、中仕切り門が配されていたことが判明した。また、搦手門と推定される北東隅も後世の改変によって、石垣が積直されている。平成三十年（二〇一八）に国の史跡に指定された。

【参考文献】 加藤理文・中井均編『静岡の山城ベスト五〇を歩く』（サンライズ出版、二〇〇九）、加藤理文編著『静岡県の歩ける城七〇選』（静岡新聞社、二〇一六）、鈴木一有他『二俣城跡・鳥羽山城跡総合調査報告書』（浜松市教育委員会、二〇一七）、加藤理文「二俣城、鳥羽山城の創築・改修・廃城」『研究紀要』第五号（静岡県埋蔵文化財調査研究所、一九九七）

（加藤理文）

●庭園遺構が残る堀尾氏の迎賓館

鳥羽山城（とばやまじょう）

〔国指定史跡〕

〔所在地〕浜松市天竜区二俣町二俣
〔比　高〕約六〇メートル
〔分　類〕山城
〔年　代〕一六世紀
〔城　主〕徳川氏、堀尾氏
〔交通アクセス〕天竜浜名湖鉄道「二俣本町駅」下車、徒歩約一〇分。

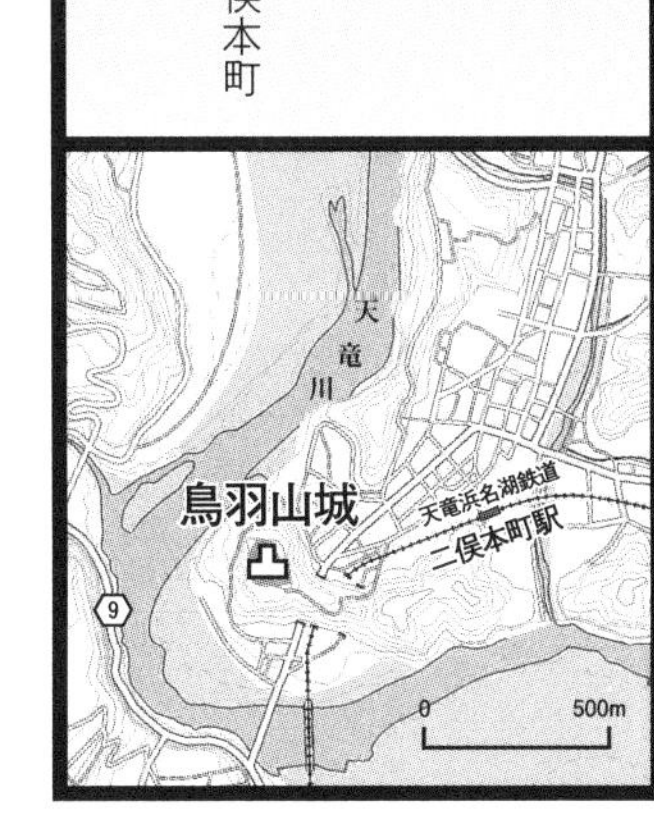

【鳥羽山城の位置】　鳥羽山城跡は、二俣川を挟んで二俣城の南に対峙する東西八〇〇㍍×南北三五〇㍍ほどの独立丘陵上に位置する城だ。西と南が天竜川の流れに守られた要害地形でもある。二俣城との中心部同士の距離は直線でほぼ五〇〇㍍と、別城一郭の関係であった。鳥羽山には、三ヵ所の山頂部分があり、それぞれに城郭遺構が残り、東群、中央群、西群と呼ぶ。南山と呼ばれる西群山頂部（標高一〇八㍍）を中心に明確な城郭遺構が残り、現在鳥羽山城と言えば、一般的にこの地を指している。

【文献・発掘調査から見た鳥羽山城】　文献上で「鳥羽山」の名称が見られるのは、天正三年（一五七五）の徳川家康による二俣城攻めの時になる。この時家康は、二俣城の四方に砦群を構築した。『依田記』には、南禄方山、辰巳鳥羽山とあり、共に現在の鳥羽山で異なる山頂部を指していると思われる。『三河物語』には、「戸ば山」に砦を築いたとされる。一点注目されるのが、鵜殿（うどの）系図（『新訂寛政重修諸家譜』第十八）にある永禄十一年（一五六八）の家康より旧領を安堵され、二俣城の別郭を守るという記載だ。この別郭が鳥羽山の可能性は高い。

発掘調査で出土した遺物は、大窯二段階から四段階の遺物が多く、中でも三段階が突出する。消費地であることを考慮すれば、一六世紀中頃〜後半で問題はあるまい。城は、今川期から機能していたことになる。だが、二俣城を奪取した武田軍は、鳥羽山城を使用していなかったことは、家康が何の

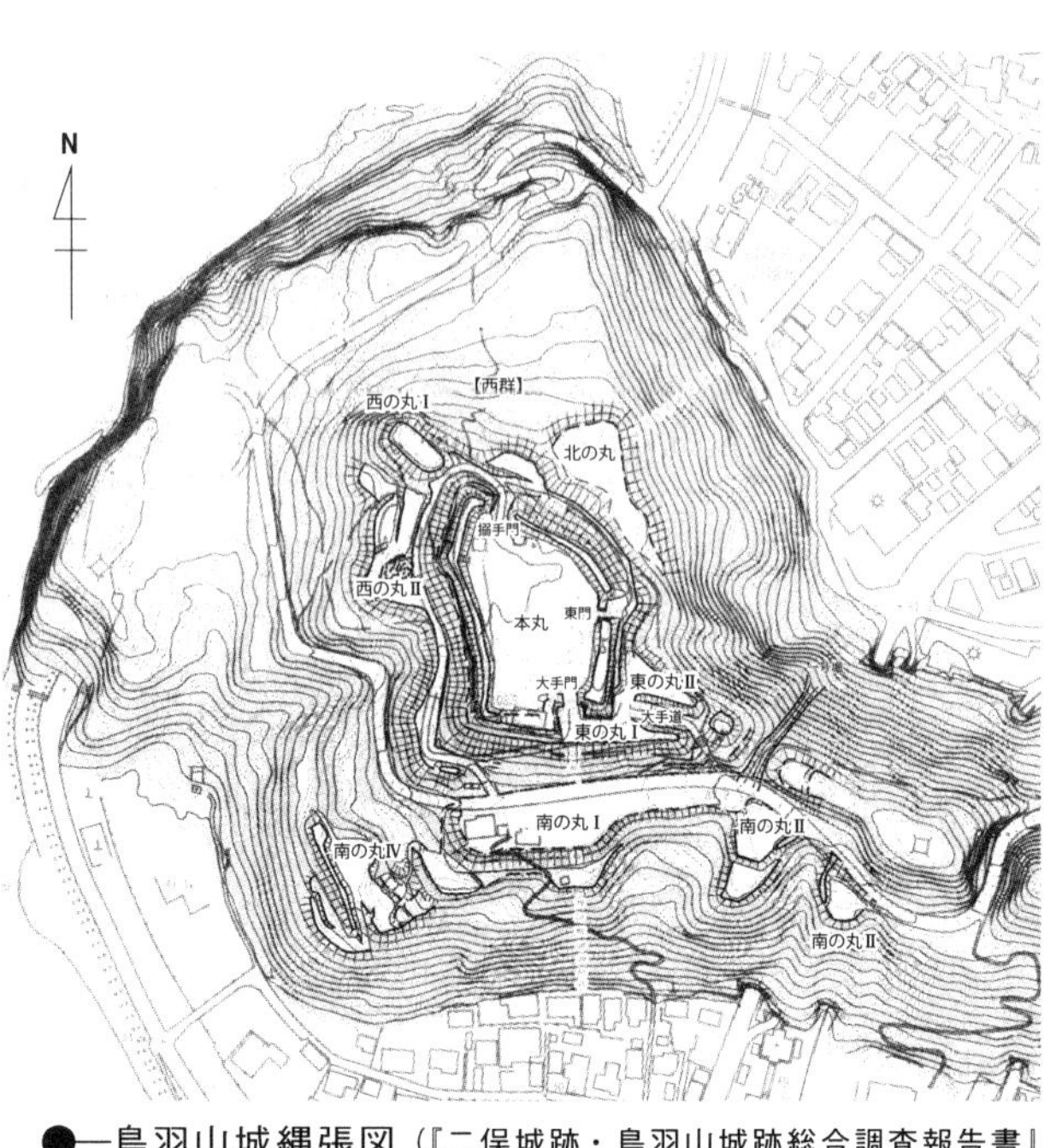

●—鳥羽山城縄張図（『二俣城跡・鳥羽山城跡総合調査報告書』2017　浜松市教育委員会より転載）

抵抗もなく砦を構築したことから判明する。天正三年の二俣城の奪還後にふたたび使用が開始され、堀尾段階で大規模な改修が実施されたことはほぼ確実な状況である。

【徳川家康の鳥羽山砦】　天正三年、長篠合戦で勝利した家康は、すぐさま二俣城の四方に、毘沙門堂・鳥羽山・蜷原・渡ケ島の砦を築き完全に包囲した。そのうえで、光明・犬居両城を陥落させ、城を孤立無援の状況に置いたのである。二俣城攻めの本陣となったのが鳥羽山砦であった。現在の鳥羽山は、東西八〇〇メートルにもおよぶが小字名で見れば、中央部から東側を鳥羽山、西側山頂部は南山と呼ばれている。『依田記』の南禄方山が南山のことと思われる。

中央部に残る遺構を見ておきたい。山頂部（標高一〇九メートル）には、現在鉄塔や構築物が建てられており、遺構は確認できないが、面積は六〇×二五メートルほどである。ただ北側斜面に幅約五メートル、長さ約五〇メートルを越える横堀が残る。これが、二俣攻めの際の徳川軍の手によるものである可能性が高く、ここに鳥羽山砦が置かれたと推定される。

東に二〇〇メートル離れた標高一〇四メートルの東群山頂部を中心に南北五〇メートルにわたって階段状に曲輪が見られ、堀切状の痕跡も認められるため、ここにも何らかの施設があったとしても問題はあるまい。いずれにしろ、天正三年の家康本陣は、中央群にあったことが指摘されよう。ただ、西群については、後の改変が著しく、同時期の遺構が見いだせない。『依田記』の南禄方山とするなら、何らかの施設があったことになろう。

【南山（西群）の城郭遺構】　現在鳥羽山公園となっている南山には、石垣や土塁、礎石が残り、ここに城郭が存在したことは確実な状況である。中心曲輪は、南北約一〇〇メートル×東西約七〇メートルのほぼ方形を呈し、幅約一〇メートル、高さ三～四メートルほどの土塁が取り囲む。門付近を中心に石垣が残る。

門は三門で、南側が大手門、北側が搦手門、東側が東門である。大手門の開口部は約六メートル、南北もまた六メートルで周囲は石塁が取り囲み、礎石が二石原位置を保っている。門外側には桝形状の空間が残り、東に折れて、もう一つの門があった可能性もある。搦手門の開口部は約六・五メートルで左右に石垣が残存するが、礎石等は見られない。東門は、土塁を割った幅約二メートル、長さ四メートルの小型門で、礎石が六石残されている。礎石間は幅約一・八メートルと狭く、門扉や門の存在は考えにくい。石垣も礎石横の二、三段は現存するが、後世に崩されたようで他は原型を留めていない。門を抜けた東側には、大手門同様の桝形状の空間が見られ、道は土塁裾を通って、大手道へと通じている。通用口と思われ、土塁下部を開口した埋門形式の門が想定される。

●―大手門跡

石垣は、虎口周辺と西側斜面から南側にかけて、鉢巻石垣と腰巻石垣が残る。発掘調査も実施され、その全容がほぼ判明している。鉢巻石垣は、本丸土塁の西側から南側にかけて土塁外面を取り囲むように廻る。東西は約六〇メートル、南北は一〇〇メートルほどだ。高さは一～二メートルで、石垣最下段は土塁の周囲を廻る通路上から立ち上がっている。石材は、二俣城石垣と同様のチャートで、小ぶりの石材を用い、間詰に川原石を丁寧に充填する。腰巻石垣は、西側南半分五〇メートルと、南側は大手道までの約一〇〇メートルにわたって積まれていたと考えられる。現状は、二～三石残るだけだが、本来も、もう二～三段で終息していたと思われる。

【大手道・内部の調査】 鳥羽山城の調査の最大の成果は、大手道の幅と構造、通路が判明したことに尽きる。大手道は、南北を石垣に挟まれており、その幅は登り始めの東側が約六メートル、登りきる手前で約九メートルとハの字に開いていたことが判明。道は、鉤の手に折れて大手桝形へと続いている。登り初めに至るルートは、後世の削平により消滅している。ただ、東側に巨大な堀切が存在するため、堀切より手前から上がる構造がほぼ確実である。

内部からは、礎石建物（三列二三石）と庭園遺構および石組井戸が検出されている。庭園遺構との関係から、礎石建物が先行していたことが判明している。発掘調査、表面採取品にも瓦は一点すら見つかっておらず、瓦葺建物はなかったことは確実だ。

【堀尾氏による改修と利用】 西群に残る石垣は、緩やかな勾配を持つ野面積（のづらづみ）で、文禄期の築造として間違いない。二俣城と同一石材を利用しているが、河原石を利用した間詰めが極めて丁寧で、大手東側の大手道からの正面に見せるための巨石も配されている。二俣城が、無骨な要害とするなら、開放的な場と考えられる石垣の配置である。

また、土塁囲みの本丸は、居住性の高い建物が存在していた可能性が高く、瓦が出土しないことからも、櫓（やぐら）や櫓門等の戦闘的な施設の存在は考えにくい。さらに、幅六〜八メートルと余りに幅広の通路も、防御面を無視した配置である。こうした状況から、鳥羽山城は防御施設を持たない城と考えられる。おそらく戦闘優位の二俣城が手狭であったことから、鳥羽山に対面施設として御殿機能を築いたのではないだろうか。そのために開放的な城となった可能性が高い。言うなれば、堀尾家の迎賓館（げいひんかん）が構築されていたと考えたい。なお、平成三十年（二〇一八）二俣城と同時に、国の史跡に指定された。

●—東門の礎石

●—本丸西面北側石垣

【参考文献】加藤理文・中井均編『静岡の山城ベスト五〇を歩く』（サンライズ出版、二〇〇九）、加藤理文編著『静岡県の歩ける城七〇選』（静岡新聞社、二〇一六）、鈴木一有他『二俣城跡・鳥羽山城跡総合調査報告書』（浜松市教育委員会、二〇一七）、加藤理文「二俣城、鳥羽山城の創築・改修・廃城」『研究紀要』第五号（静岡県埋蔵文化財調査研究所、一九九七）

（加藤理文）

中尾生城（なかびゅうじょう）

●北遠の要衝を押さえる天険の要害

〔所在地〕浜松市天竜区龍山町大嶺字中日向
〔比　高〕二五〇メートル
〔分　類〕山城
〔年　代〕享禄年間（一五二八〜三二）頃
〔城　主〕天野氏、二俣氏、匂坂氏、奥山氏
〔交通アクセス〕新東名「浜松浜北IC」から五〇分。国道一五〇号を北上、秋葉ダム手前の白倉方面へ左折、中日向バス停北側の林道を登り、未舗装部分から徒歩一〇分で登城口に至る。

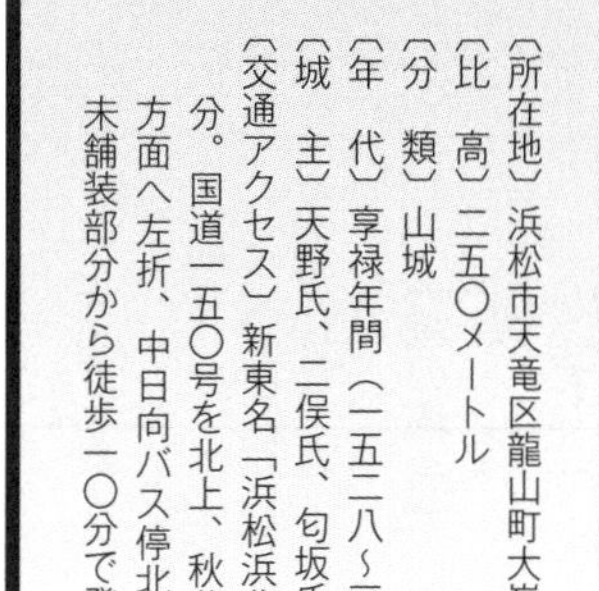

【今川氏配下の城】　中尾生城は中日向城とも書かれ、南北朝時代に天野氏によって築かれたとされるが、不明な点が多い。

明応三年（一四九四）頃から始まる今川氏親（うじちか）の遠江侵攻に際し、北遠江（以下、北遠）の天野氏は今川方に与したが、氏輝（うじてる）の代になると今川氏と反目、しだいに争うようになる。

今川氏は天野領内に侵攻、大峰郷と中尾生城を占拠する。江戸時代の地誌『遠江風土記伝』によれば、享禄二〜三年（一五二九〜三〇）今川氏輝が二俣近江守昌長（まさなが）に中尾生城の守備を命じ、犬居城の天野氏の攻撃に対し籠城戦を行った旨が記されている。また、天文四年（一五三五年）氏輝は、中尾生城主を二俣近江守から匂坂長能（さぎさかながよし）に交代させている。

永禄三年（一五六〇）桶狭間（おけはざま）の戦いを境に今川氏の衰退が著しくなると、北遠も不安定状態へ、甲斐から武田氏、三河からは徳川氏の侵攻が始まる。北遠では国人領主奥山氏が台頭するが、今川・徳川・武田への帰属を巡り一族間で対立、内紛が続いていた。武田氏を後ろ盾としていた次男美濃守定茂（さだしげ）は兄弟を次々と滅ぼし、ついに惣領の高根城をも滅ぼしてしまう。武田方の勢力がひたひたと浸透する中、永禄十一年（一五六八）今川氏真は、美濃守定茂に追われ犬居城の天野氏に身を寄せていた四男定友（さだとも）とその子友久（ともひさ）に中尾生城の普請（再構築）を命じている。

このように、永禄年間以前の中尾生城の城主には今川氏家臣を任命していることから、北遠支配の上で中尾生城を重視

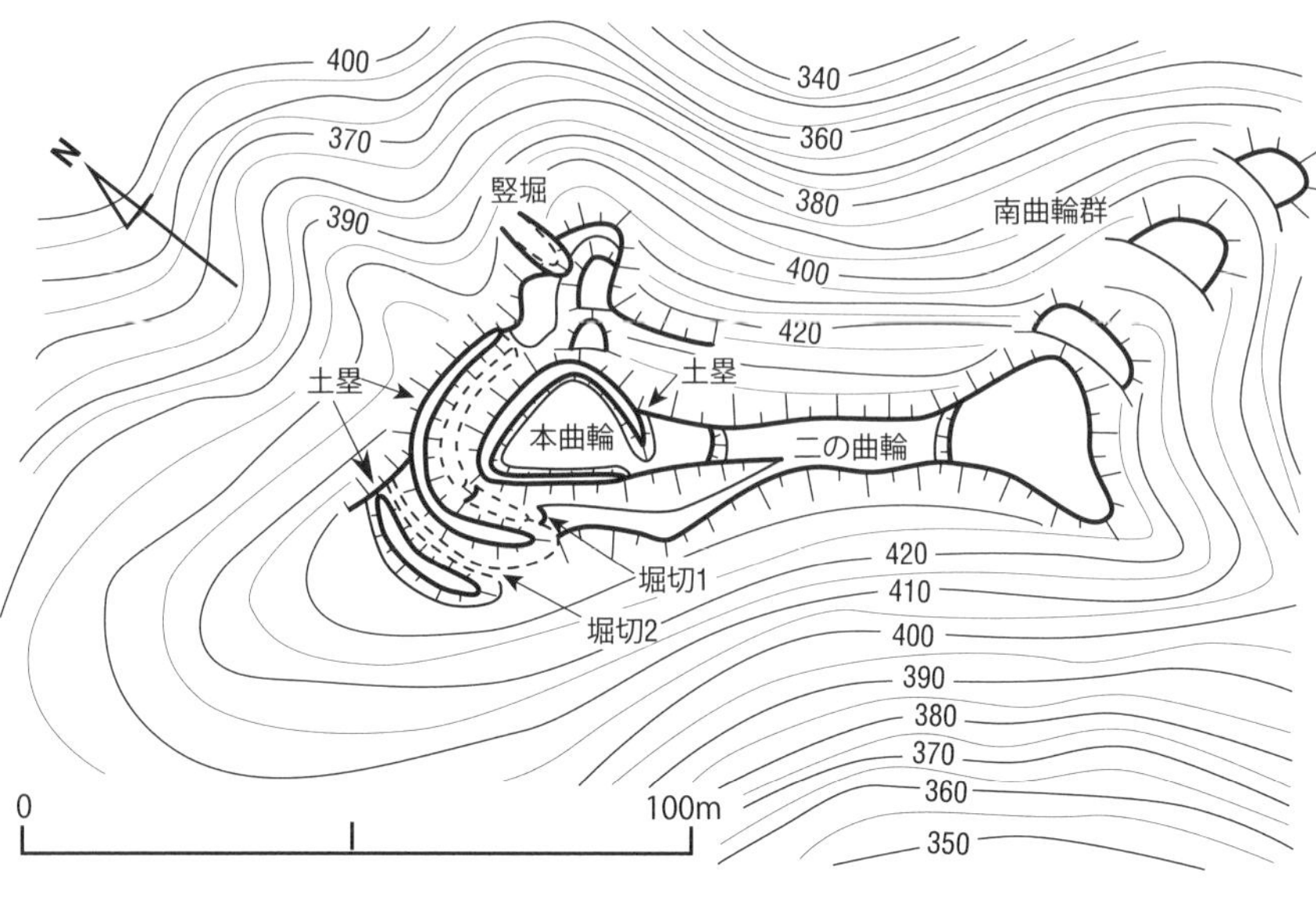

●—中尾生城縄張図（松井一明作図を一部改変）

していたことがわかる。その後、今川勢力の凋落の中においても地元国人領主の奥山氏を任じつつ、武田・徳川両氏の動きに備える城として重視されていたようだ。

永禄十二年（一五六九）今川氏が没落すると、天野氏は奥山氏とともに徳川氏に下り、徳川家康から安堵状を得ている。ところが、元亀二年（一五七一）北遠江の様相は一変、武田信玄の調略により天野氏が武田方に鞍替をしてしまう。元亀三年（一五七二）には奥山氏も武田信玄から安堵状を得ていることから武田氏に降ったと考えられる。また、奥山家中において徳川方と武田方のどちらに帰属するかを巡っての内訌もあり、北遠の混沌とした様相が見て取れる。

遠江での攻勢を続けていた武田氏であったが、天正三年（一五七五）長篠の戦いでの織田・徳川連合軍による敗北を機に守勢に転じる。好機と見た徳川氏は、それまで武田方に占領されていた樽山（たるやま）城・光明（こうみょう）城をはじめとする北遠の城郭を次々と奪還していく。天正四年（一五七六）、天野氏の本城犬居城を攻略、天野氏は信濃に敗走した。中尾生城の奥山定友（さだとも）・友久（ともひさ）兄弟も敗走、その後の動向は不明。

【城の構造】　中尾生城は、天竜川の支流白倉川と小芋川との間にそびえる標高四七九メートルの丘陵に築かれる。高根城からの天竜川ルート、鶴ヶ島城からの山越ルートとの交差点にあり

●—本曲輪登口

軍事上の要衝にあった。丘陵頂部を本曲輪とし、そこから東に伸びた尾根上に二の曲輪を配している。

稲荷社が祀られた本曲輪は狭いが、土塁（どるい）が全周する。急崖にあって比較的緩傾斜な本曲輪の西側では、土塁を伴った横堀状の二重堀切（ほりきり）により防御を高めている。とりわけ内側の堀切1は本曲輪を半周するほどの規模を有し、まさに横堀と言える。本曲輪から北に伸びた尾根上では、階段状の小曲輪と竪堀（たてぼり）を配し防御している。

二の曲輪はほとんど加工されておらず自然地形に近く、東斜面は急崖となっているため堀切の必要はなかったのであろう。

小規模で天険と自然地形を駆使した要害ながら、重厚な二重堀切の採用は奇異に映る。したがって本曲輪の西側の二重堀切は後世の改修による所産と考えざるを得ず、元亀二年（一五七三）以降の武田氏による改修の可能性が高い。

曲輪は狭いことから大規模な兵駐屯させる拠点城郭ではなく、交通の要衝を押さえる見張りの城だったと考えられる。

【参考文献】『図説 遠江の城』（郷土出版社、一九九四）、松井一明「遠江の山城における横堀の出現と展開」『森宏之君追悼城郭論集』（織豊期城郭研究会、二〇〇五）

（戸塚和美）

●遠江と奥三河国境の城

鶴ヶ城（つるがじょう）

〔所在地〕浜松市天竜区佐久間町浦川大字川上
〔比　高〕五〇メートル
〔分　類〕山城
〔年　代〕一六世紀後半
〔城　主〕鶴山弾正、鶴ヶ山大礒之丞、武田氏
〔交通アクセス〕ＪＲ飯田線「東栄駅」下車、南口から徒歩約二五分。

【別所街道を守る城】　奥三河の拠点集落である東栄の近く、相川と吉沢川の合流地点の標高三二〇メートルの山頂部に位置し、北遠、奥三河の国境界の城として築城された山城である。眼下には信州飯田方面と新城を結ぶ別所街道（信州往還）がある。さらには奥三河の足助、北遠の佐久間や龍山に至る間道なども存在していたと思われ、山間部の交通要衝の地に築城されていた。

城主は近世史料である『山田家由来書』では地元土豪の鶴山弾正、あるいは『庄田家文書』によると永禄八年（一五六五）の鶴ヶ山大礒之丞の築城と伝えられる。また、北遠の有力土豪である奥山氏が、築城に関係した可能性も考えられる。現在のコンパクトな城ながら技巧的な構造を見ると、元亀三年（一五七二）以降の北遠と奥三河地域での武田氏が勢力を伸ばしてきた時期の改修が濃厚である。

【竪堀と横堀で守られた山城】　横堀により囲まれた本曲輪を中心として、北と西に伸びた尾根筋に、各一ヵ所の曲輪を配置したコンパクトな規模の山城である。本曲輪の西側に伸びた尾根筋に、馬出状の虎口を配置している。この馬出状虎口は外枡形状に土塁を配置しており、クランク状に本曲輪に出入りできる構造となっている。北側にも虎口に連なると思われる横堀に土橋があり、その前面に馬出状の小さな曲輪3が配置されている。この曲輪3の東側には横堀外側の土塁が接続し、その上を城道にして、東側斜面を降っていく城道に通じていると見られる。本曲輪東側斜面は崖面となっており、

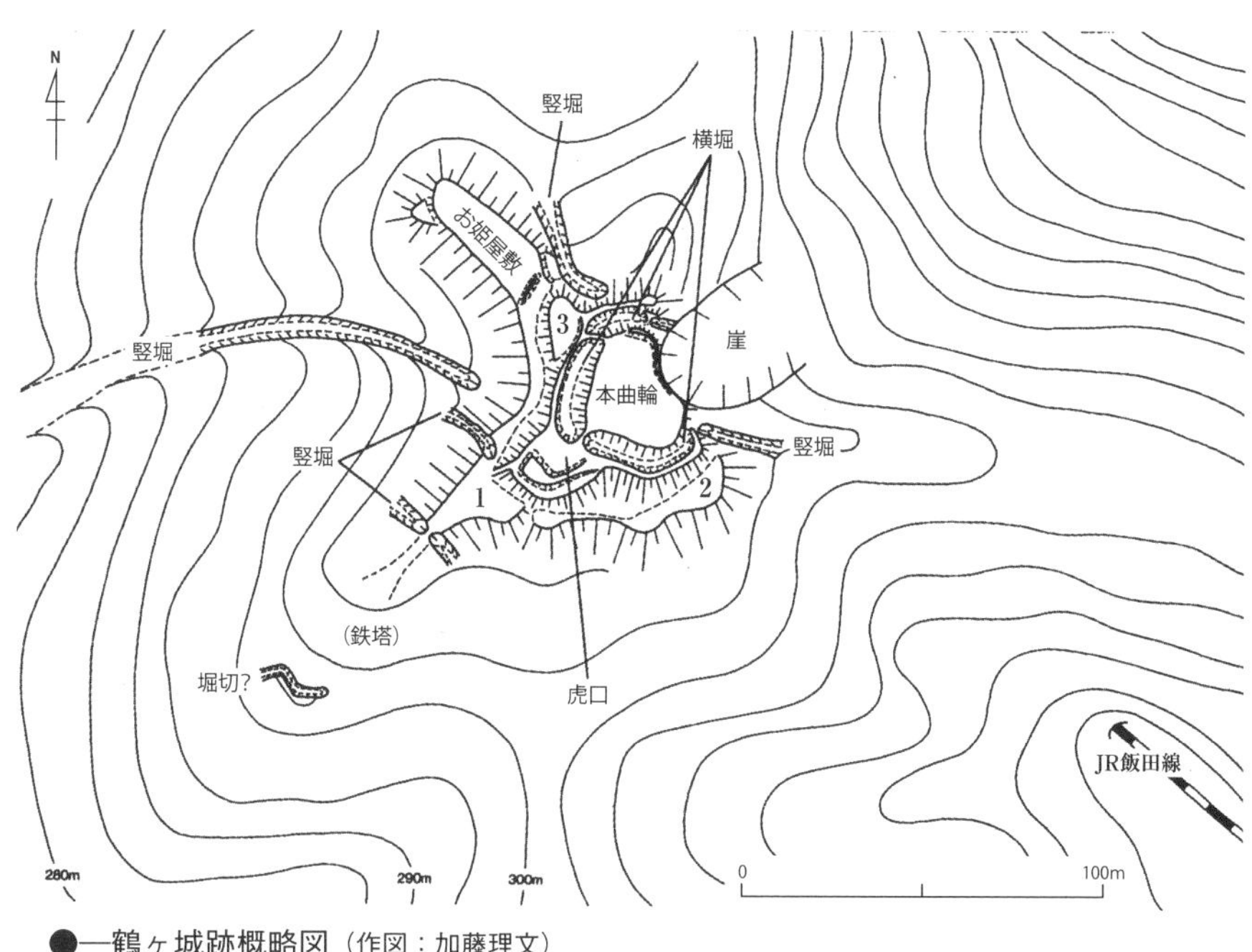

●—鶴ヶ城跡概略図（作図：加藤理文）

横堀が巡っていたかはわからない。南側斜面には、北側からの敵の侵入を防ぐための東側に伸びた竪堀（たてぼり）と、切岸（きりぎし）造成のための帯曲輪である曲輪2がある。

本曲輪西側の虎口に連続する尾根筋には、小さな堀切で区切られた曲輪1が配置されており、こちら側が大手にあたると思われ、南側斜面を降る別所街道へ通じる城道が推定される。曲輪1の北側谷筋には長大な竪堀が配置され、北側斜面からの敵の侵入を防ぎ、別所街道へ下る城道の防御も兼ねていたと思われる。

●—虎口方向から見た本曲輪。祠が祀られている。

本曲輪より

●—本曲輪南東下の横堀。外側が土塁となる。

北側に延びた尾根筋には、本曲輪に次いで広いお姫屋敷と呼ばれる曲輪がある。この曲輪は曲輪1より城内道で結ばれており、本曲輪へ直接入ることのできない構造になっている。曲輪先端に堀切はないが、この曲輪の東側斜面には竪堀が配置されている。さらに、本曲輪の東側斜面の崖面を挟んで東側に伸びた竪堀と組み合わせて、東側斜面からの敵に対する防備を固めていることがよくわかる。また、本曲輪の土塁も東側に確認できるので、東側斜面からの防備を意識した造りとなっていることがわかる。

このように本曲輪での横堀の配置、技巧的な外桝形状虎口などから見ると、元亀三年（一五七二）より当地に勢力を伸ばしてきた武田氏の改修を考えたい。

廃城時期は高天神城が落城した天正九年（一五八一）、当地域での武田氏の勢力が撤退した頃と考えられる。

【城の見どころ】 城は本曲輪北側のがけ崩れした場所以外は残っており、山林となってはいるものの低木は少ないため、比較的見学しやすい。とくに本曲輪周囲の横堀と虎口の残りはよく、当城の見どころとなっている。見学するには危険であるが、北側斜面の長大な竪堀も、北遠の犬居城でも見られる長大な竪堀と比較したい。

本曲輪の横堀の規模や、竪堀の形状は犬居城と類似することから見ても、武田氏が遠江・三河地域侵攻作戦のための信州から延びた物資補給路を守るため、要衝の地に築城された国境の山城としての視点をもって見学してもらいたい。

【参考文献】松井一明「遠江の山城における横堀の出現と展開」『森宏之君追悼城郭論集』（織豊期城郭研究会、二〇〇五）

（松井一明）

●信遠国境に位置する武田氏の橋頭保

高根城

〔浜松市指定史跡〕

〔所在地〕浜松市天竜区水窪町地頭方
〔比　高〕一五世紀
〔分　類〕山城
〔年　代〕約一七三メートル
〔城　主〕奥山氏武田氏
〔交通アクセス〕ＪＲ飯田線「向市場駅」下車、徒歩約三〇分。

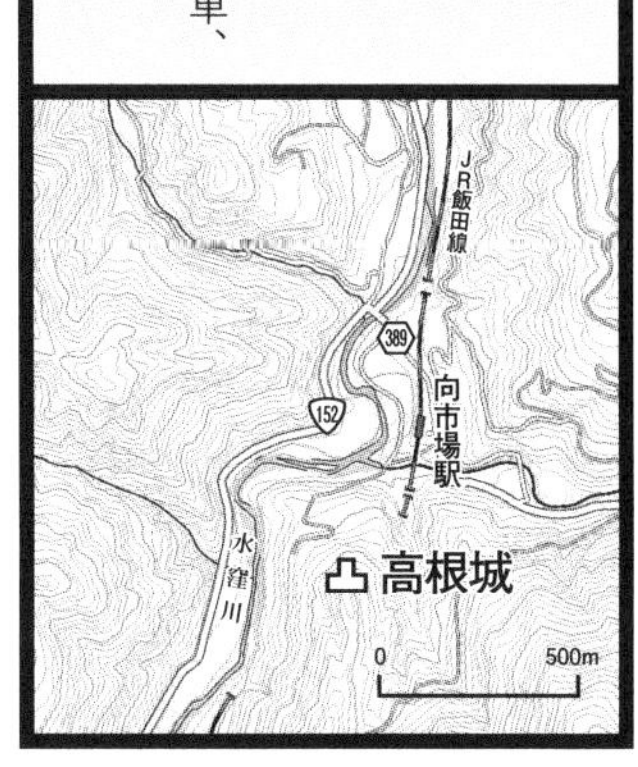

【奥山氏による築城】 高根城に関わるもっとも古い記録は、応永二十一年（一四一四）奥山金吾正ならびに諸士が尹良親王を守護して、周智郡奥山に仮宮を設け、葛郷高根の城跡を築き、十余年在城したと伝えるものだ（『相月奥山家書上』）。また、同三十一年信濃駒場で尹良親王以下二五人が不意打ちで死去し、奥山金吾正が宮の御首を抱え葛郷城へ戻ったとも記載されている。発掘調査では、一五世紀前半から中頃の遺物も一定量見られ、この時期の創築がほぼ確実な状況である。だからといって、親王云々が事実ということではなく、地元国人の奥山氏がこの時期に城を築いたであろうということである。

確実な資料としては、永正十年（一五一三）銘山住神社棟札である。奥山氏は、永正年間および大永年間（一五二一～二八）に、今川氏から野部郷（豊岡村）の地を宛行われたり、知行安堵を得たりしている。この頃から、今川配下の武将として組み入れられ、北遠江のほぼ全域を支配化に置いた可能性が高い。この時期の遺物は、本曲輪とその周辺域でのみ出土しており、奥山創築期の城は、本曲輪のみの小規模な姿が想定される。

奥山支配は、今川家の没落と、武田氏・徳川氏の台頭があった永禄年間後半頃に大きく変化することになる。『遠江国風土記伝』によると永禄十二年（一五六九）、「奥山由緒」では亨禄元年（一五二八）、高根城は落城したと伝わる。遠江国が大きく混乱するのは、永禄三年の今川義元敗死後のこと

●—二の曲輪東側の切岸と城内道

だ。まず三河ついで遠江で、反今川の動きが勃発する。高根城の落城も「遠州忩劇」と呼ばれた時期の可能性が高い。おそらく、奥山家内部で今川・徳川・武田のどこに就くかで大きな確執があったと推定される。前述の『遠江国風土記伝』による落城年永禄十二年発行の文書として二通が伝わっている。一通は、正月十日今川氏真が奥山兵部丞、左近将監に宛てた大膳亮跡職宛行、もう一通は四月十三日徳川家康が、同じく奥山兵部丞、左近将監に宛てた所領宛行の本領安堵状である。敵対する二家からそれぞれほぼ同一内容の文書が発給され、さらに同年の落城説が伝わるということは、かなり大きな変化が奥山氏にあったということではないだろうか。

【武田氏による奥山支配】 元亀三年（一五七二）、大井川を越えて遠江へ侵攻を開始する前に、武田信玄が奥山氏に対し発給した二通の文書が現存する。一通は、十二月三日奥山大膳亮に宛てた二〇〇〇貫文の所領宛行の判物で、もう一通は十二月十四日奥山右馬助（兵部丞から改名）、左近将監に宛てた所領宛行の判物である。従って、信玄の遠江侵攻戦前に、奥山氏は武田配下に組み込まれていたということになる。問題は、信玄から宛行われた所領に本貫地の奥山郷が入っていないことである。美薗・小野・赤佐（以上浜松市）、友永・見取・新池（以上袋井市）とすべてが遠江平野部の土地である。本貫地に新領が加わったのか、あるいは本貫地からの所領変更なのかは、はっきりしない。

大井川を越えた武田軍本隊は、相良から高天神城（掛川市）を攻め、久野城（袋井市）を通り、見付から向きを北に変え二俣城（浜松市）を取り囲む。二俣城を陥落させ、三方原合戦で徳川家康を破り、一気に三河野田城（愛知県新城市）へ攻め寄せた。

だが、ここで信玄の病が悪化、甲府への帰路で病没してしまう。武田家を継いだ勝頼もまた、元亀四年七月五日に犬居城（浜松市）主天野藤秀の寄騎であった奥山右馬助・左近丞に所領（鶴松＝袋井市）宛行の判物を発給している。庶流の奥山氏は、引き続き武田家に組み込まれていたことが判明する。天正二年（一五七四）武田氏は、兄弟宛に二通の朱印状を発給。一通は上長尾郷（本川根町）での市設立の安堵、もう一通は同地における武田家朱印状不所持の者の人夫徴発の禁止である。これは大井川渡舟場の管理のためである。このように、武田方となった奥山氏であったが、惣領家（大膳亮）は遠江平野部に領地を、庶流も天野家寄騎として奥山郷以外の土地を与えられていたようだ。武田氏は、奥山氏の本城（高根城）を接収しようと考えたのである。それは、この地が信遠国境であり、信濃から遠江へと南下する唯一の峠越えの街道が通っていたためであった。奥山の地を確保することで、国境越えの安全を確保しようとしたのであろう。

【長篠の戦いと高根城】 武田・徳川両氏にとって、後々大きな影響を及ぼす合戦が奥三河の長篠城（愛知県新城市）を廻る天正三年五月二十一日の合戦であった。織田信長・徳川家康連合軍三万八〇〇〇と、武田勝頼軍一万五〇〇〇が設楽原付近で激突した。連合軍の鉄砲隊により武田軍は、山県昌景（まさかげ）・土屋昌次（まさつぐ）・馬場信房（のぶふさ）らの信玄以来の宿将をはじめ戦死者は約一万人と言われる。勝頼自身も身一つで信濃へ逃れるなど、大敗を喫してしまった。

家康は勝利の余勢をかって二俣城を囲み、四方に砦を構築し封鎖、七月には光明城・犬居城を相次いで落城させ、八月には諏訪原城を落としている。勝頼も、このままの状態では、北遠江を奪還されるばかりでなく、駿河への侵攻を許しかねないと危機感をいだいたようである。同年八月十日、高遠城の保科筑前守正俊に二八ヵ条におよぶ命令文を発し、信濃防衛のための軍勢配備を命じた。

この朱印状は、従来元亀三年の信玄による遠江侵攻直前に出されたと考えられていたが、近年の研究により勝頼が、天正三年に岩村城（岐阜県恵那市）攻防戦や伊那坂西一族の謀反などへの対応、遠江出陣を前に信濃防衛の詳細を指示した内容と判明した。朱印状の一〇条と、四条が高根城に関する内容の可能性が極めて高いため、その部分のみ抜き出しておく。一〇条、松島基忠と小原継忠の同心の大草衆（上伊那郡中川村に住む土豪集団）は、（中略）ことごとく奥山（高根城か）へ加勢のため移れ（後略）。十四条、奥山（高根城か）にはこの間の加勢衆と松島基忠・大草衆が在城し、大洞（大洞若子城か）には武田信豊同心の知久衆（飯田市の土豪集団）と跡部勝忠同心の知久衆が在番するように命じている。

【高根城の改修と廃絶】 天正三年八月時点で、高根城は勝頼が自由に在番衆を決めることが可能であった。また、前条にあるような人数を収容できる城の構えだったのである。たしかに、現在の城なら、ある程度の人数で在番することが可能だ。したがって、天正三年時点で、城が現在の完成した姿であった可能性は高い。発掘調査によって、主郭では二時期の遺構が確認された。だが、城門や井楼櫓など主要建築は建て替えられてはいない。また、堀の掘り返しや土塁の増築は見られない。改修が実施されたとするなら、曲輪上の変更はなく、新たな土塁や堀切を築いたということだ。城域を区切る二重堀切、三の曲輪前面のUの字を呈す堀切など武田氏特有の構造も認められ、明らかに武田氏の手が入っている。

改修時期を改めて整理しておきたい。元亀三年十二月に奥山氏から城を接収し、天正三年八月には、在番可能な城として完成していた。文献、発掘調査成果がこれを裏付ける。では、いつ改修したかである。信玄の死は、元亀四年四月。七月に天正に改元があり、八月に勝頼は、武田信豊等を三河に、武田信廉等を北遠江へ侵攻させている。十月には、勝頼自らが大軍を率いて遠江に侵入し、同年諏訪原城を普請している。天正二年六月、高天神城攻略し、東遠江を制圧した。勝頼の行動で注目されるのが、天正元年十月の自ら大軍を率いての遠江侵攻である。この時点で、高根城の改修は、ほぼ完成していたのではないだろうか。国境越えの安全確保が成ったことによる侵攻の可能性が高い。いずれにしろ、元亀四年五月〜天正三年八月までの約二年間の間に高根城は改修を受け現在の姿が完成したのである。

天正四年、武田勢力が家康によって遠江から一掃されると、高根城はその使命を終えたようである。発掘調査による遺物も、一七世紀以降のものは出土していない。武田氏にとって、高根城は、南信濃から北遠江へ抜ける街道の安全確保のためと、遠江における橋頭堡として必要欠くべからざる城郭の一つであった。武田勢力の衰退によって、徳川家康は信濃国境警備のための城郭は必要としなかったということになる。

【高根城の構造】 城は、北から本曲輪・二の曲輪・三の曲輪を尾根筋に連続させた単純な構造だ。だが、検出された城内

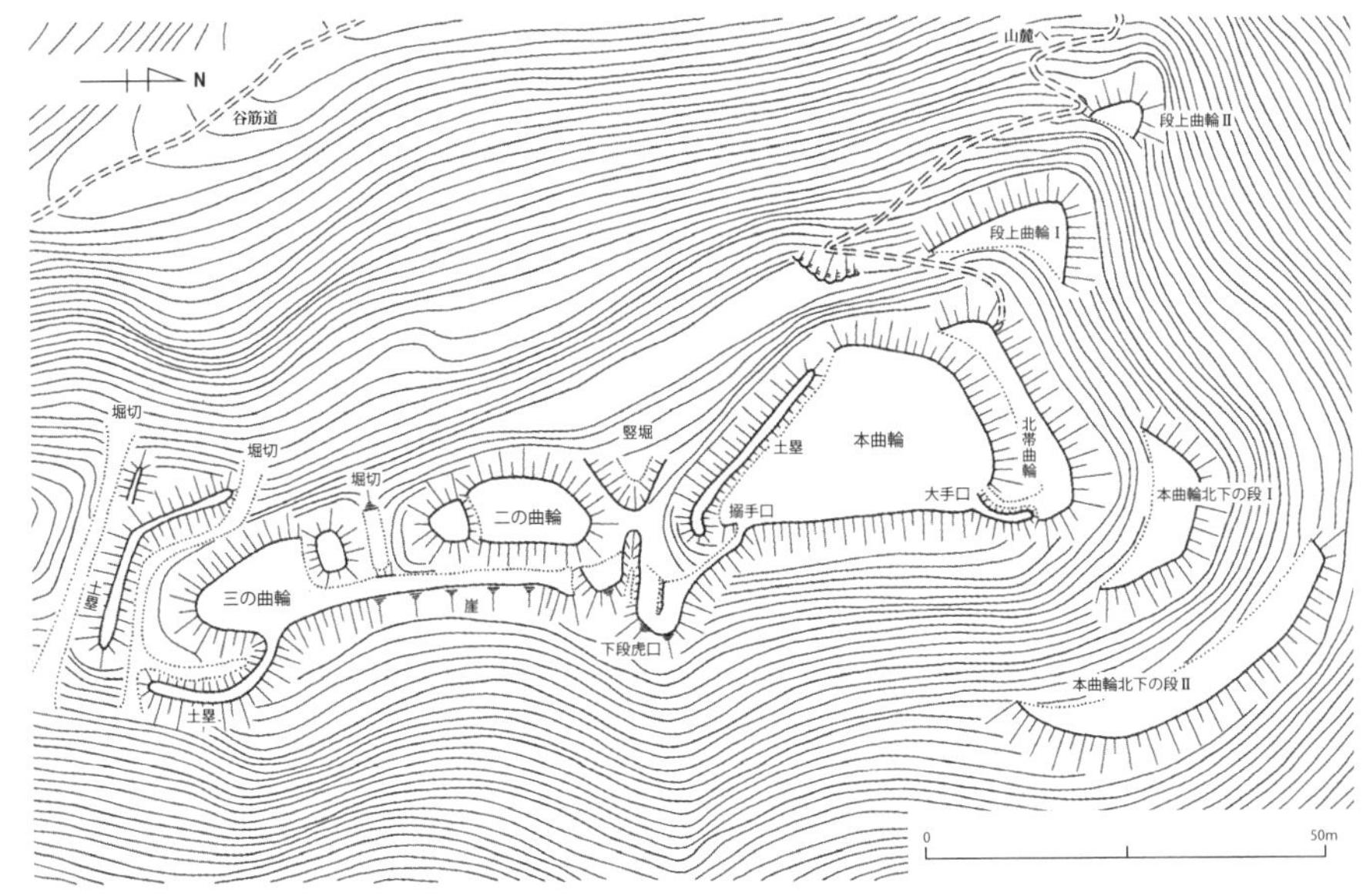

●—高根城概略図（作図：加藤理文）

●—本曲輪の搦手口と井楼櫓

道は、東側中腹に設けられ、土橋(どばし)や梯子(はしご)、木橋、柵、門等の構造物によって、折れと昇降を多用させる工夫が見られる。

本曲輪は、南北約三〇×東西約二〇メートルの広さで、西側に土塁、東北隅に大手門（礎石）、東南隅に搦手門(からめて)（掘立柱）を配す。曲輪内では一×四間の礎石建物、二間四方の望楼(ぼうろう)状掘立柱建物（井楼櫓）、柵列が検出された。曲輪北側の腰曲輪状の平坦地は、大手門に至る通路で、山麓へと続く。本曲輪搦手門下段には、厳重な虎口(こぐち)を配し、防備を強固にしていた。

二の曲輪は、本曲輪南側に位置し、本曲輪との間には、幅約一〇メートルの堀切を配す。東側本曲輪下段と二の曲

●—城域を区切る二重堀切

輪下段には小曲輪が配され、この両曲輪を結ぶための橋を架けたと推定される柱穴が検出されている。さらに、本曲輪側には門（掘立柱）と土留めの石積みが確認された。二の曲輪下段小曲輪には柱穴が残り、二の曲輪には梯子を利用していたと推定される。また、三の曲輪から本曲輪へ続く通路が、東側斜面中腹に設けられていた。

　三の曲輪は、二の曲輪南側に位置し、北側端に櫓台状の方形の高まりが存在する（二の曲輪との橋台の可能性がある）。二の曲輪との間には、幅約二〇メートル・深さ約五メートルの堀切を配し、東端に幅約一間（一・八メートル）の土橋が存在する。城域を区切る最南端には、中央に土塁を挟む、二重の堀切が設けられている。三の曲輪側の堀切は、曲輪を取り囲むようにU字状を呈し、外側堀切は尾根筋を直線に遮断。三の曲輪平坦部と城外平坦部との間の二重堀切の幅は約二九メートル。三の曲輪平坦部から、北側堀底までの深さは約八メートル、北側堀底から土塁上面までは約三メートル、城外平坦部から南側堀底までが約九メートル、南側堀底から土塁上面までは約四メートルと、極めて強固な構造であった。この城内最大の二重堀切が最終防御ラインで、城はここを以って完結している。

　平成十四年（二〇〇二）発掘調査に基づき、堀切等を復元するとともに、本曲輪の主要建築物を木造で再建し、戦国期の城が甦った。なお、曲輪廻りの塀や柵は、安全のための施設であり、本曲輪に復元された御殿建築は、稲荷神社の覆い屋であって、復元建物ではない。

【参考文献】加藤理文・中井均編『静岡の山城ベスト五〇を歩く』（サンライズ出版、二〇〇九）、加藤理文編著『静岡県の歩ける城七〇選』（静岡新聞社、二〇一六）、『高根城（久頭郷城）総合研究報告書』（水窪町教育委員会、二〇〇二）、城郭遺産による街づくり協議会編『戦国時代の静岡の山城—考古学から見た山城の変遷—』（サンライズ出版、二〇一一）

（加藤理文）

●犬居城包囲網の家康の陣城か

堀(ほり)の内(うち)の城(じょう)山(やま)

〔浜松市指定史跡〕

〔所在地〕浜松市天竜区春野町堀之内
〔比　高〕二二〇メートル
〔分　類〕山城
〔年　代〕一六世紀前葉、天正二・四年（一五七四・七六）頃
〔城　主〕天野氏、徳川家康
〔交通アクセス〕新東名浜松北ＩＣから車で四〇分。あるいは、国道三六二号線沿い春野ふれあい公園から徒歩約六〇分。

【気田川流域の山城】　気田(けた)川流域の城として犬居城がもっとも有名であるが、春野町史編纂にともなう分布調査などで、犬居城付近において平尾の城山、若見の城山、堀の内城山などの小規模山城が報告された。これらの山城のうち、平尾の城山と若見の城山については曲輪と思われる平場が数ヵ所観察ができるだけで、堀切(ほりきり)や土塁(どるい)などが確認できる明確な山城として認識できるものではなく、砦程度のものであったと思われる。堀の内の城山は本曲輪を中心とする曲輪群や、堀切が確認されるなど明確な山城としての遺構を残すものである。これらの小規模山城は気田川北岸の丘陵上にある犬居城に対峙するように、南岸の丘陵上に位置することから、犬居城主天野氏を攻略するため、徳川家康が築いた支城網とする説、犬居城を守るための天野氏の支城網とする説がある。いずれの説にしても犬居城との関連から説明する必要があろう。堀の内の城山は気田川からの標高差二二〇メートル、若見の城山で標高差一七〇メートル、犬居城でも標高差一八〇メートルとかなり標高差があることから、戦国時代の北遠から川根や信州に至る街道や山道については、山城のある付近の尾根筋にあることがわかる。気田川は犬居の地で天竜川と合流し、さらに奥三河や二俣、浜松方面に至る北遠の地での交通の要衝地にあったことも、犬居城とこれら小規模山城が存在した大きな理由と考えられる。ちなみに、さらに上流の気田地区には古墳時代後期の仇山(あだやま)古墳群があり、古代〜中世の集落の状況から見ると、天野氏のもう一つの中心的な館があったのは、篠ヶ嶺(ささがみね)

●―北尾根筋より全景。一番奥の高い場所が本曲輪。

城を要する山路遺跡などが推定地と目されている。

【北遠の雄天野氏の動向】

　堀の内城山の発掘調査が平成二十二年に行われ、本曲輪の確認トレンチから渥美大甕、瀬戸擂鉢の出土があり、瀬戸製品の主体の時期が一五世紀後葉〜一六世紀初頭の古瀬戸後4期新段階と報告された。堀の内の城山の構造から、天正二・四年（一五七四・七六）の徳川家康の犬居城攻めの陣城として考えられていたが、出土遺物から戦国時代前期に築城時期を遡らせる可能性が出てきた。発掘調査によってこの時期まで築城を遡らせることができた山城として、奥山氏の水窪町高根城があげられる。よって、堀の内の城山だけでなく、犬居城も築城時期が戦国時代前期に遡る可能性が出てきたことから、一五世紀後葉〜一六世紀における天野氏の動向を紹介し、城の構造を考えてみたい。

　天野氏は伊豆の田方郡天野郷（伊豆の国市長岡町）を本拠地とした一族で、伊豆に流されていた源頼朝が平家打倒のために召し出した伊豆の武将の一人である天野遠景を祖とし、承久の乱（一二二一）後に北遠の山香荘の地頭となり、在地領主化したといわれている。

　戦国時代になると応仁二年（一四八六）、管領細川勝元が将軍の命令として犬居城主天野安芸入道に対して勝田（勝間田）之長に合力し、遠江守護斯波義兼の勢力下にあった宇刈郷を引き渡すよう命じている。永正二年（一五〇五）、駿河守護の今川氏親は、今川氏の旧領である斯波氏の遠江に進撃を開始し、『三河物語』に氏親に味方した遠江衆の中に乾（天野）が確認されている。さらに永正十三年（一五一六）、氏親と斯波義達・大河内貞綱が激突、これに呼応して旧佐久間町域にて大滝合戦が勃発、鹿鼻（旧春野町勝坂・勝坂砦か）にて天野宮内右衛門尉の子である与四郎景泰と、弟の小四郎虎景が奮戦したことが伝えられている。

天文五年（一五三六）、氏親の跡を継いだ氏輝が急逝すると、今川氏の家督を巡って義元と弟玄広恵探の間で花蔵の乱がおこった。遠江でも翌天文六年見付端城に籠る恵探に味方した今川了俊の末裔である堀越貞基に対して、天野小四郎虎景と叔父の孫四郎景義が攻撃し貞基を滅ぼした。この功績により義元から天野安芸守景泰（与四郎）が寄親として北遠の地を任され、寄子に一族の天野虎景（小四郎）をはじめとし奥山氏、松井氏、気多氏、花島氏などの在地領主が組み入れられた。

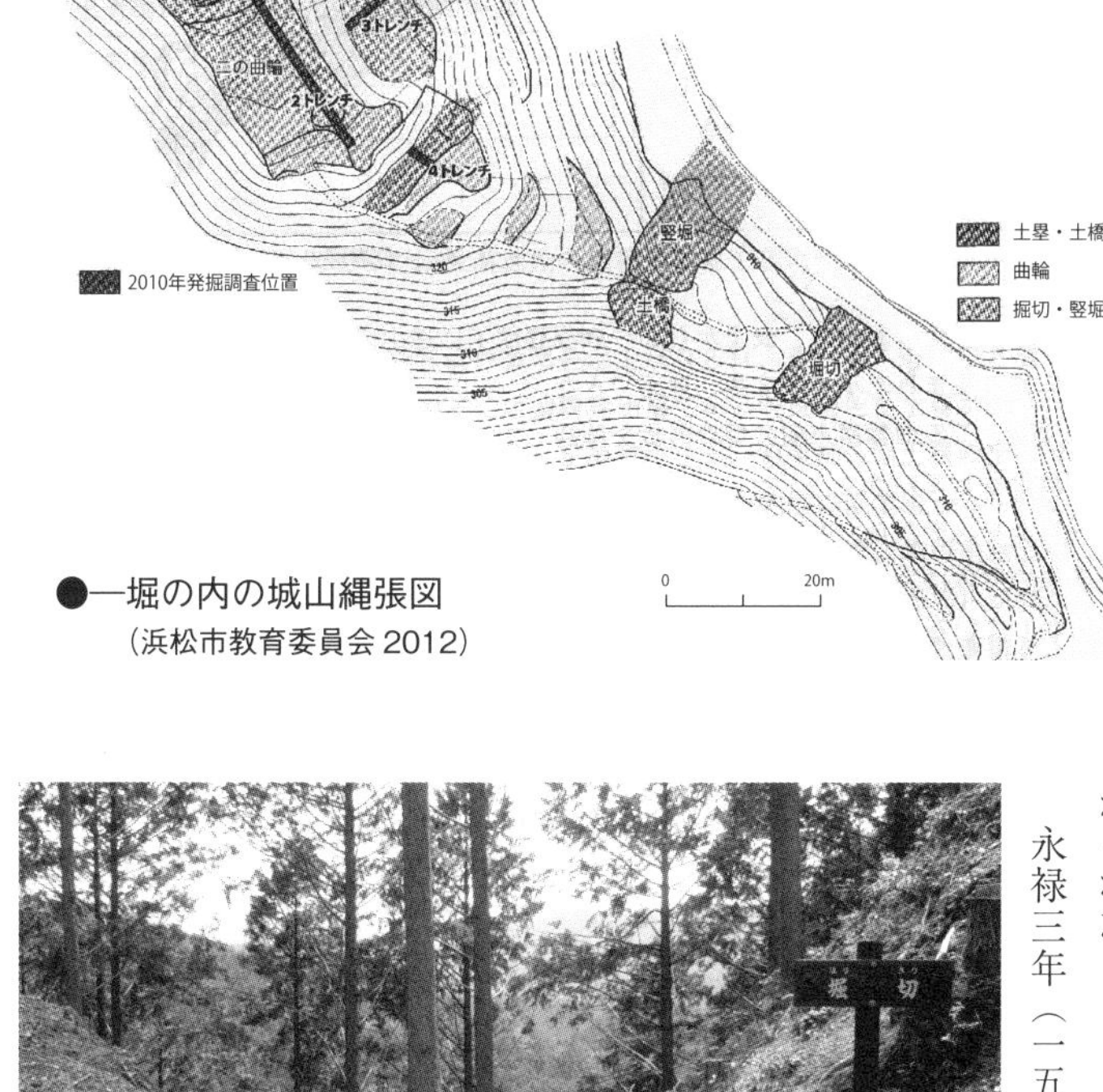

●—堀の内の城山縄張図
（浜松市教育委員会 2012）

●—二重堀切の北側の堀切で，上端で幅10㍍近くある。

永禄三年（一五六〇）、織田信長を撃つべく尾張に侵攻した今川義元であったが、桶狭間の戦いで反対に信長に撃たれた。急遽氏真が家督を継いだが、家康の離反などもあり今川氏の勢力は急速に失われた。遠江でも今川氏の家臣で曳馬城主であった飯尾氏、さらに井伊氏、奥山氏らと共に、天野安芸守景泰、その子七郎元景も加わり、氏真が「遠州忩劇（えんしゅうそうげき）」と呼んだ戦乱状態になる。北遠の地では天野虎景の子である宮内右衛門尉藤秀が今川方となり、惣領家である景泰、元景親子と対立した。その結果、景泰親子は没落し、代わって藤秀が氏真から北遠の寄親を任された。

永禄十一年（一五六八）、徳川家康と武田信玄が計らい、東西から今川領に攻め入り今川氏が滅ぶと、元亀三年（一五七二）、信玄が家康領となった遠江に突如攻め入った。北遠の領主も信玄か家康につくかの決断を迫られ、天野藤秀は武田氏の道案内役を担った。これにより天野氏は武田氏方となり、家康と敵対関係になった。天正二年（一五七四）、家康は武田氏に味方する天野氏を撃つべく犬居城に進撃したが、山間部での戦闘に不慣れな家康軍は天野氏の地の利を得た戦法に敗れた。翌天正三年に長篠の合戦で武田勝頼が信長・家康連合軍に敗れると、北遠における武田氏の勢力も衰退し、天正四年の犬居城攻めでは三倉氏や気多氏らが徳川方に寝返り、ついに天野氏は拠点である犬居城を失った。

【犬居城と堀の内の城山との関係】　諸説あるように天野氏と犬山城の盛衰と、堀の内の城山の築城や改修時期について密接に関係しているとの前提から、発掘調査の成果などをあわせて考えてみたい。まず永正二年の今川氏親の遠江の進撃により、北遠の地でも大滝合戦に代表される緊張状態が生まれた時期があげられる。その後、今川氏真の没落による「遠州忩劇」による天野氏の内紛、あるいは武田方についた天野氏と徳川家康との戦闘時期が考えられる。

この二時期から堀の内の城山の構造を見てみると、一五世紀後葉の遺物が出土した本曲輪と腰曲輪、本曲輪の北東側の堀切の規模が小さいことから、この範囲が大滝合戦に関係した時期に該当し、天野氏の犬居城の支城としての役割があったと思われる。北東方向に伸びた尾根筋に二重に入れられた堀切（ほりきり）は、本曲輪の堀切とは幅が一〇メートルと広くしかも二重堀切となっていることと、犬居城には見られない堀切であるため、犬居城を包囲するための陣城として、徳川方が改修した天正二・四年の時期と見たい。

【城の見どころ】　コンパクトな城ながら、戦国時代前期と後期の時期の変遷を追える構造を観察できることと、戦国時代後期の二重堀切は醍醐味がある。また、一見すると山奥にある山城であるが、尾根筋の山道を抑えた軍事的な立地も見てもらいたい。

【参考文献】　浜松市教育委員会「堀之内城山城跡」『平成二二年度浜松市試掘調査概要』（二〇一二）、『春野町史通史編』（春野町、一九九七）

（松井一明）

●北遠江の雄、天野氏の居城

犬居城〔県指定史跡〕

〔所在地〕浜松市天竜区春野町堀之内犬居
〔比　高〕約一五〇メートル
〔分　類〕山城
〔年　代〕一五世紀頃
〔城　主〕天野氏
〔交通アクセス〕国道三六二号線から春野ふれあい公園前交差点を東に入り、犬居城入口より北へ約五〇〇メートル。

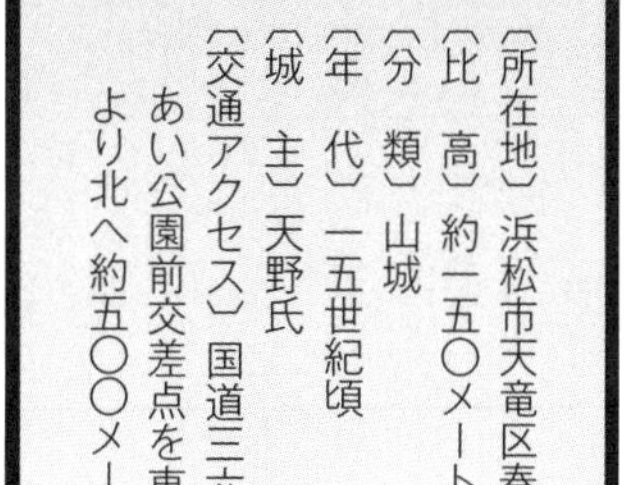

【北遠の国衆犬居氏と犬居城】　犬居城を築いた天野氏は、元々伊豆を本貫地とする武士で、承久の乱ののち、遠江国山香荘に地頭として入部し、その本拠を犬居に置き、以後一族が当地周辺を治めていった。南北朝期には遠江守護今川氏に従って南朝方と戦うが、庶子家が南朝方につくなど一族の中でも複雑な動きがあったようである。至徳三年（一三八六）には惣領家の天野景隆が犬居・平山・大峯の三ヵ村を安堵され、在地における勢力を拡大していった。一五世紀初頭に遠江守護は斯波氏に替わるが、天野氏は遠江の国衆の多くがそうであったように、明確な主従関係を持たずに独自の領国経営を行い、国衆として成長していった。当初の犬居城が築かれたのもこの頃のことであろう。

今川氏親が遠江守護職に任ぜられると惣領家を中心とした天野一族は今川氏の傘下に入り、一時的に敵対関係になったことはあるものの、有力な国衆として働くこととなる。天野氏は領内に数多くの一族衆や被官を従えて、領内支配には今川家の検断権が及ばない不入の特権が与えられたとみられ、自立した国衆としての地位を維持していたものと考えられる。しかし、その状況は永禄三年（一五六〇）の桶狭間合戦で今川義元が織田信長に討たれ、今川氏が衰退すると、一変することになる。遠江の国衆の離反が相次ぐ「遠州忩劇」と呼ばれる事態に陥ってしまうのである。天野氏もその余波を受け、惣領家であった安芸守景泰・元景親子は曳馬（浜松）の飯尾氏に加担して今川氏に背いたため、一族の小四郎藤秀が惣領となって今川氏真(うじざね)に従っている。しかし、永禄十二年(一五六八)に氏真が武田信玄に駿府(すんぷ)を追われ、翌年に退却先の掛川城を徳川家康に攻められ開城したことにより、戦国大名としての今川氏は滅亡してしまう。これ以降、天野氏は遠江をめぐる武田・徳川氏の争いに巻き込まれることとなるのである。惣領家であった天野藤秀は徳川氏に従属していたが、元亀二年(一五七一)頃より北遠に進出した武田信玄に抗しきれず従属し、遠江侵攻の際には遠江の定番に任ぜられ先鋒として働き、傘下の有力国衆としての地位を固めていった。

信玄が没した後、武田勝頼も遠江における勢力維持を図っていたが、天正二年(一五七四)三月になると、徳川家康は遠江における勢力の奪還を目指して、天野氏の本拠犬居城攻めに出陣にする。家康の重臣大久保忠世(ただよ)は遠江国衆の天方氏の案内によって、浜松城から秋葉街道を経て犬居へと迫っていった。しかし、連日の大雨により城の周囲を流れる気田(けた)川が増水し、補給にも支障をきたしたため兵糧も乏しくなってきたことから撤退を余儀なくされた。この際、天野方は急峻な地形を生かしてゲリラ戦を展開し、徳川軍を悩ませたという。同年五月にも家康は犬居城攻めを行い領内の篠ヶ峯(ささがみね)城を攻撃するが、やはり大雨と兵糧不足によって退却している。

翌天正三年五月、武田勝頼が織田・徳川連合軍に長篠の戦いで敗れると武田氏の勢力が徐々に衰えを見せ始めたため、家康は北遠攻略のため再度侵攻を開始する。まず北遠の入り口である二俣城・光明(こうみょう)城を落とし、ここを足掛かりに天正四年七月には本格的な犬居攻めを行う。これまでの失敗を踏まえ、家康は堀の内の城山をはじめとする陣城を築くなど、周到に準備を進め、樽山城や勝坂砦などの支城群を攻略し、犬居領内への侵攻を進めていった。そしてついに天野藤秀らは犬居城を放棄し、犬居城は落城したのである。藤秀らは徳川氏に抵抗を続けつつ、山中をたどりながら甲斐へと逃れていった。天正十年(一五八二)に武田氏が滅びると、天野一族は小田原北条氏に仕えるなどしたが、のちに犬居の地に戻り、帰農した者も多かったという。

【城の立地】 犬居城は山間を蛇行する気田川が作り出した谷底平野に立地する犬居地区を見下ろす、標高二六〇メートルの鐘打(かねうち)山の山上に所在している。鐘打山の南麓、現在の熱田神社付近には天野氏の平時の居館が築かれていたとされ、ここを拠点として天野氏は領内を治めていたのである。犬居三ヵ村を中心とした領地からみると、犬居城はやや南に寄っているようではあるが、気田川流域、また南側直下を走る秋葉海道を押さえる交通の要衝でもあったことから、本拠を置くべき地

●—犬居城遠景（南東より）

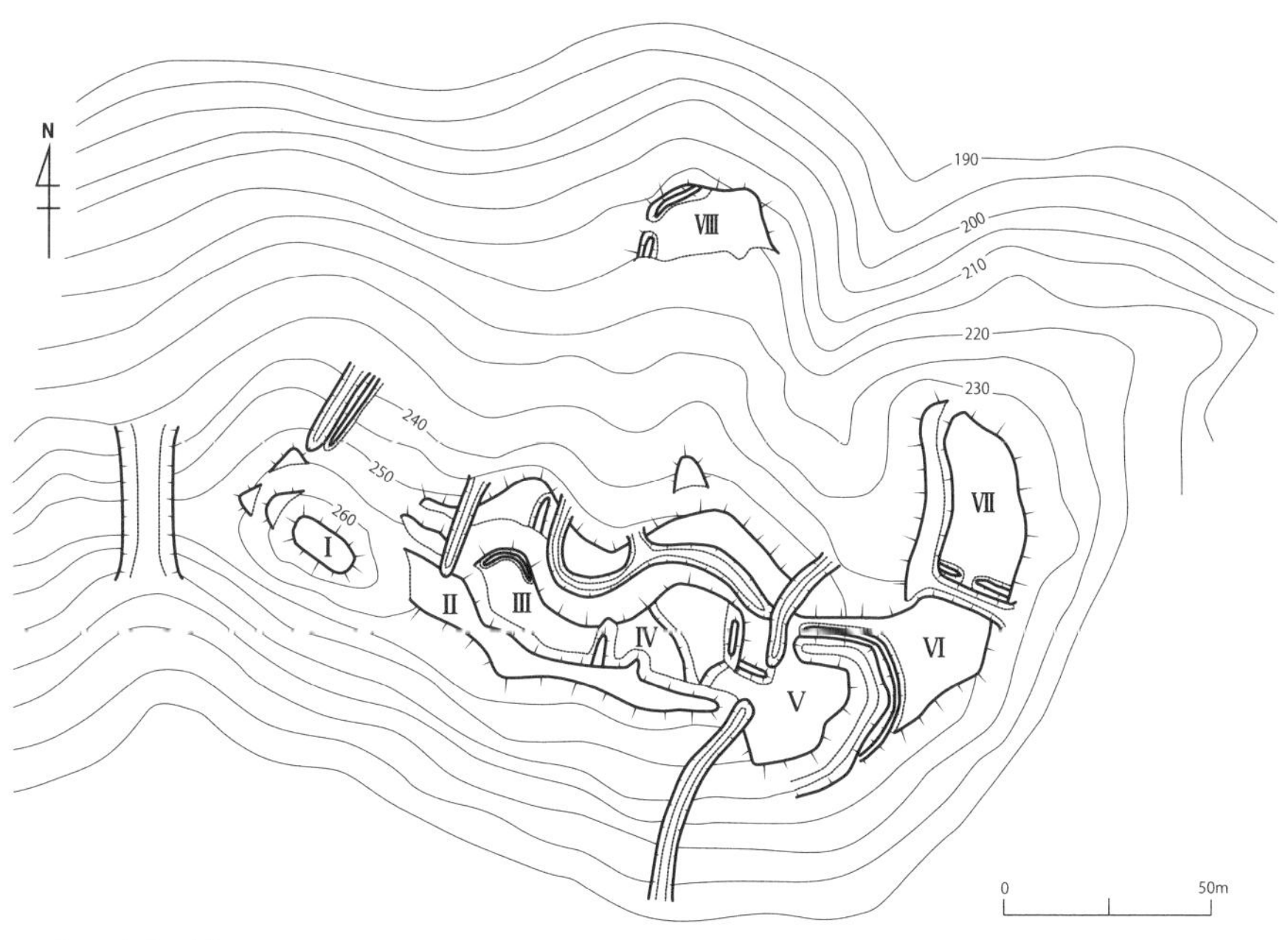

●—犬居城概要図（作図：溝口彰啓）

●—犬居城　曲輪Ⅱ

●—犬居城　曲輪Ⅴ虎口

として選地されたのであろう。

【城の構造】　城は鐘打山の山上部にあり、別名を鐘掛城ともいう。かつて城内に鐘が置かれたことにちなむものであろう。城は鐘打山の最高所に曲輪Ⅰを置き、東に延びる尾根上に主要な曲輪を配置する。曲輪Ⅰの西側は幅二〇㍍を超える大堀切（おおほりきり）が設けられ、西側の尾根筋から城域を区画するように遮断している。曲輪Ⅰは最高所にあるが、単純に削平された小規模な曲輪であり、物見（ものみ）曲輪であったとみられる。曲輪Ⅰは現在も城内随一の見晴らしがあることから、展望台も設置されている。気田川流域の監視を行うとともに、東側の城の中枢部を守る障壁のような役割があったものとも考えられる。犬居城落城後、城内は荒廃するに任せていたようであるが、江戸時代には信仰の場となったようで、曲輪Ⅰ付近に宝暦三年（一七五三）銘のある「役の行者」の石造物が残っている。

曲輪Ⅰを東に降ると尾根の南端に長大な曲輪Ⅱが延びている。曲輪Ⅱは長さ約七〇㍍の細長い曲輪で、南側は急峻な崖面に面している一方、約二㍍の比高差をもった北側下段に曲輪Ⅲ・Ⅳが配置されている。曲輪Ⅲ・Ⅳは犬居城の中核的な曲輪であるため、曲輪Ⅱは南側を守る長大な土塁（どるい）としても機能していたものと思われる。曲輪ⅢとⅣは東西約六〇㍍のほぼ一体の長大な不整形の曲輪であるが、中央部の土塁によって仕切られており、東側の曲輪Ⅲが本曲輪、曲輪Ⅳはそれに次ぐ重要な曲輪であったものと考えられる。曲輪Ⅲの西端は北側にやや突出した箇所があり、土塁が設けられている。ここからは曲輪Ⅲ・Ⅳの横堀に沿った北側斜面が横矢(よこや)掛りに見渡せることから、そこからの侵入に備えることを可能にしたものであろう。曲輪Ⅳは中央に段差があり、東端には土塁と段差によって内枡形(うちますがた)状に造られた東虎口(こぐち)が設けられている。曲輪Ⅲ・Ⅳの北側は緩斜面となっているためか、北側下段には横堀とそれにともなう腰曲輪を巡らせ、より強固な防御態勢を固めている。横堀の中央と西端は竪堀(たてぼり)状に斜面に向かって落とされている。

曲輪Ⅳの東側に配された曲輪Ⅴとの間は土橋(どばし)を備えた堀切によって分断され、その南北両端部は竪堀となって斜面下部まで延びている。北側の堀切は曲輪Ⅲ・Ⅳ下段の横堀に接続している。曲輪Ⅴの東面には幅約八メートルの弧状の堀が掘り込まれ、東側から北側の堀の前面には土塁が設けられている。曲輪Ⅴから曲輪Ⅳへは堀前面の土塁沿いの狭い通路を通りつつ、北側には土橋を渡ることとなる。こうした曲輪形状と配置から、曲輪Ⅴは曲輪Ⅳ東虎口の東面に構えられた馬出(うまだし)曲輪であるといえ、ここが城の大手にあたっていたとみられる。この部分は城内でも特に厳重な備えを誇り、犬居城の構造的な特徴をよく観察できることから、犬居城最大の見どころである。曲輪Ⅵは大手前面の曲輪として機能し、南側には登城路が取り付いていたものとみられる。小規模な堀切によって区切られた、さらに東側には曲輪Ⅶが配置されるが、城域の東端でもある曲輪東側は特に遮断施設もなく、自然地形のままとなっている。その北側には腰曲輪が付属し、北方面の備えとしている。本曲輪北側を三〇メートルほど下った個所には井戸曲輪とされる曲輪Ⅷがあり、斜面部分には湧水点があることから、水の手とも考えられる。西側の一部に土塁の痕跡があるが、崩落などによってその原形状は明確ではない。

ここでみてきたように、馬出曲輪と横堀の多用が特徴的な城のあり方は、天正二年（一五七四）以降に本格化した徳川氏の攻撃に備えて天野氏が改修を施した結果と考えられるが、天野氏が単独でこれを造ったものではなく、当時従属していた武田氏からの築城技術の支援があったことは明らかである。北遠地域を支配下に治めていた武田氏がその維持を図るため、持てる築城技術を惜しみなくつぎ込んで支援した結果が城の構造に表れているといえよう。

【参考文献】『静岡県史　通史編二　中世』（静岡県、一九九七）、『春野町史　通史編上巻　原始・古代・中世・近世』（春野町、一九九七）、『静岡県の中世城館跡』（静岡県教育委員会、一九八一）、児玉幸多・坪井清足編『日本城郭大系　第九巻　静岡・愛知・岐阜』（新人物往来社、一九七九）

（溝口彰啓）

●遠江主要ルートの結節点の抑え

社山城（やしろやまじょう）

〔磐田市指定史跡〕

〔所在地〕磐田市社山
〔比　高〕約一三六メートル
〔分　類〕山城
〔年　代〕一六世紀
〔城　主〕不詳
〔交通アクセス〕遠州鉄道バス磐田天竜線「慈眼寺入口」下車、徒歩二〇分。

【主要ルートの結節点】　社山城は、平坦に続く磐田原台地の北端部に形成された独立丘陵状の標高一三六メートルの山頂にあり、西方に浜松・天竜川、北方に二俣を望む。また、守護所のある見付から二俣・水窪（みさくぼ）をへて、南信濃まで抜ける南北ルートと、浜松から天竜川の渡河（とか）地点、そこから天方（あまがた）城他の森の城郭群をへて掛川に抜ける東西ルートの結節点に位置している。

【社山城の創築】　地域史料である匂坂（さぎさか）家譜などの匂坂家文書に、南北朝の終焉を迎える頃（一三九〇年頃）、「匂坂共長（四代）、今川泰範（やすのり）・貞世（さだよ）に仕え、命により社山城を築く」とあり、ここから約一〇〇年間、社山城主としての匂坂氏の記事がみえる。この匂坂家文書についても確実な史料にもとづく検証を待たなければならない。

【斯波・今川抗争期】　応永十二年（一四〇五）、斯波（しば）氏の遠江守護就任が引き金となり、それまで守護だった今川氏との抗争が始まる。文明六年（一四七四）、今川義忠（よしただ）が遠江に侵攻したが、義忠の討死によっていったん中断するものの、嫡子氏親（うじちか）によってふたたび開始され、明応八年（一四九九）には守護所のある見付近まで侵攻した。そこで、斯波義廉（よしかど）は弟義雄（よしお）を社山城に配したが、『宗長手記（そうちょう）』にみえる「社山城に左衛門佐殿（義雄）在城、配流をもって二俣の城へ退け」となり、社山城は今川方の支配下となる。

【信玄・家康抗争期】　天文五年（一五三六）、義元が家督を継ぐと、遠江はさらに安定する。ところが、永禄三年（一

●―社山城遠景

五六〇）を境に一変する。「桶狭間」だ。直後から「遠州忩劇」といわれる抗争の場となり、遠江の国人層が、今川と武田と徳川に分かれてにらみ合いが続くことになる。

その混乱に乗じて永禄十一年（一五六八）、信玄が駿河へ、家康が遠江へ侵攻し、元亀三年（一五七二）には信玄が遠江に侵攻を始める。信玄は、駿府を発し、徳川の拠点である高天神・掛川城の間を分断するように、久野城（袋井市）をへて見付（磐田市）に入り、小競り合いをしながら一言坂から北上、二俣城へ向かう。『三河物語』には「信玄は見付之台より合代嶋へ押上て陣取、それより二俣の城を責める」とみえる。おそらく、信玄は、勝頼が二俣城を攻めている間、徳川拠点部隊に備えて合代嶋後方の社山城に布陣したものと考えられよう。

【勝頼・家康抗争期】 天正元年（一五七三）、信玄が没する。家康は五月には駿河に侵攻し、六月には社山城や合代嶋の砦を修築して、武田方の二俣城に備えていることが『澌庵遺書』や『三河物語』にみえる。さらに同年末には、勝頼が大軍を率いて駿河から遠江に入り、浜松城下にまで迫った上、社山城付近で天竜川を渡河し、社山城近くを通って掛川・小笠方面に向かったことが『三河物語』にみえる。こうした小競り合いが続く中、天正三年（一五七五）五月、「長篠の戦

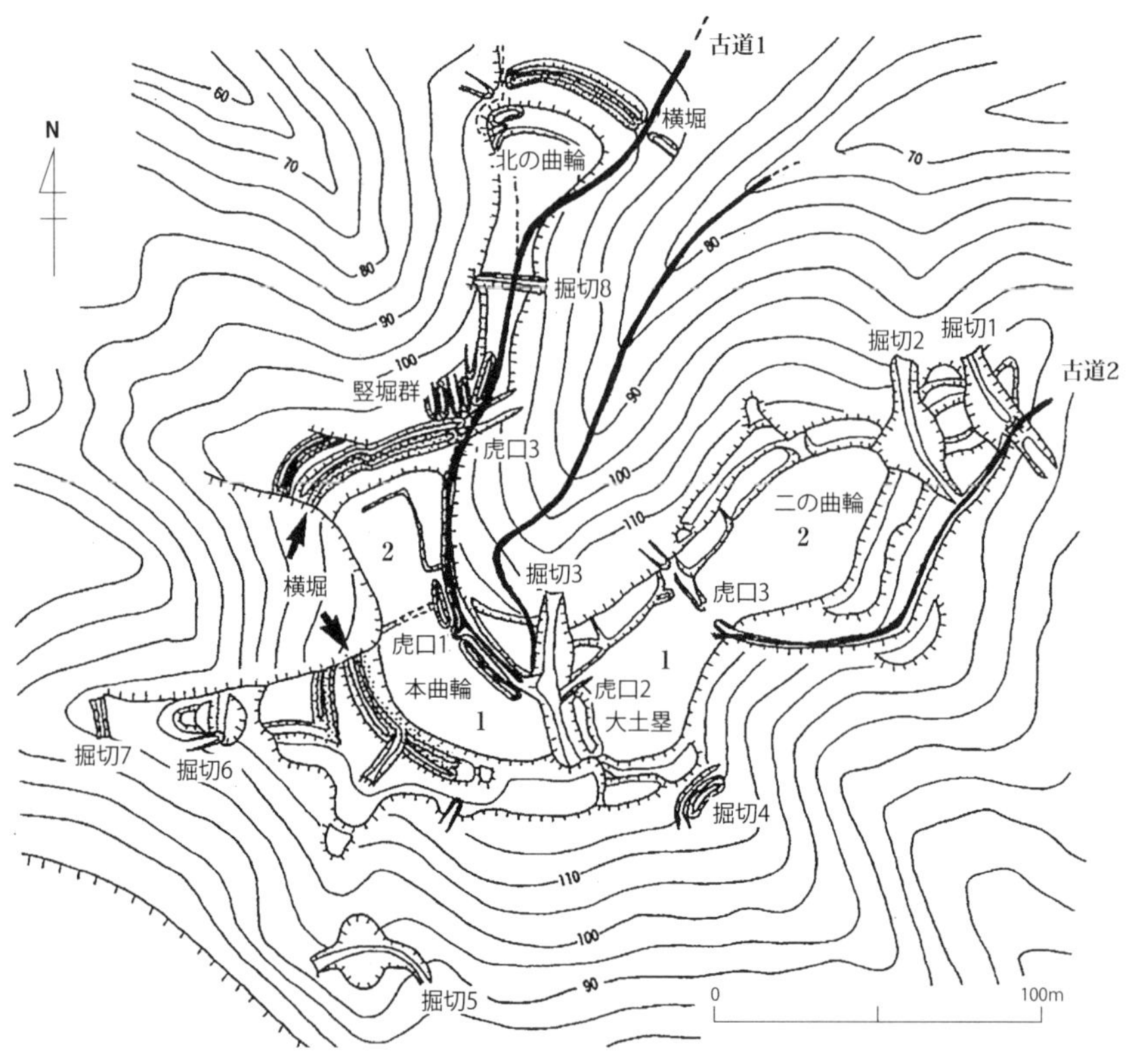

●—社山城概要図（作図：松井一明，清水一部加筆）

い」が起こる。この戦いにより、遠江における武田の勢力は衰え、家康が遠江の諸城を接収していく。同年には二俣城もあけ渡され、史料に社山城の記事はみられなくなる。

【社山城の構造】　矢倉屋敷・蔵屋敷・牢屋敷・門前などの地名が残る東北側の麓から北の曲輪に向かって『遠江風土記伝』にみえる古道1がある。この道が最終的な大手道と考えられる。ここから城内に入ると、まず北方を守る北の曲輪があり、下部には横堀と土塁が配されている。道は堀切8によって遮断され土橋が残されている。さらに進むと本曲輪の北端部から約一〇メートル下部に配された横堀と土塁があり、横堀の東側延長は竪堀となり、北側は竪堀群によって防御されている。ここが城の主要部への入口にあたる虎口3である。

この道は、頂上のL字状に削平された本曲輪の屈曲部取りつき、そこには堀切3があって本曲輪を分断している。どちらが主曲輪かは諸説あるが、西側から北側にかけて一〇〇メートルにもおよぶ横堀が巡っている状況から、最終的には西が本曲輪、東が二の曲輪と考えられる。横堀のさらに西側の尾根筋の基部

は、多重堀切などにより遮断されている。本曲輪には、現
在、八幡神社があり、説明板が設置されている。

二の曲輪は、堀切によって分けられ、東側の尾根筋は二重
堀切1・2で遮断されている。西端部には大土塁が配され、
ここから本曲輪と木橋などで連結されていたと考えられる。
曲輪の北側には帯曲輪が配され、各曲輪をつなぐ城内道や虎
口が確認されている。二の曲輪中央付近から東方向の尾根筋
下部には『遠江風土記伝』にみえる古道2がある。

二の曲輪の南側に延びる尾根は、基部を堀切4によって遮
断されている。この尾根には階段状の平坦地がみられ、南側
の麓道に向かって下ることから大手筋との見方もあるが、現
状は段差が急でまわり込む道もない。しかし、今川氏親（うじちか）が南
方面から攻めてきたことを考えると、南側の防御構造を再踏
査する必要があるかもしれない。

以上が、社山城の主な構造である。これまでは、大規模な
二重堀切や本曲輪を囲むように緩斜面に配された横堀などか
ら、武田方の山城の特徴が色濃く残る山城で、一部、北の曲
輪などに徳川の改修があったと考えられてきた。それは元
亀三年（一五七二）の遠江侵攻の際に武田方が入り、翌年に
は徳川方によって改修が行われたという史料からも把握され
る。しかし、「長篠を契機に徳川の城が武田の技術を取り込
み、強固な防御構造をもつ城へと変化する」（加藤二〇一一）
という指摘もあり、社山城についても想定しておく必要があ
ろう。

【戦いの城】 戦国時代には広域的な軍事行動の必要性から、
城郭のネットワークが重要であった。社山城は、浜松、見
付、森、二俣のルート上の結節点であるだけでなく、のろし
などの通信手段により周辺城郭をネットワーク化できる拠点
的な城郭と位置づけることができ、ここを抑えることは、中
遠・西遠地域の制圧に欠くことのできない条件だったと思わ
れる。そのため、史料のほとんどが抗争の中で登場し、構造
的にも高い防御性がみてとれ、「斯波と今川」「武田と徳川」
の二時期の抗争期の中で、まさに「戦いの城」だったと理解
できよう。

【参考文献】 加藤理文「山城の補修と改修」城郭遺産による街づくり協議会編『戦国時代の静岡の山城』（サンライズ出版、二〇一一年）

（清水　尚）

●戦国期から近世城郭の変遷がわかる平山城

久野城（くのじょう）

〔袋井市指定史跡〕

〔所在地〕袋井市村松鷲津
〔比　高〕二五メートル
〔分　類〕平山城
〔年　代〕一五世紀後葉〜一六世紀前葉
〔城　主〕久野氏、松下氏、北条氏重
〔交通アクセス〕JR東海道本線「袋井駅」から車で油山寺方面約一五分。あるいは、駅前から森町・山梨方面行バスで「一軒家」下車、徒歩約二〇分。城の北側にトイレ、駐車場有

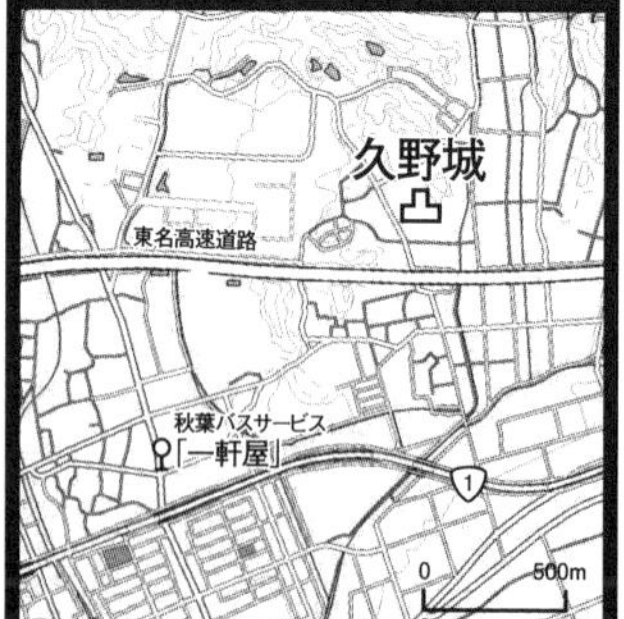

【東海道のおさえの城】　久野城の位置は守護所のあった見付（みつけ）宿と掛川（かけがわ）宿の中間で、東海道より北側にある南方向に伸びた舌状の低丘陵地に築城されている平山城である。本丸から見ると近世東海道をよく見渡すことができ、戦国期の東海道も同位置にあったと想定され、東海道を抑えるための軍事的に重要な場所であったことがよくわかる。また、城の東側には東海道から真言宗の古刹（こさつ）である油山寺（ゆさんじ）に行くための油山寺道があり、この油山寺道から分かれて宇刈（うがり）から森町方面にいくための道も存在していたといわれている。

城の北側を除いた周辺には低湿地が広がり、自然の要害の地に築城されていたこと、北側の尾根筋も痩せており、守るに好都合な場所にあることもよくわかる立地条件を備えている。

【歴代城主について】　久野城の歴代城主のうち最初の城主とされるのは、久野氏系図によるところ久野宗隆（むねたか）とされ、以後久野宗能（むねよし）まで一五世紀後葉より一六世紀後葉の一〇〇年間、久野氏の居城となっていた。久野氏の家系図によると、藤原南家の一族である工藤氏の末裔とされ、文献史料によると鎌倉時代後期まで存在を遡ることができる。室町時代の久野氏の動向はよくわからないが、駿河今川氏の家臣になっていた時期も考えられる。戦国時代になると初代城主として宗隆が登場する。その後、久野氏八代の城主が認められ、天正十八年（一五九〇）、豊臣秀吉の関東・奥州平定戦により後北条氏が小田原城落城により滅亡した後、秀吉が徳川家康に関東

●—久野城遠景　南より本丸を望む。南堀部分は台風で水没している。

国替を命じると、家康家臣の久野宗能も下総佐倉へ移封となった。

代わりに秀吉から東海道筋の支配を任された秀次付の家臣として、松下之綱が久野城主となった。ちなみに、之綱は足軽時代に秀吉が初めて家臣となった人物として伝承されている。今まで無名の之綱が突如大名としての久野城主に抜擢された事実から見ると、この伝承も事実であった可能性が高い。之綱死去の後、家督を継いだ重綱は家康家臣として関ヶ原合戦に東軍として活躍したため、引き続き城主としてとどまることが許される。ところが慶長八年（一六〇三）城の石垣工事などを幕府に許可なく行ったとして、常陸国小張（つくばみらい市）へ減封のうえ蟄居の処分を受けた。おそらく、徳川幕府が行った関ヶ原合戦後の東海道筋における豊臣大名の国替え政策にともなうもので、無許可の石垣工事は口実に過ぎなかったのであろう。

重綱後は久野宗能がふたたび隠居城として入城するが、慶長十四年（一六〇九）病没し、孫の宗成が家督を継ぎ城主となった。宗成は元和五年（一六一九）、紀州藩主となった徳川頼宣の付家老として、伊勢田丸に移封となった。以後歴代久野宗家は幕末まで伊勢田丸を領した。

宗成の代わりに徳川家康の異母妹多却姫の息子という家康

の甥にあたり、玉縄北条氏の後を継いだ北条氏重が城主となった。氏重も寛永十七年（一六四〇）下総関宿に移封となり、横須賀藩あずかりとなった。ちなみに、氏重の墓はその後掛川藩主となり、掛川城で没したことから、家臣により袋井市上嶽寺に改葬され、今でも墓所が残っている。正保元年（一六四四）廃城となった。廃城となった理由は定かではないが、周囲が低湿地であったため、城下町を形成することができなかったとされているが、加えて徳川幕府が安定したことにより東海道を監視するための戦略的な目的が失われたことによると考えられる。

【戦国期の平山城から近世城郭への変遷過程】　久野城の築城は、久野氏系図によると宗隆の代である明応年間（一四九二～一五〇一）、あるいは永正年間（一五〇四～一五二一）とされていたが、本丸の発掘調査により小規模な掘立柱建物とともに、一五世紀末～一六世紀初頭の土器・陶磁器が出土したことから、系図の記載通り明応年間の築城であることが判明した。この時期の出土遺物は本丸に限られるものの、北の丸と二の丸ぐらいまでの丘陵頂部を中心とする範囲の小規模な平山城であったと考えられる。土器・陶磁器などの遺物の出土量がまとまっていることから、城主の居住場所としての館（山城型居館）も本丸を中心として、城内に置かれていたと考えられる。このほか二の丸西側の土塁や、本丸東側の小規模な堀切などもこの時期による遺構とみられる。

一六世紀前葉になると久野氏は今川氏の支配下に入るといわれているが、この頃の城の姿はよくわからない。おそらく、築城当初とさほど変わらない規模や構造であったと思われる。永禄十二年（一五六九）になると、桶狭間の戦いにより今川義元が織田信長に討ち取られたことにより、勢力を失いつつあった今川氏真は、甲斐の武田信玄と三河の徳川家康により挟撃され、氏真は掛川城に立て籠もるも開城し戦国今川氏はここに滅んだ。この時の久野城主であった久野宗能は、今川氏との関係の深い家臣を粛清し、以後家康家臣として活躍するようになった。そして、武田信玄・勝頼親子の遠江侵攻戦に対抗すべく、城の規模を拡大させたと考えられる。この時の宗能の改修としては、本丸の北斜面に大規模な横堀と土塁を設けて防備を固めるとともに、さらに北の丸の北側に続く尾根筋を大堀切により分断し、北の曲輪群の整備を進めて、城の弱点である北側からの敵の侵入を防いだ構造に大改修したと考えられる。大堀切については現在道路や宅地として削平されているが、道路下に堀切の痕跡が残っていると思われる。また、南の丸下層から掘立柱建物が発掘調査で確認されていることから、この時に南の丸という山麓部の曲輪も整備して、山上の居住施設（館）が山麓に移されたと考えられる。

豊臣家臣である松下之綱が入城すると、本丸周辺部からの瓦の出土から、織豊系城郭として瓦葺建物が建てられたことが発掘調査で判明した。本丸周辺部から城郭に使われた軒瓦、鯱瓦、桐文の施された鬼板瓦が出土したため、本丸に櫓や門などの瓦葺建物があったことは確実で、地山削り出しによる小型の櫓台や、天守台の周辺部にめぐらされたと思われる雨落溝といった遺構も発見された。しかしながら、これらの遺構については、石垣をともなう天守台や櫓台としては検出されていないため、瓦葺建物の遺構とすべきか検討を要する。また、この時期、東の丸に礎石建物の遺構、油山寺道に面した大手に木柵による桝形虎口、南の丸にも整地土が確認できるため、石垣はないものの本丸に何らかの瓦葺建物、本丸南側の高見に物見ないし櫓とみられる規模の大きな掘立柱建物、南の丸や東の丸に御殿としての礎石建物、東側に城の玄関としての枡形虎口が造られ、織豊系城郭の特徴がみられる城に改修されたことが発掘調査で明らかとなった。石垣が確認できない理由は、横須賀城天守台のような低い石垣の天守台で、近世初頭（北条氏重段階）の破城、ないし近代の開墾で壊された可能性、さらに破城により埋められた本丸虎口などに石垣があった可能性も指摘しておきたい。また、城の東、南、西側の低湿地は、深さ二〜三メートル、幅三〇メートルの範囲で水堀状に掘削していることも発掘調査で確認できたが、曲輪の改革ラインを保護するための石垣を使用した水堀とはなっていなかった。

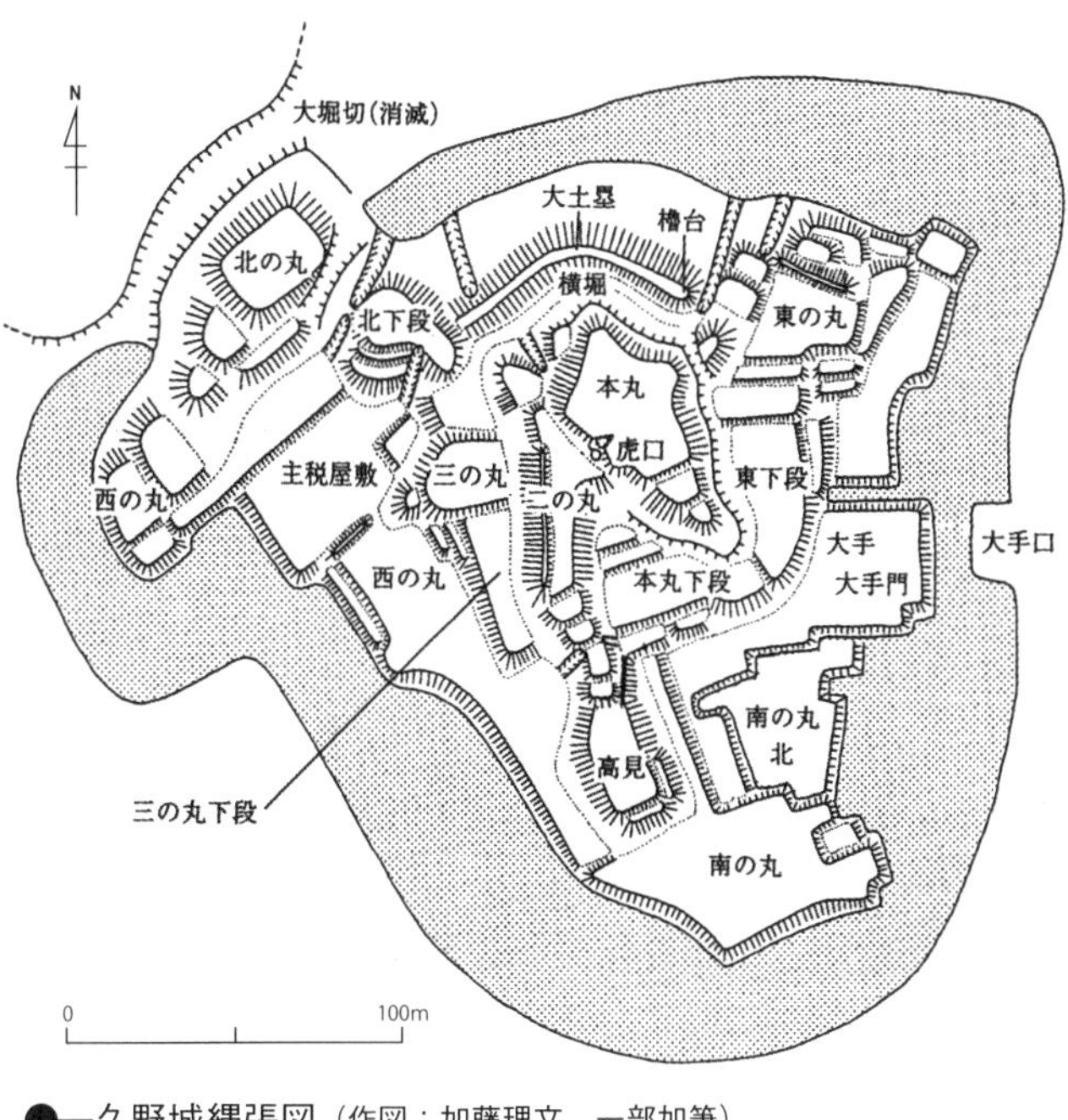

●—久野城縄張図（作図：加藤理文，一部加筆）

この後、城の大規模な改修が認められるのは、北条氏重によるものである。まず、豊臣政権のシンボルであった本丸の瓦葺建物を解体し、本丸周辺部の斜面に廃棄している。低湿地の堀部分の土をわざわざ使い、破城とでもいえるような本丸全体を埋め立てていたことが発掘調査により確認された。この時、天守台や虎口部分の石垣は解体され、いずれかに持ち去られたか、破壊し埋め立てられたとも考えられる。このように軍事的に重要な丘陵部の曲輪は廃棄し、更地にしてい

●—東曲輪礎石建物遺構（袋井市教育委員会提供，発掘調査発見された松下段階の東曲輪の礎石建物。礎石は失われていたが，礎石の掘方から北側に土塁を背負う3間・5間の建物であることが判明した）

●—大手北より（城の東側に設けられた，松下段階の大規模な外枡形虎口。塀ないし柵で囲まれていた）

たことが確認された。つまり、本丸にあった豊臣政権時代の象徴である瓦葺建物（天守か）を破却することにより、徳川政権に代わったことを示したとみられる。代わりに山麓部の南の丸と大手、その間の水堀部分を埋め立てて南の丸北曲輪を造成し、大手、南の丸北、南の丸一帯を御殿とした。さらに西の丸や主税屋敷なども一部堀部分を埋め立て拡張し、家臣団の屋敷地として整備したことも判明した。氏重段階の瓦は大手からしか出土していないため、瓦葺建物は大手門のみであったと思われる。氏重時代の瓦は少なく、この時期の建物のほとんどは瓦葺建物ではなかったことも確認されている。さらに、石垣も確認できないことから、近世城郭としての石垣づくりの城でなかったことも判明した。

このように氏重段階の城の姿は、大坂の陣により豊臣秀頼が滅び豊臣政権の脅威がなくなったことにより、軍事的な城としての性格から、城主や家臣の居住地としての城として変化したことが確認されたのである。しかしながら、櫓門とみられる大手門を除いて、近世城郭としての特徴である石垣をともなう瓦葺建物である天守や櫓、水堀などについては採用されていない点、久野城の特性として指摘される。構造としては城というより陣屋規模であったと思われる。

【城の見どころ】　現地を見学すると、近世城郭としての天守台や櫓台、石垣、水堀などはなく、一見すると戦国期の平山城に見える。しかしながら、戦国初期の本丸においての居館の存在、戦国後期の武田氏との戦いにより改修された本丸北側の横堀と土塁は見ごたえがある。織豊期になると規模はさほど大きくない城で、石垣も現在の地表面観察では確認できないものの、瓦葺の礎石建物を有する織豊系城郭としての改修の状況は発掘調査で確認できた。近世前期になると、徳川家臣である北条氏重による豊臣政権との決別を示す丘陵部の曲輪の破城と、山麓部の城主の御殿と家臣の屋敷地が城内に同居していた状況など、他の戦国期から近世城郭に至る変遷過程とは異なることが発掘調査で読み取れた。

横堀や堀切、土塁が見られる本丸や二の丸などの丘陵部の戦国的な曲輪、織豊期～近世前期に整備された山麓部の曲輪群など、戦国期から近世前期の城郭に至る見るべき遺構が良好に観察できる県内でも貴重な城郭となっている。

【参考文献】　袋井市教育委員会『久野城（平成元～四年度合本）』（一九九三）、袋井市教育委員会「久野城址第七～九次試掘確認調査」『袋井市内遺跡発掘調査報告書Ⅲ』（二〇〇八）

（松井一明）

●高天神城攻めのためのつなぎの城か

岡崎(おかざき)の城山(しろやま)

〔所在地〕袋井市山崎字岡崎
〔比　高〕一五メートル
〔分　類〕平山城
〔年　代〕天正三年頃（一五七五）
〔城　主〕四ノ宮右近、徳川家康
〔交通アクセス〕ＪＲ東海道本線「袋井駅」南口から大東・横須賀方面行バスで「岡崎駐在所前」下車、北八雲神社へ徒歩約一〇分。

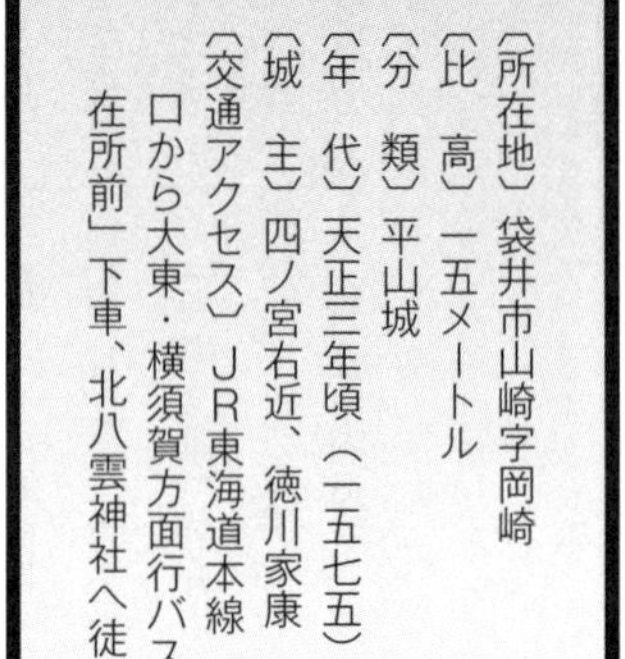

【浅羽低地の平山城】　城の立地は小笠山南西山麓の西方向に伸びた舌状丘陵の西端部に築城された平山城である。城の周辺は現在水田であるが、戦国時代には低湿地や潟湖(がたこ)、野川などの河川が網の目状に流れ、これらを利用した河川交通網が発達していたと考えられている。城から北方一・五キロには、徳川家康が武田勝頼方となっていた高天神城を攻めるための前線基地である馬伏塚(まむしづか)城があり、南の太田川河口には浅羽(あさば)湊、横須賀城が築城された横須賀湊などの太平洋に面した湊があった。さらに東側の尾根筋をたどると、小笠山山頂に築かれた家康在陣が伝えられる小笠山砦に至る山道が存在していたと考えられるため、家康の高天神城攻めの馬伏塚城や太平洋を通じて浜松城からの物資補給のための後方基地であったと考えられる。なお、城の城主として地元武将の四ノ宮右近がいたと伝えられるが、現在の城の構造からみて、築城時期は徳川家康の高天神城攻めの時期である天正三年（一五七五）頃と考えられる。

【小規模ながら横堀をもつ陣城】　浜松城方面からの物資中継地としての位置づけが考えられる。

城の構造は丘陵先端に土塁(どるい)と横堀で囲まれた防御の堅い方形の本曲輪、その東側に堀切(ほりきり)で守られた三角形の形状となる二の曲輪からなる単純な構造であることから、陣城としての構造を示していると見られる。

本曲輪の東側には幅一〇メートルの堀切により遮断され、中央に土橋(どばし)があり喰い違いとなる虎口(こぐち)がある。この堀切に接続する

●—北よりの遠景（手前の水田が湿地帯や水路があったと思われる）

●—本曲輪東側の横堀（中央が土橋となり，本曲輪側に土塁が残る）

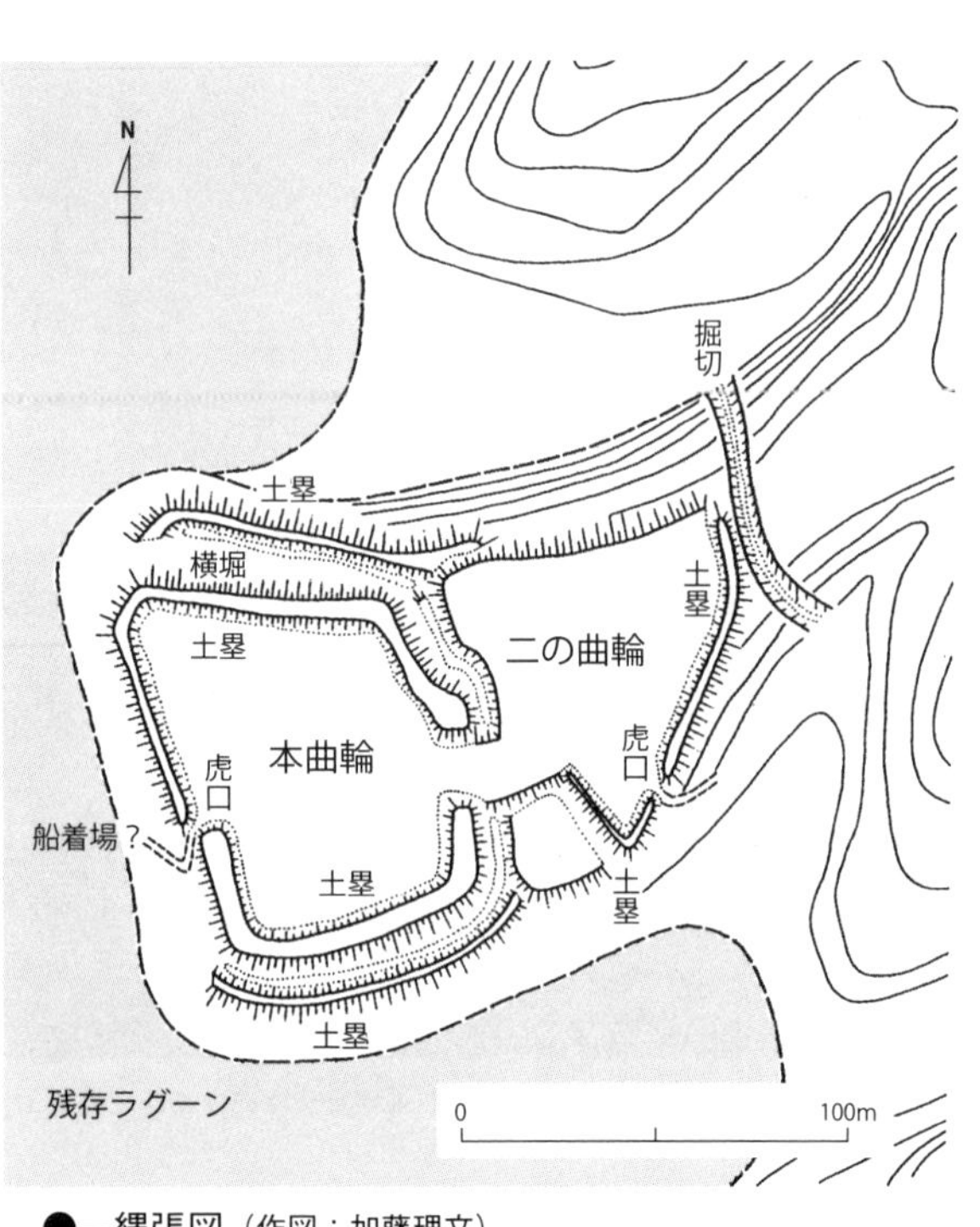

●—縄張図（作図：加藤理文）

ように本曲輪の北側と南側には横堀が配置されるが、城の先端である西側には横堀はないようで、船着場があった可能性がある。

二の曲輪の東側には幅五メートルの堀切により遮断され、南側には低い土塁が配されているくらいで、本曲輪と比べると防御が手薄となっている。南側には本曲輪に近い位置に平虎口が配置されることから、二の曲輪は馬出（うまだし）としての機能もあったかもしれない。

廃城時期は高天神城が落城した天正九年（一五八一）頃と考えられる。

【城の見どころ】　城の残りとしては竹林や荒れた茶畑のため見学しにくいが、本曲輪の東側の堀切や北側の横堀、周囲の土塁の残りはいい。南側の横堀は茶畑となっており、痕跡程度の残りである。

二の曲輪も北八雲神社の境内地と茶畑となっているが、低い土塁や東側の堀切は残っている。

本曲輪の横堀の規模や、土塁の形状は馬伏塚城と類似することからも、家康の高天神城包囲網のための、後方の物資補給網を守る目的の陣城としての見どころが一番である。

【参考文献】　加藤理文「遠江・馬伏塚城の再検討」『静岡県埋蔵文化財研究所設立二〇周年記念論集』（静岡県埋蔵文化財調査研究所、二〇〇四）

（松井一明）

●遠江小笠原氏の居城と徳川家康の陣城

馬伏塚城（まむしづかじょう）

〔袋井市指定史跡〕

〔所在地〕袋井市浅名字岡山
〔比　高〕四メートル
〔分　類〕平城
〔年　代〕一六世紀
〔城　主〕遠江小笠原氏、徳川家康
〔交通アクセス〕JR東海道本線「袋井駅」から車で浅羽支所方面一〇分。あるいは、駅南口から大東・横須賀方面行バスで「芝」下車、徒歩約一〇分。

【浅羽荘に築かれた城】　馬伏塚城は太田・原野谷川下流の低地帯に、小笠山丘陵の南西山麓より舌状に突き出た段丘上先端に造られた標高差の少ない平城である。この地は中世に浅羽荘（あさばのしょう）と呼ばれた荘園がある農業の生産性の高い土地でもある。遠州灘（えんしゅうなだ）に面した土地であるため、太田川河口には古代～中世の湊としても利用され、馬伏塚城まで水路で結ばれていたともいわれ、海と河川交通で結ばれた交通の要所地に位置している。

城の北側を除いた周辺には低湿地が広がり、江戸時代の『浅野文庫古城之図』によると宮田池、岡崎村池などの池も存在していた。城の北側は痩せた尾根筋となっており、自然の要害の地に築城されていたことがよくわかる。

馬伏塚城の最初の城主は、戦国前期の高天神城主も兼ねていた遠江小笠原氏であった。戦国末期となると小笠原氏は遠江に侵攻してきた武田氏の家臣となり、徳川家康と敵対関係となる。天正二年（一五七四）に高天神城を攻略した武田勝頼に対抗して、徳川家康は大須賀康高（おおすがやすたか）に命じて城の改修、拡張を行った。天正九年（一五八一）に高天神城が落城すると、城攻めの役割を終えて廃城となり、この地を支配する拠点としての城は、海に面し湊を要する大須賀城がその役割を担うようになった。

【遠江小笠原氏の居城】　小笠原氏の最初の城主は今川氏親（うじちか）の家臣である長高（ながたか）とされているが、当地の古文書では二代右京進春茂（はるしげ）の名前が最初に確認されている。三代目はその子氏（うじ）

興、四代目は信興で武田氏家臣になった人物である。遠江小笠原氏は信濃や三河小笠原氏との流れをくむとも言われていたが、最近の研究では遠江独自の小笠原氏ではないかと考えられている。今川氏家臣の福島氏は小笠原氏以前の高天神城の城主であったといわれていること、小笠原助昌が福島の性も名乗っていたことが確認されていることから、福島氏の流れをくむ一族とも考えられる。

小笠原氏段階の城域は北曲輪群の範囲で、城らしい構造を示す南曲輪群には墓地や小堂があったことが、発掘調査で確かめられている。北曲輪群は土塁囲みの二つの曲輪、土塁のない曲輪からなる。とくに1の曲輪には東側に虎口があったと想定される方形館の形態を示しており、城というより館としての構造を示していたと考えられる。北側の了教寺のある曲輪は土塁などの施設はないので、小笠原段階では戦国期の岡山集落で、城域ではなかったと見られる。すなわち、小笠原氏段階の城は、台地の先端には墓地と寺院、中央を小笠原氏の居館、北側が集落域という、居館と集落・寺などが組み合わせとなった、武家の居館を中心とした中世的な集落の様相を呈していたと思われる。

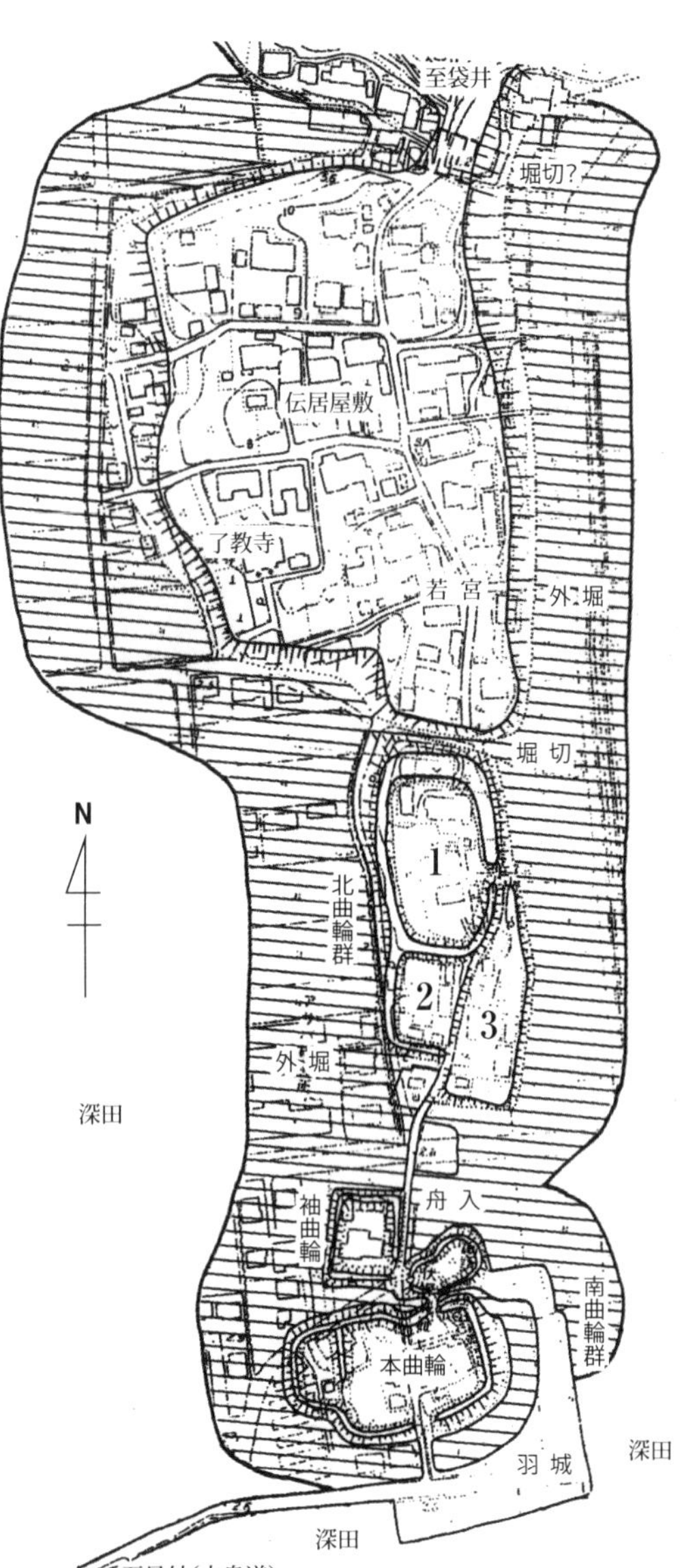

●—馬伏塚城跡概要図（作図：加藤理文，一部加筆）

【徳川家康の陣城として大規模改修】 家康段階になると、南曲輪群は寺院と墓地を廃し曲輪として改修され、北側の岡山集落も大規模な堀切により分断され、城域に組み込まれた。南の曲輪群の土塁は巨大で、北は舟入や袖曲輪につながる虎口と土橋、南側にも羽城曲輪に渡ることのできる土橋が確認される。袖曲輪や舟入には土塁が巡っており、北曲輪群との連絡通路としても使われていた。南の曲輪群には『浅野文庫諸国古城の図』によると周囲の曲輪を羽城として記述されている。この羽城とされた曲輪は、現在、低湿地に面した低い帯状の曲輪として配置されている。この曲輪は城の周囲に水堀もかねた水路に面していたことから、船により水路からの運ばれた物資の荷揚げ場所としての用途が考えられる。

●—馬伏塚城本曲輪東側土塁（本曲輪の大土塁。社殿が建つ場所が櫓台）

●—北１の曲輪群北側の大規模な堀切（右側に大土塁が残る。家康段階の改修とみられる）

北曲輪のうち1の曲輪には南曲輪の本曲輪を凌駕する大土塁が残っているため、家康段階で北側の堀切の幅を広げる改修と、土塁のかさ上げを行い、家康の陣所として利用されていた曲輪と思われる。北側の堀切は現在道路により埋め立てられてはいるが、現況から見ると幅二〇メートル、深さ八メートルにはなる大堀切であったと想定される。周辺の曲輪も大須賀康高などの重臣の陣所として使われていたと考えられる。

伝居・屋敷曲輪は小笠原氏段階では岡山集落であったが、北側に入り込んだ谷を分断していた堀の痕跡が確認できることから、家康段階で曲輪として取り込まれたものと考えられる。かなり広い曲輪となるため、集落の建物を利用しつつ、兵の駐屯地、前線の陣城にたいする物資集積場所として利用されていた曲輪と見たい。絵図では了教寺、若宮神社が描かれているため、これらの寺社は家康段階でも城内に存在していたと考えられる。

このように家康段階の城の構造は各曲輪でそれぞれ特徴が異なり、南曲輪群の水路から物資荷揚げ場、北曲輪群の家康の陣所、伝居・屋敷曲輪の兵の駐屯地・物資集積場所としての用途が考えられるのである。つまり、小笠山砦をはじめとする高天神城を包囲する陣城群の後方支援のための、拠点的陣城としての性格をよく示す構造となっている。

【城の見どころ】 城の残りとしては南曲輪群がよくその旧状を留めている。特に諏訪神社のある本曲輪周辺の土塁は見ごたえがあり、土塁上から南に広がる低湿地帯の姿を観察することができる。羽城の曲輪は茶畑になってはいるものの、周囲の堀の痕跡も見ることができるので、水路を利用した物資の荷揚げ場としての性格を読み取ることができる。南曲輪群は諏訪神社以外は民地や畑地となっているため、道路からの見学となる。

北曲輪群はほとんど住宅地になっており、曲輪の中には立ち入ることはできないが、外側からでも北側の大土塁の大きさを見ることはできる。南曲輪群とは異なり、方形館の形態を残していることはわかるので、家康の陣所として使われていたことを実感してもらいたい。堀切についても埋め立てられてはいるものの、谷を利用した堀切の痕跡を確認することができる。

伝居・屋敷曲輪についてもほとんど民地となっており、城の痕跡を見ることはできないが、現在の了教寺や屋敷地割をみると、戦国期の集落の姿をある程度残していると推定される。北側の堀切は埋め立てられてはいるものの、自然の谷は残っているため、城域を知るうえでの参考にはなっている。了教寺には小笠原氏清（氏興）の墓塔とされる岡崎産花崗岩製の大型五輪塔も残されているため、城とともに見学しておきたい。

【参考文献】 加藤理文「遠江・馬伏塚城の再検討」『静岡県埋蔵文化財研究所設立二〇周年記念論集』（静岡県埋蔵文化財調査研究所、二〇〇四）、袋井市・掛川市教育委員会『馬伏塚城と高天神城』（図録）

（松井一明）

真田山城（さなだやまじょう）

〔森町指定史跡〕

●小規模ながら技巧を駆使した武田氏の山城

〔所在地〕森町一宮字真田
〔比　高〕七〇メートル
〔分　類〕山城
〔年　代〕元亀年間（一五七〇～七三）
〔城　主〕武藤氏、武田氏
〔交通アクセス〕天竜浜名湖鉄道「遠江一宮駅」から小國神社方面へ徒歩三〇分。登城口に説明板あり。

【一宮荘の城】　真田山城が位置する一宮荘（いちのみや）は、鎌倉時代に九州へ下向し代々太宰少弐（だざいしょうに）を世襲していた少弐氏が、一宮太田郷の一部として所領していたことが一四世紀前半代の史料にみえる。その後、少弐氏により累代継承されるが、実際には地頭代による在地管理であり、やがて所領は少弐氏から地頭代の武藤氏へ移っていった。

永享四年（一四三二）、武藤氏は幕府から一宮代官職を補任（ぶにん）されると、実質的な領域統治として草ヶ谷城を築き、その麓に館を構えたとされる。

一五世紀代、遠江は守護職を巡って斯波（しば）氏と今川氏の対立が激化、今川氏に与していた武藤氏は斯波氏との合戦にも臨んでいたと考えられる。武藤刑部丞氏定（うじさだ）の代、一六世紀中頃、遠江一の宮小國（おぐに）神社防衛上の必要から神社近辺の山稜に真田山城を築いたことが『遠江国風土記伝』に「真田山ノ郭」として記されている。

永禄三年（一五六〇）、桶狭間（おけはざま）の戦いで今川義元が討死すると、遠江における今川勢力はしだいに衰退、今川方に与していた国衆の離反が相次いだ。それを好機と見た武田・徳川両氏は駿河と遠江への侵攻を開始する。三雄が鼎立する中、武藤氏定は武田方に与し、領域南部に対徳川戦線としての城砦網を構築する。ところが、徳川侵攻に恐れをなしいったんは甲州に逃れ武田方の庇護に入ってしまう。

元亀三年（一五七二）武田信玄の遠江侵攻に従った武藤氏定は、遠江に戻ると城砦群を改修している。『武徳大成記』

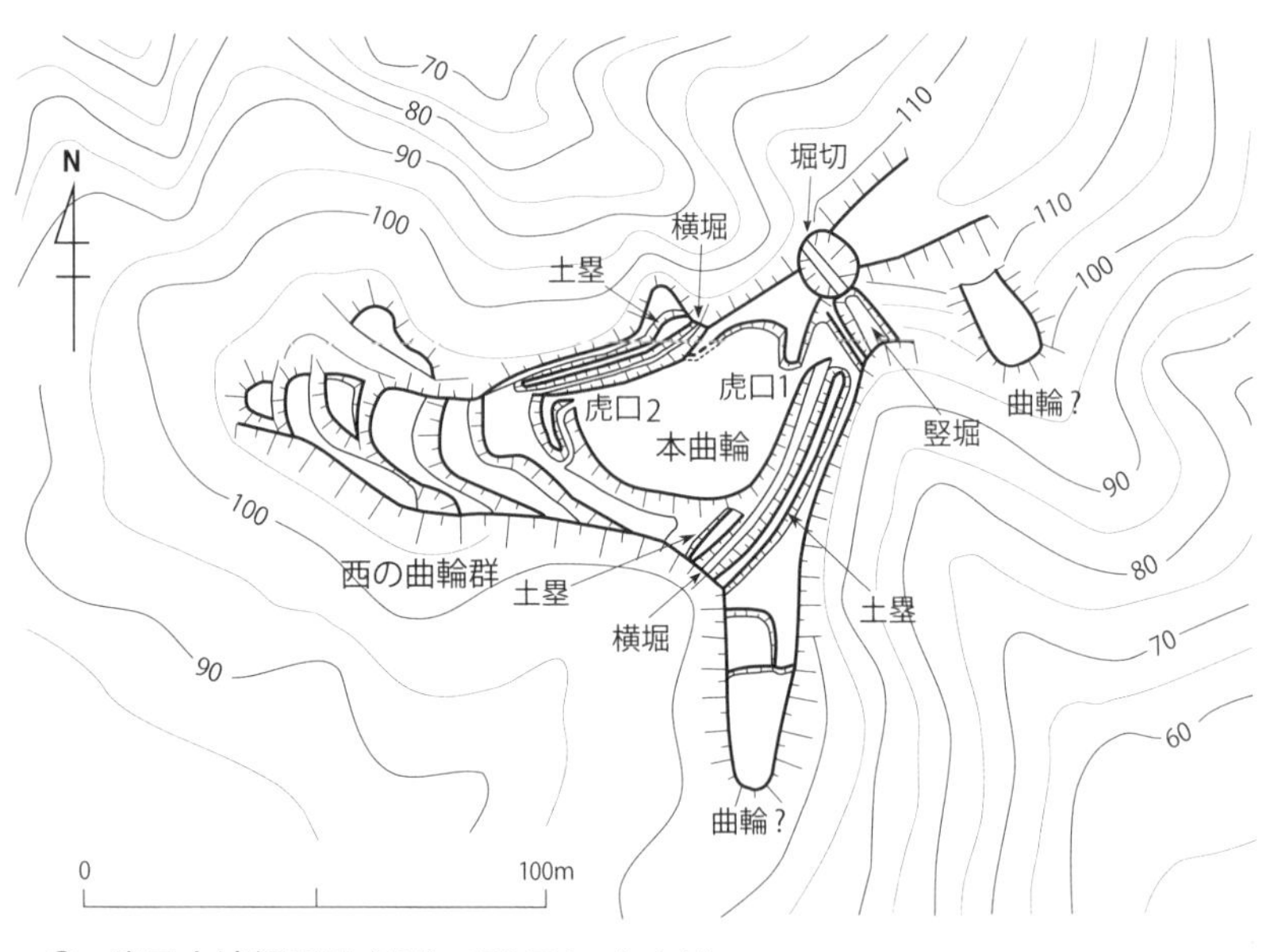

●—真田山城縄張図（松井一明作図を一部改変）

と『三河物語』によれば、天方城、向笠城に加え一宮等の古城を取り立てたとされ、この一宮が真田山城（もしくは片瀬城か）に相当すると考えられる。

武田氏と徳川氏の攻防において家康は三方原で一敗地にまみれたが、翌年北遠江の諸城奪還のために反撃に転じる。家康は天方城を落とし、向笠城、一宮城に迫ると武藤氏定を敗走させた。さらに家康は、二俣城の押さえとし社山城と一宮城に防御柵を構築したとされる。ちなみに氏定は、その後も武田方として奮戦、天正九年（一五八一）高天神城にて徳川方の猛攻を受け壮絶な最期を遂げた。

【城の構造】　真田山城は、遠江一宮である小國神社が鎮座する谷の中ほど、谷が狭くなった東丘陵に位置する。城山の北方向には丘陵伝いに三倉から春野へぬけるルートがあり、南方向には拠点城郭である社山城と天方城の中間点に位置していることから小國神社への押さえと両城郭へのルート確保という要衝にあることがわかる。

丘陵頂部を本曲輪とし、西に伸びた尾根には五段から六段ほどの小曲輪を連ねた西曲輪群から成る。尾根は南にも伸び、明瞭な曲輪は見出し難いが、普請を伴わないものの曲輪としての利用が考えられる。

本曲輪の東に伸びた尾根では、幅一〇メートルにおよぶ大堀切で

●—本曲輪東堀切

遮断、その先は削平をともなわないが平坦な櫓台状を呈している。本曲輪の北側と南側には土塁をともなった横堀が配置されており、小規模な山城ながら堅固な遺構を見ることができる。大堀切の南側は、比較的緩やかな谷地形であるため大堀切と竪堀を連結させ堅守している。また、南横堀の終端部では土塁を組み合わせ喰違い虎口1を形成している。本曲輪の西には西曲輪群に至る虎口2があり、こちらも土塁をともなった喰違い虎口となっている。

地形的には丘陵を中心に谷地が入り込んだ要害の地にあるが、東側は比較的緩やかであるため横堀と竪堀により堅守、東側からの攻撃を意識した縄張と言える。加えて西曲輪群では防御がみられないことから、兵力駐屯を想定したものと考えられる。

真田山城は、武田方により大改修された犬居城、天方城、社山城をはじめとする拠点城郭と比較するまでもない小規模な山城であるが、大堀切、横堀、喰違い虎口の採用など拠点城郭にも通じる技巧的な構造を有す城郭であることがわかる。武藤氏の創築ではあるが、現況として確認できる遺構は元亀三年（一五七二）以降の武田方による改修の所産と考えられる。また、その後、徳川方の領有とはなるが、徳川方の改修は『武徳大成記』にあるように武田方の改修をベースに防御柵を設けた程度の簡便なものであった可能性が高い。

【参考文献】「在地領主層とその城館」『森町史 上巻』（森町、一九九六）、松井一明「遠江の山城における横堀の出現と展開」『森宏之君追悼城郭論集』（織豊期城郭研究会 二〇〇五）

（戸塚和美）

●武田氏が築いた繋ぎの城

天方城（あまがたじょう）

〔森町指定史跡〕

〔所在地〕森町向天方
〔比　高〕約二〇〇メートル
〔分　類〕山城
〔年　代〕永禄年間
〔城　主〕天方氏、武田氏、徳川氏
〔交通アクセス〕天竜浜名湖鉄道「戸綿駅」下車、徒歩約五〇分。

【天方城の位置】　従来、森町向天方城ヶ平に位置する城が天方城とされていたが、平成四年（一九九二）に「高坂昌信縄・遠州天方古城」絵図が、尊経閣文庫（前田育徳会）で発見され、城跡と確認された。それにより、森町大鳥居に位置する本城山が絵図の古城と判明した。さらに近辺の城下には城藪（別称、城屋敷）と呼ばれる場所が残り、その背後の山上にも天方氏との関連が指摘される山城の白山城が位置する。こうしたことにより大鳥居の古城を「天方本城」、城ヶ平の城を「天方新城」と呼んでいる。

新城は、太田川の東岸に位置する城山（比高約二五〇メートル）の山頂を中心に築かれた二曲輪のみの小規模な城でしかない。だが、城からの眺望は開け、社山城（磐田市）をはじめ遠州一円が望まれ、遠く遠州灘や南アルプスも眺められる。この眺望のよさが、ここに城を築いた最大の理由であろう。

【天方本城から新城へ】　備後国を本拠とする首藤山内氏は、弘安四年（一二八一）飯田荘上郷の地頭職を任じられた。応永年間（一三九四～一四二八）、山内道弘・通秀の頃に遠江に赴き、天方本城を築き、天方氏を名乗ったとされる。築城者は、道美とも言われるが定かではない。首藤山内氏から分かれた天方氏は、天方九ヵ村を支配し南周南一帯に勢力を伸ばすことになる。

明応三年（一四九四）、今川氏親は、叔父である伊勢宗瑞（北条早雲）の協力を得、駿河国を掌握すると、中遠の原氏討伐の軍を起こす。伊勢宗瑞を大将とする今川軍は、中遠三郡（現在の掛川市・袋井市・森町周辺）を席捲、天方城主であった山内通季も、その勢いに押され、今川氏に従うことになる。

文亀元年（一五〇一）、遠江守護斯波氏は、深志（松本）の小笠原氏の協力を得、今川氏に対抗した。斯波、小笠原連合軍は、天方城を落とし、久野氏の本拠座王城（袋井市）を攻撃、だが今川方の援軍により逆に撃退されてしまう。久野氏は、本間宗季等と協力し、天方城奪還に成功した。今川方に身を寄せていた通季は、ふたたび天方城へ入るが、手薄な本城の守りを固めるために南側に出城として白山城を築くことになる。

永禄三年（一五六〇）、今川義元が桶狭間で敗死すると、遠江の今川家臣団や国人衆にも混乱が広がり、引間城主・飯尾連竜、犬居城主天野景泰・元景父子等が離反する「遠州忩劇」と呼ばれる反今川の動きが活発化した。通季の孫通興は、この頃より堅固な城を求めて、現在の天方新城を築いたと考えられている。

●—天方新城遠景

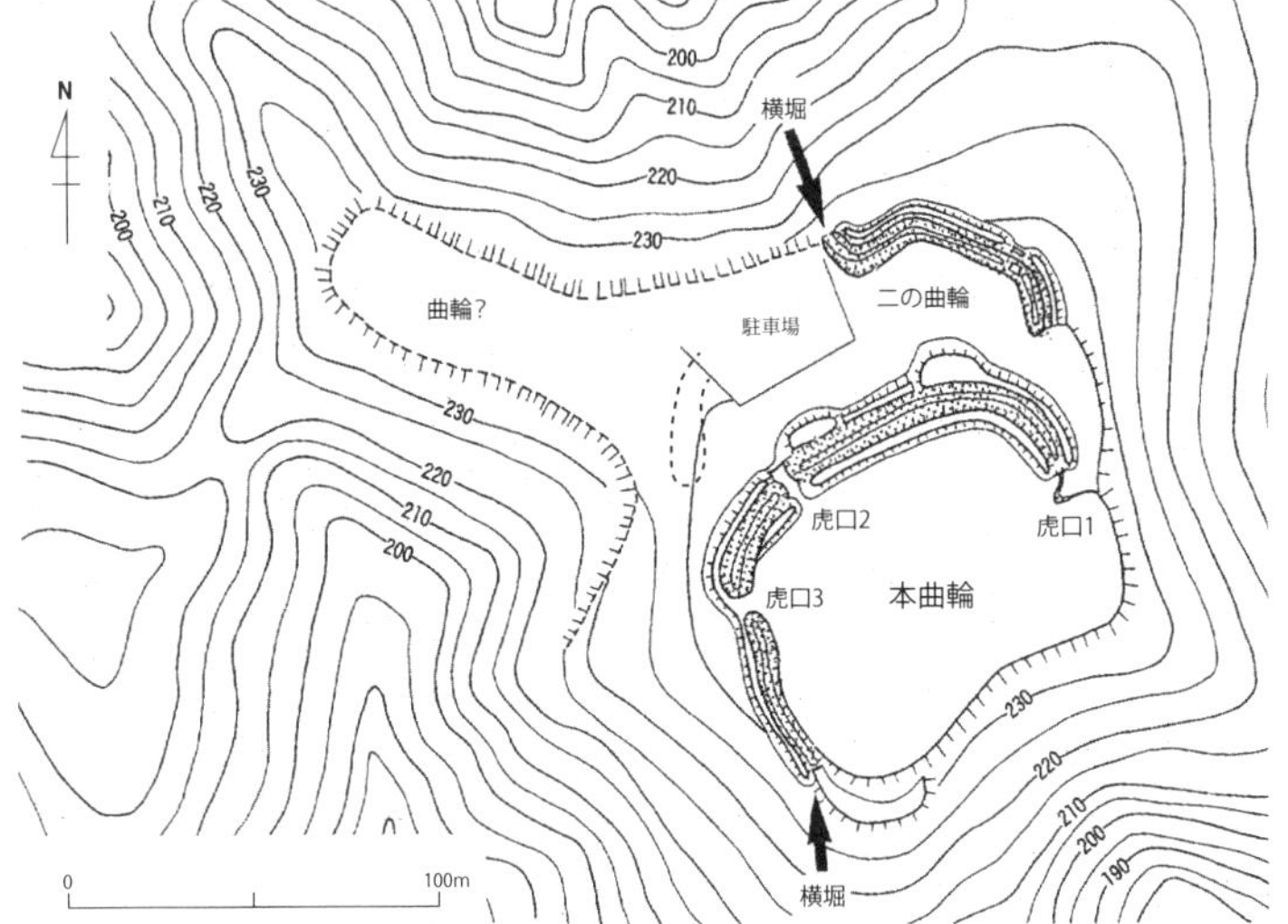

●—天方城概要図（作図：松井一明）

永禄十二年、徳川家康が遠江へと侵攻、多くの国人領主が徳川方へと寝返った。だが、通興は最後まで今川方となっていたため、徳川軍の攻撃を受けてしまう。防戦するもおよばず軍門に下り、石川数正を奏者として家康に謁見したと言う。

【徳川・武田氏の抗争】 元亀三年（一五七二）、武田信玄は駿府から大井川を越え、相良方面から高天神城を攻め、久野城（袋井市）を攻撃、そのまま見付に出て北上し二俣城を取り囲んだ。また、各和城、飯田城、天方城等を攻撃し落城させてもいる。天方城主通興は、数万の武田勢の大軍を前に、一戦も交えることなく城を出て徳川方に身を寄せた。武田方となった天方城には、武田侵攻に際し武田方に走った久野氏の一族久野弾正が周辺諸士とともに入城している。この後武田軍は、城を改修し駐屯基地および物資中継地として利用したことが推定される。

天正元年（一五七三）、前年の三方原合戦で敗れた家康であったが、武田信玄の死を確信し、森から袋井周辺の失地回復の軍事行動を起こした。天方城でも激しい攻防戦を展開、城に籠っていた久野弾正はたまらず夜陰に紛れて逃走、城はふたたび徳川の手に戻ったのである。家康は、この合戦で各和城（掛川市）、一宮城（片瀬城）、向笠城（磐田市）を奪還する。翌年、徳川軍は第一次犬居攻めを敢行する。大久保忠世の命を受けた通興は、森から犬居に向かう徳川軍の案内役を務めた。『三河物語』によれば、気田川の洪水に阻まれたうえ、兵糧も尽きたため退却することになったが、天野氏の追撃を受け、天方城まで敗走したとある。その後、大久保忠世に属した通興は、家康の戦に参加し、数々の武功を挙げることになるが、天方城の廃城ははっきりしない。

【天方城の構造】 城は、主郭と副郭（二の曲輪）のみの単純な構造であるが、副郭前面の駐車場が尾根頂部に続く平坦地であるため、ここにも何らかの施設なり曲輪が造られていた可能性は捨てきれない。

主郭は崖に面した東端に築かれ、東側を除く三方に土塁と横堀が巡っている。主郭は、東西約一〇〇メートル×南北八〇メートルほどの長方形を呈す曲輪で、曲輪内は平坦部も残るが自然地形の状態と思われる個所も多い。土塁は、横堀を挟んで内外に盛られ、その高さ約一・五メートル、堀の深さは約四・五メートル、堀幅約八〜一〇メートルである。通常、堀を掘った残土は、内側に盛って土塁とするが、本城では内側と外側に盛る極めて特殊なケースとなっている。現状で、虎口は、三ヵ所に見られるが、西側土橋のみ往時の遺構（搦手口）で、他の二ヵ所は後世の改変と思われる。

「越前史料天方文書」（国文学研究資料館蔵）によれば、大手道は、東側斜面鞍部から直線で斜面を登り、直接主郭中央部へと取り付くように描かれている。また、この大手道を守備するように左右に竪堀が描かれている。絵図では、搦手口は土橋ではなく、木橋となっているのは興味深い。

副郭（二の曲輪）は、主郭西側前面に設けられていたと思われるが、駐車場造成によって、ほぼ中央部が破壊を受けている。それでも左右に横堀が残り、往時は横堀に囲まれた曲輪であったことが判明する。その規模は東西約八〇メートル×南北三〇メートルほどの長方形を呈し、前面に幅約八〜一〇メートルほどの空堀が廻っている。通常なら、馬出的機能を持つ曲輪と考えられるが、内側に土塁が見られるとともに、自然地形の部分も残り、何とも判断ができない。

●—主郭を囲む横堀

二曲輪のみの小規模な城にも関わらず、主郭は極めて広い。内外に積まれた土塁といい、居住施設というよりむしろ駐屯施設、あるいは保管施設が建ち並ぶ空間のように思える。大手道もまた、直接背後の斜面から入る構造で、軍事的側面が希薄のような印象を受けてしまう。横堀を二重に廻らすことから、永禄後半から天正期の築城と推定され、元亀三年の武田氏による支配以降の改修の可能性が高いが、居城としての使用は認めがたい。むしろ、陣城的な使われ方とするのが妥当であろう。

現在、山頂斜面に展望台が整備され、眺望は抜群である。山頂駐車場までの道幅は狭く、通行には十分な注意を要する。

【参考文献】本多隆成他『森町史』通史編上巻（森町、一九九六）、加藤理文・中井均編『静岡の山城ベスト五〇を歩く』（サンライズ出版、二〇〇九）、加藤理文編著『静岡県の歩ける城七〇選』（静岡新聞社、二〇一六）

（加藤理文）

●戦塵に翻弄された、古相の山城

飯田城（いいだじょう）

〔森町指定史跡〕

〔所在地〕森町飯田字峯山
〔比　高〕二五メートル
〔分　類〕山城
〔年　代〕天文十四年（一五四五）頃
〔城　主〕山内氏、徳川氏、武田氏
〔交通アクセス〕天竜浜名湖鉄道「円田駅」下車、崇信寺方面（南方）へ徒歩四〇分。新東名森掛川ＩＣから車で袋井市方面一〇分。

【鍛冶山内氏の飯田荘支配】　飯田城主山内氏の足跡は、鎌倉時代にさかのぼる。山内氏は備後を本貫地（ほんがんち）とし、遠江の飯田荘（森町の中・東部）も所領としていた。備後と飯田荘との関係について、どちらも砂鉄を産し、刀剣などの鉄製品生産地という共通点が見られ、山内氏はこれらを有力な経済的基盤として飯田の地にも進出していったと考えられる。

その後、山内氏は三倉川の西俣に居館を構え、通弘（みちひろ）・通秀（みちひで）の代、一四世紀後半になると南下して大鳥居に天方本城（あまがた）を築く。さらに応永年間（一三九四〜一四二八）頃、時の当主道美（みちよし）は天方郷から飯田郷へ進出、天方本城を弟山城守に譲り、新たに飯田古城（崇信寺（そうしんじ）の東方）を築いたとされる。同時に城内に崇信寺を建立し禅に帰依しており、武威と信心をもって飯田周辺支配の礎を築いた。

道美没後、当主は久通（ひさみち）、通泰（みちやす）と続くものの詳細は不明であるが、通泰が山内家当主となった天文十四年（一五四五）頃、要害の地に新たに城（飯田城）を築いたと考えられる。

【今川被官の城から徳川武田両軍争奪の城へ】　その頃の遠江守護は斯波（しば）氏であったが、遠江の奪還をねらう今川氏との間で激しい抗争が繰り広げられていた。山内氏は、斯波氏と今川氏の抗争に翻弄されながら国人領主としてその領地を守り惣家存続のために、時に勢力の麾下（きか）に従いつつ、またある時は決然と反旗を翻した。その後、今川氏が中・東遠江を席捲（せっけん）すると今川被官として今川氏に降った。

永禄三年（一五六〇）、今川義元が桶狭間（おけはざま）の戦いで討死す

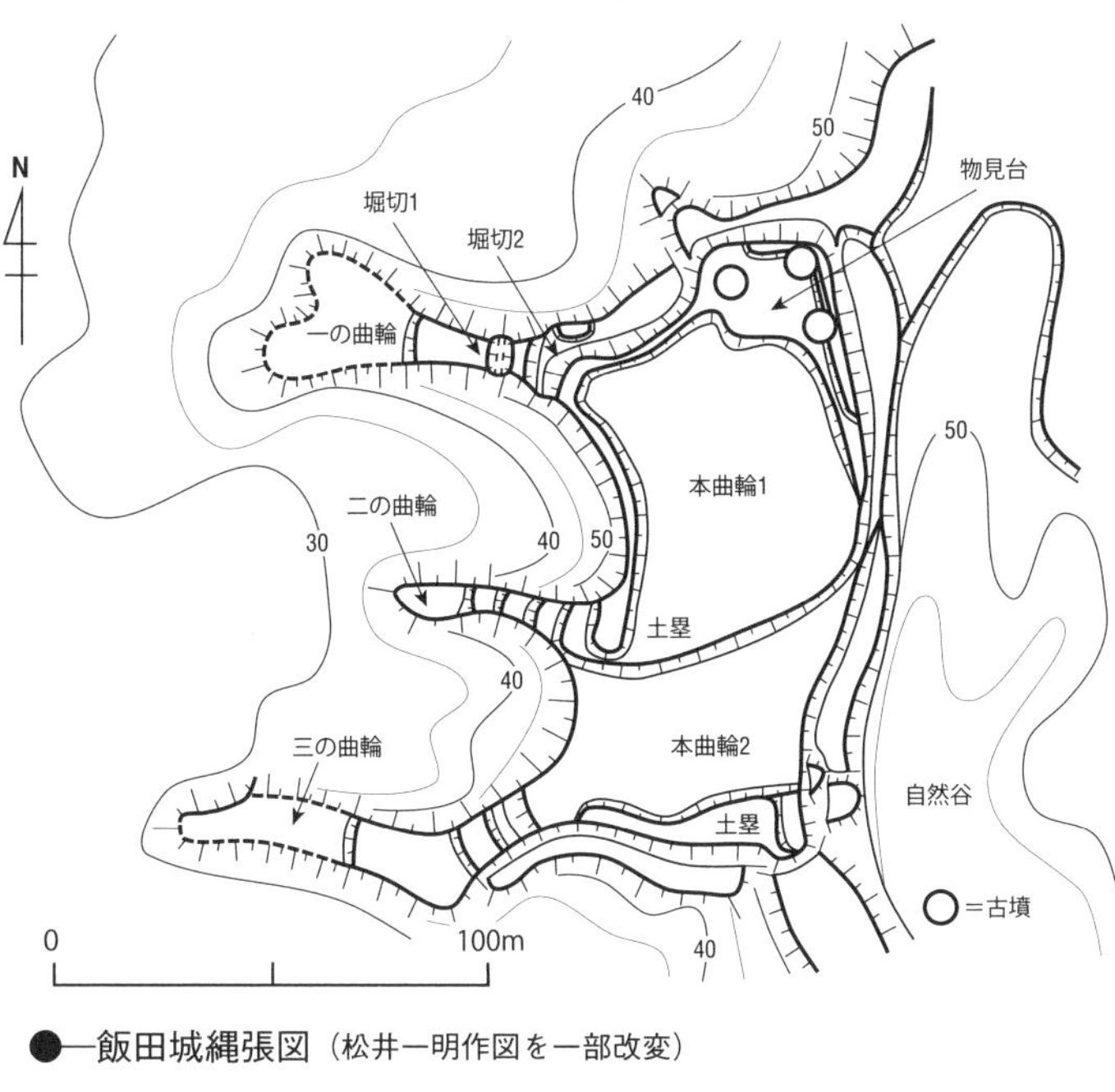

●―飯田城縄張図（松井一明作図を一部改変）

ると今川氏は凋落に転じ、武田・徳川氏が弱体化した今川領国遠江への侵攻を開始する。遠江は三勢力による三つ巴の様相を呈することとなった。

永禄十二年（一五六九）には徳川氏の遠江平定が進み、国衆の多くが徳川方に服属していった。そうした情勢下においても、通泰は今川氏への忠誠に背くことはなかった。同年六月、家康は飯田城攻めの兵を出し、榊原康政、大須賀康高らが先を争うように攻め立てた。この戦闘で通泰以下城兵の奮戦もかなわず主従もろとも討死、惨劇のようすを『家忠日記』と『改正三河後風土記』は伝える。

元亀三年（一五七二）、武田信玄の大軍によって遠江が席捲された際に飯田城も落城、以後五年間は武田方の城となった。国衆の城から武田氏の要の城として史上に伝わるが、再び徳川方によって奪還されたとされ、何度かの戦塵に伴う領有の交代劇を経た、時代に翻弄され続けた城郭と言える。

【遺構の概要】 飯田城は、太田川中流域東岸、西に開析平野を見る下飯田に位置し、崇信寺南西の比較的平坦な丘陵西端に占地する。西側に伸びた三本の舌状丘陵の曲輪群と、三段の本曲輪からなる。本曲輪の北・西・南には土塁が巡る。搦手とされる本曲輪の東には、横堀による堅固な防御が見られるとされるが、現況をみる限りではその防御は切岸と土塁によるものであり、横堀は確認できない。おそらく自然谷を堀として利用したものであろう。本曲輪北側にも横堀をともないそうな帯曲輪が存在するが、自然谷によるものと考えられる。

●—本曲輪と物見台

三本の舌状丘陵による曲輪の内、もっとも北側の一の曲輪では小規模ながら二重堀切が確認できる。その他の曲輪では、三段から五段程度の段切りがされてはいるが、堀切のような明瞭な防御は見られない。

元亀三年（一五七二）以降、武田方を中心に徳川方の城になるわけであるが、二重堀切以外の重厚かつ技巧的な防御を示す遺構は見当たらず、同時期の犬居城や天方城にみられるような横堀、馬出状の空間をともなう虎口に代表される元亀三年（一五七二）以降の武田氏による堅牢かつテクニカルな改修はなかったと考えられる。したがって、武田氏の改修はなく、前代の永禄年間の様相を呈す城郭と評価できる。

飯田城のその位置は、同時期の徳川方の拠点城郭である久野城に対する抑えと認識されてきた。しかし、飯田城から一・五キロほど南に位置する本庄山砦こそが最前線に位置する。加えて本庄山砦は発掘調査により、兵駐屯を可能にする大規模な曲輪、幅一〇メートルにも及ぶ堀切、横堀と堀底道を駆使した複雑な動線をもつ虎口を擁した、堅牢かつ技巧的な普請が明らかとなった。

したがって、本庄山砦こそが武田氏の最前線としての要の城郭であり、飯田城は本庄山砦と、北方に位置する武田方の社山城や真田山城へのつなぎの城であったと考えられる。

（戸塚和美）

【参考文献】『図説 遠江の城』（郷土出版社、一九九四）、「第五章 在地領主層とその城館」『森町史 上巻』（森町、一九九六）、松井一明「遠江の山城における横堀の出現と展開」『森宏之君追悼城郭論集』（織豊期城郭研究会、二〇〇五）

●木造復興天守を頂く東海の名城

掛川城（かけがわじょう）

〈所在地〉掛川市掛川
〈比　高〉三〇メートル
〈分　類〉平山城
〈年　代〉一六世紀初頭
〈城　主〉朝比奈氏、石川氏、山内氏、松平氏、太田氏
〈交通アクセス〉JR東海道本線「掛川駅」北口から徒歩一五分。あるいは、東名掛川ICから市街地方面へ一〇分。

【今川氏の重臣朝比奈氏による古城】　戦国時代、海道一の弓取りとしてその名を馳せた駿河の戦国大名今川義元が、西に位置する遠江支配を進めるため、斯波氏との抗争の場であった東遠江の拠点として築いたのが掛川城である。今川氏の重臣朝比奈泰熙は、文明年間（一四六九～八六年）頃、現在の掛川城から北東五〇〇メートルほどの独立丘陵に最初の掛川城（掛川古城）を築いた。朝比奈氏は掛川古城を拠点に東遠江の攻略を進め、今川氏の遠江支配を盤石なものとしていく。

掛川古城は市街地中にありながら中世城郭の様相をよく残している。曲輪配置としては、本郭を中心に西に二ノ郭、東に三ノ郭が配され、さらに腰曲輪が取り付く。北側にも曲輪が存在したが、国道により消滅した。また、現在の掛川市立第一小学校のグラウンド部分に居館が存在したと考えられる。

本郭には明暦二年（一六五六）に建立された徳川三代将軍家光の霊牌を祀る龍華院大猷院霊屋があり、曲輪の東側には土塁が残されている。本郭と三ノ郭を分断する大堀切は、幅約一〇メートル、現況での深さ約七メートルを測る圧巻の規模を誇る。発掘調査では最深部約九メートル、堀北端には土橋が取り付くことが判明した。新城築城後は出城として機能し、実際に永禄十一年（一五六八）の徳川家康による掛川城攻めの際には朝比奈方の出城として使われた。徳川領有期には対武田との前線に位置していたことから、往事の改修も考えられる。

【朝比奈氏による新城】　朝比奈二代の泰能の代になると、今

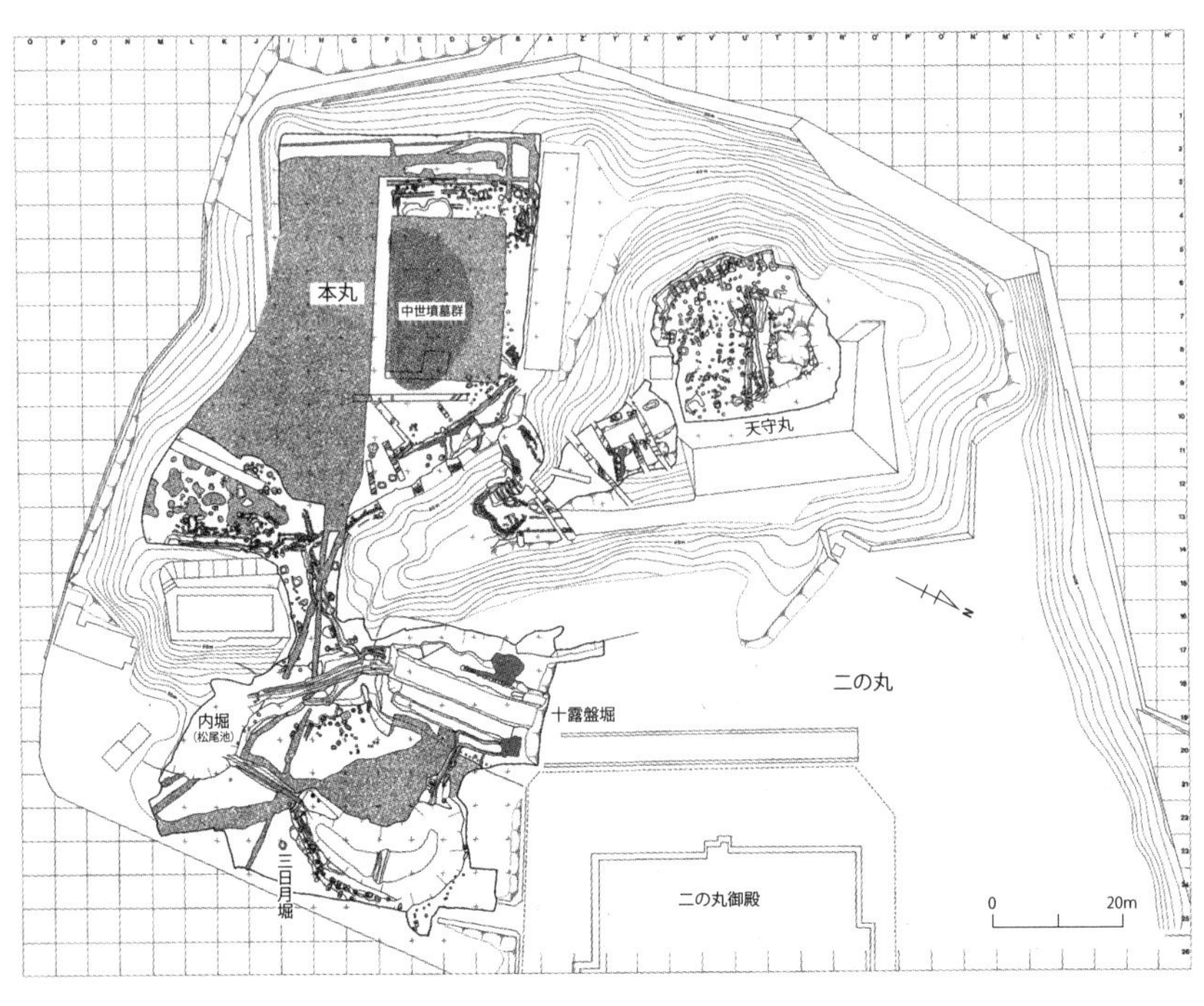

●—掛川城遺構図（『掛川城復元調査報告書』より）

川氏の遠江での勢力拡大にともなう城域の拡張により現在の地に新城が築城された。新城築城についても明確な記録はないが、連歌師宗長による日記『宗長日記』から築城の様相を窺い知ることができる。

大永二年（一五二二）五月、宗長は朝比奈泰能を訪ね、築城のようすを書き記している。堀の掘削と土塁構築が行われており、その長さは六、七〇〇間（一〇八〇〜一二〇〇メートル）にもおよび恐ろしいほどの深さがあると堀の印象を伝えている。その南にも竜池と呼ばれる池があったとも記している。

二年後の大永六年（一五二六）二月、ふたたび掛川城を訪れ、未だ普請中であることに加え、堀は幽谷のように深く、城山は椎や樫の木が繁茂し、まるで鷹が営巣するような深い山だと表現している。普請が長期に及んでいたことと、表現に多少の誇張があるにせよ普請規模の大きさ、とりわけ宗長が関心を寄せる堀の記述は注目される。この点については後述したい。

また、公家の山科言継が今川氏の駿府館を訪ねる往復の途中、弘治二年（一五五六）、翌三年（一五五七）に掛川の朝比奈泰能・泰朝父子を訪ねており、贈答のやり取り、饗応されたことと合わせ城域周辺の様子を日記『言継卿記』に記している。宗長による連歌会、言継らの客人を迎えての饗宴から、城山の周辺にもてなしの場、いわゆる会所の存在が示唆される。また、連歌師や公家が駿河の今川氏を訪ねる途中に掛川城に立ち寄ることが比較的頻繁にあったこともわかる。

　ちなみに発掘調査では、染付や青磁・白磁などの中国製磁器とともに、かわらけが中央図書館地点から大量に出土している。かわらけは、宴席などで使い捨ての器として利用され、各地の武家屋敷内に存在したであろうハレの舞台となった会所跡からまとまって出土しており、神事、儀式、宴席に用いられたとされる。また、伝世品と考えられる一三世紀代の中国製青白磁の皿・壺片ならびに古瀬戸瓶子片も多数出土しており、これらは社会的権威、信用、ステータスを表す威信財であり、これらの威信財は会所にしつらえられたものと考えられる。したがって、中央図書館地点が神事、儀式をはじめ連歌師や公家等を招いての饗宴の場であった可能性が高い。

【今川氏の滅亡と徳川領有の掛川城】　一六世紀半ばまで、甲駿相の三国同盟により均衡が保たれていた今川領であったが、永禄三年（一五六〇）桶狭間の戦いによる今川義元の討死によりその均衡が破られることになる。三河の松平元康（徳川家康）は、尾張の織田信長と同盟を結び後顧の憂いが無くなったとみるや東三河への侵攻を開始した。その侵攻に誘発されるように遠江では、曳馬城の飯尾氏、井伊谷城の井伊氏らによる今川氏からの離反が相次ぎ、いわゆる遠州忩劇と呼ばれる混乱状況に陥った。

　永禄十一年（一五六八）徳川家康と武田信玄は遠江の混乱状態に乗じるように、今川領の駿河を武田氏が、遠江を徳川氏がそれぞれ分割領有する密約が交わされたとされ、駿河には武田信玄、遠江には徳川家康によって侵攻が開始される。信玄の侵攻により駿河を追われた今川氏真は、掛川城に逃げ込んだ。

　一方、曳馬城に入った家康は、今川方の高天神城や久野城らの東遠江諸侯への懐柔を進めつつ、ついに氏真の籠もる掛川城に迫った。家康は掛川城を取り囲むようにいくつもの陣城を築き波状攻撃を仕掛けるが、掛川城は容易に陥落せず、家康は力攻めが困難と判断し和睦に梶を切ることになる。家康の和睦への決断は、掛川城が堅城であったことと今川・朝比奈方の堅固な守備に阻まれたことに加え、西遠江・北遠江では徳川への抵抗勢力に対する執拗な調略が続けられており、遠江は未だ不安定な状態にあったことにもよる。すなわち家康は、掛川城でのこれ以上の長期戦は何としても避けたいたがために和睦による開城へと決断させたと考えられる。半年余りの攻囲の末、開城、氏真は北条氏を頼り落ち延びる

●―掛川城　天守（南から）

が、名門今川氏はこの戦いをもって滅亡した。

徳川領有後の掛川城には、重臣石川家成が入城、対武田としての最前線に位置する城となった。

天正十八年（一五九〇）豊臣秀吉による天下統一後、家康が関東に移封されると、掛川城には山内一豊が入城し最新の築城技術をもって大改修を行い近世城郭としての礎を築いた。

明治以降の廃城令により二の丸御殿や太鼓櫓の一部の建物を残しほとんどか撤去された。また、掛川城は市街地にあるため、主要部以外の曲輪ならびに惣構を形成する外郭遺構の多くは市街地化による改変が著しく戦国期はおろか近世期の様相を窺うことも難しい。

【遺構の概要】　掛川は遠州平野の東隅にあり、東、南、北の三方を山稜に囲まれ、東の牧之原台地を経由し駿河への山越えの際の遠江側の入口となっている。すなわち東海道においては、平野部から山間部へと地形が大きく変化する箇所であることからも、古来より要衝とされてきた。さらに東西交通だけでなく、駿河湾の塩や海産物を相良湊から信州へ送るための南北交通である「塩の道」も掛川を経由しており、名実ともに東西南北の要衝であった。

一七世紀半ばに成立した浅野文庫所蔵の「正保城絵図」から城としての縄張配置を見てみよう。標高五六メートルの龍頭山を中心とした独立丘陵を主要部として占地する。龍頭山に天守をいただく天守丸を最奥に置き、その前面に本丸を配し、さらに二の丸、三の丸をはじめとする諸曲輪がそれらを取り囲んでいる。城山の南を貫流する逆川を外堀として取り込みその内側にも曲輪（松尾曲輪）を配し、主要曲輪の防御を強

●—十露盤堀

●—掛川古城大堀切

固なものとしていたが、明治時代の河川付け替えにより松尾曲輪は消滅した。城郭主要部の東西並び北側にも内堀が巡らされ、その周囲に侍町を配しそれらを外堀が囲繞している。

掛川城の最大の防御線である本丸虎口は、石垣こそ多用されてはいないが、内堀（松尾池）、三日月堀、十露盤堀の三つの堀を駆使した馬出空間を擁す技巧的な虎口となっている。発掘調査では三日月堀の縁辺部から山内期に比定される石垣が出土しており、さらに石垣の直下からは架け造りにともなう小穴列が確認された。このことから石垣をともなった虎口としては、織豊期である山内期には完成していたことは確かであるが、その初現、換言すれば石垣をともなわない虎口としては永禄末（一五七〇）から大正十八年（一五九〇）にかけての徳川配下石川期の普請と考えられる。

さて、冒頭の『宗長日記』に見られる大規模な堀の記述について、表現には多少の誇張があるにせよ深く長大な堀を目にしたことは間違いなく、おそらく当時としては比較的規模の大きな堀であったと考えられる。朝比奈期の虎口形態を含め堀の具体的な形状、規模について言及できないが、一六世紀後半以降になって、当該地において長大な横堀とともに技巧的な虎口が採用されていることを勘案すると、現在、目にすることができる堀は朝比奈氏が掘削した堀を、後代、徳川配下石川期に馬出空間を擁す技巧的な虎口として大改修されたものと考えられる。当時の対武田との緊張状態を雄弁に物語る遺構と評価できる。

本丸は戦国期から近世を通じ主要な曲輪で、特に戦国期は物見台を含めた最終的な詰め部となる龍頭山を背後にした曲輪であった。発掘調査により本丸普請において、興味深い普請過程が明らかとなった。本丸の地形は、本丸普請以前、南に傾斜した谷地形で、そこには集石墓から成る中世墓群が造営されていたことが判明した。古瀬戸後期（一四世紀後半）の蔵骨器に混じって山茶碗も出土しており、一三世紀には造墓が開始されたと考えられ、一六世紀初頭の築城にともなう造成により埋没したものである。本丸普請に際し、谷地とそこに展開する中世墓群を埋め立てて曲輪としての空間を確保しており、朝比奈期の普請規模の大きさが窺われる。

中世墓は拳大の石を方形状に積み上げた集石墓を主体とし、五輪塔・宝篋印塔の石塔類も見られるが、大型の切石基壇の墓は集石墓群にあっては異彩を放つ。朝比奈氏以前に当該地に割拠していた武士層の墓、奥津城と考えられ、これまで史料等では窺い知ることのできなかった築城前の様相が判明した成果として特筆される。

本丸から天守丸へ至る登城路は、「正保城絵図」とも一致する複数の折れを用いた城道跡が発掘調査により判明している。玉石で造られた階段、側溝、築地塀基壇が発見され、一七世紀後半以降に整備、修復され廃城になるまで機能していた遺構であるが、その初現は山内期に求められる。

天守丸も中世・近世を通じて主要部として機能していた曲輪である。天守が造られる前の遺構としては、食違い虎口と曲輪を取り囲むように配置された大型土坑列とそれにともなう柱坑列が検出されており、朝比奈・石川期の防御遺構と考えられ、往事の堅牢な普請のいったんが垣間見られた。

山内期にはここに天守が造られ、現在、平成七年に復興された天守が建つ。遺構としては天守台の石垣が残るのみで、しかも近世以降の積み直しによる改変も著しく、山内期に比定可能な石垣は南面と西面の一部のみであった。石材は市内東部から産出する凝灰岩で、積み方により山内期とそれ以降に分けることができる。山内期では自然石・粗割石を用いており、築石面の隙間に間詰め石が多用され、織豊期の石積みの特徴を表している（天守復興にともない積み直しされた）。

復興された天守に代表される近世城郭として語られることの多い掛川城であるが、馬出空間を擁す本丸虎口、折れを多用した登城路をはじめとし軍事としての攻守に重きを置いた、中世城郭としての側面をそこかしこに確認することができる。

【参考文献】『掛川城復元調査報告書』（掛川市教育委員会　一九九八）、戸塚和美「掛川城虎口小考」『森宏之君追悼城郭論集』（織豊期城郭研究会、二〇〇五）

（戸塚和美）

●他に類を見ない玉石積みによる石垣の城郭

横須賀城〔国指定史跡〕

〔所在地〕掛川市西大渕
〔比　高〕二〇メートル
〔分　類〕平山城
〔年　代〕天正六年（一五七八）〜八年（一五八〇）頃。もしくは、天正二年（一五七四）〜四年（一五七六）頃
〔城　主〕大須賀氏、渡頼瀬氏、松平氏、井上氏、西尾氏
〔交通アクセス〕JR袋井駅前から静鉄ジャストライン秋葉中遠線で「七軒町」下車、徒歩五分。

横須賀城
静鉄ジャストライン「七軒町」
41
69
0
1000m

【高天神城奪還のための兵站基地】　永禄三年（一五六〇）、桶狭間の戦いにより今川義元が討死すると、威勢を誇っていた今川氏は徐々に衰退していく。今川氏の衰退に呼応するように今川領の駿河・遠江には武田氏と徳川氏の触手が伸びていく。甲斐の武田氏は今川領駿河に加え、遠江の併呑を目論み両国にたびたび侵攻を繰り返していた。一方、三河の徳川も遠江を固守せんがため、遠江の各地で激しい攻防が展開されていた。

横須賀城の位置する東遠江は両勢力の境界地帯にあたり、両氏の版図拡大の上で、何としても手に入れなければならない重要な駒、それが高天神城であった。

高天神城は徳川方の重要拠点として長年にわたり武田方の攻撃に耐えていたが、天正二年（一五七四）武田勝頼の猛攻によって奪取されてしまう。

天正三年（一五七五）、長篠の戦いで武田氏は織田・徳川連合軍に惨敗を期すと、武田氏の遠江における勢力も急速に後退していった。二俣城をはじめとする北遠、中遠の武田方の城郭が徳川氏によって次々と攻め落とされ、重要な兵站拠点でもあった諏訪原城までも落城してしまう。そのような劣勢下にあっても高天神城だけは武田方が死守していたが、徳川領に対峙する橋頭堡というよりもむしろ孤立した突出点となってしまった。

孤立した山城とは言え、高天神城をめぐる争奪の攻防をへて高天神城の持つ戦術的ポテンシャルの高さを認識していた

●—横須賀城　本丸石垣

家康は、その奪還として慎重かつ執拗な攻囲作戦を展開することになる。まずは奪還の拠点となる馬伏塚(まむしづか)城を改修し、さらにその南東に岡崎の城山を築城した。往時の馬伏塚城や岡崎の城山の周囲には低湿地や潟湖(せきこ)が広がっており、小舟が往来する水上交通網が発達していたと考えられる。さらに南には浅羽湊、後に横須賀城が築かれる横須賀湊があり、家康は城郭と湊を結ぶ水上交通網による兵士ならびに物資の大量輸送ルートの構築に着手した。

浅羽湊から岡崎の城山を経て拠点城郭である馬伏塚城までの兵站ルートを確保したものの、馬伏塚城から高天神城までの距離は遠すぎた。そこで家康は海浜から潟湖が展開する横須賀に目を付け、馬伏塚城主大須賀康高(おおすがやすたか)に命じ新たな拠点城郭の築城させる。それが横須賀城である。高天神城の北の小笠山頂部の小笠山砦をはさみ馬伏塚城、その南東の岡崎の城山、さらに沿岸部を東進して横須賀城を築城することで、高天神城包囲網に加え船舶輸送による強固な兵站ルートを構築したのである。

横須賀城は兵站基地としての役を担うとともに、天正七年（一五七九）には、横須賀城を本陣とし武田水軍の拠点である持舟城ならびにその出城の当目城を攻撃、落城させている。兵站基地としての機能のみならず武田方の海上ルートの遮断と武田水軍壊滅の目的もあったのだ。

【徳川家康自らが縄張を指揮】 築城時期については諸説があり、天正六年（一五七八）から天正八年頃、もしくは天正二年から天正四年頃といわれている。

横須賀城の選地は、最初から現在の地とされたわけではなく、石津の八幡山（石津八幡神社）や、後に横須賀城主大須賀氏ならびに本多氏の菩提寺撰要寺が建立される丘陵も候補地となった。早くも八幡山では掻き上げ砦、すなわち臨時的な城砦が築かれはじめたとされる。天正六年（一五七八）七月、徳川家忠は「よこすか取手場」にて取手（砦）の普請の最中であることを日記（『家忠日記』）に記している。この横須賀砦とは、現在の横須賀高校グラウンドの北にある水道貯水場、忠霊殿のある北側にあたり、その名称も伝承されている。

家康は当初、この砦の南に位置する三熊野神社北側の山稜に築城を考えた。山頂からの眺望が効き、とりわけ南方の遠州灘沿いの浜街道を眼下に収めることができ戦略上絶好の地にあった。しかし、三熊野神社は、大宝元年（七〇一）に文武天皇の勅願により熊野大権現を奉遷した由緒ある社であり、家康はそこを見下ろす場所に築城することは畏れ多いと考え断念。最終的に三熊野神社北側の山稜から西方に位置する松尾山に築城することとなった。松尾山にも若一王子権現の社があったが、北方の小谷田に移した。

築城の選地においては曲折を経たが、松尾山とその周辺への築城は家康自らが縄張をした最初の城郭とされる。後の天下人にとって最初の本格的な築城にかかわった城郭として、浜松城と並び横須賀城も出世城とされる所以である。完成後も家康と信康はたびたび来城しており、高天神城奪還に対する並々ならぬ決意と執念が窺える。

天正九年（一五八一）、家康は小笠山砦、三井山砦、中村城山砦をはじめとする六砦を主に二〇ヵ所にも及ぶ徹底した攻囲策と、横須賀城、馬伏塚城をはじめとする兵站ルートによる圧倒的兵力をもって念願の高天神城を奪還する。

遠江平定においては欠くことのできない高天神城であったが、家康は奪還後間もなく廃城としてしまう。難攻不落の城郭として戦術的には優れた城郭であったが、三河、遠江、駿河の三国を手中にした家康にとってはもはや高天神城に戦略上の意味はなくなってしまったのである。廃城とした高天神城とは逆に、横須賀城には城代を置き拡張整備をし、新たな拠点城郭としている。潟湖の入口を押さえる地勢的優位性と、兵站基地、とりわけ海路輸送の湊としての機能を重視したものと考えられる。

●—横須賀城復元図（『史跡横須賀城 復元と環境整備のための基本計画』より）

天正十八年（一五九〇）、豊臣秀吉による天下統一後は、徳川家康が関東に移封されると横須賀城には豊臣配下の渡瀬繁詮が入城、繁詮は織豊城郭として整備、拡張を行った。

【遺構の概要】　横須賀城は、小笠丘陵から西南端に派生した尾根と、そこから西へ延びる砂州を利用して築かれている。築城当時、この地は南から北にかけて展開する潟湖、すなわち大きな入り江と湿地を天然の要害とし、城前の入り江を湊としていた。このように横須賀城は海辺の道と海運の拠点として、遠州灘を押さえる要衝であったが、築城からおよそ一〇〇年を経た宝永四年（一七〇七）の宝永地震の隆起により、入り江は後退して干上がり、湊としての機能を失った。海運による物流拠点としての機能を失った横須賀城と城下町は経済面で大打撃を受けた。現在、海岸まで直線にしておよそ二キロが陸地となっており、往時の姿を想像するのは難しい。

縄張は砂州に沿うように東西に長く、その規模は東西六一八メートル、南北は東の三の丸で二八九メートル、西の二の丸で一八四メートルを測る。標高二六メートルの松尾山を最奥に、その前面に本丸、西に二の丸、東に三の丸が配される。三つの曲輪は、外堀と城内に配された池状の堀により分けられる。まず、一六世紀末に山城として本丸が築かれ、一七世紀中葉に平城として東の三の丸が拡張され、さらに一七世紀後半に西の二の丸へと拡

●—横須賀城天守台

張が重ねられていった。
　本丸は天守台や西の丸などがあった主要部と、御殿や倉庫があった北の丸に分かれる。特に本丸と西の丸は、近世城郭として整備されており、横須賀城を特徴付ける玉石積みの石垣が復元されている。玉石の石垣は瞥見すると奇異にも映る

●—横須賀城本丸切岸

が、通常の角石を用いた屹然とした石垣とは異なり、玉石の曲線から成る石垣ラインは優美でさえある。

本丸虎口は、本丸下段に位置し、左右を石垣に囲まれ、かつては大型の二階櫓門が存在した。門を抜けると三方を石垣と切岸に囲まれた虎口空間がある。三ヵ所の階段が設けられた内桝形となっており、門を抜けると三方から頭上攻撃にさらされる迎撃強固な虎口となっている。

本丸の最奥には、かつて三層四階の天守を頂いた天守台跡がある。発掘調査では礎石の根石が確認され、その周囲には低い石垣がめぐっており、低い天守台と礎石配置を見ることができる。南東隅には入口と考えられるスロープがあり、天守台後方（北側）では防備のための土塁が確認されているが、一階北側を土塁上に架けた特異な天守形態であったと想定されている。

北の丸の北東に位置する松尾山は城域でもっとも標高が高く、築城当初は松尾山を中心に本丸と北の丸程度の比較的小高い丘陵のみであった。松尾山の発掘調査では江戸時代のものであるが、自然石を据え置いた多聞櫓跡が確認され、櫓跡が表示されている。

松尾山の背後、城郭最東端には幅三〇メートル、深さ一五メートルの巨大な空堀が設けられている。松尾山から続く尾根を巨大な空堀で分断することにより、東からの敵の侵入を遮断したもので、近世城郭の中にあって山城としての景観を遺す数少ない遺構は、戦国期横須賀城としての最大の見所と言える。戦国期には、本丸、西の丸とその背後を固守する松尾山があり、それらの諸曲輪を北から東に空堀を巡らせ防備を固めていた。

東西に長い砂州という地形に制約されるため、城域の拡張も自ずと本丸を中心に東西に拡張されていった。後に拡張された二の丸と三の丸には、それぞれ西大手門、東大手門の二つの大手門が存在することから両頭の城との異名をもつ。

整備された本丸に対し、二の丸と三の丸はほとんどが宅地・農地・幼稚園・工場等に改変されており往時を偲ぶのは難しい。一方、南外堀などは未整備であり、今後の整備に期したい。

【参考文献】『図説 遠江の城』（郷土出版社、一九九四）、『史跡 横須賀城跡 保存管理計画策定報告書』（大須賀町教育委員会、一九八四）、『史跡 横須賀城跡 史跡等活用特別事業報告書』（大須賀町教育委員会、一九九九）、『史跡 横須賀城跡整備基本計画』（掛川市教育委員会、二〇一〇）、矢田俊文『地震と中世の流通』（高志書院、二〇一〇）

（戸塚和美）

●武田、徳川両雄が鎬を削った堅城

高天神城（たかてんじんじょう）〔国指定史跡〕

〔所在地〕掛川市上土方嶺向
〔比　高〕一〇〇メートル
〔分　類〕山城
〔年　代〕一六世紀前半
〔城　主〕福島氏、武田氏、徳川氏
〔交通アクセス〕JR東海道本線「掛川駅」から静鉄ジャストライン掛川大東浜岡線で「土方」下車、搦手口まで徒歩一五分。東名掛川ICから県道三八号を南進一〇キロ。

【荘園笠原荘と浜野浦】　高天神城の創築については、一五世紀中葉以降、今川氏による中遠江から東遠江にかけての領主制展開における戦略拠点の一つとして築城されたものと解釈されてきた。今川氏被官土方（ひじかた）氏の関与が指摘されてきたもの、その具体相はほとんど言及されることがなかった。ここではまず高天神城の創築について、その背景を含め近年の研究から探っていきたい。

高天神城の南、菊川河口部にはかつて浜野浦（はまのうら）という湊があった。戦国期、今川氏が今川水軍の興津（おきつ）氏（駿河国興津郷）を浜野浦に配置していることが史料にみえ、水運による経済拠点としての側面のみならず軍事戦略的にも重視していたことが窺（うかが）える。浜野浦を含む笠原荘は、旧浜岡町・大東町・大須賀町・小笠町および袋井市の一部を荘域とする荘園で九世紀には成立していた。中世には、三浦・安達氏らの有力鎌倉御家人が代々の地頭職にあったこと、さらにその後も名和長年（なわながとし）や北畠親房（きたばたけちかふさ）らの武将・公家らの関与が史料から窺（うかが）え、中世を通じて重要視されていた荘園であったことの証左となっている。

高天神城と浜野浦の中間に位置する「中」地区は、公文、政所、紋註所（もんちゅうしょ）（問注所＝訴訟機関）などの政治的性格の色濃い小字を含む地域である。それらの小字の存在から「中」は笠原荘の政治的中心であり、浜野浦との関係においては市場＝湊を外縁部にもった荘園構造が想定される。

さて、高天神城の創築に関わるとされる土方氏は、戦国時

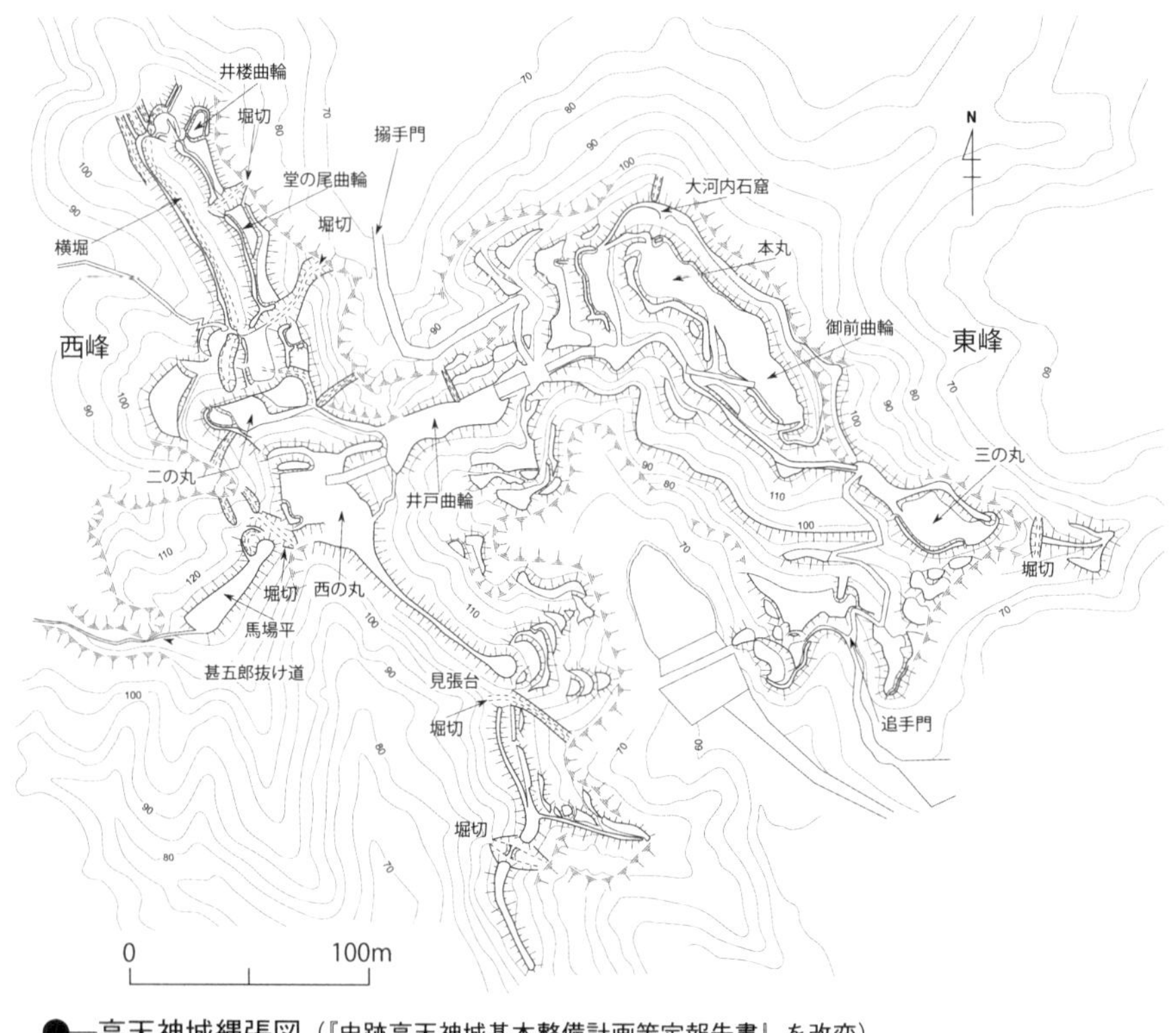

●―高天神城縄張図（『史跡高天神城基本整備計画策定報告書』を改変）

代には今川氏の被官となり、近世には掛川城主山内一豊に従い土佐に移るが、『土方家譜』によれば承平三年（九三三）土方浄直が城飼郡司判官代に補任されたとされ、平安時代から近世初頭まで長きにわたり土方の地に住していたことがわかる。鎌倉時代には有力御家人三浦氏が領有する笠原荘の地頭職として実質支配ならびに経営していたことが文献史料からも窺え、一時的には土方が笠原庄の政治的中心地であった可能性が示唆される。換言すれば「中」との関係においては、笠原荘の中心が「中」から土方への移動があったとも言える。ところが、『義貞記』によれば土方氏は中世前期に没落、笠原荘の中心も土方から再び「中」へ移動したと考えられる。

【今川氏の有力支城、高天神城】　土方がふたたび重要性を帯びるのは高天神城の創築の頃で、かつては応永二十三年（一四一六）頃とされてきたが、現代では今川氏家臣福嶋助春が文献史料に初見される一六世紀初頭と出土遺物の年代観を勘案し、城郭として機能し始めるのは一五世紀後半と考えられている。

その後、今川氏の拠点城郭として整備されるわけであるが、その創築から初頭段階において経済的拠点は海に面した浜野浦であり、湊から北に位置する「中」こそが政治拠点であり、それら地域の拠点から北に離れた箇所に要害として造られたのが高天神城だったと理解できる。換言すれば、高天神城は、浜野浦と「中」による政治経済的機能を前提として成立した城郭と言える。

政治的かつ経済的拠点を背景とする高天神城は、その後、今川氏の遠江経営上の有力支城として機能していく。それを裏付ける事績として、三ヶ日の大福寺への戸田氏(三河国田原)の乱入狼藉に対する調停役として、在地の国衆浜名氏ではなく福嶋氏が当たっていたことが史料に見える。中東遠のみならず西遠にまで影響を及ぼしていたと考えられ遠江国内における往時の福嶋氏の影響力の大きさが窺える。天文五年(一五三六)の花倉の乱後、城主だった福嶋氏が没落してしまう。あとを受け小笠原氏が入城、今川氏にとって福嶋氏の代同様、遠江支配の要のとして位置付けられた。

永禄三年(一五六〇)桶狭間(おけはざま)の戦いで今川義元が織田信長に討たれると、遠江における今川勢力はしだいに衰退、それまで今川方に与していた国衆の今川離反が相次いだ。それを好機とみた武田・徳川両氏は、今川領への侵攻を開始する。とりわけ両氏の版図拡大の上で、どうしても手に入れなければならない重要な駒、それが高天神城であり、双方の攻撃目標として一躍クローズアップされることになった。

【武田・徳川による争奪戦】 時の城主小笠原氏興(うじおき)・信興(のぶおき)父子が徳川方に与し、高天神城はまずは徳川方の城となった。このことは、換言すれば武田氏にとっての第一の攻撃目標となったことを意味した。

高天神城をめぐる武田・徳川の最初の攻防では、元亀二年(一五七一)の信玄による攻囲を徳川勢が死守し、武田方の退却を余儀なくしたとされる。しかし、現在では元亀二年(一五七一)の信玄による三河・遠江侵攻の存在を否定する説も示され、同年の信玄による高天神城攻めも疑問視されている。この説に対し従来の三河・遠江侵攻の存在を肯定する側からの反論もあり、その存否について現時点おいては明確にし得ない。

信玄亡き後の勝頼にとって、信玄が成し得なかった徳川領の遠江・三河東部の占領こそが何よりの戦役であり、その貫徹のためにはまず高天神城の奪取であった。天正二年(一五七四)、武田軍は二万五〇〇〇とも云われる軍勢をもって攻囲した。守る徳川軍は、自軍のみでの駆逐は困難と判断し、同盟関係にあった織田信長に出馬を要請し連合に後詰めを画策した。しかし、信長の後詰めは間に合わず、徳川勢主力も後詰めに出動できず、高天神城は開城、武田方の城となっ

●—高天神城　袖曲輪　堂の尾曲輪堀切

た。

奪還の後、徳川方から寝返った小笠原氏助（武田氏に帰属後、信興に改名）を駿河に移封し、城代横田尹松をへて武田軍の先方衆である岡部元信を城将としている。高天神城を武田氏の直轄支配としていることからも、高天神城が戦略的に重視されていたと同時に、信興の徳川方への寝返り阻止の思惑もあった。

翌天正三年（一五七五）、武田氏は長篠の戦いでの織田・徳川連合軍による敗北を境に攻勢から守勢に転じるようになる。武田氏が弱体化したと見るや、家康はそれまで武田方に占領されていた城郭の奪還に動き始める。二俣城をはじめとする北遠、中遠の武田方の城郭が次々と攻め落とされ、武田方の兵站拠点であった諏訪原城が落とされると、高天神城は徳川領に対峙する橋頭堡というよりも、むしろ孤立した突出点となってしまった。

孤立した山城とは言え、高天神城の戦術的ポテンシャルの高さを認識していた家康は、慎重かつ執拗な攻囲作戦を展開する。まずは、奪還の拠点として小笠山を挟んだ馬伏塚城の南東に「岡崎の城山」を築城、さらに沿岸部を東進して横須賀城を築城、両城間での船舶による兵站ルートを強化した。

天正五年（一五七七）、高天神城下に進出する間道を押さえる要衝として、かつて掛川城攻めに用いた小笠山砦を改修した。現在も遺構として目にすることができる長大な横堀からも改修規模の大きさが窺える。

さらに天正六年から八年（一五七八〜八〇）にかけ、高天神城包囲網である六砦（小笠山砦・中村砦・能ケ坂砦・火ケ嶺砦・獅子ケ鼻砦・三井山砦）をはじめとした二〇ヵ所にも及ぶ城砦群の築城によって攻囲、甲斐からの補給路の遮断を徹底した。

対する武田勢は六回にわたって出兵するが、重要な兵站基地であった諏訪原城を失っていたため、同地域に長期間軍勢を留めることができず、じわりじわりと徳川攻囲作戦の影響を受けることになる。

勝頼は、先の天正二年（一五七四）の合戦において、西峰の曲輪群を弱点と認識し、この頃までに西峰を中心にかなりの改修を加えていることが発掘調査でも判明している。天然の要害としての高い堅牢性に加え、当時の遠江においては随一と考えられる縄張としての技巧性が加味されたことにより戦術的ポテンシャルはさらに高くなっていた。

ところが、勝頼は甲相同盟の決裂により北条氏と敵対、高天神城に主力を傾注できず、高天神城の後詰めを諦めざるを得ない状況に追い込まれてしまう。見捨てられたとは知らない岡部元信らの籠城衆は必死の抵抗を続けていたが、天正九年（一五八一）ついに後詰めの来援を諦め、家康に向けて降伏の申し入れする。しかし、家康と同盟関係にあった信長は、降伏を受け入れさせなかった。信長は、勝頼が後詰めに来攻しないことを予見し、勝頼の主君としての権威を失墜させようとしたのであろう。

籠城衆の必死の抵抗も空しく、兵糧も尽き、それ以上の籠城は不可能となり、城の放棄を決断。天正九年（一五八一）三月二十日、東部への脱出を図るべく包囲陣を襲撃、城主岡部元信らをはじめ多くが討ち取られた。

家康は高天神城を奪還したものの、間もなく廃城にしてしまう。難攻不落を誇った堅城は、その後、主を置くことなく静寂な杜に抱かれた城跡として現在に至る。

【遺構の概要】 掛川市のほぼ中央にある標高二六五メートルの小笠山から南東に張り出した丘陵末端に占地する、標高約一三〇メートルの山城である。東海道の掛川と遠州灘の浜野浦を結ぶ東遠江の要衝に位置する。

城山の周囲は、無数の渓谷によって開析され複雑な地形を呈しており、とりわけ城の三方は急崖で、東方の丘陵は入り江となりさらにその周囲には湿地が広がっていた。要害の地にあるだけでなく、地勢的にも堅城であったと言える。

地勢を利用した縄張としてもう一つ注目されるのは、城山は井戸曲輪を境に東峰と西峰に大きく分かれ、それぞれ独立した曲輪群で構成されている点で、「一城別郭」と称される縄張的特徴である。

西峰の曲輪群は周囲を急崖と深い谷に囲まれたまさに天然の要害で、北方の搦手（からめて）からの比高差一〇メートルにもおよぶ断崖は見る者を圧倒する。井戸曲輪・西の丸は高天神にかかわる大小の鳥居と社による改変が著しい。

最高所にある西の丸から下がって二の丸、堂の尾曲輪、井楼曲輪が尾根上に連なるように配置される。南北に急崖の谷が入り込むが、西側の谷は緩斜面となるため、そこに入念な防御が構築される。特に堂の尾曲輪から井楼（せいろう）曲輪にかけての一〇〇メートルにもおよぶ長大な横堀と土塁、そして各曲輪を分断

●—高天神城　甚五郎抜け道

する堀切が連続してみられる。横堀は埋没により往事の深さと狭小さはわかり難いが、攻め手にとって通路は横堀しかなくいったん堀に入れば曲輪からの容赦ない頭上攻撃に晒されることになり、迎撃に重きを置いた防御が見て取れる。

さらに二の丸周辺の袖曲輪、馬出曲輪などの小曲輪が段差をもって重層的に連なるが、いずれも虎口をもたない行き止まりとなっている。隘路としての横堀から袋小路に追い込み、行き場を失った侵入者に対し執拗な横矢を浴びせるキルゾーンが構築されていたのだ。ちなみに袖曲輪には、天正二年（一五七四）の武田方の攻撃に際し、二の丸周囲の激戦で討死にした、徳川方の本間・丸尾兄弟の供養塔が建つ。この

●—高天神城　井楼曲輪櫓台

時の戦いでは、二の丸、堂の尾曲輪をはじめとする西峰曲輪群がことごとく攻め込まれたことから、徳川方から城を奪取した武田方も西峰が高天神城の弱点と認識し、キルゾーンをともなった技巧的な大改修が行われた。

西の丸からは、南東に伸びた見張り台へ続く狭小な尾根道と、南西の馬場平をへて甚五郎抜け道と呼ばれる山中への間道が続く。どちらも人一人通るのが精一杯の隘路で、両脇は急崖となっている。特に甚五郎抜け道は「犬戻り猿戻り」とも呼ばれる険路で、天正九年（一五八一）の落城の際、武田方の軍監横田甚五郎がこの険路から脱出したことに由来する。険路は間道として城外の山塊につながっており、要害による攻め難さと同時に攻め手は城山を完全に包囲することも非常に困難であったことを示唆している。

東峰の曲輪群は、門や柵塀が存在した木戸跡と呼ばれる狭

隘な平坦部の背後に控える曲輪群で、城内でもっとも規模の大きい本丸を中心に中小の曲輪を階段状に連ね本丸を堅守している。また、周囲は急崖と深い谷に囲まれた、天然の要害の様相を呈す。本丸や的場（まとば）曲輪には土塁の痕跡が見られ、本丸へと続く喰違い虎口も観察できる。

本丸と的場曲輪からは掘立柱建物跡と礎石建物跡に加え、拳大の石を敷き詰めた石敷遺構が確認された。籠城に備え、兵糧備蓄を目的とした倉庫などが存在したと考えられる。本丸から三の丸にかけての搦手側に位置する狭長な帯曲輪からは、石列をともなった排水溝が確認されており、丁寧な整備状況から単なる帯曲輪とは考え難く、その性格については今後の課題と言える。

●—高天神城　的場曲輪石敷

本丸・御前（ごぜん）曲輪をはじめとする東峰の曲輪群は、削平地と土塁を組み合わせ広い空間を有した居住空間として機能していた曲輪群であることがわかる。

本丸と御前曲輪の東裾を経て三の丸（与左衛門曲輪）に至る。三の丸も比較的広い曲輪で土塁が残されている。さらに南下するつづら折れの道は必ずしも城内道を踏襲するものではないが、大手門馬出曲輪や着到櫓と呼ばれるどちらも大手口に睨みを効かせる曲輪を中心に大小の曲輪が階段状に連なる。

このように西峰＝戦闘エリア、東峰＝居住エリアとしてそれぞれ機能分けされており、まさに「一城別郭」と呼ばれる所以である。ちなみに本丸周辺の発掘調査では遺構面が複数確認され、最下層からは一五世紀後半代の遺物が出土、西峰より東峰が先行する証左となった。

【参考文献】『史跡　高天神城跡　保存管理計画策定報告書』（大東町教育委員会、一九九六）、『史跡　高天神城跡　二の丸ゾーン発掘調査報告書』（大東町教育委員会、二〇〇四）、『史跡　高天神城跡　本丸ゾーン発掘調査概報』（掛川市教育委員会、二〇〇九）、齋藤慎一「第六章　遠江国沿岸荘園の空間」『中世東国の道と城館』（東京大学出版会、二〇一〇）、綿貫友子「第四章　遠江・駿河国における湊津と海運」『中世東国の太平洋海運』（東京大学出版会、一九九八）

（戸塚和美）

●高天神城を孤立させた徳川軍の陣城群

小笠山砦と砦群

〔所在地〕掛川市入山瀬
〔比　高〕約二〇六メートル
〔分　類〕山城
〔年　代〕永禄十一年（一五六八）
〔城　主〕徳川家康
〔交通アクセス〕JR東海道本線「掛川駅」から静鉄ジャストライン掛川大東浜岡線で「小笠山入口」下車、徒歩約三〇分。

【高天神攻めの前線基地】　長篠合戦の敗北によって、武田家の遠江における勢力は著しく衰退し、諏訪原城（島田市）、二俣城（浜松市）と次々と徳川方に奪還されてしまった。「高天神を制す者遠江を制す」と言われた拠点であるが、周辺諸城が次々と陥落した状況では、単なる突出点でしかなくなっていた。

城は、力攻めでは味方の兵力のある程度の損失も覚悟を要するほどの天嶮で、孤立した山塊に位置する要害であった。この間、馬伏塚城（袋井市）から岡崎の城山（袋井市）、横須賀城（掛川市）と徳川方の船舶による輸送ルートと物資集散基地の整備は順調に推移し、強化されている。また、天正三年（一五七五）以降奪還に成功した武田方の陣所に配された防御施設は、徳川方の新城に利用された。特に、横堀はすぐさま実践配備されることになる。天正五年、東海道から高天神へ続く間道を押さえる要衝として小笠山砦（袋井市・掛川市）を改修し、重臣石川康通に守らせた。

【小笠山砦と高天神城包囲網の構築】　小笠山は、高天神攻めの北の拠点を担う付城であった。小笠山砦は、比較的良好な形で遺構が残存する。標高二六〇メートルの最高所に笹ヶ峰御殿と呼ばれる本曲輪を置き、ここからY字状に続く尾根筋に小曲輪が点在する。本曲輪南東部を取り囲むくの字を呈した横堀は大規模で総延長一〇〇メートルにもおよぶ。

本曲輪東虎口は、竪堀と土塁で規制し、喰違いとし、西虎口は、竪堀と堀切、さらにL字を呈した土塁によって、鍵の手となっている。尾根筋全体が狭く複雑であるが、巧みに竪堀と堀切を配すことで、極めて高い防御施設を持つことになった。これまでの徳川方の付城には見られない、虎口の工夫、岡崎の城山でも採用された横堀の大規模化、それまで極めて単純であった徳川方の陣城に変化が見られるのも、長篠合戦以降のことになる。西の拠点馬伏塚城と横須賀城、北側小笠山砦という拠点を確保した家康は、駿河から出兵を繰り返す武田方に備え、天正六〜八年にかけて、後に高天神城包囲網と呼ばれる六砦を構築し、高天神城をコ字形に取り囲んだ。

●—高天神城と砦群を臨む

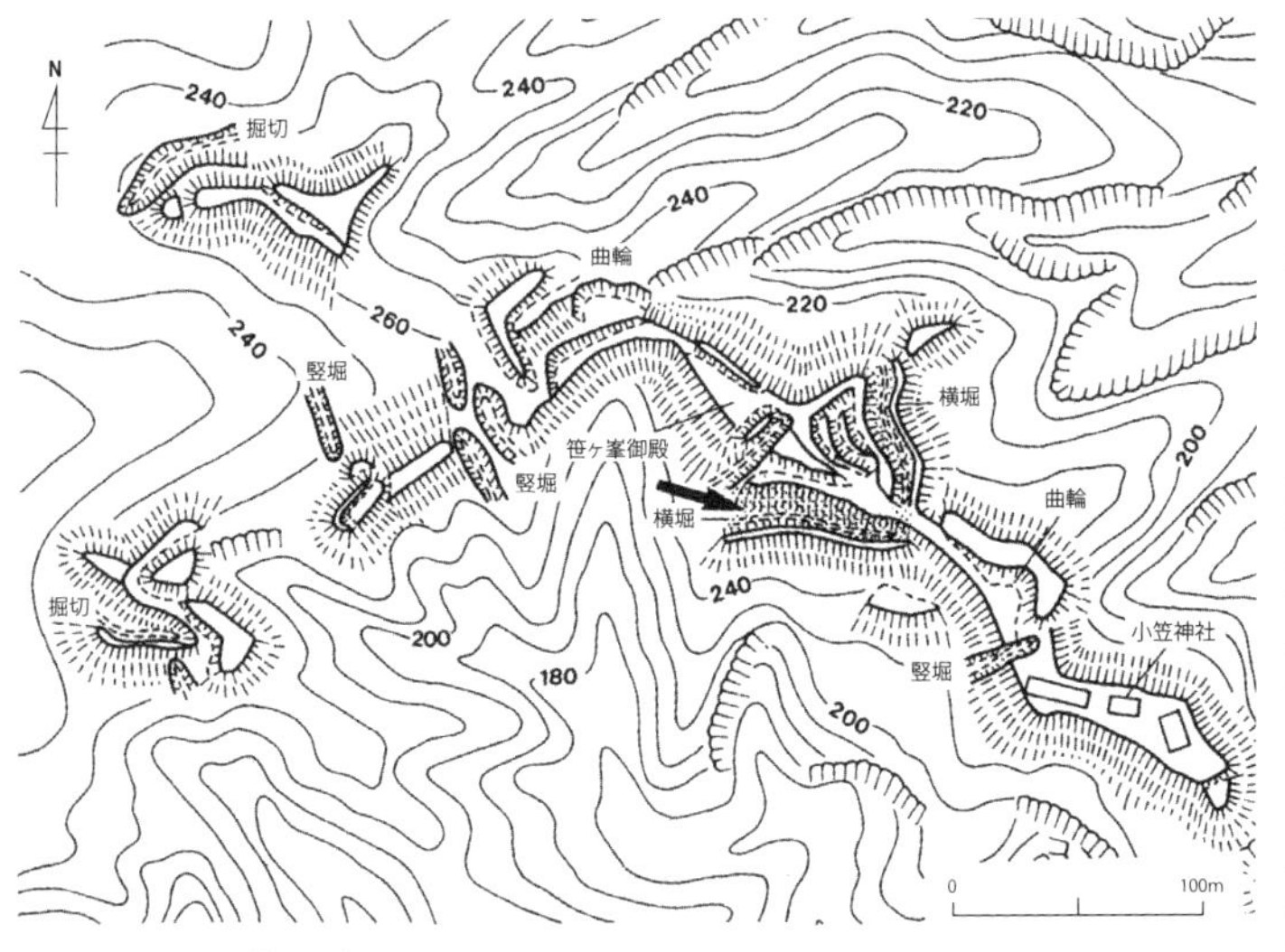

●—小笠山砦概略図（作図：戸塚和美）

　六砦とは、北から小笠山砦、能ヶ坂砦（掛川市）、火ヶ峰砦（掛川市）、獅子ヶ鼻砦（菊川市）、中村城山砦（掛川市）、三井山砦（掛川市）のことで、この他二〇ヵ所にもおよぶ城砦群を築き、高天神城への補給路を完全に遮断した。さらに高天神城の周りに堀を掘り廻らし、柵を幾重にも設けて、人馬の行き来を完全に絶ったと言われるが定かではない。いずれにしろ、実に天正九年三月までの一六ヵ月に渡って包囲を続けることになる。『家忠日記』には、天正六年から八年の終わりにかけて、砦の普請に関わる記載が非常に多く見られる。具体的な普請方法についての記載は少ないが、柵、塀、堀切普請という記載が見られる。

現在六砦は、獅子ヶ鼻砦に曲輪や堀切と思われる遺構が残存し、火ヶ峰砦にも削平地が残る。だが、砦の構造が判明するほどではない。他の砦は、後世の開発行為によって、ほぼ遺構が失われてしまった。

【発掘された中村城山砦】 六砦の中で唯一、試掘調査が実施された中村城山砦の構造を見ることで、他の砦の構造も考えてみたい。中村城山砦は、六砦中もっとも標高が低く、菊川・下小笠川の合流点近くに築かれている。試掘調査によって、四周を水堀で囲まれていたことがほぼ確実な状況で、水運を利用して横須賀城から物資搬入をしていたことが想定される。丘陵を二分するような堀切が見られる他は、防御施設は確認されない。削平地は山麓部分に広くとってあり、頂部は物見台程度の広さである。このことから、山麓部分に平坦地を設け利用することがこの砦の主目的であったことが看取される。

この砦が物資集散と兵力の駐屯基地として利用されたのは、もっとも水運に恵まれた場所に位置していたためであろう。高天神を囲む駐屯軍の補給物資は、中村城山砦に荷揚げされ、ここを経由して各砦へと運びこまれた可能性が高い。この砦以外の調査が実施されていないため、確実とは言いがたいが、砦個々にそれぞれの主目的があり、互いに補完しあうことで長期の攻城戦を可能にしていたことが考えられる。現在整備が進み、見学しやすい。

【周辺諸城（古構）の改修】 この他記録にはないが、高天神城の背後の補給路であった小山城（吉田町）攻めにあたって、横地城（菊川市）・勝間田城（牧之原市）が再利用されている。勝間田城は、小山城から東へ約七キロの地点に位置し、北に五キロほどで諏訪原城（牧野城）が存在する。牧之原台地から北東に向かって下降する標高一三一メートルの尾根上に築かれた。徳川氏による改修が推定されるのが、本曲輪北下に設けられた尾根を完全に遮断する幅約一〇メートルの堀切より北下部分になる。上下二段の広大な規模の曲輪を土塁で囲いこんでおり、兵糧・武器等の兵站基地、また駐屯地としても利用したと考えられる。

高天神城と勝間田城のほぼ中間点、標高一〇一メートルの山頂部を中心に、東の城・西の城・中の城を配した広大な規模の山城が横地城である。家康による再利用が考えられるのが、西の城部分である。主郭南側に配された幅約六メートルの横堀状を呈す堀切、その南に基底部で五メートルを測る土塁を設け、尾根筋からの侵入を阻んでいる。西の城の南側には「千畳敷」と呼ばれる長さ約九〇メートル、最大幅約三〇メートルの平場が広がる。徳川軍が改修し、兵站基地や駐屯地として利用し、安全確保のために西の城に防御施設を付加したと推定される。

【高天神攻めの陣城の特徴】　高天神城攻めの陣城について傍観したが、それほど強固な防御施設を持つ陣は少ない。戦国期およびそれ以前の古構え（古城）を再利用した城については、高い防御施設を持つ陣となったが、新規築城の陣に強固な虎口施設等を見出すことは出来ない。巧みに自然地形を取り込み、防御施設を施すことはするが、戦略的に特化された虎口等は見られない。徳川軍の陣城の共通項は、広大な平坦面の確保と土塁囲みの曲輪の設置である。平坦面は兵力の駐屯地として、土塁囲みの曲輪は物資集散地として利用するためで、多数の兵力の移動と駐屯を目的に築かれたことは明白だ。六砦構築以後、駿河から武田軍の援軍が到来する可能性は極端に低くなったが、万が一に備えて兵力の駐屯地を確保し続けたのであろう。

また、長期化する戦線に備えて、常に食料・武器を常備するための施設を必要としたのである。戦略的に見ても絶対的な優位は動かず、高天神城も孤立無援の状態に追い込まれていた。ある程度の兵力で取り囲みつつ、万が一の後詰（ごづめ）に備え、確実に城方の戦意を喪失させ、持久戦・消耗戦の中で、味方の兵力の損失を抑え、自落するのを待っていたのである。

●—西側南下の横堀

●—笹峰御殿東側の堀切

【参考文献】　加藤理文「徳川家康による掛川城包囲網と杉谷城」『東名掛川Ｉ・Ｃ周辺土地区画整理事業に伴う埋蔵文化財発掘調査報告書』Ｉ（掛川市教育委員会、二〇〇二）、加藤理文・中井均編『静岡の山城ベスト五〇を歩く』（サンライズ出版、二〇〇九）、加藤理文編著『静岡県の歩ける城七〇選』（静岡新聞社、二〇一六）

（加藤理文）

●遠江の名族横地氏の居城

横地城（よこちじょう）

〔国指定史跡（横地氏城館跡）〕

〔所在地〕菊川市東横地
〔比　高〕約一〇〇メートル
〔分　類〕山城
〔年　代〕一五世紀中頃
〔城　主〕横地氏
〔交通アクセス〕ＪＲ東海道本線「菊川駅」から静鉄ジャストライン浜岡営業所行「西横地」下車、徒歩四〇分。あるいは、東名高速菊川ＩＣから約五キロ、車で一〇分。

【遠江の有力氏族横地氏】　横地氏は中世遠江を代表する名族で、名字の地である横地（菊川市）一円を本領としていた。その出自には諸説あるが、駿河・遠江の領主層に多い藤原氏の流れを汲んだ可能性が高いとされる。鎌倉時代から『吾妻鏡』をはじめとした文献にも度々登場し、鎌倉期には御家人として将軍など要人の随兵、幕府儀礼への参加などが記される。また合戦への出陣がたびたび確認されることから、武芸巧者の御家人であったことが窺われる。そうした横地氏の立ち位置は室町期においても引き続いていたようで、足利将軍の随兵や合戦への出陣などが各種文献において記されていることから、奉公衆として将軍のそば近くに武芸をもって仕えていたことがうかがえ、その活動拠点は政権中枢近くの中央にあったとみられる。この時期の横地氏の動向は不明瞭ながら、寛正六年（一四五六）には、遠江守護斯波氏の被官であった狩野七郎右衛門尉が背いたため、守護代であった狩野加賀守とともに横地鶴寿、勝田修理亮がこれを討伐し、幕府から褒章されるなど、遠江においても守護所周辺での活動がみられる。

京都において応仁・文明の乱が始まるとその余波は遠江にもおよぶこととなる。当初、遠江守護斯波義廉は西軍方に、駿河守護今川義忠は東軍方に属して対立し、遠江の支配をめぐって争った。特に今川義忠は遠江進出に執念を燃やしており、対立は激化していった。義忠は文明六年（一四七四）に遠江府中見付城（守護所）に籠る守護代狩野宮内少輔を攻め、自害に追い込むなど、その勢力を拡大させていく。そのような状況の中、文明七年（一四七五）、横地氏は義忠に対抗すべく同族である勝田氏（勝間田氏）とともに狩野氏の館跡に城郭を構え挙兵する。横地・勝田両氏は遠江守護斯波氏の傘下にあり、挙兵には義忠の侵攻に危機感を覚えた斯波義廉の意向が及んでいたものであろう。

横地・勝田両氏は今川方の有力武将堀越陸奥守（遠江今川氏）を小夜の中山（掛川市）付近の合戦で破り、これを討ち取る戦果を上げるなど優勢に戦況を進めていく（なお、今も堀越陸奥守の遺体が葬られたという鞍骨池があり、また海老名地区には戦死者を供養したとされる五輪塔群が残っている）。こうした事態を重く見た義忠は自ら出馬し、翌文明八年に横地・勝田両氏の本拠を攻めることを決意する。横地氏は大軍の今川氏の来攻を受けつつも、要害地形を生かして奮戦するが、本拠の要害であった横地城は落城し、一族は四散してしまったという。しかし、その残党は抵抗を続け、塩買坂において義忠を討ち取っている。横地氏はその後、それぞれの地で活躍の場を見出し、その多くが当地を離れたようで、本拠である横地の地は静かな農村となっていったのである。

【横地氏の本拠「奥横地の谷」】 牧之原台地から延びる低位丘陵の間には、奥まった谷部平野がいくつもあり、そのうちのひとつ、奥横地川沿いの谷が横地氏の本拠「奥横地の谷」である。発掘調査や文献調査などによる総合調査によって、横地氏関連遺跡群としてその実態が検証され、横地氏の本拠構造の一端がわかりつつある。

西側に開口する谷の入り口近くには、領主居館と推定される殿ヶ谷遺跡があり、また谷の中央南側にも居館と推定される伊平遺跡が所在していることが発掘調査によって明らかとなっている。それぞれの居館近くには三光寺、あるいは慈眼寺といった寺院があり、さらに廃寺となっている三光寺跡の北側山稜付近には横地一族の墓とされる石塔群、また山麓のやや東側には横地太郎の墓と伝わる大型宝篋印塔が所在することから、周辺に墓域が営まれたことも明らかとなっている。このように、横地氏の本拠の中には居館と寺院がセットとなる形で存在しており、それが領主やそれに次ぐ一族の者によって営まれていた可能性がある。これは横地一族による分権的な領地支配構造のあり方を反映しているものと考えられている。居館周辺には横地城下遺跡群として集落域の広がりも確認されており、横地氏の本拠は居館を中心として同族による領地経営の拠点として発展していったものと考えられる。

横地城はこの奥横地の谷の最奥となる東方丘陵に築城さ

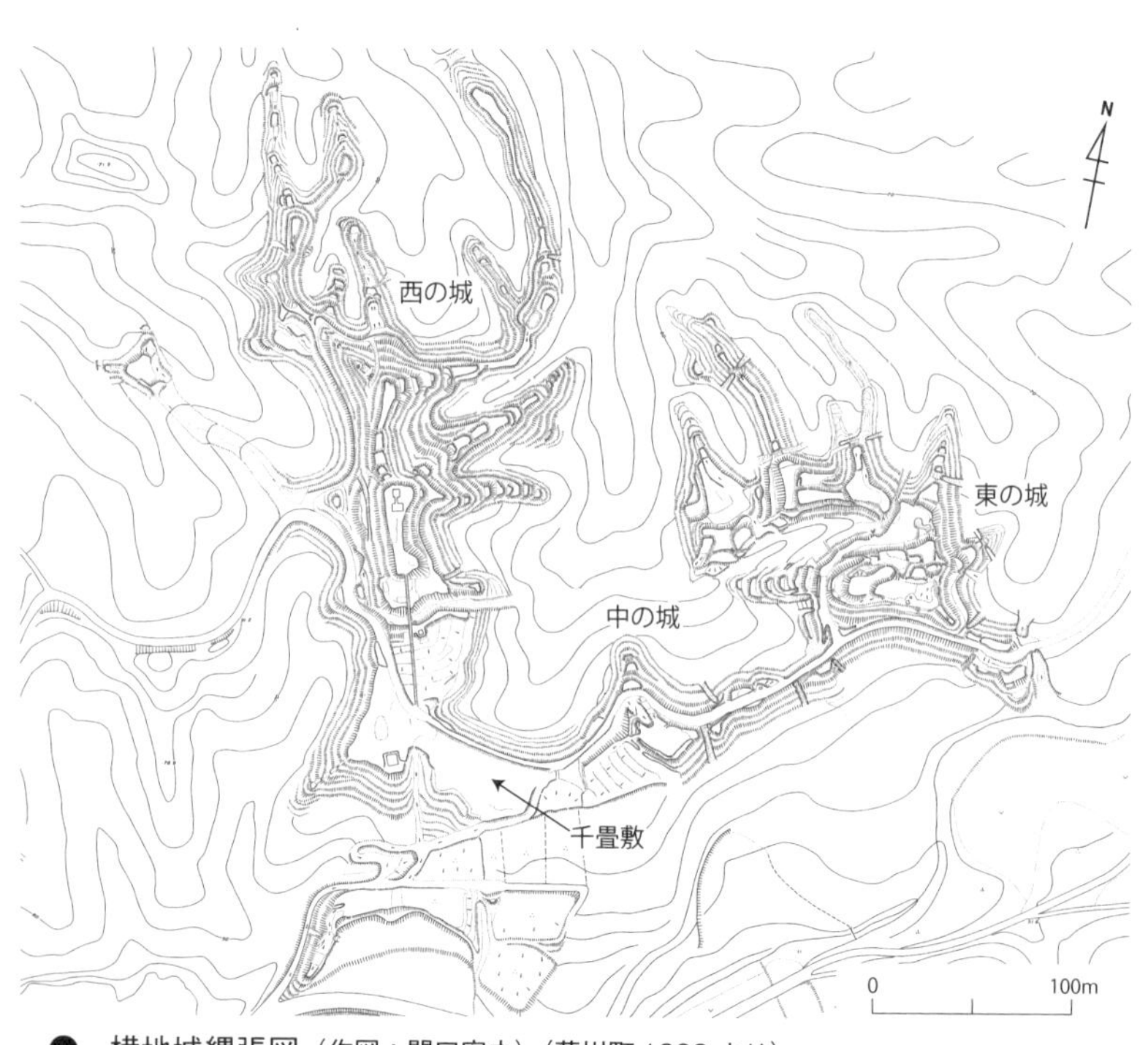

●—横地城縄張図（作図：関口宏之）（菊川町 1999 より）

れ、本拠を見下ろす形で築城されたいわゆる詰めの城であった。創築年代は明確ではないが、城郭構造や発掘調査成果から一五世紀中頃に築城されたと推定されており、先にみたように横地氏の活動拠点が中央から本拠を含む遠江に移った時期と重なることが指摘される。また、横地城の南西尾根筋には横地氏最後の若君藤丸の館とされる「藤丸館」や、遠江守護斯波義廉を迎えた屋敷と伝承される「武衛原館」などの遺構が残り、茶園などで詳細な遺構の状況は不明ながら、横地氏をめぐる歴史的な場を感じられる空間となっている。

【城の構造】 城は牧ノ原台地の支脈から続く低位丘陵上に立地し、大小の浸食谷が入り込む複雑な地形を生かして選地されている。東西約四〇〇メートル、南北約四五〇メートルにおよぶ広大な城域を持つ。城の形態はいわゆる「一城別郭」の様相を呈する特徴があり、「東の城」・「中の城」・「西の城」と呼ばれる三つの区域をU字状に配置し、それぞれが連携して機能するように尾根の形状を巧みに利用する形で築城されている。

「東の城」は城内最高所に位置し、横地城における主城と目される区域である。主曲輪は南端に土塁を備えた長辺約三〇メートル、短辺約一〇メートルの規模を持ち、それを中心に派生する小尾根に沿って比較的小規模な曲輪を階段状に配している。幅約五メートルの堀切を挟んだ北側の曲輪群は尾根の先端を堀切で仕

●―東の城主曲輪

●―中の城主曲輪

切りつつ、自然地形を生かしながら、やはり尾根筋に沿って小規模な曲輪を配置する。南西に位置する「中の城」との境、また東の城の東端を区切る堀切があるが、農道によって開削され不明瞭となっている。

「中の城」は「東の城」と「西の城」を繋ぐ低位尾根上にあり、南方面に対する出曲輪的な存在であったとみられる。尾根の突端を利用して設けられた主曲輪は南側に低位の土塁を巡らし、その下段には堀底幅約一メートルの小規模な横堀が掘り込まれている。出曲輪として敵を迎え撃つための遺構と考えられ、横堀の初源的なものとして捉えることが可能であろう。「中の城」の南西側下段には千畳敷（せんじょうじき）と呼ばれる長さ約九〇メートル、最大幅約三〇メートルの不整形な平場がある。従来居住空間とされてきたが、発掘調査の結果や遺構周辺の状況から、後世の改変による平場である可能性が指摘される。千畳敷の南側下段には大手曲輪と推定される曲輪があり、大手口の存在が想定されている。

「西の城」は「東の城」のある尾根と北側の谷地形を挟んで並行する位置関係となり、西方に対する防御を担ったと考えられる。「西の城」の主曲輪は長さ約四〇メートル、幅約五〜一五メートルの不整形な形状で、現在は横地神社が鎮座し

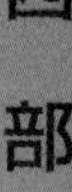

●─西の城　堀切と土塁

ている。主郭南には城内最大となる幅約六メートルの大堀切、その南側には基底部の幅五メートルの規模の土塁が設けられ、尾根筋を強固に遮断している。主曲輪北側の細尾根上には階段状の小曲輪が無数に配置され、北および西方面の侵入者に備えているが、明確な堀切等の遮断施設は確認されない。ただし、主曲輪の西側下段は、現在農道によって改変されているが、両側から谷が迫る鞍部になることから、「西の城」の西端を区切る堀切の存在が想定される。

このように、横地城は「東の城」と「西の城」という主要な二つの地区を「中の城」と連携させることにより、敵兵を迎え撃つ構造であることが見えてくる。さらにいえば、比較的小規模な曲輪と堀切を組み合わせ、それを自然地形に則した形で配置し、また虎口構造が明確ではない特徴であることから、横地城は大規模な土木工事をともなう戦国期山城に先行する山城と考えられる。それは前述のように横地城が一五世紀中頃の築城から、今川義忠の攻撃によって落城する文明八年（一四七六）の極めて短期間に営まれた城であることを示すものともいえよう。室町～戦国期初頭に遡る城郭は県内でも希有な事例といえ、また横地城を含む本拠周辺遺跡群が良好に残っていることも貴重な存在である。今後、国指定史跡にも指定されている「横地氏城館遺跡群」として、より一層の保存活用が図られることが望まれる。

【参考文献】『静岡県史　通史編二　中世』（静岡県、一九九七）、『静岡県の中世城館跡』（静岡県教育委員会、一九八一）、関口宏之「─中世山城─横地城の実像に迫る」『横地城跡総合調査報告書』（菊川町教育委員会、一九九九）、塚本和弘「横地　御家人の本拠の実態」『出土遺物が語る社会　中世の伊豆・駿河・遠江』（高志書院、二〇〇五）、溝口彰啓「遠江・駿河における室町～戦国時代初頭の城館～勝間田城・横地城を中心に～」『中世城館の考古学』（高志書院、二〇一四）

（溝口彰啓）

●新野氏が築き、武田氏が改修した城

八幡平城(新野古城)

（所在地）御前崎市新野
（比　高）約六〇メートル
（分　類）山城
（年　代）一六世紀頃
（城　主）新野氏、武田氏
（交通アクセス）ＪＲ東海道本線「菊川駅」から静鉄バス浜岡営業所行「新野」下車、徒歩四〇分。東名高速菊川ＩＣから約一二キロ、車で二〇分。

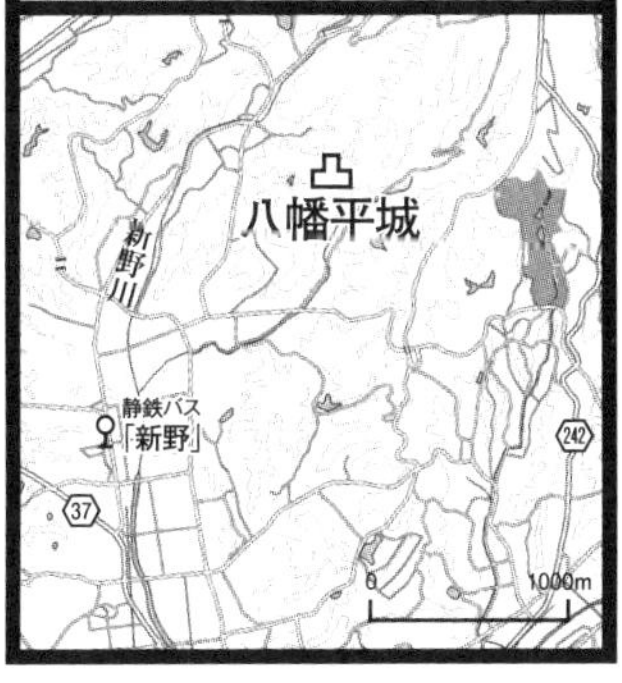

【新野氏による築城と武田氏による改修】　八幡平城は別名新野古城ともいい、当地域を本領とした有力氏族新野氏が築城したと伝わる。城の西約七〇〇㍍には新野氏の本城とされる新野新城（舟ヶ谷城）が所在する。城の築城年代は明らかではないが、現状の城の構造から、新野氏が築いた城を武田氏が徳川氏と東遠江地域周辺で対峙した際に改修したものと考えられる。

新野氏は鎌倉時代より御家人として横地・勝田氏らと並んで『吾妻鏡』にも登場する遠江でも屈指の武家である。室町期には今川一族として新野氏の名が見え、嘉吉の乱や応仁・文明の乱の際などに今川方の武将として働いていたことがうかがわれる。戦国期に至ると今川家重臣として数々の合戦にも参加し、遠江の国衆が今川氏に離反した「遠州忩劇」が起こると、新野左馬助親矩は永禄七年（一五六四）に離反した曳馬城主飯尾連竜の攻め手として出陣している。しかし、左馬助は戦いの最中で討ち死にしてしまうのである。

その後、桶狭間合戦を境に今川氏が衰退すると、駿河・遠江は武田氏と徳川氏が争う地となった。東遠江における拠点城郭である高天神城を巡る争いでは、沿岸部の駿遠国境での戦いが数多く繰り広げられ、それにともなって物資や兵員のための拠点城郭が整備されることとなる。八幡平城はその拠点のひとつとして改修され、使用されたとみられるが、文献等の記録には関連するような記述はない。城の周辺は新野原を経由し相良・榛原方面にも通じる位置にあることから、高天神城から大井川西岸の拠点城郭である小山城を結ぶ兵站ルートとして重視されたのである。後述するように武田氏が改修したとみられる城の構造とも考え合わせると、武田氏が新野氏が築城した城を改修し、使用した可能性が高い。

【城の構造】 牧ノ原台地は開析作用によって狭い谷戸地形が端部に向かっていくつも作り出される特徴的な地形である。八幡平城はそうした谷戸地形に面した台地末端の丘陵上に立地している。

城は南側に位置する曲輪Ⅰと、北側の曲輪Ⅱが主要曲輪として把握される。曲輪Ⅰは八幡平と呼称される広大な曲輪で、南北約一〇〇メートル、東西約四〇メートルの規模を持ち、地形に即した不整形な平面形状となる。南東側斜面は特に厳重に防備され、土塁をともなった二重の横堀が巡らされている。中央部の土塁開口部から堀底を通る城内道が設定されるが、頭上

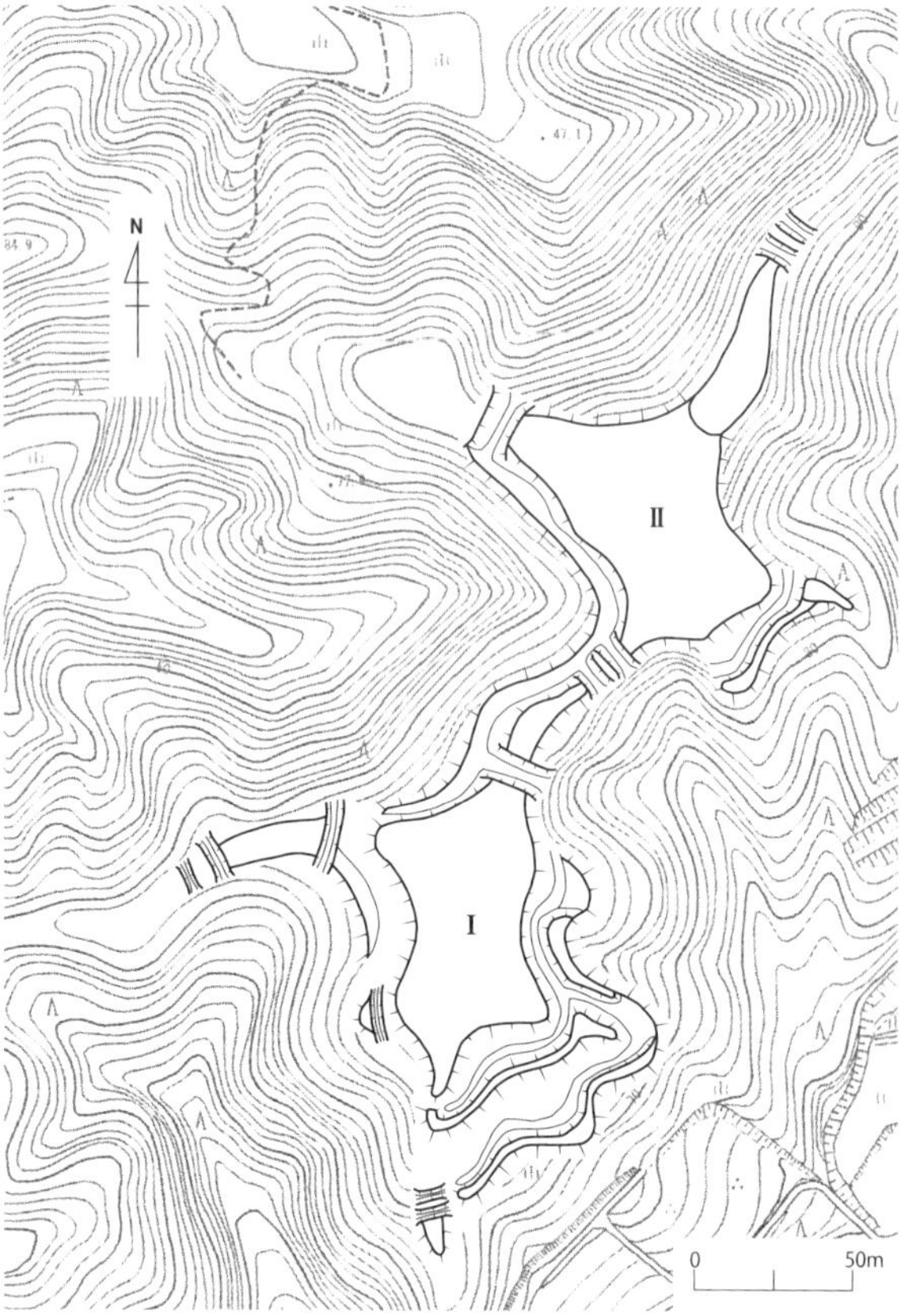

●―八幡平城概要図（作図：溝口彰啓）

●―八幡平城　曲輪Ⅰ南東横堀

の曲輪からの強力な横矢（よこや）が掛かる位置関係となる。南東斜面以外は急峻な崖となり、東や南に延びる尾根線は堀切（ほりきり）によって遮断されている。曲輪はほぼ平坦であり、内部の施設等は不明ながら兵站基地として広大な空間を確保していたものとみられる。曲輪Ⅰの北側尾根は曲輪Ⅱへと接続している。この間は、幅約一〇メートルの堀切とそれぞれの幅約六メートルの二重堀切によって厳重に遮断されている。

●—八幡平城　曲輪Ⅰ・曲輪Ⅱ間の二重堀切

曲輪Ⅱは南北約四〇メートル、東西約八〇メートルの規模であるが、削平が甘く自然地形となる部分が多い。特に北側は堀切の城内側にも関わらず尾根筋は削平がほとんどなされていない。曲輪Ⅰが主体的に使用され、曲輪Ⅱはそれを補完するという位置づけであったために普請に差が生じているものであろうか。しかし、曲輪Ⅰと同様に南東側の一部には土塁をともなう横堀が設けられ、この方面の防御には十分に配慮している様子がうかがえる。城域から尾根続きとなる部分には、大規模な堀切が多数設けられることで厳重な遮断がなされており、特に北側尾根筋は城域の北端ということで、曲輪Ⅰ・Ⅱ間の堀切よりはやや小規模ではあるものの、幅約四～五メートル程度の二重堀切が掘り込まれている。曲輪西側には腰曲輪が巡っており、各曲輪間を連絡する城内道であったものとみられる。

広大な曲輪とそれを守るための多重堀切や横堀の使用は、遠江沿岸部では小山城や滝境城などでも同様の遺構がみられることからも、武田氏の築城技術によるものと考えられる。現在は地元保存会の整備などによって、武田・徳川の攻防戦を物語るこうした遺構が大変見やすい状態となっている。

【参考文献】『浜岡町史　資料編　考古』（御前崎市、二〇〇六）、児玉幸多・坪井清足編『日本城郭大系　第九巻　静岡・愛知・岐阜』（新人物往来社、一九七九）

（溝口彰啓）

お城アラカルト

移築現存する城郭建築

加藤理文

県内の城郭建築で、移築（伝承を含む）現存するのは、御殿玄関が一棟、城門が一六基、遊興施設が一棟で櫓は残されていない。御殿玄関は、小島陣屋（静岡市）で、公会堂となっている。遊興施設は、田中城（藤枝市）の旧本丸御亭で、田中城下屋敷公園に移築現存する。城門は、掛川城（掛川市）・中泉陣屋（磐田市）が三基、深沢城（御殿場市）・横須賀城（掛川市）が二基、沼津城（沼津市）・久能山城（静岡市）・田中城（藤枝市）・中泉御殿（磐田市）・気賀陣屋（浜松市）・堀江陣屋（湖西市）が各一基である。

田中城本丸御亭は、江戸初期から本丸東隅の土塁上にあって、藩主の休息、観月や七夕の際に利用した二階建ての畳敷の建物だ。天守を持たない田中城では、天守代用の格式のある建物であった。幕末段階では屋根は杉皮葺であったが、現在は銅瓦葺に改められている。

ほとんどの城門は、寺院への移築で、廃城後に払い下げられ移築されたものになる。寺院に移築後、ほとんどが大幅な改修を受け、旧状を留めている建築物は数えるほどでしかない。油山寺（袋井市）山門は、元掛川城の玄関下門で、県内唯一の現存櫓門として、重要文化財に指定されている。明治維新後の廃城令の際、城主であった太田資美が眼病全快のお礼として寄進したと伝わる。解体修理により、万治二年（一六五九）建立と判明。入母屋造本瓦葺で、桁行約九メートル・梁行約四・五メートル、門扉は一二尺、左右の脇間は五・五尺、両端間は三・五尺、左に脇扉を配す。二階は、桁行五間で角間六尺、梁行三間で角間五尺となっている。

掛川城蕗門は、三の丸（旧二の丸）の東側、内堀脇の東南隅にあったもので、現在円満寺に現存する。横須賀城二の丸不開門が、市内撰要寺の山門に移築。冠木には丸に立葵の家紋が残るため、本多時代（一六四五～八二）の建造と判明する。この三門が、旧状をもっと良く留めている。

お城アラカルト

整備復元された城跡

加藤理文

県内の城跡整備は、昭和四十八年（一九七三）から開始された山中城跡（三島市）が代表例だ。昭和期を象徴する整備で、堀障子などを芝生で被覆し、建物跡は平面表示と植栽表示が中心であった。樹木もそのまま残し、城址公園の典型であった。しかし、樹木が育ち、遺構が見えなくなったことから再整備を実施、大型樹木を伐採し、城跡の遺構や構造が非常に見やすくなった。

平成十年（一九九八）に、発掘調査成果を元に勝間田城（牧之原市）の二の曲輪、三の曲輪が整備された。土塁を復元し、検出された建物群の平面表示がなされている。

平成二十七年度に整備が完成した長浜城（沼津市）は、当初から樹木伐採を実施し、その構造が良くわかる。また、眼下に内浦湾、正面に富士山と眺望も抜群で、この城が、海城として機能していたことが理解されよう。

平成十三年度に整備が完成した高根城（浜松市）は、県内で唯一建築物を復元した山城になる。発掘調査成果を元に、各曲輪間の堀切、主郭の建物（井楼櫓・礎石建物・城門・柵列）が木造で再建されている。中世城郭のイメージを今に伝えている。

近世城郭は、昭和三十三年に浜松城天守が鉄筋コンクリートで再建、平成六年に掛川城天守が木造で再建され、県内には二基の天守建築が見られる。駿府城では、平成元年に二の丸巽櫓、次いで東御門、さらに坤櫓とすべて木造で再建され、併せて一部堀が整備されている。浜松城では、平成二十六年に、天守門を木造復元すると共に、天守曲輪周辺の樹木を伐採し、石垣が非常に見やすくなった。今後も、整備を継続実施していくことが予定されている。

諏訪原城（島田市）では、平成二十九年、二の曲輪北馬出の薬医門を木造で復元するとともに、国内最大規模の二の曲輪中馬出の周辺樹木を伐採し、巨大な馬出を見ることができる。現在も、整備は継続中である。今後、興国寺城（沼津市）が整備を予定している。

伝説を裏付けた大河内石窟

戸塚和美

高天神城にまつわる逸話の中でもっとに著名なのは、大河内石窟であろう。天正二年（一五七四）、徳川配下となっていた高天神城は、武田勝頼率いる二万五〇〇〇ともされる大軍により包囲される。守備する徳川方は籠城の末、食料、弾薬が尽き果て援軍の期待も虚しく、城外退去を条件に開城。ところが、唯一人、開城に応じなかった軍監大河内政局は勝頼の怒りを買い、高天神城の石窟に幽閉されてしまう。

石窟は本丸下の北山腹に開口した横穴で、その規模は奥行約二メートル、横幅約三メートルを測る狭い空間である。夏季には西日が差し込み、冬季にはからっ風と呼ばれる強い寒風が容赦なく吹き込む、まさに牢獄と呼ぶにふさわしい厳酷な環境である。

石窟は石牢とも呼ばれ、元来、人里離れた洞窟などを地下牢としていたもので、斜面に横穴を穿ったものは土牢と呼ばれる。横穴としての形状から当石窟も土牢であるが、高天神礫層と呼ばれる古大井川が運んだ大小の礫を多量に含んだ非常に硬質の岩盤に構築されている。大小多数の礫が露頭する天井と壁面から成る横穴は、まさに石窟もしくは石牢と呼ぶにふさわしく、その呼称が流布したものと考えられる。

平成二十二年（二〇一〇）の台風により石窟の上部が崩落、埋没、ただちに復旧作業とともに緊急調査が実施され、下層から竪穴が発見された。竪穴は石窟前面にも展開していることが判明、調査の結果、竪穴と横穴（石窟）が連結した地下式坑と呼ばれる構造が想定されている。後世、竪坑が埋没、横穴として改変を受け今日見る石窟になったと考えられる。

石窟の真偽については後世の創作、伝承によるものとの見解もあったが、この発見により伝承ではなく事実であることが判明したと考えてよかろう。

大河内政局は三河譜代であり、家康の外祖母が政局の伯母にあたる家康の外戚関係にもあった。また、竹千代時代には近習として仕えており、敗れたとはいえ家康直属の家臣としての誇りから開城を潔しとせず、幽囚ではなく自ら牢に籠城したとも言えよう。

天正九年（一五八一）三月、大河内政局は高天神城を奪還した徳川方により石窟から救出、足掛け七年におよぶ幽閉から開放された。

中部

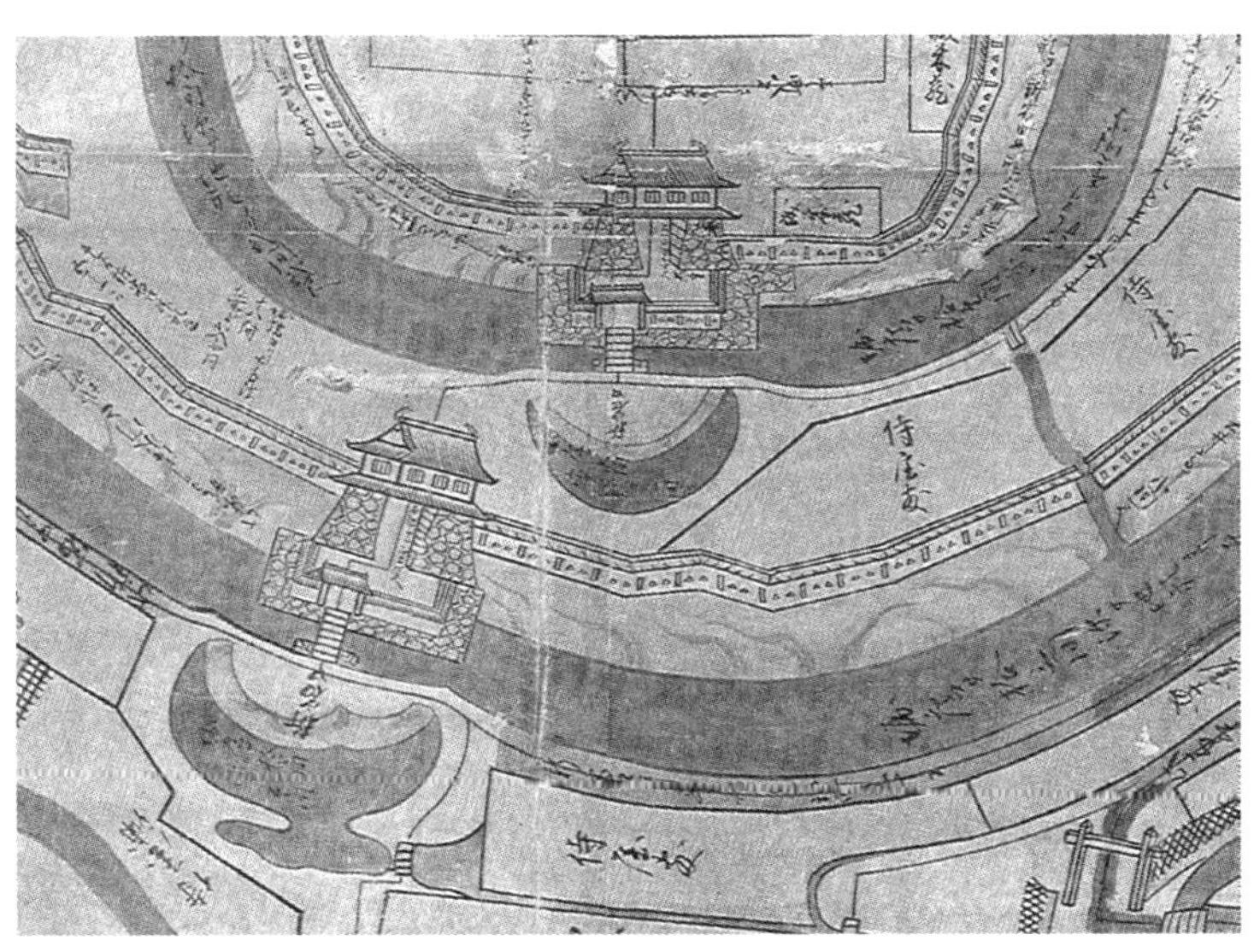

駿河国田中城絵図
（藤枝市郷土博物館蔵）

●発掘調査で明らかになった勝田氏の居城

勝間田城（かつまたじょう）

〔県指定史跡〕

〔所在地〕牧之原市勝田
〔比　高〕約一〇〇メートル
〔分　類〕山城
〔年　代〕一五世紀中頃
〔城　主〕勝田氏
〔交通アクセス〕JR東海道本線「金谷駅」から牧之原市バスで「中島」下車、徒歩約一七分。東名高速「牧之原相良IC」から約六キロ、車で一五分。

【遠江有数の武士団・勝田氏】　勝田（かつまた）（勝間田）氏は『保元物語』にも遠江の武士団としてその名がみえるように、同族である横地氏と並んで平安時代末期から活躍が知られる一族である。遠江国勝田荘を名字の地として本拠を構えていたとされ、鎌倉幕府成立期には、源氏方の安田義定に従って平氏迎撃の軍に参じ、また源頼朝の上京に従った武士団にも数えられる御家人として活躍したことが『吾妻鏡（あずまかがみ）』にも記されている。

室町時代には奉公衆として将軍に仕えた一族であった。奉公衆とは御番衆とも呼ばれた将軍直属の家来衆である。六代将軍義教（よしのり）に仕える奉公衆を記した「永享以来御番帳」には一番に勝田左近将監、勝田兵庫助、四番に勝田能登入道、勝田弥五郎などの名が見え、また八代義政の代の「文安年中御番帳」にも同様の名がある。同族である横地太郎の名も記されており、勝田氏は横地氏らとともに幕府直轄軍の一翼を担うほどの武力を有していたことがうかがえるのである。寛正六年（一四五六）には、遠江守護斯波（しば）氏の被官であった狩野七郎右衛門尉が背いたため、守護代であった狩野加賀守と横地鶴寿、勝田修理亮（しゅりのすけ）がこれを討ち果たし、幕府から褒賞されている。本拠である遠江においても幕府の命によって武力行使がみられるように、この頃から遠江周辺での活発な活動をうかがうことができる。

応仁・文明の乱は山名宗全と細川勝元を中心とした勢力が対立することで、将軍家や各地大名を巻き込んで複雑な対立

●—勝間田城遠景（南東より）

関係が生じた動乱である。その影響は遠江地域にも及び、遠江守護斯波義廉は西軍方に、駿河守護今川義忠は東軍方に属して対立することになる。応永十二年（一四〇五）に斯波氏が遠江守護となる以前は今川氏が遠江守護であったことから、義忠は遠江の支配権奪還を渇望していたため、さらに激しいものとなっていった。文明六年（一四七四）、狩野加賀守を討ってその後を継いだ狩野宮内少輔を遠江府中見付城において討ち果たすなど、義忠は遠江進出に向けて着実にくさびを打ち込んでいった。文明七年（一四七五）、勝田氏は義忠に対抗すべく同族である横地氏とともに、かつて狩野氏が館としていた見付城を拠点に挙兵する。勝田・横地両氏は遠江守護斯波氏の傘下にあったため、この挙兵には義忠の遠江進出に対抗した斯波義廉の意向が強く働いたことは想像に難くない。勝田・横地両氏は今川方の一族衆である遠江今川氏の堀越陸奥守を小夜の中山（掛川市）付近の合戦で破るなど、優勢に戦況を進めていく。義忠は自ら出馬し、翌文明八年に見付城に籠る勝田・横地両氏を攻めて城を落としたため、勝田氏は本拠勝田荘に帰還し、要害である勝間田城に籠城するが、やがて今川義忠の大軍は勝間田城およびその城下に来攻し攻撃を開始する。勝田氏は奮戦するも今川方の猛攻によって勝間田城は落城してしまう。しかし、勝田・横地氏の残党はその後も抵抗を続け、塩買坂において義忠を討ち取ったため、今川氏の遠江進出作戦はいったん中止となり、子の氏親に引き継がれることとなる。

【勝田氏の本拠と勝間田城】　勝間田城は勝田氏（勝間田氏）の本拠である勝田荘の中心、勝間田川に沿った勝間田の谷のもっとも奥まった場所に所在する。牧ノ原台地から派生する丘陵の中腹に立地し、本拠の中枢部となる勝間田の谷を見下ろす場所にあることから、本拠の防衛拠点となる要害として築かれたことがわかる。前述のように、一五世紀中頃から遠江における勝田氏の活動が活発になっているが、勝間田の谷の周辺にはこの時期に創建あるいは中興となる寺院なども多いことから、それは本拠周辺においてもうかがうことができる。城の築城年代については正確な記録がないため明らかではないが、後述するように発掘調査による出土遺物が一五世紀中葉～後葉の時期にほぼまとまることから、一五世紀中葉頃に築城された可能性が高い。また、勝間田川中流域の中地区には、やはり勝田氏が築城したとされる穴ケ谷城（中村城）なども残り、本拠防衛のための諸施設が整備されていったものと考えられる。勝間田城築城をはじめとする本拠防衛体制の整備は、前述した勝田氏の本拠周辺での活動開始時期と密接に関連するものと考えられる。

【城の構造】　城は牧之原台地から降下しながら派生する丘陵上を階段状に削平し、本曲輪を中心に曲輪を尾根筋に連ねて配置するいわゆる連郭式の山城である。勝間田川流域を東側眼下に見る一方で、西側は牧之原台地上から見下ろされる場所にあり、立地としては南東の本拠を望むという位置関係がより重視されている。本曲輪は城内最高所の尾根上にある、南北約三〇メートル、東西約一八メートルの小規模な曲輪で、西側には厚い土塁を備えている。本曲輪から続く尾根筋には北東に北尾根曲輪、南西に南曲輪、東に東尾根曲輪などの曲輪が配置される。本曲輪の南西側尾根には南曲輪を挟んで四条の堀切があり、また東尾根曲輪先端の尾根に五重の堀切が設けられている。多重堀切によって本曲輪周辺城の防備を固めている様子がうかがえる。東尾根曲輪の東側の五重堀切は、東尾根曲輪側の堀切が幅五メートルを超えるとともに周辺の城では類を見ない多重堀切であり、城内屈指の見どころともいえる。

北尾根曲輪Ⅱと二の曲輪の間となる、城のほぼ中央には城を南北に分断するかのように幅約一〇メートルの大堀切が設けられ、その北側には二の曲輪、三の曲輪が配置される。二の曲輪は東西約七〇メートル、南北約三〇メートルの規模を持つ不整形な曲輪で、南東部を除く周囲は土塁で囲まれている。三の曲輪は東西約七〇メートル、南北最大幅約三五メートルの不整形な曲輪で、北西側

●—勝間田城概要図（作図：溝口彰啓）

に南北約一〇メートル、東西約二五メートルの西三の曲輪をともない、三の曲輪、西三の曲輪ともに土塁が巡っている。いずれも広大な面積を有し、後述するように建物等の施設が確認されたことから、居住空間としての使用がなされたものである。三の曲輪北東の尾根筋には出曲輪とされる小曲輪が配置されている。現在みられる遺構からは登城道および虎口は明らかでなく、三の曲輪と西三の曲輪の間にある現道部分に虎口の存在が想定されるものの、戦国期後半にみられるような技巧的な虎口を現況では確認することができない。本曲輪周辺が比較的小規模な曲輪で構成されるのに対し、大堀切を隔てた北側の二の曲輪・三の曲輪周辺は土塁囲みの広大な曲輪が配される点で城内の構造に相違がみられる特徴がある。

●—勝間田城　東尾根曲輪東側五重堀切

【発掘調査で明らかとなった遺構・遺物】　勝間田城では史跡整備を目的として二の曲輪、三の曲輪、西三の曲輪、北尾根曲輪、東尾根曲輪で発掘調査が行われている。掘立柱建物一六棟、礎石建物一棟といった建物跡などが、広大な二の曲輪を中心に各曲輪で検出されおり、建物自体はそれほど規模の大きなものではないが、城内建物としては珍しい礎石建物が特筆される。これらにともなって、陶磁器やかわらけなど多種多様な遺物が出土している。天目（てんもく）茶碗や茶壺などの茶道具、また碗皿類や擂鉢（すりばち）といった生活用具の出土も一定量あることから、二の曲輪などには居住空間があったことは間違いない。また、遺物の大半を占めるかわらけは、武家儀礼の際などに使用された可能性があり、城主居館に相当する施設があったとも考えられる。これら遺物の年代観はおおむね一五世紀中頃から後半にほぼ限られることから、勝間田城の築城から落城の時期を示すものであろう。

●—勝間田城（復元された二の曲輪土塁と掘立柱建物跡）

前述した城の構造と発掘調査成果からみると、当初は本曲輪周辺にみられる小規模な曲輪を主体とする構造であったが、要害として整備するにあたり、居住施設を山上に設け、山城の居城化がなされた可能性がある。とはいえ、山上空間に比して建物は小規模でもあるため、勝田氏の居館は本拠である勝間田の谷のいずれかにあり、有事に備えてその一部を移したものとも考えられる。先述のように、斯波氏と今川氏の対立により、一五世紀中頃以降遠江は不穏な情勢となっていたが、勝田氏は本領の経営を進めるとともに、こうした情勢に対応するため山上に居館の防御機能を補完する恒常的な要害である勝間田城を築いたとみられる。さらにいえば、応仁・文明の乱を契機に畿内では山上に居住空間をともなう山城が出現してきているが、幕府奉公衆として京都周辺で活動する勝田氏もそうした城の必要性を肌で感じ、勝間田城に導入したのではないだろうか。

【参考文献】『静岡県史　通史編二　中世』（静岡県、一九九七）、『静岡県の中世城館跡』（静岡県教育委員会、一九八一）、『勝間田城跡Ⅰ〜Ⅷ』（榛原町教育委員会、一九八五〜一九九五）、溝口彰啓、「遠江勝間田城の再検討」『北杜―辻秀人先生還暦記念論文集―』（辻秀人先生還暦記念論集刊行会、二〇一〇）、溝口彰啓「遠江・駿河における室町〜戦国時代初頭の城館〜勝間田城・横地城を中心に〜」『中世城館の考古学』（高志書院、二〇一四）

（溝口彰啓）

●武田氏による遠江侵攻の兵站基地

滝境城（たきさかいじょう）

〔牧之原市指定史跡〕

〔所在地〕牧之原市片浜
〔比　高〕約五〇メートル
〔分　類〕山城
〔年　代〕元亀二年（一五七一）頃
〔城　主〕武田氏
〔交通アクセス〕ＪＲ東海道本線「藤枝駅」から静鉄バス相良営業所行「片浜」下車、徒歩一五分。

【武田信玄による遠江侵攻と滝境城】　駿河を押さえた武田信玄は、大井川を境として駿河・遠江を分配するという徳川家康との取り決めを破り、元亀三年（一五七二）から遠江への本格的な侵攻を開始する。小山城（吉田町）を落とした武田軍は徳川家康方の東遠江の重要拠点である高天神城を攻めたが、城主小笠原氏助（うじすけ）ら城兵の抵抗により、撤退を余儀なくされた。滝境城はこの侵攻戦にともなって、信玄により築城されたと考えられる。『武徳編年集成』には、古くからある「旧塁」を修築して新城を築こうとしたが手狭であったため、現在の地に滝境城を築城したことが記されている。しかし、滝境古城があるとされる約七〇〇メートル南方の丘陵には明確な遺構は確認できず、実態は不明である。

元亀四年（一五七三）に信玄は死去するが、遠江進出は勝頼に引き継がれ、天正二年（一五七四）には高天神城に攻め寄せ、激戦が繰り広げられた。武田軍の攻勢の前に城は開城し、勝頼は東遠江に楔（くさび）となる拠点を築くことに成功した。しかし、翌天正三年に三河長篠において織田・徳川軍に武田軍が大敗北すると情勢は一変、徳川軍の反攻により、大井川西岸にあって東海道筋の重要拠点でもあった諏訪原城が攻略されてしまう。小山城から高天神城へと至る海沿いの街道の重要度がさらに増すこととなり、その中継地点にある滝境城はより重視されることとなった。

その後も遠江各所で武田・徳川軍による攻防は引き続き、家康は横須賀城（掛川市）を前線基地として築城し、高天神

●—滝境城遠景（南西・海側より）

城の周囲に砦を築くなど、高天神城を奪還すべく手を打っていった。高天神城方は勝頼に援軍を乞うが、他方で手一杯のため応じることができなかった。城方は高天神城とともに滝境城および小山城の明け渡しを条件に降伏を申し出るが、家康はこれを拒否し、猛攻を加えた結果、天正九年（一五八一）三月に高天神城は落城した。滝境城の廃城時期は明らかではないが、翌年に小山城が放棄されていることから、同時期に廃城となった可能性が高い。

【城の立地と構造】　城は牧之原台地の南端にあたり、海岸線

●—滝境城概要図（作図：溝口彰啓）

に向けて突出する比較的広い丘陵に選地される。平坦な曲輪のほぼ全域が茶畑となっており、その東西には深い浸食谷が入り込んでいるため斜面は切り立っている。先述にように、武田信玄の遠江侵攻にあたり、兵員や物資の中継基地としての役割が期待され、小山城から高天神城に至る海沿いの街道筋に築かれたのである。

城は曲輪をほぼ直列させるいわゆる連郭式の構造を持つ。もっとも広い曲輪Ⅱは、南北約一六〇メートル、東西六〇〜一〇〇メートルの広大な規模を持つことから兵站基地としての中枢となる曲輪であったと考えられる。地形をほぼ生かして構築されているため、不整形な平面形となる。茶畑等によって削平されたためか、現状で土塁は確認できず、ほぼ平坦となる。ただし、曲輪のほぼ中央には曲輪両側の谷筋から中央部に向かって堀状に幅二〇メートル程度の浅い窪みが残るため、広大な曲輪を仕切る堀があったとみられる。曲輪Ⅱの南西斜面には、西側前前面に土塁をともなう横堀が確認される。堀内には掘り残された畝状の高まりも認められる。曲輪Ⅱの南側には曲輪Ⅰがあり、堀切によって区画される。曲輪南端は切岸による急斜面が造り出され、尾根筋は二条の堀切によって遮断されている。曲輪Ⅱと北側の曲輪Ⅲの間には、南北を堀切で分断された小曲輪がある。現状で堀切内に残る土橋は後世の道による可能性もある。曲輪Ⅲは北側に二重堀切を備えた略方形の曲輪で、馬出曲輪の機能を持っていたものと考えられる。城内でもっとも厚く防御がなされる地点と評価される。二重堀切は堀切間に土塁をともない、本来は東側の谷に向かって抜けていたものであろう。同じく台地突端にある小山城や諏訪原城と同様に、地続きとなる方面に大手が設置されたと考えられるため、曲輪Ⅲの北側が大手口となり、その東側に位置する曲輪Ⅳが大手口の防備を補完していたと考えられる。

●—滝境城　曲輪Ⅱ西側横堀

【参考文献】『静岡県史　通史編二　中世』（静岡県、一九九七）、『静岡県の中世城館跡』（静岡県教育委員会、一九八一）、関口宏之「相良城周辺の中世城館」『相良城址』（相良町教育委員会、二〇〇五）

（溝口彰啓）

●老中田沼意次が築いた居城

相良城（さがらじょう）

〔所在地〕牧之原市相良
〔比　高〕〇メートル
〔分　類〕平城
〔年　代〕安永九年（一七八〇）
〔城　主〕田沼氏
〔交通アクセス〕静鉄バス「相良営業所」から徒歩一〇分。

【老中田沼意次による築城】　田沼意次（おきつぐ）は紀州藩士の子として生まれ、紀州徳川家から徳川吉宗が将軍の座につくと、その世子家重の小姓として仕えるようになる。家重が九代将軍になると、御側御用取次（おそばごようとりつぎ）に就任するなど栄達を重ねて、宝暦八年（一七五八）には遠江国榛原（はいばら）郡など一万石を領し大名に列することとなった。将軍家治（いえはる）の代となる明和四年（一七六七）には側用人に取り立てられ、安永元年（一七七二）になるとついには老中に任ぜられた。この頃には度重なる加増によりもっとも禄高の多い頃には五万七〇〇〇石を領している。意次が老中であった時代には、積極的な商業経済の導入により幕府の財政再建を図っている。特産物の座や商人による株仲間の公認などによって商業の活性化を図り、また印旛沼（いんばぬま）の干拓事業や蝦夷地（えぞち）開発計画など、斬新な政策を次々に打ち出し、それは領内である相良藩領にも及んだという。

明和四年（一七六七）、将軍家治より築城を許された意次は翌明和五年より家老井上伊織（いおり）を普請奉行（ふしんぶぎょう）として相良城の築城、そして城下町の整備を開始する。明和七年（一七七〇）に石垣および堀が完成し、ついで安永六〜七年（一七七七〜七八）には大手門および櫓（やぐら）が竣工、そして翌安永九年に本丸御殿の棟上（むねあげ）が行われ、ようやく竣工したのである。

老中として権力の中枢にいた意次であったが、嫡男で若年寄であった意知（おきとも）が江戸城内で旗本佐野政言（まさこと）によって刺殺される事件を契機にその権力基盤は揺らぐこととなる。急激な政策転換によって政敵が増えたことと、後ろ盾であった将軍家

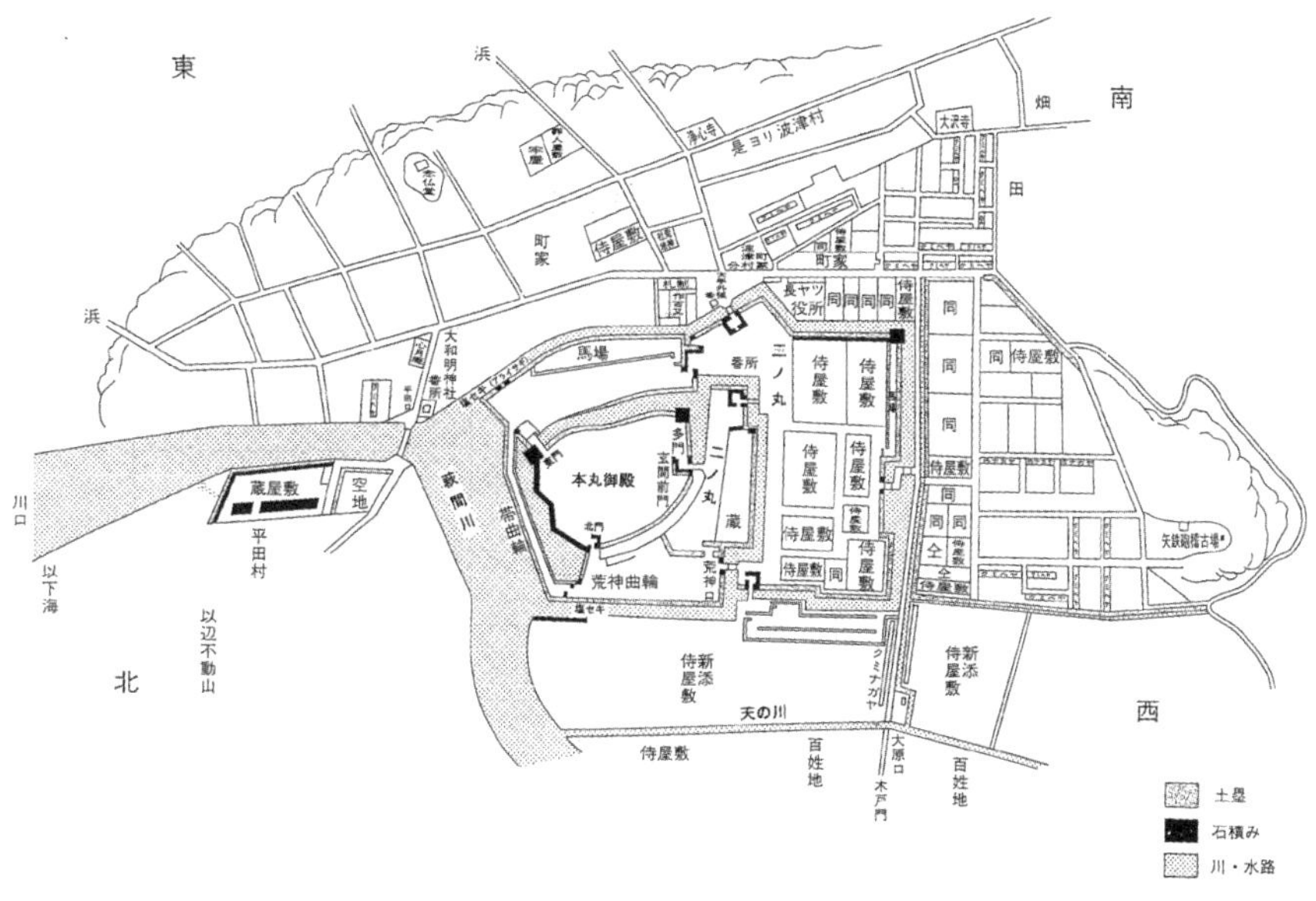

●—相良城城下図（作図：松下善和）

治が病に倒れたこともあり、天明六年（一七八六）に老中を罷免される。その後は減封、隠居が言い渡され、天明七年（一七八七）に徳川家斉（いえなり）が将軍の座につくと、政敵であった白河藩主松平定信が老中首座に就任し、田沼家は陸奥国下村一万石を与えられ転封した。それにともない、翌天明八年には相良城には破却の命がくだる。城はわずか一月の間に徹底的に破壊され、城内の建築物の部材や建具などは駿河・遠江各所に払い下げられた。掘も埋められて城跡は畑地になり、踏石がわずかの残る程度であったという。

【城の立地と構造】 相良城は駿河湾に注ぐ萩間川の河口近くの海岸低地に立地する。萩間川河口に所在する相良湊を利用した水運、また田沼街道や秋葉街道（塩の道）など街道の発着点としても重視された地域である。

相良城は破却の後、周辺の市街地化が進んだことから現在はその面影はほとんどないが、城下絵図と現況地形を重ねると、おおむね東西約五〇〇メートル、南北約四〇〇メートルがその城域であったと推定される。御殿の置かれた本丸は、北東を流れる萩間川にほぼ接する形で置かれ、西側の二ノ丸と荒神曲輪が内堀で囲まれた城の中核となる。その東側から南側には三の丸・馬場が配置され、萩間川から引き込まれた外堀がその周囲を巡っている。本丸中央には書院造りの御殿が建てられ、

●—相良城　本丸跡の石碑

北東隅の東門脇には三重櫓、南東隅には二重櫓が建てられていた。門は大手口の玄関前門など桝形を備えた三ヵ所の門が構えられ、玄関前門を出た二ノ丸には蔵や櫓が建てられていた。三ノ丸には敷地内に侍屋敷が立ち並ぶとともに、南東隅に二重櫓が建てられ、城下方面となる東側には櫓門型式の大手門が構えられていた。基本的には石垣造りとなるのは門や櫓周辺に限られ、その他の部分は周囲を土塁で囲み、一部に鉢巻石垣が使用されていたようである。三ノ丸の外側の城下町は、大手口となる南東方面には街道に沿って町屋が多く展開しており、城の南西部から北西部の三ノ丸堀沿いには侍屋敷が配置されていた。

　相良城は先述のように徹底的に破却されたために遺構はほぼ失われているが、城の遺構を伝えるものもわずかに残されている。そのひとつが牧之原市役所相良庁舎東側の湊橋付近に残る「仙台河岸」の石垣である。これは相良城築城の際、仙台藩主伊達重村が石材を贈ったことに由来する遺構とされる。また、過去に行われた発掘調査では、市役所相良庁舎駐車場付近から本丸のものと推定される石垣も検出されており、地下には相良城の遺構が眠っていることをうかがわせるものである。

●—相良城　仙台河岸石垣

【参考文献】『相良町史　通史編上巻』（相良町、一九九三）、静岡県教育委員会『静岡県の中世城館跡』（一九八一）、『相良城址』相良町教育委員会（二〇〇五）

（溝口彰啓）

●駿河湾沿いの兵站基地

小山城（こやまじょう）〔吉田町指定史跡〕

〔所在地〕吉田町片岡
〔比　高〕約二二メートル
〔分　類〕山城
〔年　代〕一六世紀後半
〔城　主〕岡部長教ほか
〔交通アクセス〕JR東海道本線「藤枝駅」南口から、静鉄ジャストラインバス藤枝相良線「片岡北吉田特別支援学校」下車徒歩一〇分。

【城の立地】　全国有数の茶の産地として知られる牧之原台（まきのはら）地、この末端は大井川下流域から駿河湾沿いの平野部に向かって複数の小尾根に分かれていく。このうち、大井川以東の志太（しだ）平野一円を望むことができるもっとも南東側の小尾根のひとつである「能満寺山（のうまんじ）」に小山城は築かれている。この場所は大井川流域とその対岸だけでなく、駿河湾までを遠望できる交通の監視に適した場所でもある。

【武田勢の山西攻め】　永禄十一年（一五六八）十二月、武田信玄と徳川家康は呼応して今川領に侵攻した。信玄は今川家臣団の調略が功を奏して、ほとんど戦闘もなく駿府を落とすことができたが、今川氏と同盟関係にあった北条氏政が、翌月には早くも今川氏救援に動いて富士川西岸の丘陵部に本陣を置き、駿府の信玄を背後から脅かすようになった。退路を断たれることを恐れた信玄は山西（駿府から西に山を隔てた現在の焼津市・藤枝市付近）に侵入することなく、久能城と横山城に兵を籠らせて翌年四月末に甲斐へいったん引き上げている。体勢を立て直した信玄は、北条領国へのけん制を繰返しながら駿河に侵攻し、十二月六日に蒲原城を落城させ、十三日に再び駿府に至った。そして永禄十三年（元亀元年）正月にいよいよ山西攻めに取り掛かり、今川家の遺臣が籠る花沢城（現焼津市）を攻め落とし、徳一色（とくのいっしき）城（現藤枝市）も接収して大井川東岸域の制圧を完了している。

【信玄の遠江攻め】　信玄と家康による今川領の分割は、大井川が境であったといわれる。家康は、永禄十二年五月初旬に

●—副郭西縁の掘

今川氏真が籠る掛川城を開城させ、遠江国の今川勢力を排除することに成功している。大井川の東岸に武田勢があらわれ対峙するまでの半年ほどの間で、家康は今川氏から接収した諸城を改修するとともに、大井川東岸を監視できる施設の整備を進めていたとみられる。

両者が大井川を境に対峙して二年余りをへた元亀三年、信玄は大井川西岸域への進入を企画したようである。武田氏は、東海道筋とともに駿河湾沿いの交通路を確保することで東遠江へ至る兵站を確実にし、以後の地域支配を優位に運ぼうと計らったのであろう。

【城の構造】 小山城は主郭と副郭の二つの主要な曲輪と山麓の能満寺曲輪で構成されており、現在主郭には能満寺公園が、副郭には小山城展望台が設けられている。これらの曲輪は、旧地形が改変されているところが多いものの、ところどころに特徴的な遺構を残している。

主郭は南北最大七五メートル、東西八〇メートル程で、尾根の先端を占める三角形状の形状となる。周囲には土塁が築かれていたとみられるが、南側に微弱な痕跡が確認されるほかは不明瞭となっている。主郭の南側斜面にある虚空蔵尊が祀られる平場とその東側に連続する平場は曲輪の可能性があり、山裾に設けられた能満寺曲輪と主郭の間を緩衝する機能をうかがわせる。一方、主郭の西側は丘陵から主郭を切取るように直線状の横堀が南北方向に設けられており、その南端は虚空蔵尊が祀られる平場の西端で斜面側に竪堀となって落ちている。浅野文庫所蔵の「諸国古城之図」では、この横堀の中央部外側には丸馬出が描かれているが発掘調査では明らかでない。現地に表示されている丸馬出も、絵図による再現といわれる。

主郭の西側に続く副郭の西端には、主郭西縁の横堀に平行した横堀がさらに設けられている。その南端部は斜面に沿って東側に屈曲し、この南西外側に掘られた堀と連結して南側斜面にすり付いている。「諸国古城之図」ではこれらの堀は連結せず平行に東側へ延びることになっているが、現況地形は急斜面で確認できない。横堀の北端は尾根を狭める幅広の谷部に取り付いている。この谷部は現在駐車場に改変され、旧地形が把握しづらいが、駐車場北側に幅一〇メートル、深さ六メートル程の堀の一部と認められる部分がある。横堀は、谷部の上端に沿って延伸されていたか、谷部の上端を切岸(きりぎし)にしながらその先にある小尾根を遮断していたものと想定される。

●―小山城縄張図（作図：河合修）

●―立体的に表示される主郭西縁の堀

【大規模な尾根の遮断】 副郭の外側は、尾根の基部に向かって緩やかに登っていく平坦な地形が続いている。この地形は「諏訪原ノ方野ツヅキ城ノ地形ト同」（「諸国古城之図」）と諏訪原城に近似していることが指摘されているが、ここに巨大な横堀を設ける構造も諏訪原城に通じるものがある。この巨大な横堀は三条で構成され、総幅は約三五メートル、外法は高さ七〜八メートルのほぼ垂直の崖となる。このうち内側二条はその間を天端幅一メートル程の土塁を設けて区切りながら平行して円弧を描き、副郭西縁の横堀に接していたものと思われる。つまり、この二条の横堀は副郭西縁の横堀に対して巨大な丸馬出の機能を有していることになる。さらにもっとも外側の一条は、南側の丘陵縁辺に設けられた二条の堀切とともに連続する馬出を構成しており、小長谷城の崖際に馬出を重ねて設ける構造と近似している。

一方、南麓にある能満寺の境内付近には、周囲を土塁で囲み南側に虎口を備えた曲輪の存在が記されている（長満寺曲輪「諸国古城之図」）。現在の能満寺周辺に遺構は確認できないが、山裾の微高地と周囲に広がる低湿地という微妙な地形の差を活かしたものであったろう。

【武田氏の退去と城の終焉】　天正三年八月、家康に諏訪原城を奪われ東海道筋を通行できなくなった武田氏にとって、海岸沿いの迂回ルートこそが高天神城に補給を行うことができる唯一の方法であった。このルート上にある小山城は、兵站基地として急速に重要度が増すことになる。家康は早速大井川を南下し小山城を包囲しているが、武田勝頼自らの出陣により諏訪原城に撤兵している。この後も天正七年十一月まで、家康が高天神城や田中城に攻勢をかけるたびに勝頼は駿河・遠江へ出陣し、家康をけん制しながら小山城を中継して高天神城へ兵糧を入れ、兵員の交代・増強を行っている。

天正九年三月末の高天神城落城により、小山城はにわかに最前線としての緊張が高まっていく。しかし、同年六月に諏訪原城から志太平野に侵入した徳川勢により、持舟城・当目砦から出動した朝比奈信置の軍勢が撃破されたことにより、田中城や持舟城との間の補給、連絡も不自由となり、小山城は次第に孤立していったとみられる。そして天正十年二月十六日、武田領国各所での戦線の崩壊にともない、軍勢が退去して自落したといわれる。東進する徳川勢は持舟城への攻撃を二月二十一日に開始し、二十九日には朝比奈信置が開城し久能城に退いている。さらに三月一日には江尻城の穴山信君が降伏し、駿河国の武田勢の抵抗は終焉を迎えることとなった。

さて、武田氏が退去した後の小山城がどのように扱われたかは、定かでない。武田氏が兵站基地として重要視していたとおり、周囲の拠点となる城との中継点としては便利な場所にある。諏訪原城や小長谷城に近似する遺構が残されていることからも、家康の改修を受けて使用されていたものと考えたい。

【参考文献】阿部浩一「高天神城の戦いと家康の駿遠支配」（静岡県『静岡県史』通史編二　一九九七）

（河合　修）

中部

●山間部ルートの要衝

小長谷城（こながやじょう）

〔川根本町指定史跡〕

〔所在地〕川根本町藤川
〔比　高〕一三メートル
〔分　類〕山城
〔年　代〕一六世紀
〔城　主〕加藤信景ほか（当初は小長井氏か）
〔交通アクセス〕大井川鉄道大井川本線「千頭駅」下車、徒歩三〇分。

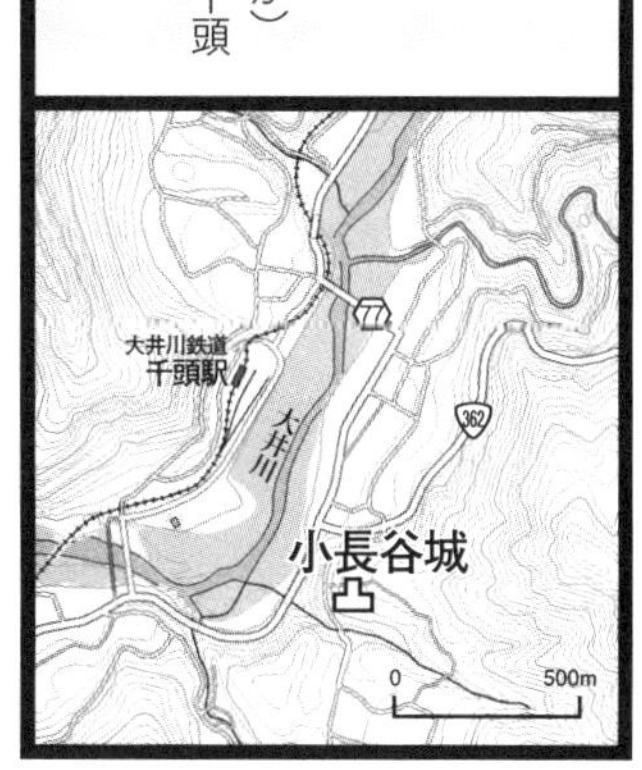

【山間部を巡る道】　小長谷城がある大井川上流域は標高一〇〇〇メートル前後の急峻な山塊が連なり、集落は川沿いの河岸段丘や丘陵から派生した尾根の間に育まれた狭い扇状地に営まれている。この地区は近世以降、林業生産と大井川下流域への材木の集積、そして東西交通を担う東海道と川を遡ってもたらされる物資によって地域の経済が循環してきたと理解される。一方で、道路整備によって車輌が丘陵部へ物資を送り届ける以前は、人力や馬力での物資の担送が山道を介して日常的に行われていた。小長谷城のある付近は、東からは藁科川筋から川根街道をへて千頭に至る街道が通じており、さらに西向きには信州街道との結節点である浜松市天竜区春野町方面へ犬居谷を経由して抜ける秋葉街道が通じるなど、尾根や山肌を巡ってあらゆる方向に道が設けられている。このような山間部ルートは、今川範氏が正平八年（一三五三）に土岐攻めに山中を行軍していることや、今川氏真が永禄十一年（一五六八）に駿府から掛川に退去する際に辿っていることからすれば、少なくとも中世前期以降には交通に支障のない道として整備されていたと考えられる。

【小長谷城の立地】　小長谷城は大井川東岸にあり、山間部ルートが結節する小長井集落を北側に見下ろす舌状の台地の末端に築かれている。この台地は東側の丘陵部と地続きになる以外は大井川や小河川の浸食による急峻な地形に三方向を囲まれている。小長谷城が設けられた時期は明らかでないが、小長谷集落を中心に一五世紀代から活動が見える小長井氏

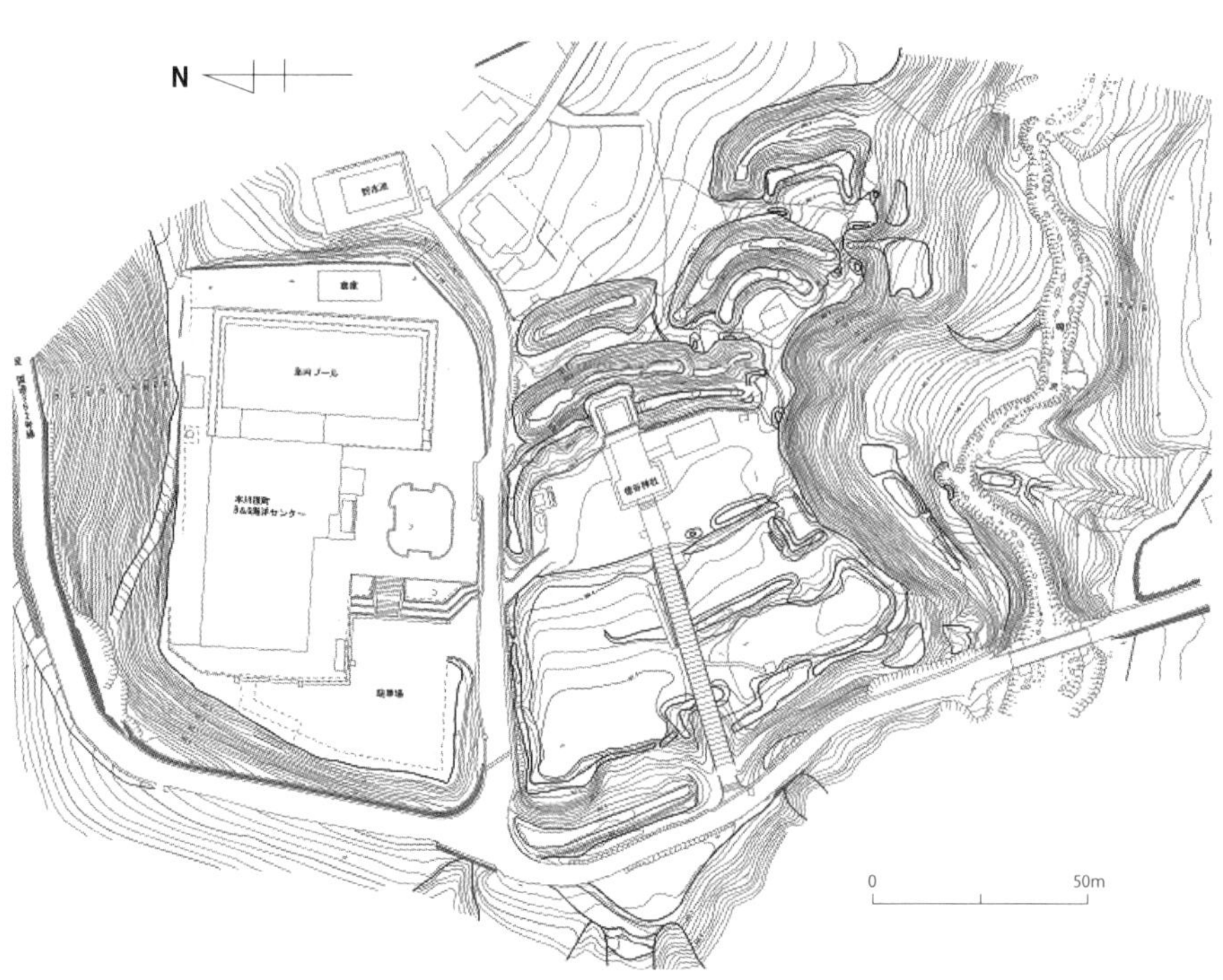

●―小長谷城跡実測図（川根本町教育委員会2005より転載）

が、この地理的優位性に着目して前身となる施設を設けていたことが想定される。

武田氏が小長谷城を確保した時期は明らかでない。おそらく永禄十三年（元亀元年）の駿河西部への進攻以降に、山間部ルートを用いた西方への侵攻を想定して接収したのであろう。その後の状況を示す史料も少なく、ようやく、武田氏が二俣城を喪失し、遠江国北部での戦局が全般的に劣勢に転じた後の天正五年（一五七七）頃から見えはじめる。東から遠江に侵攻して犬居谷方面の戦局を打開する必要が高まったこの時期に、兵站の起点であり、徳川勢の圧迫に際しては周囲の交通環境の維持に必要な機能として、強く意識されはじめたのであろう。しかし、小長谷城を起点とした遠江北部への出兵は、天正五年に駿河先鋒衆の三浦右馬介が安倍元真（もとざね）の守る樽井山城を攻め撃退されて以降は消極的となり、山間部の戦線も膠着状態に陥ることになる。

【武田氏による城の普請】　武田氏支配下の小長谷城は番城となっていたようで、天正五年十一月には加藤信景（のぶかげ）が在番として着任している。天正八年八月二十日には武田勝頼が、駿河の采配を任せている穴山信君（あなやまのぶきみ）に対し、武田領の西端にある田中城、小山城とともに天王山（当地の小字）を「表之城」と位置付け、徳川勢の攻勢に備えるよう促している。この時

中部

期、徳川家康は高天神城攻めを準備しながら田中城、小山城に小規模な出兵を繰り返して武田勢をけん制していたことから、家康の前線全般での本格的な反攻の開始に勝頼は警戒感を強めていたのであろう。天正九年六月六日に穴山信君は、大井川中流域にある篠間（笹間）の仕置きを気に掛けるとともに、天王山の普請衆（ふしんしゅう）を用いた藁科谷の普請を促している。篠間は樽井山城から東進し大井川筋をやや下った地域にあり、小長谷城と同様に山間部ルートを介して藁科川筋へ通じることができる交通の結節点のひとつである。篠間が徳川勢に侵された場合、山中を迂回され田中城や駿府、江尻城の背後が脅かされることになり、さらに東進された場合は安倍川中流域や興津川上流域が遮断され、本国甲斐との連絡も途絶する恐れがある。この指示の直前にあたる天正九年三月に武田氏は高天神城を喪失し、五月には大井川東岸域まで徳川勢の侵入を許すなど、日々苛酷になる前線への圧迫は武田氏の抱く危機感を一層募らせ、山間部ルートの保全を急がせる結果になったといえる。この一連の戦線の縮小により兵站や地域維持の拠点として期待された小長谷城は、最前線にさらされることになったのである。

●—主郭北側の横堀

【城の規模】　小長谷城は、台地末端の南側寄りに位置する現在徳谷神社の境内地となる部分に東西約一三〇メートル、南北約一〇〇メートルの主郭を、この北側にあるB&G海洋センターの敷地部分に東西約一二〇メートル、南北約七〇メートル間の副郭を設けていたと推測される。副郭については、学校用地として造成される際に均して埋め立てられたため、遺構は明らかでない。東縁は敷地端に残される高さ五メートル余りの斜面付近に想定されることから、副郭の端は主郭東縁よりもさらに東側へ突出していたと考えられる。なお、副郭と主郭間にある町道の位置には両者を区切る横堀があったと記録される。

【城の構造】　主郭の外縁は、沢に面した部分を除く三方向を横堀で囲んでいるが、丘陵から地続きとなる東側の防御が一層厳重になる。本曲輪に沿って沢が北側へ浸食する部分に取り付く堀は幅一三メートル前後、深さ約五メートルで、この外側にやや

●―主郭西側の横堀

幅が狭い平行する堀を一条設けている。これらの横堀と沢の間には、内側に丸馬出、外側に角馬出を配置して防御ラインを東側に突出させている。この二ヵ所の馬出と、突出した副郭との間には狭隘部が造り出されることになり、敵兵を両方向から挟撃できるよう意図されているように見える。

主郭西側は、大井川に面する急峻な斜面との間に横堀を設け、その北西外側に土塁をともなう三角形状の曲輪を置いて、台地縁辺部からの侵攻に備えている。近世に描かれたとみられる「徳谷神社絵図」には、横堀添いの現在の町道付近に道が描かれている。大井川の増水の影響を受けずに台地末端を通ることができる南北の往来を、城に取り込むことで規制していた可能性がある。

主郭西縁の横堀内側には喰違虎口が設けられており、この内部は約七メートルの比高差を活かしてひな壇状に三段の曲輪を造成している。各曲輪の斜面下側縁辺には土塁を設け、最上段の本曲輪に入るためには、二段目の曲輪の南東隅に設けられた、土塁で構成される桝形虎口を通る必要がある。最上段の本曲輪は南北六五メートル、東西三五メートル程の規模をもち、東縁に巨大な土塁を備えている。ここには現在、徳谷神社が鎮座している。

【城の終焉】 天正十年二月中旬から本格化した家康の攻勢により、駿河西部の武田氏の諸城は次々と開城または自落していく。徳川勢は山間部ルートでも敗走する武田勢を追って東進しながら掃討と交通路の確保を行い、天正十年（一五八二）三月頃に小長谷城を接収したものと思われる。この頃以降の小長谷城の様子は、史料上明らかでない。

しかし、織田信長の死後に生じた豊臣秀吉との緊張関係を考慮すれば、家康が特に分国西側の主要な交通ルート上の諸城を維持し続ける必要性は十分ある。諏訪原城や小山城に類似した横堀や馬出などの形状は、家康が接収した後に整えられたものと考えたい。

【参考文献】 菅原雄一『小長谷城址』（川根本町教育委員会二〇〇五）

（河合　修）

●丸馬出を多用した壮大な山城

諏訪原城（すわはらじょう）

〔国指定史跡〕

〔所在地〕島田市菊川
〔比　高〕一一〇メートル
〔分　類〕山城
〔年　代〕天正元年（一五七三）～天正十八年（一五九〇）
〔城　主〕室賀信俊、今福浄閑斉、牧野康成、松平家忠、今川氏真
〔交通アクセス〕JR東海道本線「金谷駅」下車、徒歩三〇分。駐車場有

【諏訪原城の立地と構造】　諏訪原城跡は、日本一の規模を持つ茶園として名高い牧之原台地東端部に位置している。城跡の東には駿河および遠江の国境をなし、近世には「箱根八里は馬でも越すが越すに越されぬ大井川」と唄われた大井川が流れている。

牧之原台地は、かつての大井川が形成した扇状地が、その後の地盤活動で隆起して形成された洪積台地で、島田市居林付近から御前崎まで約二五キロにわたって続いている。この台地の地層は、基盤が新第三紀に形成された相良層群や掛川層群から成り、その基盤を不整合に古谷泥層が覆い、その上に第四紀更新世の旧大井川の河床堆積物である牧之原礫層が堆積している。

城跡の位置する標高は二一五メートルから二二〇メートルで、城跡とJR金谷駅付近との比高差は約一一〇メートルである。この城の南には、小夜の中山から菊川宿をへて鎌塚・色尾に至る東海道が通り、菊川宿から北へは新宿に抜ける街道も通じていた。大井川の渡河点に通じる二つの街道を押さえる位置に築城されており、東西南北交通の要衝に立地している。また、諏訪原城跡の東を流れる大井川は、南アルプスと称される赤石山脈中の間ノ岳を源流部とし、駿河湾に注ぐ全長約一六〇キロの河川である。諏訪原城築城当時の大井川は、牧之原台地縁部に沿って流れており、城の背後間近が大井川の本流となる位置に立地していた。また、本曲輪の東側斜面は断崖絶壁となっている。つまり、諏訪原城は、城入り口から見れば「平城」

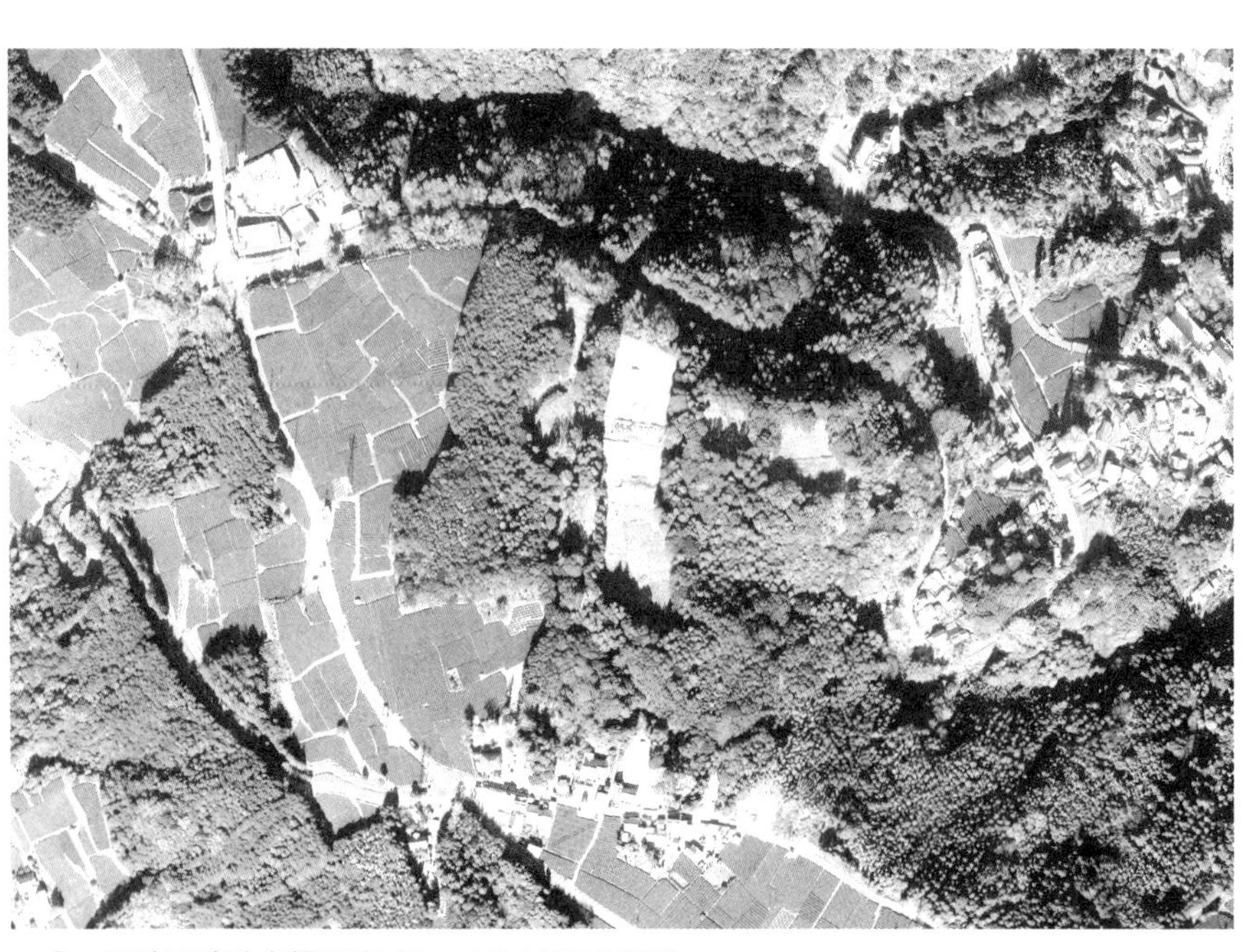

●—諏訪原城跡空撮写真（島田市教育委員会提供）

となり、背後の大井川から眺めれば「山城」という後ろ堅固の城の典型として評価され、自然地形を巧みに活かした山城である。

【諏訪原城の歴史】　諏訪原城は、武田勝頼が天正元年（一五七三）に遠江を制圧するために、のちに築城の名手と評された馬場(ばば)美濃守信春(のぶはる)に命じて牧之原に築かせたとされている。その際に城内に武田氏の守護神である諏訪大明神を祀ったことから「諏訪原城」と命名されたといわれている。この頃、すでに武田氏は小山城（静岡県吉田町）を保持していたが、高天神城（静岡県掛川市）を攻略するためには、規模が小さく、東海道から外れていたため、当城は、遠江侵攻への拠点施設として武田軍最前線基地の役割を担っていたと考えられている。

天正二年（一五七四）五月に武田勝頼は、高天神城を攻略し、翌三年五月には長篠城（愛知県新城市）を包囲したが、織田・徳川の連合軍に大敗したことにより遠州の武田方の城は守勢に転じた。徳川家康は早速諏訪原城の攻略に移り、七月中旬から対陣した結果、八月二十四日に城兵たちは小山城に逃れ、諏訪原城は徳川方の城となった。

諏訪原城を手に入れた徳川家康は、この城を「牧野城（牧野原城）」と改め、城番を置いて駿河に対する最前線拠点とした。また、併せて一年間にわたり、駿河の旧国守今川氏真（うじざね）を置いて駿河進攻の旗印とした。天正五年（一五七七）に今川氏真が浜松に移されたあとも、松平康親（やすちか）・松平家忠（いえただ）（甚太郎と主殿助の両名）・西郷家員（いえかず）・戸田康長（やすなが）・牧野康成（やすしげ）らが城番として守った。彼らは「定番衆」と呼ばれ、一ヵ月ごとに交代している。このうち松平家忠（主殿助）が記した『家忠日記』には、武田氏との攻防戦や、彼が城番のたびに行った普請にかかわる記述が散見できる。特に普請（土木工事）に関しては「普請」「番普請」「牧野市場普請」「塀普請」「堀普請」という表現で、天正九年（一五八一）の高天神城落城後まで記されており、徳川氏によって長期間にわたっての大改修が行われていた状況がわかる。同年十月には、武田氏が滅亡したため、牧野城の軍事的役割は終え、徳川家康が関東に移った天正十八年頃には廃城になったと考えられている。

【発掘調査の成果】　島田市では、開発行為による発掘調査と史跡整備事業にともなう発掘調査が実施されている。開発行為による発掘調査では、地表面では確認できなかった大手曲輪からその前面に渡る土橋（どばし）の一部とその両側の空堀（からぼり）の一部と大手曲輪の南縁の空堀の一部が確認された。土橋両側の堀は部分的な調査にとどまったため、幅や堀の深さは不明であるが、大手曲輪南縁の空堀は、幅二・六メートル、底部までの深さが二・六メートルで断面V字形の薬研堀（やげんぼり）であることが判明した。また、平成十六年（二〇〇四）年から平成二十八年（二〇一五）年にかけて行われた史跡整備事業にともなう発掘調査を実施している。結論から先に述べると、現在見ることのできる土塁や堀のほとんどは、徳川氏時代に改修及び増設された可能性が高いということが判明した。

まず、本曲輪の発掘調査では、焼土を埋め立てた整地面が確認された。この整地面の上に、本曲輪を囲む土塁（どるい）が造成されており、焼土面下層では、柱穴や炭化米、被熱した土壁の一部が確認されている。このことから、上層は徳川氏時代、下層は武田氏時代の遺構ではないかと考えられる。また、土塁上では、建物の基礎と思われる石列が確認されたが、残りが非常に悪かったため、全容を明らかにすることはできなかった。本曲輪北側の通称帯曲輪と呼ばれていた斜面地では、曲輪ではなく小規模な薬研堀を確認することができた。また、本曲輪の内堀の調査では、堀幅一九メートル、堀底六・七五メートル、深さ九メートルの箱堀が確認された。本曲輪南側以外は、堀によって守られた本曲輪であるということが判明した。この他に、本曲輪のような遺構面が二面確認された場所は、二の曲輪東内馬出（うまだし）と二の曲輪東馬出である。二の曲輪東内馬出の堀の調査では、薬研堀から箱堀に改修した痕跡を確認することがで

●―諏訪原城地形図（『国指定史跡　諏訪原城跡整備基本計画』より）

●—二の曲輪北・中馬出と二の曲輪（手前），二の曲輪（奥側）（諏訪原城パンフレットより）

きた。これは、武田氏の薬研堀を徳川氏が箱堀に改修したと捉えることができるのではないかと思われる。曲輪内の土塁も、土塁を崩し、再構築した痕跡を見ることができた。

また、曲輪の入り口部分であるL字形の土塁の先端と堀の間の狭い空間では、土塁と平行にあわせたような山石が六個直線状に並んだ状態で検出されている。用途などの詳細は不明であるが、転落防止のための玉縁の可能性も考えられる。二の曲輪東馬出では、曲輪の整地面が二面確認されている。

●—復元された二の曲輪北馬出の城門

本曲輪のような焼土を挟んでの遺構面ではないが、礎石が検出されている灰白色の整地面とその下の鉄砲玉と用途不明の銅製品の出土品が検出された黒色土の整地面である。下層が武田氏時代の整地面である可能性もあるが、断定することはできない。

その他の場所である二の曲輪（北側）、二の曲輪北馬出、二の曲輪中馬出、大手南外堀、大手南北外堀では、遺構面が一面のみとなっており、下層に遺構面を確認することはできなかった。今まで、武田氏時代の諏訪原城の城域は、大手曲輪以外を除いた広範囲だと考えられていたが、発掘調査の結果から、本曲輪および二の曲輪東内馬出、二の曲輪東馬出の狭い範囲であった可能性が高いと考えられる。諏訪原城跡では、未発掘調査地域もあるため、今後の発掘調査の成果に期待したい。

【出土品について】　諏訪原城跡では、堀の形状や曲輪の出入口である虎口（こぐち）や土塁の構造を把握するための発掘調査を中心に行ってきた。そのため、瀬戸・美濃の丸碗の破片や常滑（とこなめ）の壺の破片などが少量出ているだけである。特記すべき点は、二の曲輪東内馬出、二の曲輪南馬出、二の曲輪東馬出という狭い重ね馬出から多数の鉄砲玉が出土していることである。地形的にも旧東海道にも面し、本曲輪を防備する点において重要な場所であったことが窺える。

【史跡整備の現状】　諏訪原城跡では、発掘調査や縄張調査などの成果を基に、平成二十五年度から二の曲輪北馬出周辺の史跡整備事業を実施している。注目すべき点は、二の曲輪北馬出の城門を復元したことである。これは、門の礎石や門止め石、蹴放（けはな）ちの石列など、門の規模を推定することができる資料を発掘調査によって得ることができた結果である。また、本曲輪、二の曲輪、二の曲輪東馬出でも門の礎石が確認されている。廃城から四〇〇年が経過し、堀の法面なども崩落している箇所もあり、現在は、法面保護の工事や人工林の間伐などの環境整備を継続的に実施している。今後は、復元した城門周辺の土塁などの整備事業も計画されている。

また、諏訪原城跡駐車場において、諏訪原城の歴史や整備事業などの展示パネルや発掘調査の出土品を見学できるビジターセンターが平成三十一年三月にオープンし、御城印などの諏訪原城グッズなども販売されている。

【参考文献】『国指定史跡　諏訪原城跡整備基本計画』（島田市博物館、二〇一一年）、『史跡　諏訪原城　平成二十一年度～平成二十七年度発掘調査報告書』（島田市教育委員会、二〇一八年）

（萩原佳保里）

●花蔵の乱の決戦場となった今川系城郭

花倉城（葉梨城）

〔藤枝市指定史跡〕

〔所在地〕藤枝市花倉
〔比　高〕約九〇メートル
〔分　類〕山城
〔年　代〕一四世紀後半
〔城　主〕今川良真（玄広恵探）。天文五年（一五三六）時点
〔交通アクセス〕静鉄バス葉梨線「山寺入口」下車、徒歩約六〇分。

【花倉城の歴史】　花倉城は駿河守護の今川氏によって南北朝期・一四世紀中期の文和年間（一三五二〜五六）に築城されたといわれており、駿河今川氏二代の今川範氏によって築かれたとされるが、文献史料には登場せず詳細は不明である。花倉城がある山は標高二九七メートルで、藤枝市の葉梨地区に位置する。葉梨地区には中世、葉梨荘という荘園が置かれており、初代今川範国以来、駿河今川氏にとってゆかりが深い荘園であった。足利尊氏に従って美濃国青野原の戦いなどで目覚ましい武功を立てた今川範国は、建武五年（一三三八）正月に駿河守護に任命され、駿河国内に数十ヵ所の所領を与えられたが、これに先立つ建武四年（一三三七）九月には勲功の賞として駿河国葉梨荘と遠江国内の二郷を足利尊氏より下賜されている。「今川家古文章写」（広島大学文学部所蔵）には足利尊氏下文写が収録されており、「下す　今川五郎法師法名心省　早く領知せしむべき駿河国羽梨庄・遠江国河会郷並びに八河郷の事」とある。葉梨荘は、今川氏が駿河国内で初めて得た所領であり、今川氏の居館が置かれていたと『駿河記』などに伝承される花倉八幡神社・遍照光寺（現偏照寺）の門前や、三代・今川泰範の五輪塔がある長慶寺など、今川氏ゆかりの寺社が分布している。また、松井・矢部・新野・左近といった、今川氏の一族・家臣団の屋敷跡と伝承される地名が点在しており、葉梨荘には初期今川氏の城下集落が形成されていたと考えられている。

今川範氏は、観応元年（一三五〇）十月から文和二年（一

三五三）二月にかけての観応の擾乱で、足利尊氏に従い駿河国内を転戦して駿河南朝方勢力や足利直義派と戦って敵対勢力を掃討しており、尊氏から「一人当千」（観応二年十二月の薩埵山合戦の忠節）と評された自筆感状を給うなど目覚ましい活躍をした。範氏軍に従った伊達藤三景宗の軍忠状によると、観応元年十二月、遠州凶徒の出撃に対して範氏の軍勢は駿河府中から藤枝宿へ発向している。また、文和二年二月に行われた南朝勢力・直義派との最後の戦いでは、大津城（島田市野田の城山と推定）・徳山城・護応土城（川根本町）・萩多和城（静岡市）など、大井川中・上流域、川根筋に分布する敵城を攻め落とし、土岐氏や石塔氏らの勢力を駆逐した。駿河山間部での南朝掃討作戦の遂行にともない、今川氏の直轄領である葉梨荘とその南方に位置する藤枝宿が今川氏の軍事拠点となったことは想像に難くない。範氏が文和年間に花倉城を築いたとする伝承の根拠は、駿河南朝勢力・遠州凶徒に対する一連の軍事行動の中で、西方面に向けた今川氏の軍事拠点として機能したと判断されることによる。

【花蔵の乱と葉梨城】 花倉城が歴史の表舞台に登場するのは、天文五年（一五三六）の花蔵の乱のときである。花蔵の乱は今川氏九代の今川義元が氏輝急死後の今川氏家督を相続するに際して、異母兄の今川良真（当時、遍照光寺の住職を務めており、玄広恵探の僧名であった）と争った今川家最大の内訌である。家督相続前の義元は、富士善徳寺の僧（喝食）であり、梅岳承芳と称していた。

花蔵の乱は三月十七日の今川氏輝急死から両派の対立が表面化し、冷泉為和の『為和集』によれば四月二十七日には乱が始まっていた。その後、五月二十四日から二十五日にかけて今川館のある駿府で両軍の大規模な衝突があり、良真（恵探）派の中心である福嶋氏の軍が義元軍に敗れて久能山へ撤退したことにより、義元軍は駿府を掌握し、乱の大勢は義元優勢で決まった。良真軍は山西（高草山の西側という意味）と呼ばれた西駿河の志太・益津郡へ撤退し、拠点があった方上城（焼津市方ノ上）や花倉城に籠もって態勢を立て直し、義元軍の進撃に対抗しようとした。しかし、勢いに乗る義元軍は間髪を入れず六月六日には日本坂を越えて良真派の勢力圏であった山西攻めに取り掛かり、方上城を落とし、良真派最後の牙城である葉梨荘と花倉城攻めに向けて進軍した。

山西攻めの義元軍の中心として目覚ましい活躍をしたのが、岡部左京進親綱の部隊であった。天文五年十一月三日付けの親綱宛て義元感状には「今度一乱、於当構并方上城・葉梨城、別而抽粉骨畢」とあり、同日付の義元感状（岡部家文書、藤枝市郷土博物館所蔵）の追而書にも「葉梨城責落」と書かれている。これら一次史料の文言より、花倉城は、当時、葉梨城と呼ばれていたことが確認できる。駿府での戦いに敗れた良真は、自らの根拠地であった葉梨荘へと退き、葉梨城で最後の抗戦をするが、岡部親綱隊の迅速な攻撃により防戦叶わず、葉梨城を落ちのびて山伝いに西の瀬戸ノ谷へ逃れるが、衆寡敵せず六月十日、普門庵で自害して果てた。

このように当時、葉梨城と呼ばれた花倉城は、花蔵の乱の最終局面における戦場となった。劣勢の良真軍は敗走のなかで従う武士たちも次々に離脱し、花倉城に逃げ込んだものの、小人数で岡部親綱隊の猛攻を防ぐことは到底できなかったと考えられる。花倉城は乱の勃発から俄作りで城の防備増強が行われたと考えられるが、急展開での良真軍の敗走に普請が間に合わず、完成をみないまま最後の戦闘が行われた可能性が高い。

【縄張と遺構】 花倉城は、葉梨荘から西の稲葉郷（瀬戸ノ谷地区）へ抜ける山間部往還（現在の主要地方道焼津森線）を見下ろす山上に立地し、その麓には市場といわれる集落があり中世には交易で賑わったと推定される。花倉城は駿河府中から川根へと通じる駿河山間部の主要交通路を監視・掌握する要衝に築かれた。城跡の発掘調査が行われていないため、詳細な遺構状況は不明であるが、山頂部に位置する本曲輪や二の曲輪を中心に遺構が良好に保存されている。城の中枢部は本曲輪（尾根の高まりに沿って約五八メートル×最大幅一八メートルの細長い区画）と二の曲輪（長さ二八メートル×幅二〇メートルの隅丸方形型の平坦部）からなる連郭式山城である。本曲輪と二の曲輪の間は上端幅六メートル、底面幅一・四メートルの大きな堀切1で遮断され、堀切はそのまま東西の谷へ四〇メートルの長さで掻き流されている。堀切1が東側斜面へ落ち込むすぐ北側の斜面には、長さ四〇メートルの竪堀が並行して掘られている。また、二の曲輪と、西南方向へ緩傾斜で下る尾根状平場（仮称、南曲輪）との間には、上端幅一一メートル、底面幅三メートルの大規模な堀切2が存在し、堀切は北西方向と南東方向の斜面へ各二五メートル以上の長さで掻き流されている。

花倉城は二つの曲輪を中心として、四方に延びた尾根上に遺構が展開しており、大手口とされる東側の尾根には堀切と土橋が各二ヵ所配置される。最高所の本曲輪から急傾斜の痩せ尾根を下った北側には弧状の堀切4、西南方面に延びる尾根には堀切5が築かれている。また、本曲輪から西側に延びる尾根には堀切はなく、尾根を削平して築いた小さな平場が三段にわたって築かれている。このように、花倉城の縄張は、主要三方向の尾根に堀切を設け、敵の侵入を遮断する防御構造とし、併せて城域を画する役割を担っていたと推定される。

【曲　輪】本曲輪は長さ約四七メートルの平坦面をもつ尾根の高まりの上に築かれ、南側の幅一八メートル・中央部の幅一一メートルで、北

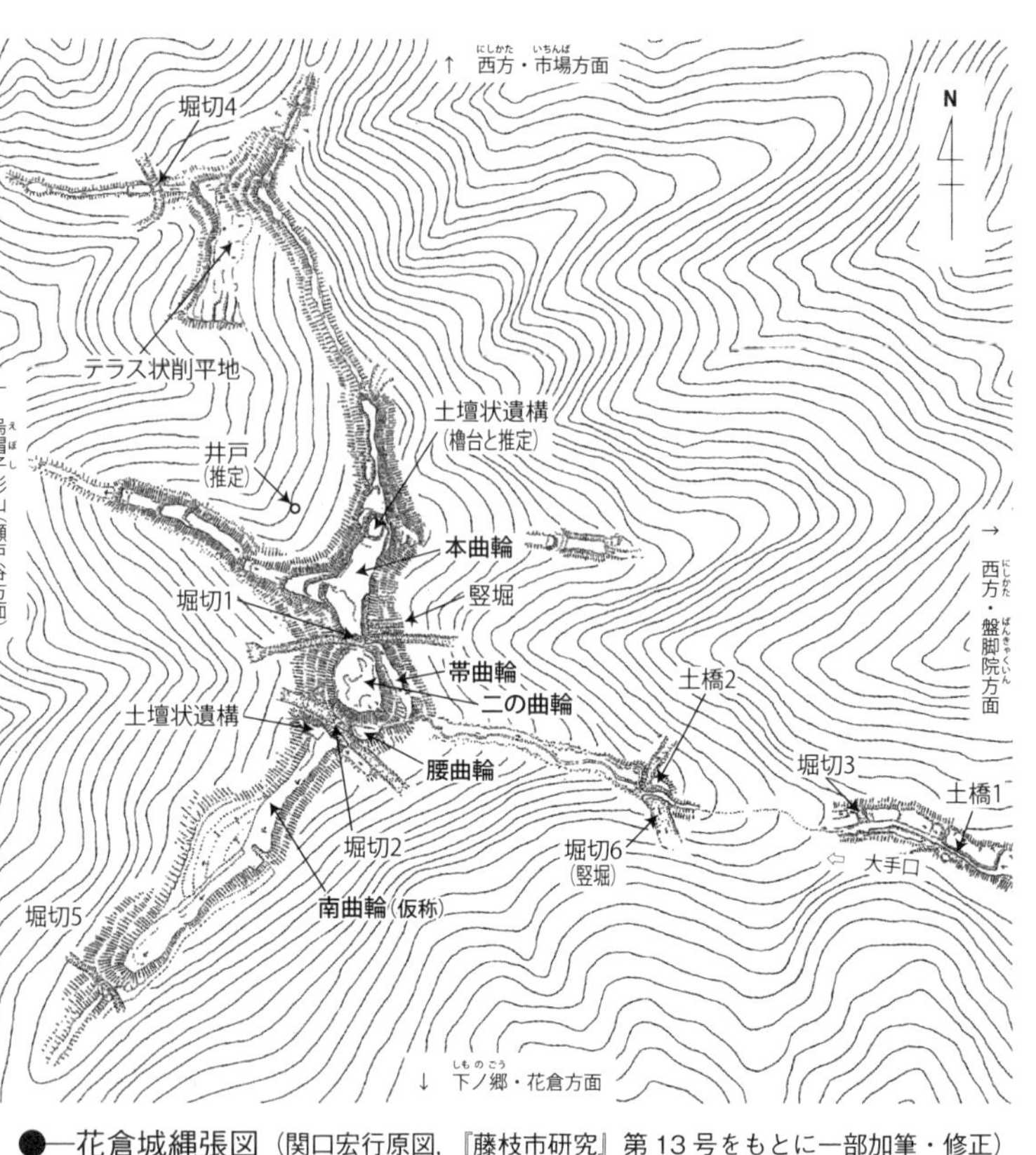

●―花倉城縄張図（関口宏行原図，『藤枝市研究』第13号をもとに一部加筆・修正）

側は細くなる。現状では、南側の堀切1から本曲輪東側に沿って上り坂の通路があり本曲輪につながっているが、本来の虎口構造かどうか不明である。主要部の測量調査により、本曲輪には上面幅一〇メートル・高さ〇・五メートルで北側に約三〇メートル続く基壇状の高まりが確認され、また本曲輪北端には高さ〇・九メートルの楕円形状の土壇が確認されている。基壇状遺構は建物の基壇と推定され、これが花倉城に付随する城郭建築か、城に先行する施設（山岳寺院等）の建物か不明である。また、土壇状遺構は標高二九七メートルの最高所にあることから、物見櫓が建てられていたことが推定できる。

本曲輪から堀切1を挟んで三メートル下に位置する二の曲輪の平坦面周囲には土塁状の高まりが残されている。曲輪東辺に幅三メートル以上、高さ〇・五メートルの高まりが一五メートル以上続き、北辺から西辺にかけ鉤状（L字型）に二三メートル確認できる。後世、曲輪への通路として切り取った部分を考慮すると、元来、二の曲輪の周囲には土塁が全周していた可能性がある。また、測量調査によって平坦部の北西部には幅一〇×奥行七×高さ〇・六メートルの基壇状遺構が確認され、本曲輪の土壇状遺構と同様、何か

しらの建物が建っていたと推定される。

二の曲輪に付属する小曲輪として、一段下がった南側に幅一三×奥行五メートルの腰曲輪、東側に幅五×長さ三〇メートルで上り勾配の帯曲輪が配置されている。測量調査によってこれと同レベルの平場二ヵ所の存在が確認され、二の曲輪の西側から南側の裾をめぐって東側を取り巻く平場が本来、連続してつながっていた可能性が指摘された。二の曲輪を一段下がった場所で取り巻く曲輪であり、二の曲輪が二段構造になっていたことも想定でき、堀切2の造成によって西南側の平場が削り取られた可能性が指摘されている。

●—本曲輪の南端部から二の曲輪を見下ろす（二つの曲輪間には堀切1がある）

【大手口の防御構造】 花倉城は東側の尾根が大手口とされており、付近の東南側斜面は「城表（しろおもて）」と伝承されている。現

●—東尾根の大手道途中にある土橋と堀切（土橋2はS字型の隘路となっており，奥には狙撃可能な高台がある）

在、花倉城跡の入口に位置する土橋1のさらに東側の茶畑になっている広い平坦地にも大手曲輪が配されていたと推定されている。大手口から城の中枢部へ山道を進むと、長さ一五メートルの土橋1があり、土橋の南側は断崖となり北側は箱堀状となっている。ここから西側は斜面となり、幅三メートル前後の小規模な土塁と堀切3が存在する。この地点から傾斜は急となり、西へ約一二〇メートル進むと、東側に湾曲する弧状の堀切6（幅七メートル）が存在し、緩やかなS字形となった隘路上の土橋2を渡る形となる。堀切の対岸は断崖上の小さな高台となっており、侵入する敵を攻撃する弓矢の狙撃台（横矢掛（よこやがかり））として機能したと思われる。また、堀切の南側は崖の斜面へと落ち込む竪堀となっている。本曲輪より一一〇メートル離れた東尾根上に設けられた堀切と土橋は、大手口より攻め込む敵を食い止める最大の防御構造であったと考えられる。ここを過ぎると、二の曲輪へ向けて急勾配の尾根道が続くが、特段、人工的な防御遺構は存在しない。

【花倉城の変遷】 花倉城は、南北朝期に今川氏によって築城され、天文五年の「花蔵の乱」最終局面の舞台となったことから、今川期城郭の特徴を良くとどめた山城と評されている。その後、武田氏・徳川氏によって使用されたという文献記録もない。大規模な堀切1・2の存在から武田氏による改修説もあるが、近年は防御構造の脆弱さから今川時代の産物と考える向きが強くなっている。平成二十四・二十五年に静岡大学人文社会科学部の考古学研究室によって実施された測量調査によって、花倉城は堀切1・2と竪堀の構築によってⅡ期の画期に分けられることが推定された。第Ⅰ期は本曲輪と二の曲輪を配置し、各曲輪の周囲にコの字状に取り付く平場や、尾根上に小さな平場を構える簡素な縄張構造であったことが想定された。第Ⅱ期は堀切1と堀切2を掘削することによって、二の曲輪南側の平場を破壊し、堀切の掘削土を用いて二の曲輪周囲の土塁などの盛り土を行ったことが想定されている。

花倉城は学術的な発掘調査が未実施であり、戦国時代の構造を分析する遺構は土中に埋もれたままであるが、今川期城郭の特徴を残したきわめて貴重な山城として、今後のさらなる解明が期待されている。

【参考文献】 関口宏行「今川氏の城下集落」『駿河の今川氏』第一集（一九七五）、椿原靖弘「花倉城跡」『藤枝市史』資料編1・考古編（二〇〇七）、篠原和大「花倉城跡の測量調査」『藤枝市史研究』第一三号（二〇一二）、水野茂『今川氏の城郭と合戦』（戎光祥出版、二〇一九）

（海野一徳）

●戦国時代岡部氏の足跡を偲ぶ

朝日山城（あさひやまじょう）

〔藤枝市指定史跡〕

〔所在地〕藤枝市仮宿字堤ノ坪
〔比　高〕約七五メートル
〔分　類〕山城
〔年　代〕―
〔城　主〕―
〔交通アクセス〕静鉄ジャストライン中部国道線「法の橋」下車、徒歩二〇分。

【位置と立地】　駿河国西部の志太地域は、中世より山西と呼ばれて遠江国との国境に面し、戦国時代には常に攻防の最前線であった。朝日山城は、志太平野を形成する三河川のうち最も北側の朝比奈川が平野部に流出する付近の右岸で、潮山の山塊から続く丘陵上にある山城である。

東から宇津ノ谷峠を越えて来た東海道と、朝比奈川流域の山間部からの道が交わる場所に近く、交通の要衝をおさえる位置にある。『駿河記』など江戸時代後期の地誌において、岡部氏の居城とみる記述がある。この説が近現代以降の編さん物にも引用され、一般的に知られている。

【岡部氏と岡部郷】　山麓一帯は、平安時代後期に土着した藤原南家為憲流の岡部氏に関わる伝承や史跡が残り、「岡部郷」に該当すると考えられている。

岡部氏の一族は、鎌倉幕府の御家人として『吾妻鏡』に名がみえ、今川氏・武田氏・徳川氏による覇権争いの舞台となった駿河地域の戦国時代をへて、江戸時代の岸和田藩主として明治時代を迎えている。岡部氏は中世〜戦国時代にかけて文献資料に登場するが、朝日山城あるいはこれに比定しうる城に、岡部氏が築城・在城した記事は見出されず歴史的には不明な点が多い。なお、岡部の地名は、伊勢神宮内宮の御厨として『神鳳鈔』に記載されているのが、文献上の初見である。

【構造と現況】　地元で牛伏山と通称される標高一一〇メートルの山頂にあり、現在は朝日稲荷神社の社殿が造営されている付近

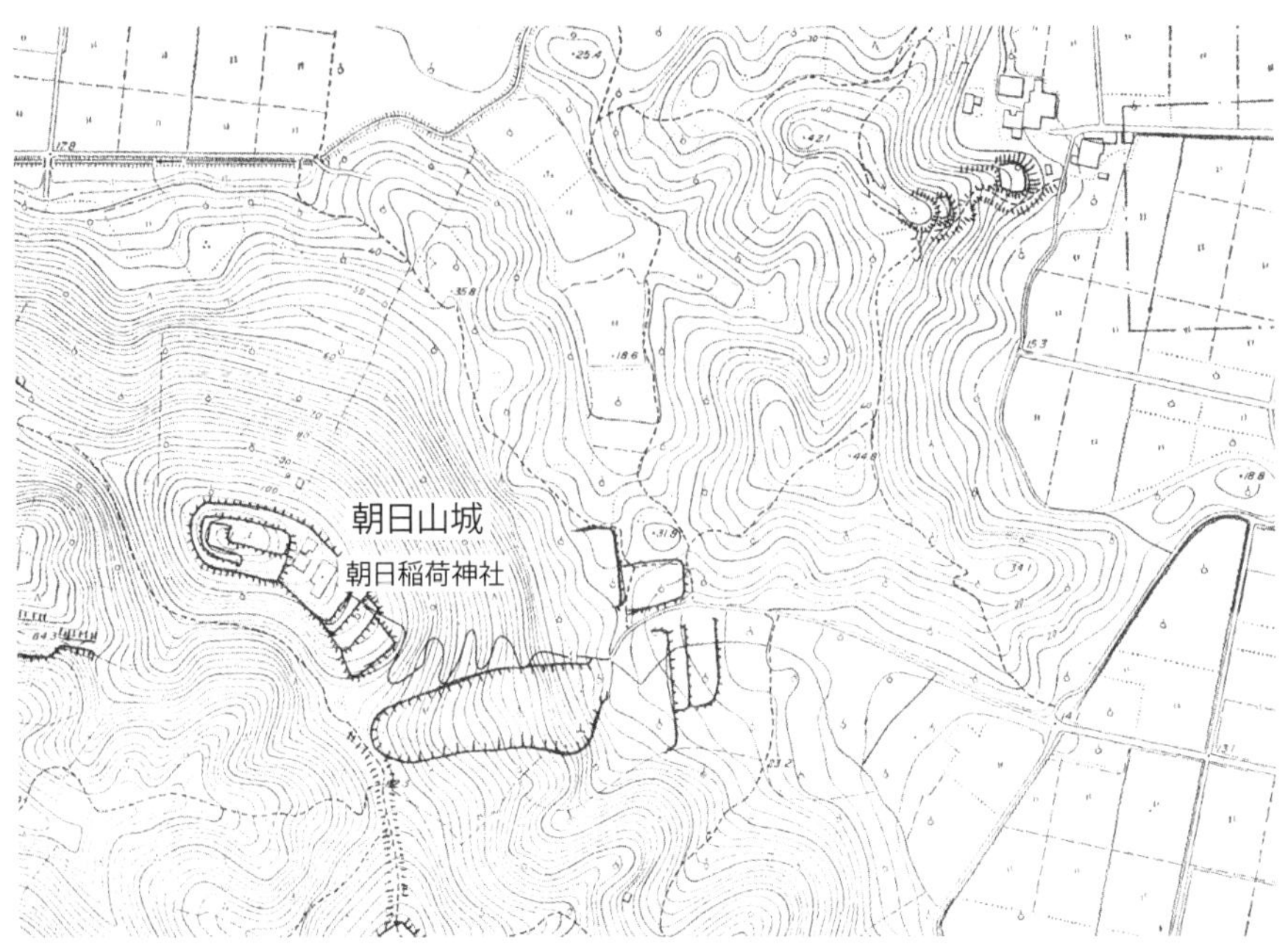

●—朝日山城縄張図『国道1号藤枝バイパス（藤枝地区）埋蔵文化財発掘調査報告書（第4冊）宮塚遺跡　潮城跡』（藤枝市教育委員会 1981）

●—朝日山城　一ノ曲輪

が城の主郭部である。

本殿の裏側に残る平坦地が本曲輪（一ノ曲輪）、社殿付近が二ノ曲輪・三ノ曲輪に比定されている。本曲輪では、丘陵斜面の土砂流失や、神社建物による改変が一部にあるが、南北約五〇メートル×東西約三〇メートルにわたって遺構が残存する。現状では、平坦面の周囲の西から南にかけて、幅約二メートルの土塁が巡っている。

城の中心部から、連続して延びる丘陵尾根上にも出曲輪の

●―朝日山城　土塁

点在を推定する説もあるが、現況では開墾等により遺構として捉えられず可能性の指摘にとどまっている。

主郭部の南側には大きな谷があり、かつて郷土史家の研究などにおいては竪堀（たてぼり）といわれてきたが、元来の自然地形の谷が崩落を重ねたことによって、竪堀状の外観を呈した可能性が高いとみられている。他地点にも堀切（ほりきり）や竪堀などは認められず堅固な防御施設を備えない点、自然地形を活かした素朴な構造、すなわち城の整備にそれほど手をかけていない点などから、短期間、一時的な使用で役割を終えたと考えれば、この城が文献資料に登場しないことも、理解できるのではないだろうか。発掘調査履歴はなく現況地形からの所見であるが、以上のような城郭遺構の検討から、「戦国時代後半の砦跡」との見解も呈示されている。年代を絞り込む手がかりとなりうる土器など遺物の出土や、伝来品等も知られていない。

城へは、朝日稲荷神社の参道から登ることができる。仮宿地区一帯に広がる中世岡部郷の、岡部氏ゆかりの歴史や史跡と併せ、興味深い謎を多く残す城である。

【参考文献】『藤枝市史』資料編1　考古（藤枝市、二〇〇七）、『藤枝市史』通史編上　原始・古代・中世（藤枝市、二〇一〇）

（岩木智絵）

●全国的に珍しい円郭式縄張の城

田中城

〔藤枝市指定史跡〕

〔所在地〕藤枝市田中
〔比　高〕五メートル
〔分　類〕平城
〔年　代〕―
〔城　主〕今川氏、武田氏、徳川氏、松平氏、本多氏他
〔交通アクセス〕JR東海道本線「西焼津駅」北口から徒歩二〇分。あるいは、東名焼津インターから県道八一号線平島団地経由一〇分。駐車場有（史跡田中城下屋敷）。

【江戸時代、武家に注目された縄張】　田中城は、本丸を中心に四重の堀を同心円状に巡らせた円郭式縄張の典型として知られ、その縄張形態から「亀城」「亀甲城」ともよばれた。また武田氏の城に代表される丸馬出を、主要な虎口の外に六ヵ所も設けていたことから「甲州流の城」としても知られ、近世になっても各曲輪はすべて土塁で囲まれ、要所は空堀や土塁で仕切るなど、戦国期の形態を踏襲したものだった。

さらに武田信玄や徳川家康の駿河侵攻の際には、周囲の城が落城していくなかで最後まで攻め落とされなかったため難攻不落の城と評価された。そのため兵法が盛んに講じられた近世では、縄張上での「円形の徳」を説いた軍学書にも取り上げられ、その堅固さは「信玄公が築かせた甲州流の城」であるがゆえとして注目され、武家の間で絵図が盛んに模写された。

【城の歴史】　田中城の起源は不明だが、戦国時代末期には今川氏の支城として「徳一色城」と呼ばれ、駿府（静岡市）を防衛する西駿河の拠点として存在していた。

元亀元年（一五七〇）正月、前年に駿河の中心部を掌中にした武田信玄は、今川氏の勢力が残る西駿河へと進攻した。徳一色城は長谷川能長・正長が守っていたが、孤立したため開城し、武田氏の城となって「田中城」と改称された。

天正三年（一五七五）の長篠合戦以後、度重なる徳川家康の包囲・攻撃によく耐えたが、同十年二月、武田氏の滅亡直前に開城した。家康が駿府に拠点を移すと、田中城は家康の

鷹狩や西上する際の宿舎として利用されるようになった。

関ヶ原の戦いの翌慶長六年（一六〇一）、酒井忠利が一万石で入城すると、これまでの城域を取り囲むようにして円形の外曲輪を設けた。さらに藤枝宿の整備とともに大手口を宿場にもっとも近い藤枝口とし、藤枝宿から田中城に入城できるようにした。

同十二年に家康が駿府に隠居すると、まもなく駿河・遠江は家康の一〇男徳川頼宣領となり、田中城は、家康や上洛する将軍のための「田中御殿」として整備された。また平島口から東海道に至るまでの道は、「御成道」と称するようになった。

その後駿府藩領や幕領となるが、寛永十年（一六三三）に松平忠重が二万五〇〇〇石で入城すると、以後五万石までの譜代大名九氏一二代が次々と入れ代わり、享保十五年（一七三〇）の本多正矩入城以後は、本多氏七代四万石の城として続き、明治維新を迎えた。

【立地的特徴】　田中城は「山西」と呼ばれた高草山西側の志太平野の中にあり、東は宇津谷峠や日本坂峠、西は大井川の難所に挟まれている。このため戦国時代には、駿河の最西端の城として駿府の防衛拠点となり、また遠江進攻のための前線拠点となった。

戦国期に築かれたにしては珍しい平城であり、また近世においては城下である東海道藤枝宿から七〇〇メートルも離れ、宿場付近には足軽や下級武士が居住したものの、そこから城内へは二〇〇メートルほど水田の中を抜けて行かなければならなかった点が特異である。これは城が湿地帯に囲まれていて周囲に城下町がつくれなかったためである。

城の南側を瀬戸川が流れ、その伏流水が城の内外で湧出している。なかでも城から西へ一キロ余り離れた青池は、豊富な湧水量により六間川となって城の南側を流れ、近世田中城はこれを外堀や下屋敷の泉水として取り込んだうえ、焼津湊への運河としても活用した。近世初頭の絵図では新宿口の六間川を挟んで侍屋敷が並んでいるため、田中城はもともと街道よりも水利を重視した城であったと考えられる。また姥ケ池の湧水は木管によって城内に引かれ、侍屋敷の上水として使われた。

【縄張と構造】　近世の田中城は三の丸までが微高地上にあり、これを円形に取り巻く外曲輪は水田を埋め立てたものであった。中央に位置した方形の本丸は、幅七メートルほどの堀に囲まれた四六×五六メートル程度の狭小な曲輪で、戦国期の名残というよりも中世の土豪屋敷を連想させるものであった。従来三の丸までの円形の縄張は、信玄の命を受けて築城名人の馬場

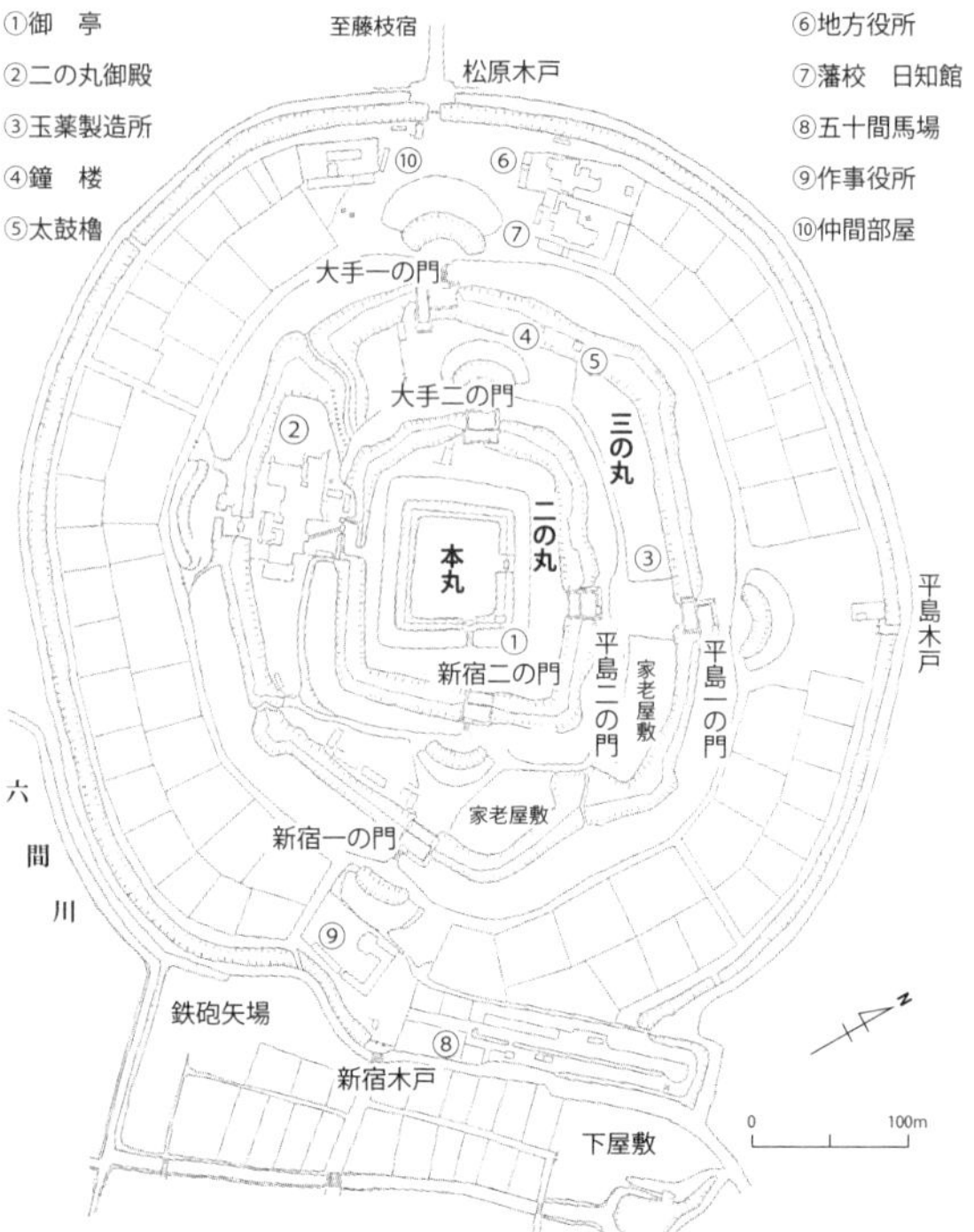

信春が手掛けたいわゆる「甲州流」の代表的な城と位置付けられてきた。しかし今は信玄による改修説は否定され、むしろ今川氏の時代からすでに三の曲輪まで有する同心円状の縄張であった可能性が高い。これに複数の丸馬出を設けるなどの改修を行ったのは、武田氏が駿河の防衛態勢に入った武田勝頼の時と思われる。

慶長六年、酒井忠利が外曲輪を設けたことにより、城の面積は三倍に広がった。このあと田中城は、駿府に隠居した徳川家康のための「田中御殿」として整備された。寛永十年(一六三三)の絵図によると、本丸・二の丸の殿舎は優雅な柿葺で、花頭窓に高欄付きの楼閣も見られるなど、城の規模に比べて居住施設が豪華である。これらが駿府に隠居した家康のために整備された「田中御殿」当時の施設と思われ、以後田中城が大名の居城となっても本丸御殿については将軍専用の「御成御殿」として用意されていた。

実際将軍が宿所としたのは翌十一年に三代将軍家光が最後となるが、その際に虎口が石垣積の桝形に改修され、近世城

●―田中城内配置図（幕末）（作図：前田利久）

●―三の堀と二の丸の土塁

郭らしい櫓門と高麗門が設置されたと思われる。なかでも家康以来の入城口であった平島口は「御成口」として格付けされ、平島口の諸門は将軍専用の門として漸次扉が閉ざされ、橋も撤去されて「不明門」となった。なお、本丸御殿はその後失われて本丸内はほとんど空地状態となったが、本丸東隅の土塁上にあった御亭が現在史跡田中城下屋敷内に移築されて現存する。御亭は藩主が観月などに用いた畳敷き二階建ての建物で、天守のない田中城であって最も格式の高い建物であった。

●—田中城下屋敷（後方は旧本丸御亭）

藩主の居館は二の丸御殿であり「御館」と呼ばれ、藩庁も兼ねた。二の丸御殿の所在地は一見三の丸のように見えるが、これは二の丸が狭小であったため三の丸を空堀で仕切って二の丸としたためである。

【現　況】　現在城跡は中心部が校地となり、その周囲は住宅地となっている。また、かつて高さ六メートル近くあった六ヵ所の櫓門の石垣や桝形の石垣もすべて撤去され、堀や土塁の一部が点在するだけとなり、さながら戦国期の城跡のようである。それでも随所に説明版や表示杭が設置されている。これらを効率よく見学するためには、最初に「史跡田中城下屋敷」を訪ねて資料や情報を得るとよい。

【参考文献】『田中城絵図』（藤枝市郷土博物館、一九九六）、前田利久「武田信玄の駿河侵攻と諸城」『地方史静岡　二二』（静岡県立中央図書館、一九九四）、前田利久「田中城」『よみがえる日本の城　一一』（学研、二〇〇五）

（前田利久）

●有徳人の館

小川城

〈所在地〉焼津市西小川五丁目
〈比　高〉〇メートル
〈分　類〉平城
〈年　代〉一五世紀後半～一六世紀後半
〈城　主〉長谷川氏
〈交通アクセス〉静鉄ジャストラインバス焼津大島線「小川宿」下車、徒歩五分。

【今川義忠と文明の内訌】 応永二十六年（一四一九）、斯波義淳への交代で遠江国守護職を失った今川氏は、以後その回復を強く意識していたとみられる。応仁・文明の乱による情勢の変化を契機に今川義忠は失地回復へ踏み出し、文明六年（一四七四）に見付の狩野宮内少輔を攻め落とすなど、遠江国での軍事行動を本格化させていく。しかし翌年、横地氏・勝間田氏を攻めた際に難戦し、流矢に当たり戦死してしまう。

義忠急死の直後に生じた内訌は、遺児の龍王丸（後の今川氏親）が生育するしばらくの間、義忠の従兄弟にあたる小鹿範満が家政を取り仕切ることでいったん収束する。しかし、義忠の祖父（範政）から父（範忠）に代替わりする際に、いったん家督を打診されながらも反故にされた範忠の弟、千代秋丸（範頼）の子にあたる範満にとっては、義忠の戦死は家督を得ることができる絶好の機会と映ったのかもしれない。

【山西の有徳人と伊勢宗瑞】 範満が家政を取り切る間、龍王丸と母親北川殿（伊勢宗瑞の兄妹）は山西（駿府から西に山を隔てた現在の焼津市・藤枝市付近）の小川法永のもとに逃れたとされる。法永は「山西の有徳人」として知られた人物で、駿河湾沿いの拠点港のひとつである小川湊に接して館を設けていたことからも、その出自は湊や物流に権益を持つ有力商人であったと推測される。伊勢宗瑞についても居所の伝承が焼津市域にあることから、内訌の早い段階から駿河に下向し龍王丸親子と係わったとみられる。龍王丸母子は再起のための資金と身辺の維持を法永、幕府との連絡と家督奪還の実行を宗瑞に頼ったのであろう。実に法永は、氏親が家督を得た後近習に取り立てられ長谷川を名乗り、宗瑞は後に駿河国東部地域から関東へと勢力を伸ばしていくことになる。

【有徳人の館　小川城】　法永が居を構えた場所は、大井川東岸に開けた平野部にあり、「長者屋敷」と言い伝えられていた。その形状は一九三〇年編集の「小川村反別入地図」や一九四六年撮影の航空写真からも読み取ることができ、昭和三十年代頃までは土塁や堀の跡が地表面でも観察できたと記録される。現在一帯は土地区画整理が行われ宅地となっているが、隣接する道場田遺跡とともに発掘調査が行われ館の内容が把握されている。

●—小川村反別入地図に描かれた館
（『小川村反別入地図』より転載）

館は、周囲を幅一四メートル程の堀と基底部幅八メートル程の土塁とで囲む、長辺約一五〇メートル、短辺約八〇メートルの規模をもつ。堀は帯水していたものとみられ、大量の器物が投棄されている。下駄や糸巻き、漆碗、曲物、宴席に使われたと察せられる折敷や箸、かわらけなどは館と周辺の暮らしぶりを示すとともに、堀が不要物の捨てられる場であったことを示している。このことは、駿府城内遺跡で検出される大溝が不要物の捨てられる環境であったことと類似している。また、四〇点ほどの塔婆や呪符が出土したことも興味深い。日常的な宗教行事にともなうものも含まれるのであろうが、この地域に壊滅的な被害をもたらした明応の地震（一四九八）と直後の津波被害の影響も考えなければなるまい。

【館の主要部分の構造】　館の内側は、少なくとも館の主が政務を執り暮らす西側の曲輪と、倉庫等館の付属機能を配置する東側の曲輪に分割されており、両者の間は堀に直結する幅約三メートルの大溝によって区切られている。

西側の曲輪に通じる虎口は館の南辺にあり、喰違虎口の形態をもつとみられる。虎口の内側には主屋との間に複数の溝と柵列・板塀が直交・平行する位置に設けられており、主屋を周囲から積極的に遮蔽している。主屋となる建物は、柱

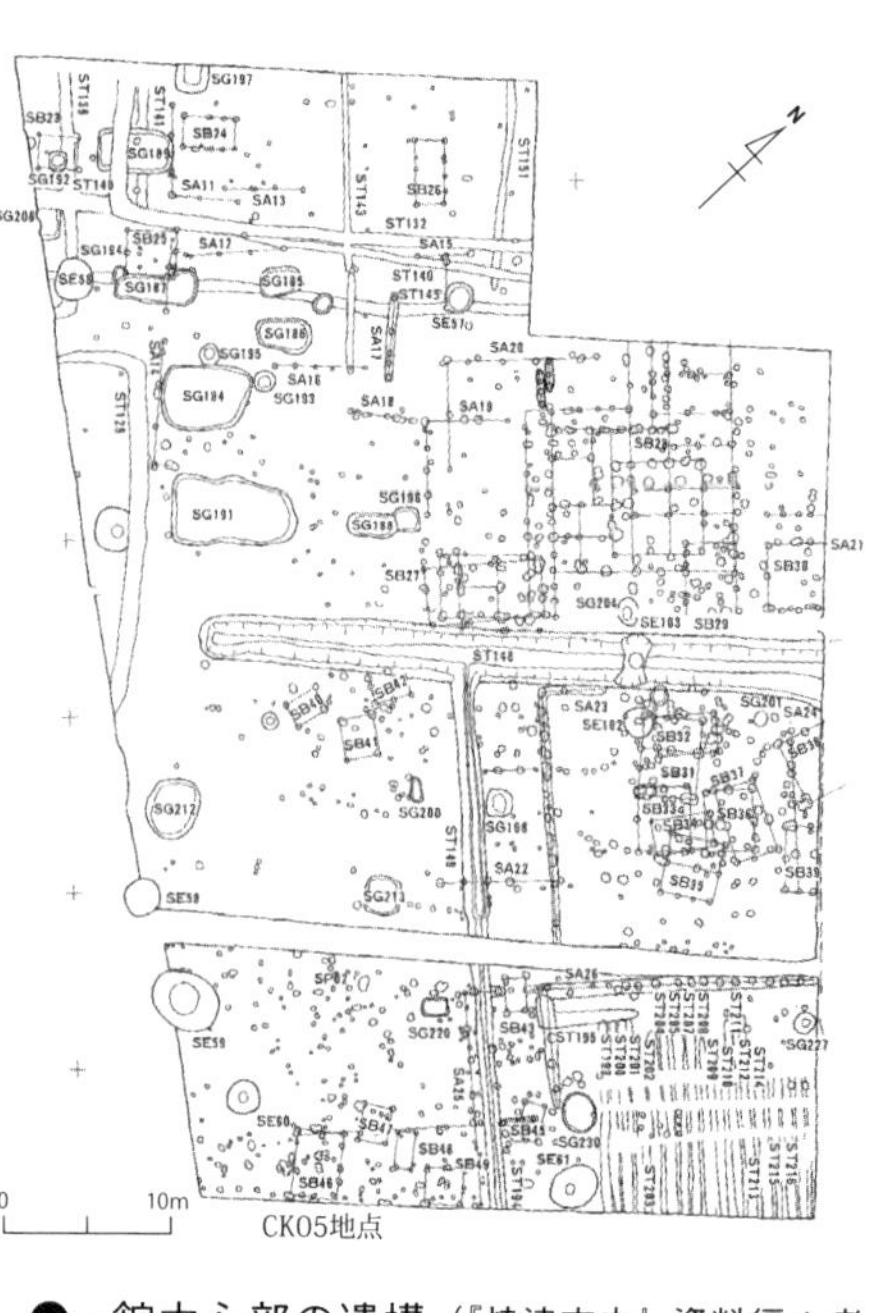

●—館中心部の遺構（『焼津市史』資料編1考古より転載）

穴内に根石を持つ南西向きの掘立柱建物で、南隅には中門楼に相当する突出した施設が付く。ここから北西側にかぎ型に巡る縁を配置してその内側に部屋を設けている。この建物はさらに北西側に縁を介して、北東側へも平行する建物に続いていくようである。つまり主屋は、中門楼から入った部分に主殿を設け、中央に庭などの空間を組み入れながら縁を介して奥側の会所につながっていく、当時の武家の居宅と同質な機能を備えていたことが分かる。この主屋の建築時期は明確ではないが、この形態に整備された契機は龍王丸・北川殿親子の受け入れにあったのかもしれない。なお主屋周辺からは、壁材とみられるすさ混じりの粘土が焼けた状態で出土している。主屋は土壁を備えた重厚な建物で、火災により失われたものと想定される。

東側の曲輪での特徴のひとつは、倉庫群と考えられる施設が置かれていることである。曲輪の仕切りとなる大溝の東縁に接して、内部を見通せないよう柵列と板塀で厳重に囲まれた空間を設け、中に小規模の掘立柱建物を複数棟、並列して建てている。この区画に入るためには、南東側から板塀と柵列で囲まれた桝形状の空間に入りその先にある門をくぐり、右へ折れて途切れた板塀の間を通らなければならない。

一方で、東側の曲輪の南東隅にも、柵列で囲む空間に複数棟の掘立柱建物が並んで建てられている場所がある。この場所は堀際にあたり、元来設けられていた土塁を撤去して堀の外が見渡せる建物群をあえて配置している可能性がある。

【特徴的な出土品】　館の内外からは、瀬戸美濃製品（五六四七破片）、貿易陶磁（五七四破片）、常滑製品（三一五四破片）、かわらけ（二七七三四破片）など大量の焼物が出土している。

このうち貿易陶磁は緑釉、青磁、白磁、青白磁、染付があるが、威信財として捉えられる緑釉盤、青磁袴腰香炉・青磁酒海壺蓋の全て、酒海壺身の約九割、青磁盤類・青白磁梅瓶の約七割の破片が館の内側から出土している。大永六年

（一五二六）二月、かねてから来訪を請われていた柴屋軒宗長は、朝比奈泰以とともに館を訪れている。三日間にわたる連歌の興行を含め一〇日におよび逗留した彼らは、威信財で飾り付けられた座敷にかわらけを用いた宴席を設け、もてなされたのであろう。

館の外側には、館に付随する施設や集落が営まれていたものとみられる。西側の曲輪に通じる虎口の外側には、複数棟の小規模な掘立柱建物が建てられる柵列や板塀に囲まれた敷地があり、鞴の羽口やとりべ、鉄滓が出土していることから金属加工の工房が想定される。瀬戸美濃製品破片数の五八％を占める擂鉢は、館の内外では面積当たり最大約九倍の密度の差がある。特に館外の南西側と西側の往来に面した部分に著しく集中する箇所があり、擂鉢を用いた加工業が特化して営まれていた可能性を感じさせる。館の内外に認められる内面に油煙とみられるすすが付着する常滑甕片については、日常的な使用や商品として油が一定量貯蔵されていたことを示している。

●—威信財と捉えられる青磁（焼津市教育委員会提供）

【武田信玄の侵攻と館の終焉】　氏親が政権を継承し領国内を安定化させた後も、宗長の来訪が示すように館は存続している。長谷川氏は、既得権益を基に湊とその周辺を管轄する代官職にあった可能性が推定される。

このように山西の中心地のひとつであった小川城も、一五七〇年代以降（大窯三段階後半以降）瀬戸美濃製品が急激に減少することから、永禄十三年（一五七〇）の武田信玄による山西攻めを契機に廃絶され、その後復興されなかったと考えられる。信玄の侵攻時には、本家筋の長谷川能長は信玄に奔り、一族の正長が徳一色城（後の田中城）に籠って抵抗しているが、小川城で戦闘が行われた記録は見当たらない。焼けた壁土の存在からも、能長は後顧の憂いがないよう、小川城を焼き払って放棄したのであろう。

【参考文献】　河合修「小川　湊と街道」『中世の伊豆・駿河・遠江』（高志書院、二〇〇五）

（河合　修）

駿府城（すんぷじょう）

●大御所徳川家康が築いた名城

〈所在地〉静岡市葵区駿府城公園他
〈比　高〉約五メートル
〈分　類〉平城
〈年　代〉天正十三年（一五八五）
〈城　主〉徳川氏、中村氏、内藤氏
〈交通アクセス〉JR東海道本線「静岡駅」下車、徒歩一五分。

【駿府の歴史】　駿府城周辺地域は、中世期に今川氏の領国として繁栄しており、今川氏の人質となっていた徳川家康（幼名竹千代（たけちよ））もこの時代の駿府で一二年間過ごしている。駿府は、一時武田氏に支配されることになるが、家康の東海五ヵ国領有支配により、家康の領地となり、天正十三年（一五八五）から本格的に城の築城を開始している。『家忠日記』によれば、本丸や二ノ丸に石垣を配した城郭で、天守や小天守の記述もあり、織豊期の城郭としての機能を持ち成立していたものと思われるが全体の規模等の詳細は不明であった。天正十八年（一五九〇）年に家康が関東へ移封されると豊臣秀吉方の中村一氏（かずうじ）が城主として駿府城に入り、家康に対するために石垣等の改修を行ったという伝承があるが詳細な資料は存在していない。平成二十八年（二〇一六）以来の静岡市が行った発掘調査によって天正期の天守台と考えられる石垣遺構が発見され注目されている。

慶長十年（一六〇五）征夷大将軍の職を息子の秀忠に譲り、隠居地として駿府へ移ることを決め、慶長十一年（一六〇六）に自ら駿府に赴き四日間ほど滞在し天正期から存在した城の内外を巡検し、この旧来の城の西側にある川辺町あたりに新たに築城することとした。その後に、駿府城の築城は、以前から存在する城を、一回り広げて修築することに変更され、川辺町に築城されることはなかった。この築城位置の変更は、安倍（あべ）川の氾濫による水害を考慮したためであろうという考え方が一般的となっている。築城工事は、各地の大名による天下普請で、慶長十二年（一六〇七）の二月頃には開始された。同年の五月には、天守の修築が開始され七月には御殿がほぼ完成し、家康が移っている。同年十二月には、大奥より出火した火災により、本丸の御殿、櫓、門などをことごとく焼失し、家康自身は、二ノ丸の竹腰小伝次正信の屋敷に避難し、翌日、二ノ丸の本多正純の屋敷に移っていることが『当代記』に記されている。この火災により本丸の建物は、急遽造り直すこととなり、慶長十三年（一六〇八）には本丸御殿が完成し家康が移り住んでいる。『寛延旧家集』によると慶長十五年（一六一〇）には五重七階あるいは六重七階の勇壮な天守が完成している。徳川家康は、元和二年（一六一六）この駿府城で死亡したが、以後の駿府城は、頼宣が一時的に城主となりその後、数年の城番管理をへて、忠長が城主となるがそれも、寛永九年（一六三二）に改易となると駿府は幕府の直轄地となり、駿府城には城代が派遣され管理することとなった。

●—復元された二ノ丸坤櫓

寛永十二年（一六三五）には、城下で出火した火災の影響を受け、天守をはじめとしたほとんどの建物が焼失した。寛永十五年（一六三八）に櫓や門などの建物は再建されたが、天守は再建されず、本丸御殿も大奥部分を除いた一回り小さいものとなった。宝永四年（一七〇七）の宝永大地震で石垣が大破したとの記録があるが、位置等の詳細は不明である。また、安政元年（一八五四）の大地震でも石垣が倒壊しているが地震後の修理、三ノ丸の外側から見える部分の石垣修理は行われたが、二ノ丸、本丸の石垣はそのまま放置されていた部分も多かったようである。明治時代に入ると、一五代将軍慶喜の跡を継いだ徳川家当主徳川家達が城主となったがすぐに廃藩置県となり、駿府城の建物で残っているものは払い下げられ、取り壊されてしまった。さらに、明治二十九年（一八九六）には陸軍歩兵三四連隊が設置され、本丸堀が埋め立てられ、天守台も地上部分は撤去されて平地となって弊社が建てられた。

【立地と構造】　駿府城は、静岡平野扇状地の扇頂部分にあたり平野内でも標高のもっとも高い場所に位置している。駿府城域内においては、現在でも三ノ丸堀南西側では、標高が約二五メートルであるが、北東の部分は、標高約一九メートルと約六メートルの標高差があり、安倍川の扇状地形の影響を受けた場所への築城となっている。

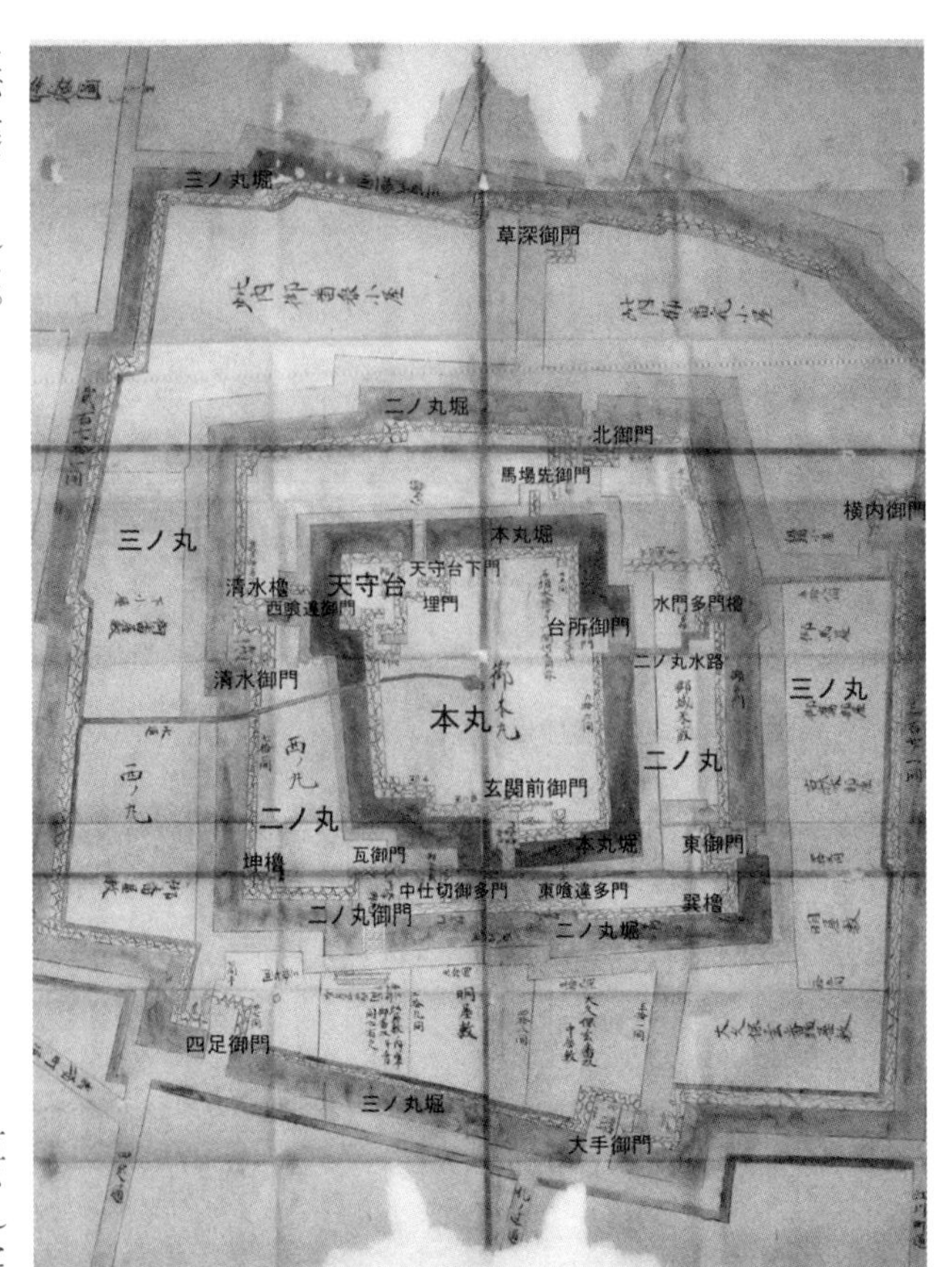

●—駿府府中御城図（慶長期築造）（加筆）（山本宏司所蔵）

　城の構造は、三重の堀をもつ輪郭式の典型的な城で、外側から三ノ丸、二ノ丸、本丸と呼ばれており、二ノ丸西側は特に西ノ丸と記されている絵図も存在する。堀は水堀で石垣を廻らせた堅固な造りとなっている。石垣の石材は、天正期から慶長期は、駿府周辺部で産出する砂岩、凝灰岩や玄武岩が主に使用され築城しているが、以後の修理では沼津から伊豆半島方面の石材を搬入し使用している。

　外側の三ノ丸堀は、現在東側と南側の一部が埋められており、全体の約四分の三が現存し石垣を見ることができる。北側の石垣は良い状況で残っているが安政の大地震後に積み直されたものが多い。

　三ノ丸正面の門として大手御門があるが、現在もその虎口の状況がよく残っており、歩道上には発掘調査で確認された礎石の様子がカラー舗装で示されている。北東側の横内御門はわずかに小口の形状をとどめているが南西側の四足御門と北側の草深御門は現在明確な虎口は残っておらず石垣の一部が確認できる。三ノ丸内は、現在は学校などの公共施設が存在するが、家康在城時には、重要な家臣の屋敷が建ち並んでいたことが推測される。寛永期以降は、その南東部分に城代屋敷が置かれ、横内御門の内側には勤番組頭屋敷が、横内御門の東側には定番屋敷が建てられている。昭和六十二年度発掘調査の、三ノ丸城内中学校地点で校舎の建替えにともなう発掘調査が行われ、大きさ約一〇×五メートルで平面長方形の大井戸状遺構と呼んでいる地下遺構が確認され、「元和三年二月二十日」と刻銘されたまな板状の木製品が出土している。

本丸・二ノ丸は、歩兵三四連隊が設置され、本丸堀を埋め立てて以来兵舎が建てられたが、戦後公園として整備され現在は駿府城公園として親しまれている。二ノ丸南東に東御門、巽櫓が南西に坤櫓が復元され公開されている。東御門内には、昭和四十四年（一九六九）に東御門付近の二ノ丸堀から出土した慶長期の東御門に使用されていたものであろうと考えられる青銅製のシャチが展示されている。

●—復元された二ノ丸東御門

●—本丸堀南東角

二ノ丸への正面入口である二ノ丸御門は静岡県庁裏の現在の橋は江戸期の位置でなく、本来は西へ約五〇メートルの場所に橋があった。現在この地点から二ノ丸堀越に石垣を見ると二ノ丸御門の部分がふさがれた状況が確認でき、内側の桝形部分は位置を石積みや植栽により表面表示されている。二ノ丸御門と巽櫓の間には、東喰違多門の土手が今も存在しており、二ノ丸を細かく仕切るという特徴が理解できる貴重な遺構である。二ノ丸東側の中央付近には二ノ丸水路が存在するがこれは、本丸堀と二ノ丸堀を結ぶ堀状の石組み水路で、本丸との接続部分で一メートルほどの段差を造り堀の水を保つ構造や本丸側の水路底面には石敷きを施し本丸堀からの水流に対応する構造となっている。さらに本丸堀から二ノ丸堀までの間に四回の折れを施し、水路上には多聞櫓を渡すなど敵の侵入を防ぐ工夫がなされている。二ノ丸水路の北側は、現在茶室と庭園が設置されているがこの場所では発掘調査により慶長期の御殿跡と思われる礎石建物跡と独立した台所建物跡が確認されており、城内には徳川家康の息子である徳川頼宣（よりのぶ）や徳川義直（よしなお）の御殿があったことが知られており、これらの御殿ではないかと推測される。二ノ丸裏側の北御門では、石垣は近年積み直されているが、桝形内側の雁木（がんぎ）（石段）は旧来の状況を残しており石に刻まれた刻印が容易に確認できる。

本丸部分には徳川家康の銅像とその脇に家康手植えのミカンと伝えられている古木（こぼく）が残っている。このミカンは品種的にも古いことから静岡県の天然記念物として指定され、毎年十二月に収穫される。本丸堀は、南東角部分が発掘調査により掘り出され公開されていたが、平成二十八年（二〇一六）から北西側の天守部分の発掘調査が行われ、天守台の遺構がその姿を現している。天守の石垣は、石を荒割りし、平坦に加工した面を正面に向け積み上げて隙間にも間詰（まづめ）石を丁寧に詰めたいわゆる打ち込みハギとなっている。駿府城の天守は、絵図資料による天守台の大きさと、文献資料による天守建物の大きさの違いが大きいため議論になっていたが、大日本報徳社所蔵の駿府城絵図『駿州府中御城之図』が発見されその天守部分の描き方により天守台の内側に天守建物が独立して存在することが確認された。さらにこの絵図には、天守台周囲の石垣上に塀や隅（すみ）櫓の存在も予想される描き方となっていることから、駿府城の場合天守台石垣に直接天守を建設するような通常とは異なっている構造であることがわかる。

【天正期の駿府城】 平成二十八年（二〇一六）からの発掘調査では慶長期の天守台の内側から新たな方形の石垣遺構と大量の金箔瓦が発見されたが、その石垣は転石をそのまま使用したいわゆる野面積（のづらづみ）で、間詰にも川原石を使用するなどの特徴が確認され、天正期駿府城の天守台跡と考えられる。これまで天正期の駿府城縄張については資料がなく、発掘調査による確認もできなかったため慶長期の修築時の記録から推測して一回り小さいとされているだけで詳細は不明であったが、今回発掘調査により天正期天守と考えられる遺構が発見され、小天守の存在が明らかにされた。慶長期天守とほぼ同じ場所であることから天正期の縄張構造を検討する重要な手掛かりとなるであろう。

（山本宏司）

中部

●丸馬出を構える山城

丸子城（まりこじょう）

〔静岡市指定史跡〕

〔所在地〕静岡市駿河区丸子字泉ヶ谷
〔比　高〕一一四メートル
〔分　類〕山城
〔年　代〕一五世紀～天正十八年（一五九〇）
〔城　主〕斉藤氏、山県昌景、諸賀兵部、関甚五兵衛、松平（竹谷松平）清善
〔交通アクセス〕JR東海道本線「静岡駅」下車、静鉄バス中部国道線「吐月峰入口」下車、西へ徒歩三〇分。

【駿河府中を守る城】　丸子城は安倍川の西側に位置する標高一三九・八メートルの通称三角山に築かれている。北方より伸びる山稜の先端に位置しており、南山麓には東海道が通っている。城の北方には藁科川が流れて安倍川に合流している。駿河府中の西側の守りは安倍川であるが、さらにそこより一歩抜きんでた位置に丸子城は位置している。そのため府中を守るのではなく、攻める側の城ではないかと考えられていた。しかし、府中周辺は低地が広がっており、府中を守る山塊がほとんどなく、安倍川を渡河されてしまうと何ら防御の拠点となるような地形が見当たらない。まさに安倍川が西方防御の要であった。その安倍川の渡河を防ぐことが東岸では不可能なため、河川より西外側ではあるが丸子城の所在する山頂部が選ばれたものと考えられる。つまり駿河府中を守る最前線基地として築城されたものと考えられる。もちろん最前線として街道を押さえることも視野に入れた築城であった。

【城の構造】　丸子城は東西約二〇〇メートル、南北約二五〇メートルを測る、駿河では最大級の山城である。主郭Ⅰには土塁が巡らされ、北・東・西の三ヵ所に虎口が開口している。とりわけ北の虎口はⅠ郭とⅡ郭とを結ぶ重要な虎口で、前面に虎口受けの小曲輪が構えられており、外枡形状を呈している。一方、外枡形の正面となるⅡ郭の南東隅部は方形に突出している。ここに橋が架けられていたと考えられる。このようにⅠ郭とⅡ郭は橋によって行き来していたものとみられる。Ⅱ郭より北東方に伸びる尾根筋上には、Ⅲ・Ⅳ・Ⅴ・Ⅵ・Ⅶ郭が階段

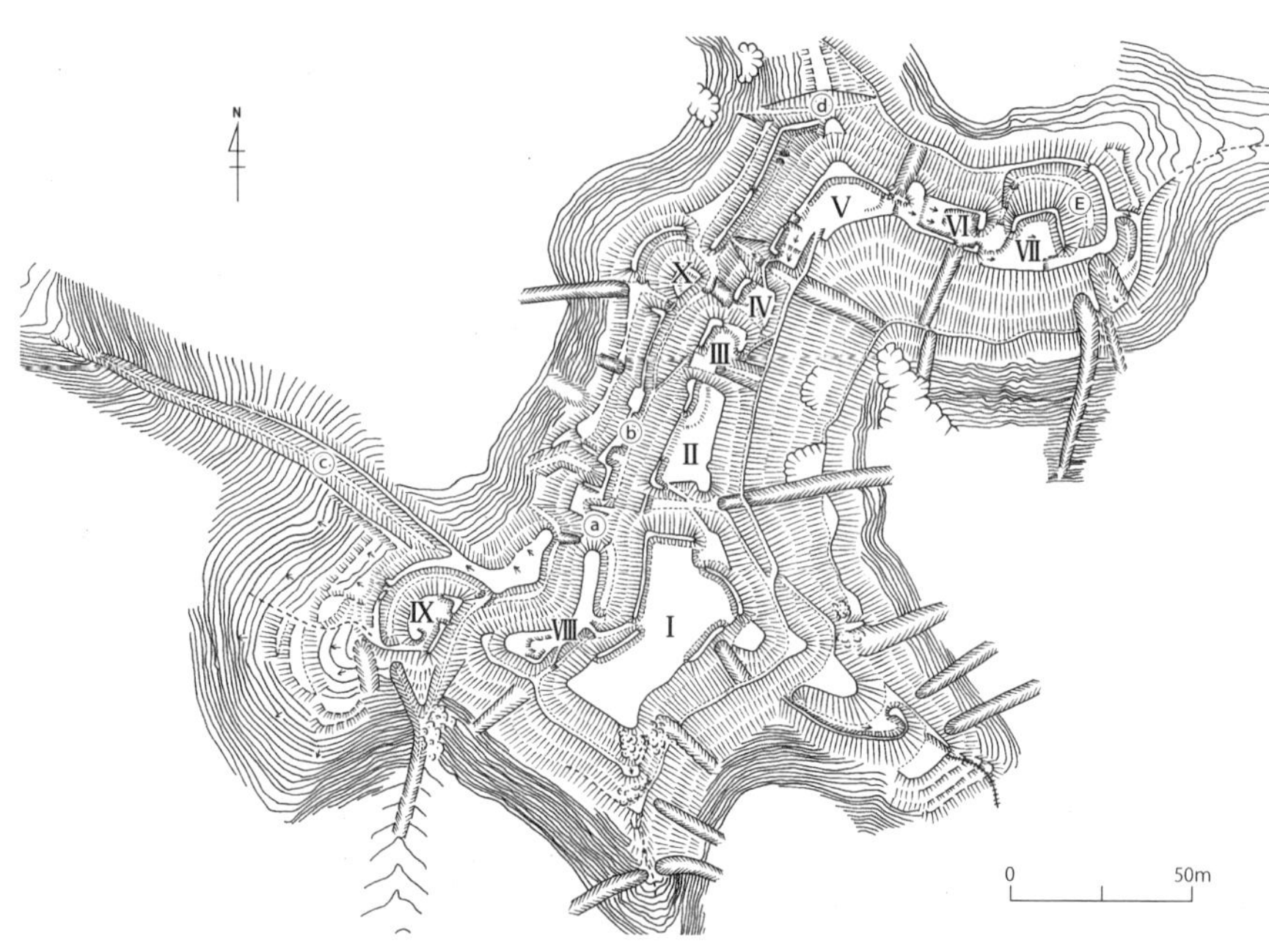

●—丸子城跡概要図（作図：中井均）

状に構えられている。いずれの曲輪にも西側に面して土塁が構えられている。さらにⅠ郭とⅡ郭の間、Ⅱ郭とⅢ郭の間、Ⅲ郭とⅣ郭の間、Ⅳ郭とⅤ郭の間、Ⅴ郭とⅥ郭の間、Ⅵ郭の南面には竪堀（たてぼり）が設けられており、敵の斜面移動を封鎖している。また、Ⅶ郭の南面、Ⅵ郭の南面、Ⅰ郭の南東と南に伸びる尾根筋にも竪堀が設けられている。

北側の尾根筋には堀切（ほりきり）ⓓが構えられ、東側の尾根筋には横堀Ⓔが巡らされており、尾根に対しての遮断線としている。城の西側防御はこうした竪堀や堀切とはまったく様相を異にしており、曲輪切岸（きりぎし）面に横堀を延々と巡らせている。この横堀はⅠ・Ⅱ・Ⅲ・Ⅳ・Ⅴ郭直下に廻されており、遮断線としての横堀ではあるが、それとともに堀底道としても機能しており、Ⅰ郭の北東部直下には虎口ⓐが構えられている。虎口に隣接する横堀には堀外の土塁をコの字状に突出させて方形の武者溜（むしゃだま）りⓑが配置されている。この武者溜りⓑによって合横矢を効かせて虎口ⓐを守っている。加えて武者溜りⓑの外側土塁からは竪堀が構えられ、やはり虎口ⓐの側面を防御している。このように横堀は丸子城の西側防御とともに堀底道としても機能していたが、それも虎口付近では非常に巧妙に普請され、この城跡の見どころのひとつとなっている。

【山城に構えられた丸馬出と横堀】　丸子城の構造でとりわけ

注目できるのが東よりⅦ郭、Ⅹ郭、Ⅸ郭である。これらは半円形の曲輪を造成し、その前面に横堀を巡らせるという構造となる、いわゆる丸馬出（まるうまだし）として構えられた防御施設である。通常丸馬出は段丘上に構えられた城郭に多く認められる。その典型例が静岡県の諏訪原城や小長谷城である。また、伊那大島城（長野県）も同様に段丘上の地形に築かれた城郭である。山城で丸子城の丸馬出とよく比較されるのが静岡県の犬居城である。本曲輪の前面に横堀を巡らせ、側面に土橋（どばし）を構えて城外と結び、本曲輪へは曲輪の中央に土橋を設けて結ぶ構造はまさしく丸馬出そのものである。しかしその平面構造は自然地形の制約を受けて半円形とはならず、いびつな方形となっている。このような明らかに丸馬出として構えられた防御施設は山城でも多々見受けられるが、それらの大半は犬居城と同様に不定形な平面構造となっている。

それに対して丸子城のⅨ、Ⅹ郭は自然地形の制約を無視して、見事に半円形に造成されている。その構造は教科書的と

●—丸子城　横堀の武者溜りⓑ

●—丸子城　虎口

●—丸子城　竪堀ⓒ

中部

●―丸子城　馬出曲輪Ⅸの切岸と横堀

言っても過言ではないだろう。山城でこのような教科書的な丸馬出を構えるものは他に例を見ない。

Ⅸ郭は丸子城の西端に構えられており、背後のⅧ郭とは堀切で分断されているが、その堀切は南側で竪堀となり、丸子城の南面を防御している。曲輪前面は堀切から横堀が巡らされている。この横堀前面に廻る土塁上が城道だったようで、馬出の南面に土塁から続く土橋が架かり虎口となっている。

さらにⅨ郭で興味深いのは、背面のⅧ郭とは横堀によって完全に遮断されていることである。城内と馬出Ⅸ郭とは行き来ができないのである。こうした構造からⅨ郭は城外へ出撃できる橋頭堡（きょうとうほ）としての馬出ではなく、横堀よりも突出した場所に構えられていることより戦闘指揮所的な施設であった可能性が高い。あるいは山城であるため城内とは高い切岸によって分断されており、段丘上に構えられた城の丸馬出とは同じ構造にはできなかったとも考えられ、その場合は背後の曲輪との行き来は梯子（はしご）などを用いていた可能性も考えられる。

圧巻はこのⅨ郭の丸馬出の北面から北西山麓をめがけて掘られた竪堀ⓒである。ほぼ山麓まで掘削されており、堀の北東側には土塁も設けられており、南西側からの攻撃に対しての斜面移動を封鎖する遮断線であった。Ⅸ郭の丸馬出とセットで構えられ、城の西側防御の最前線を担っていた。このⅨ郭と竪堀の存在からも丸子城が西側からの攻撃に対処する城であったことがわかる。つまり府中側の防御施設であったことを物語っている。

Ⅹ郭は城の西側に巡らされた横堀のほぼ中央に構えられて

いる。横堀ラインより突出して構えられており、馬出背後が横堀によって遮断され、前面には横堀が巡る。馬出への虎口は西側だと見られ、横堀に対して土橋が架かる。ただ面白いのはこの馬出と外を結ぶ土橋が横堀外側の土塁と結ばれており、外側土塁も城道として用いられていたことを示している。

また、X郭でもⅨ郭と同じく背面に位置する曲輪とは横堀によって完全に遮断されている。さらにX郭も前面の横堀から竪堀を構えているのもⅨ郭の構築と同じであり、丸子城の丸馬出は同じ発想で構えられた施設であることがわかる。

さて、丸子城の東側先端に構えられたⅦ郭はこれまで馬出として評価されることはなかった。しかし、その構造をよく見ると、前面に横堀を巡らせ、城外側に設けられた土塁を城道として曲輪南側の側面に虎口を構えている。背面にも北側には横堀が廻り込み、次のⅥ郭とは分離した構造となる。Ⅸ・X郭のように定型化はしていないが、馬出的機能を有する曲輪として評価することができよう。

このように丸子城の構造は戦国時代後半の非常に発達したものとして評価できよう。土造りの城の到達点といっても過言ではないだろう。さらにそれは増改築を繰り返したものではなく、統一感を感じさせるまとまりのある構造であり、一時期に築かれたものと考えられる。

【丸子城の歴史】 丸子城に関する史料はほとんど残されておらず、その歴史は不明に近い。宗長法師の『宇津山記』によれば、「駿河国宇津の山は、今川被官斉藤加賀守安元しる所より（中略）、北にやや入て泉谷といふ安元祖先よりの宿所」とある。一五世紀に泉谷に今川氏の被官である斉藤氏が居館を構えており、当初はその詰城として築かれた可能性が考えられる。

永禄十一年（一五六八）に武田信玄は駿河を手中に収めると、翌年正月に山県昌景を丸子城に入れ置き、花沢城などの今川方の諸城に対峙させた。天正十年（一五八二）には諸賀兵部、関甚五兵衛が在番として入れ置かれるが、持舟城の落城とともに武田勢は駿河より撤退する。その後駿河に入国した徳川家康は丸子城に松平（竹谷松平）備後守清善を入れ置くが、天正十八年（一五九〇）の家康関東移封にともない廃城となった。

こうした城の歴史と丸馬出の存在から丸子城の築城主体は武田氏であると言われてきた。しかし静岡県の諏訪原城では近年の発掘調査などから武田氏築城説は否定され、のちに入城した徳川家康によって改修された可能性が指摘されている。丸子城でも武田氏撤収後に松平清善が入城しており、当然その段階で改修された可能性は高い。

【築城者は誰か】 そこで今一度丸子城の構造から築城者を考えてみたい。まず選地から分析すると、丸子城は東海道を見下ろす山塊の先端地に位置しており、明らかに東海道を押さえる目的で築かれている。さらに縄張に注目すると、東海道側（南東側）と、谷側（北西側）で大きく異なっている。東海道側は尾根筋に曲輪を階段状に配置するだけで土塁も構えられていない。これに対して谷側は曲輪に土塁が構えられ、切岸面には延々と横堀が廻り、Ⅸ・Ⅹ郭を丸馬出とし、西端には長大な竪堀ⓒが山麓まで掘られている。こうした縄張から正面は北西側と見られるのである。ところが北西山麓には街道はおろか集落も存在しない。本来は東海道が走る南東側が防御正面となるはずであるが、何も存在しない北西側に防御施設を集中させている。一見すると矛盾した縄張に見えるが、地形的に急峻な南東側からの敵の登攀は困難で、むしろ背後に回り込まれ、緩斜面からの攻撃の危険性を考えて北西側の防御を固めたものと考えられる。

丸馬出については自然地形に制約を受けた犬居城の馬出よりも一歩進んだ構造となる。犬居城は元亀三年（一五七二）の武田信玄の遠江への侵攻によって改修されたが、天正四年（一五七六）に徳川家康に攻め落とされて廃城となっている。不定形の丸馬出は武田氏の手によって構えられたものである。明らかにそれより後出する丸子城の丸馬出を犬居城と同じ武田氏の丸馬出とは考えられない。やはり武田氏以後の可能性を指摘しておきたい。

ではその築城者であるが、駿河府中へ至る東海道を押さえる役目を担っており、五ヶ国領有時代の徳川家康が、対豊臣を想定して宇津ノ谷越えを押さえる目的で武田氏時代の丸子城の場所に新たに築いたものと考えられる。その築城は天正十年（一五八二）から十四年（一五八六）の間と考えられ、駿府防衛の最前線としたものと考えられる。

丸子城の構造は土の城の到達点を示すとともにその残存状態も良好で、山城の教科書としてぜひとも見学してもらいたい城である。

【参考文献】中井均「丸子城」加藤理文・中井均編『静岡の山城ベスト五〇を歩く』（サンライズ出版、二〇〇九）、中井均「残存遺構から見た丸子城の築城主体」小和田哲男先生古希記念論集刊行会『戦国武将と城』（サンライズ出版、二〇一四）

（中井　均）

●駿府の西側を守る重要な城

持舟城（もちぶねじょう）

〔所在地〕静岡市駿河区用宗字城山
〔比　高〕七〇メートル
〔分　類〕山城
〔年　代〕一四世紀頃
〔城　主〕今川氏、武田氏
〔交通アクセス〕ＪＲ東海道本線「用宗駅」から登り口まで徒歩一〇分。

【城の歴史】　持舟城は、静岡市西部に位置し、山西と呼ばれた志田（しだ）平野地方との境にある大崩道および日本坂峠を押える重要拠点であることから、駿府（すんぷ）防衛の重要な地点であり、今川氏入府後築城されたとの考えもあるが、詳細は不明である。永禄十一年（一五六八）武田信玄が駿河へ侵攻後この持舟城も西側の防御として築城されたと考えられる。長篠の戦い以後、家督を継いだ武田勝頼は穴山信君（あなやまのぶきみ）に駿河の支配を任せていたが、武田氏と北条氏が対立関係に至ったことにより、天正七年（一五七九）徳川家康は北条氏と同盟し持舟城を攻撃した。この後は、朝比奈（あさひな）駿河守信置（のぶおき）が在番として置かれている。天正十年にふたたび徳川勢の攻撃を受けて、ついに開城し、朝比奈信置は久能山城に退去し、当城は廃城になったとされている（『家忠日記』、『武徳編年集成』）。

持舟城は、静岡市の西南、石部山の先端部に位置し、駿河湾に面する標高七五・五メートルの山上に立地している。山上からは、駿河湾や静岡平野が一望できる絶好の地となっている。江戸時代の古絵図によると北に沼地をひかえ、前面は海に接し、現用宗港付近は、深い入江となって、天然の良港を形づくる要害地となっていた。武田氏が支配した時期にはこの地は武田水軍の拠点でもあったと考えられている。

【立地と縄張】　持舟城の遺構は、南側山腹および山麓部分が東海道本線・新幹線工事やみかん畑の造成、近年の農道建設によって著しく破壊されている部分があるが、曲輪は大きく分けて北側と南側に二つの曲輪が存在している。北側の本曲

●—持舟城遠景

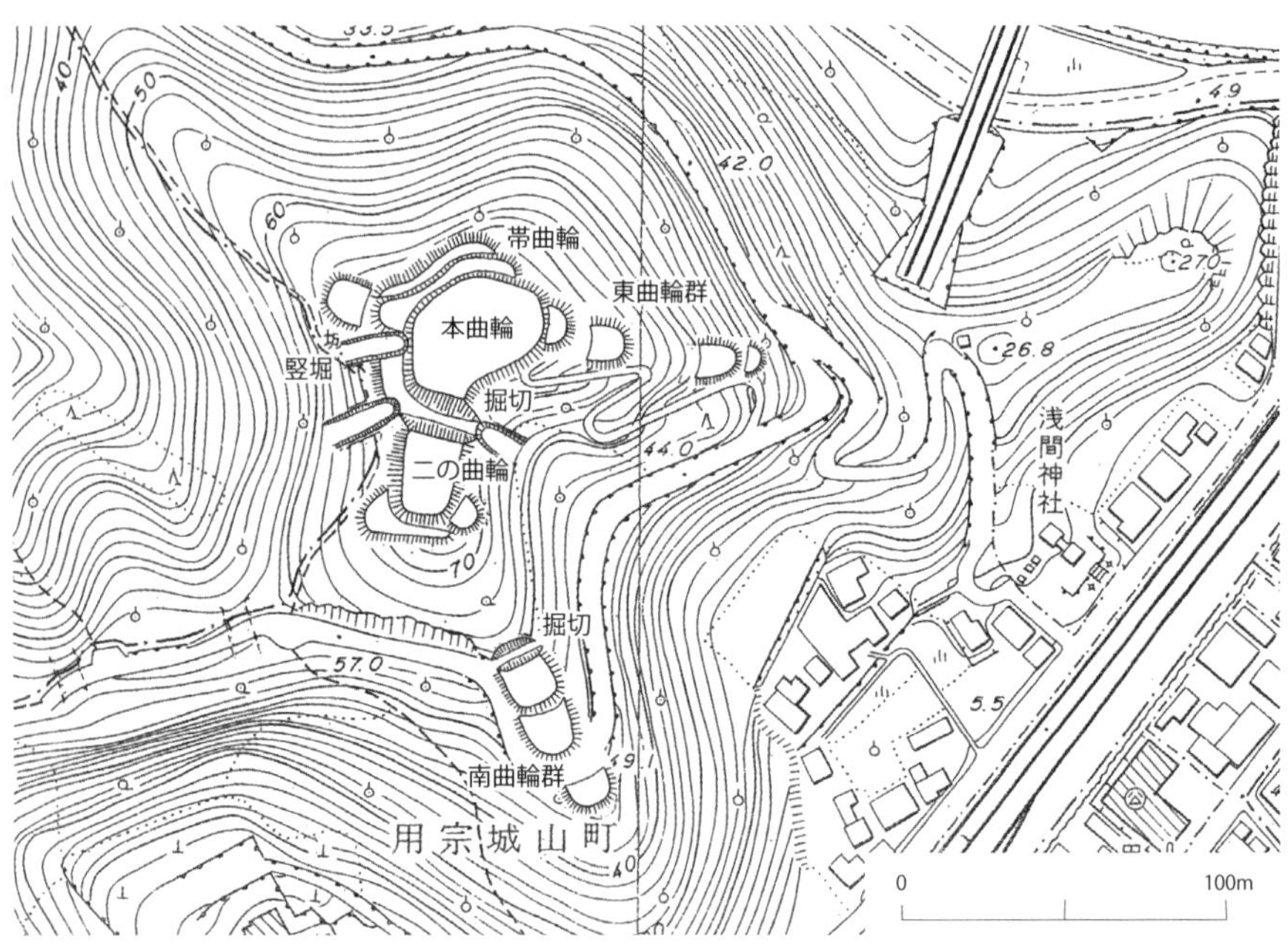

●—持舟城縄張図（作図：松本一明）

輪は、南北二五メートル、東西四五メートルの広さをもち、最近まで城山観音堂が存在したが現在は解体されて公園となっている。この曲輪は、平成二十年度に静岡市によって発掘調査されているが曲輪の中心部分は後世による観音堂建設等の削平によるものであろうか、城の遺構等は確認されなかった。曲輪周辺部においても土塁（どるい）等の痕跡は確認できていない。北側には帯状の曲輪地形が確認できるがみかん畑により改変を受けている。

●—北側の主曲輪

南側の二の曲輪は現在、みかん畑となっており、北側の曲輪より一段高く、階段上に曲輪を配置している。この二つの曲輪間は幅約一六メートルの大きな堀切（ほりきり）によって遮断されている。この堀切は現存する最大の堀切でこの底部分には井戸といわれている素掘りの縦穴遺構が存在しているが時代等詳細は不明である。南西側の尾根山には、一条ないし二条の尾根遮断の堀切と小曲輪が存在したことが推定されているが、近年の農道建設により破壊されているため確認することができない。北側曲輪の東尾根および南曲輪の南尾根にはそれぞれ数段の曲輪が存在するがみかん畑による改変も大きいと考えられる。持舟城南側の大雲寺境内付近は「倉ヤシキ」といわれており、城に関係した施設が存在したと伝えられており、ＪＲ用宗駅構内付近が水軍の舟溜りだったとの考え方も存在する。

【参考文献】『静岡県の中世城館跡』（静岡県文化財保存協会、一九八一）

（山本宏司）

●自然の要害を利用した城

久能山城〔国指定史跡〕

〔所在地〕静岡市駿河区根古屋
〔比　高〕二〇〇メートル
〔分　類〕山城
〔年　代〕永禄十一年（一五六八）
〔城　主〕武田氏、徳川氏
〔交通アクセス〕日本平からロープウエイ五分。

【地形と歴史】　久能山城が存在する久能山は、安倍川が運ぶ大量の砂礫や泥が三角州的扇状地として堆積した平野の南側が、やがて地殻変動により隆起して独立した丘陵として形成された有度丘陵に存在している。有度丘陵を形成する礫層は十分に固まっていないため浸食活動により谷壁がそそり立つたち屏風谷と呼ばれる絶壁を作り、さらに開析が進み有度丘陵から切り離された独立峰（二一六メートル）が久能山である。

久能山は、古代以来補陀洛山久能寺と呼ばれる顕密系の寺院が大伽藍を形成し存在していたが、中世期には、天台宗の寺院として発展した。永禄十二年（一五六八）に武田信玄により現在の清水区村松に移動させられ、明治時代には鉄舟寺と改め現在に至っている。久能寺が所蔵していた国宝「久能寺経」（現在は鉄舟寺所蔵）は有名である。

久能山城の城としての機能が見いだせるのは、一四世紀、観応の擾乱により駿河の足利直義方の中賀野掃部助、入江駿河守らが足利尊氏方の伊達景宗との戦いで久能寺城に籠城したことが、正平六年（一三五一）の伊達景宗軍忠状に「同日打入府中之間中賀野殿入江駿州以下凶徒等引籠久能寺城氒」（『駿河伊達文書』）と記されているが、これには久能寺城とされている点が注目される。これは、久能山に久能寺が存在したため観応の擾乱期にのみ城郭として使用されたと考えられており、南北朝期の様相を示している。また、今川氏輝没後、今川家の家督相続として梅岳承芳（義元）と玄広恵探により争われる天文五年（一五三六）の花蔵の乱では、『甲

●—久能山城遠景

陽日記』には、「同五月二十四日夜氏照ノ老母福島越前守宿所へ行花蔵ト同心シテ、翌二十五日従未明於駿府戦夜中福島党久能へ引籠ル」とされており、寿桂尼(じゅけいに)方の福島越前守が駿河で戦った後久能山に引き籠ったことが知られている。戦国時代では単に地形的な条件だけでなく今川家と関連した宗教的空間を城とすることの重要さが指摘されているところである。

永禄十一年(一五六八)武田信玄が駿河に侵攻し、今川館を焼き払い久能山に城を構えている。この久能山城は要害の地で籠城に適していることから築城されたと伝えられており、武田氏の駿河支配の重要な位置を占めることとなった。武田信玄が元亀三年(一五七二)に上洛の動きを見せた時点でも北条氏への守備固めとしての兵糧米を備えさせるなど重要な役割を果たしていたようである。元亀四年(一五七三)に信玄が没すると、徳川家康はその確認のために駿河に侵入し、久能山城や根小屋(ねごや)を攻めているようであるが占領には至っていない。武田家を相続した武田勝頼は、長篠の戦後駿河の支配を穴山信君(あなやまのぶきみ)に任せ、江尻城を居城としているが、天正十年(一五八二)織田信長、徳川家康の攻撃により穴山信君は降伏し、この時点で久能山城も開城したと考えられる。徳川家康は、天正十一年(一五八三)年松平勝俊(かつとし)を久能山城主としたが、天正十八年（一五九〇）に関東へ移封され、中村一氏が駿府を支配することとなるが久能山城の状況は不明である。

●—久能山城周辺図（『久能山誌』より転載，一部加筆）

徳川家康は、関ヶ原の戦い以後ふたたび駿河を支配することとなり久能山城の普請を行ったが、元和二年（一六一六）徳川家康が没してその遺言によりこの地に葬られ、東照宮が造営されることとなり久能山城も機能を終えることとなる。

【久能山城の縄張】　徳川家康の没後造営された東照宮は、久能山域の大部分にわたって建物等を造営していることから久能山城の遺構の上に造営していることが考えられるため現状でその姿を確認するのは非常に困難な状況である。現状では、中心部分は東照宮の建物や博物館が存在しているが、東西の周辺部には若干平坦部も残されている。平成二十三年（二〇一一）から静岡市によって史跡久能山総合調査が実施されておりその結果が公表されている。城へは現在と同様南側から登城し、大手一之門付近が虎口と考えられるがその痕跡は残っていない。主な平坦面は二七ヵ所確認されている（久能山城周辺図）。西側の（4）～（10）の階段状の平場はその形状や位置から久能寺に関連した遺構と考えられる。（11）～（15）の平坦面も城としての遺構が確認できていない。土塁は三ヵ所確認できるが（ア）は寺社築造の際のものと思われるため、（イ）、（ウ）が切岸直上の土塁の可能性が高い。東側では、（20）が土塁と考えられ、（21）、（22）は東照宮関連の建物跡であるが、（23）～（25）が櫓台としての機能が考えられる。（27）の平場には勘助井戸と呼ばれている井戸が存在するが山本勘助は永禄四年（一五六一）に死亡しているため信玄による築城には関わっておらず井戸の年代も不明である。

●—東照宮一の門

久能山城に先行する久能寺は、周囲を崖に囲まれた地形に形成された山岳寺院として存在していたためその地形をほとんど改修することなく利用したのが久能山城で、周辺部分で寺院遺構をそのまま利用する区域と、現在は東照宮として利用されているが中心部分では城郭としての築造が行われたこと推測される。

【参考文献】『久能山誌』（静岡市、二〇一六）

（山本宏司）

●武田信玄が創築した駿河支配の拠点

江尻城（えじりじょう）

〔所在地〕静岡市清水区江尻
〔比　高〕三メートル
〔分　類〕平城
〔年　代〕永禄十三年（一五七〇）〜一六世紀末
〔城　主〕山県昌景、穴山信君
〔交通アクセス〕JR東海道本線「清水駅」から徒歩一三分。あるいは、東名清水インターから県道五四号線経由九分。駐車場なし

【武田の威信をかけた大改修】　永禄十三年（一五七〇）十二月、駿河に侵攻した武田信玄は一気に駿府（静岡市葵区）を陥落させたものの、駿河支配の拠点にするには軍事上での不安があったため、甲州往還（身延道）に近い江尻に新城を築くこととなった。旧駿河国内には武田氏が手掛けた城が多数存在したが、ほとんどが今川氏の城を改修したものであったなかで、江尻城は武田信玄が創築した稀有な城である。

当初は山県昌景が入ったが、天正三年（一五七五）に長篠において昌景が討死すると、武田勝頼は一門の穴山信君を入城させた。同七年に入ると関係が悪化した東の北条氏に備えた改修が始まったが、さらに駿河に進攻を始めた西の徳川氏にも備えて改修は長期化した。江尻城は駿河での政治拠点であり、軍事拠点でもあったため、この改修は勝頼の命によって甲斐から人足と職人、兵までが動員されるという、まさに武田領国を挙げての大改修であった。

改修が始まって間もなく、信君は江尻城で信玄の七回忌と、楼閣に安置した軍神である勝軍地蔵と毘沙門天像の開眼供養を同時に行うという、一大宗教儀式を催した。このとき活躍したのが、甲斐出身で臨済寺の住持であった鉄山宗鈍である。鉄山はさらに勝頼の命を受け、江尻城において伊勢神宮と熊野三所権現に対して同盟を破った北条氏に天罰が下るようにと願文をつくった。

江尻城の施設で特筆すべきは、「観国楼」という大鐘を掛

けた鐘楼（しょうろう）の存在である。この大鐘の鐘銘とその序文をつくったのも、中国の古典に精通していた鉄山であった。鉄山はその高さを「百尺（三〇メートル余り）」と誇張しているが、「この楼に登らば、即ち天下を小とするものなり」というほど眺望がきいたようである。命名したのは最後の大明国大使を務めた彦策周良（さくげんしゅうりょう）で、彼の筆による「観圀」の額が掲げられた。このように観圀楼は単なる物見（ものみ）用の櫓（やぐら）ではなく、格調高い建造物であって武田家の権力を象徴するシンボルタワー的な存在であった。

一方、徳川家康による度重なる駿河進攻により、江尻城の防衛面での強化も急がれた。勝頼は武田家お抱えの大工である高山飛騨守を派遣し、駿府在住の大工たちを使って各所に櫓を構築させた。天正九年三月に遠江の高天神城（たかてんじんじょう）（掛川市）が落城したことにより徳川の駿河総攻めが時間の問題となったが、江尻城では六月の段階でようやく三の曲輪の塀が完成したばかりで、堀普請の人足が不足している状態であった。結局翌十年三月に穴山信君が徳川に下ったため、江尻城は一度も攻められることなく開城となった。

【縄張と現況】江尻城は巴川（ともえがわ）の本流と、蛇行が形成した三日月湖を巧みに利用した平城で、方形の本曲輪（本城）の西側は巴川に面し、ここを軸に外側に二・三の曲輪を配置した縄張であった。近世につくられた絵図によると、本曲輪を三方から囲む二の曲輪には三方の虎口（こぐち）に丸馬出（まるうまだし）を設けて、さらに北側に三の曲輪を設けている。現在三の曲輪跡の北側に「大手町（おおてまち）」「近習小路（きんじゅうこうじ）」の字名が残り、中世の東海道

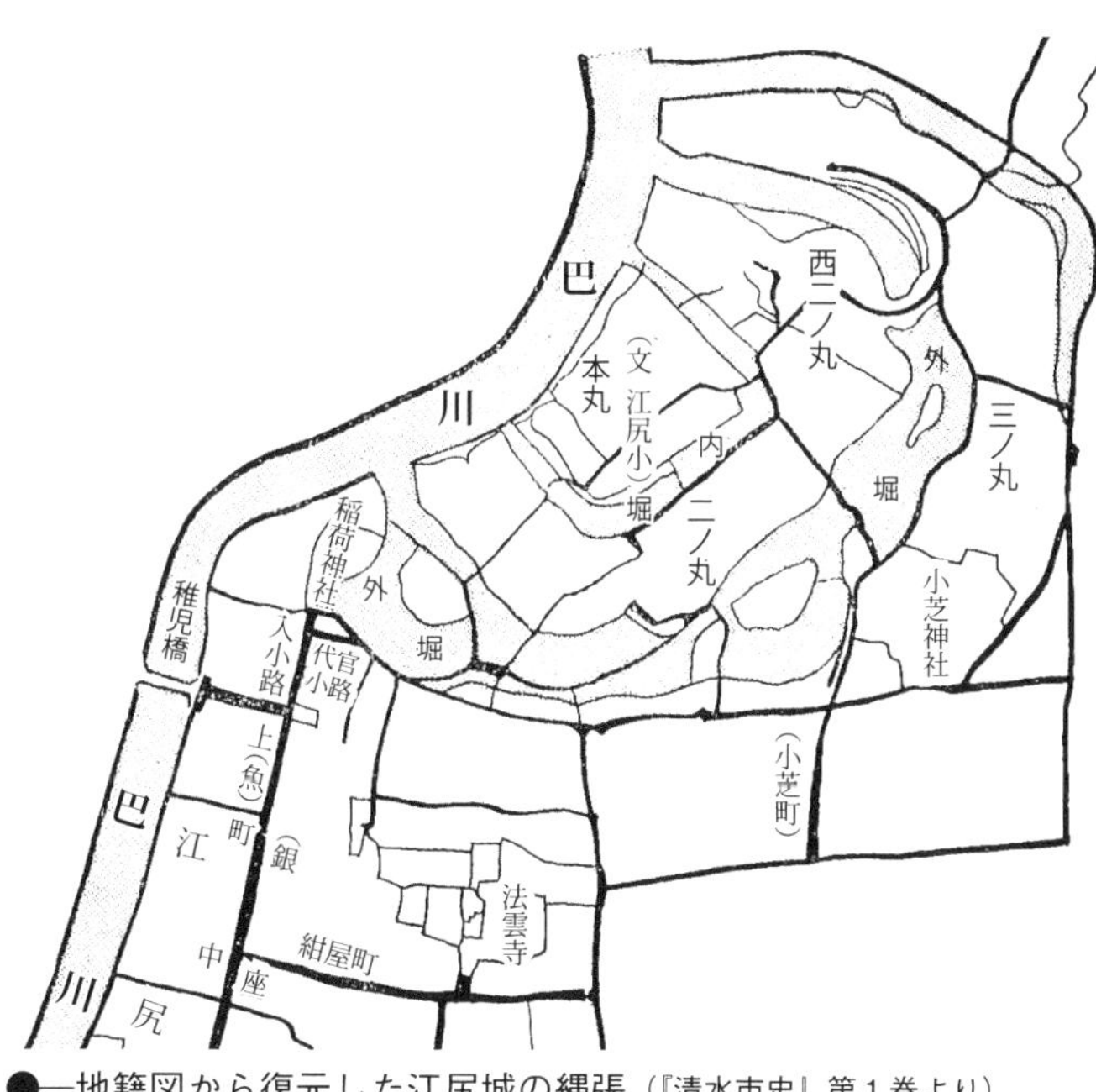

●—地籍図から復元した江尻城の縄張（『清水市史』第1巻より）

●—江尻城跡（静岡市立江尻小学校）

といわれる「北街道」方面が大手口だったようである。しかし江尻城は北側の城下よりも低い、いわゆる「穴城」で、本曲輪は三の曲輪よりも二メートルも低かった。さらに城から一キロ北上した位置に江尻城を見渡すことができる秋葉山があることから、三の曲輪は北からの攻撃に備えたものと思われる。しかし三の曲輪の虎口には丸馬出が一つも見られないのは、普請が間に合わなかったからと思われる。

絵図では三の曲輪に一基、二の曲輪に四基の櫓台が見られ、さらに本曲輪の巴川に面した南の隅に「十三間（約二三メートル）四方」の大きな櫓台が見られる。観閲楼がそびえていたのはこの場所であろうか。

現在、江尻城跡は江尻小学校の校地や宅地となり、遺構は完全に消滅してしまったが、かろうじて「二の丸町」の町名は、かつてここが城内であったことを伝えている。蛇行していた巴川も河川改修により直線状となった。小学校の運動場は校舎が立つ敷地よりも一段低くなっているが、この運動場がかつての巴川の跡で、校舎側が本曲輪の跡である。その接点の段差と緩やかなカーブが、本曲輪西側のラインの名残となっている。小学校の正門側には江尻城の説明版が立てられ、地籍図から復元した縄張図が見られる。また小学校を隔てた巴川沿いの歩道に設置された石板には、現在の地図上に縄張を重ねた図がはめ込まれている。

【参考文献】『清水市史』第一巻（清水市、一八七六）、前田利久「文献史料に見る静岡県内の武田の城」『高根城総合研究報告書』（水窪町教育委員会、二〇〇二）

（前田利久）

横山城

●北条氏と一年間対峙した武田の城

〔所在地〕静岡市清水区谷津字城山
〔比　高〕約一〇〇メートル
〔分　類〕山城
〔年　代〕一六世紀
〔城　主〕興津氏、穴山信君
〔交通アクセス〕ＪＲ東海道本線「興津駅」から静鉄ジャストライン「但沼車庫行き」で一一分、「承元寺入口」下車。現在は草木が茂り、見学困難。駐車場なし

【興津氏の居城】　興津川の河口付近から右岸に沿って北上する国道五二号線は、「身延道」と呼ばれた甲斐への往還道である。旧東海道との分岐点から三キロほど北上すると左前方に小山がせまる。この小山が横山城で、興津川の川岸まで延びた谷津山の尾根を断ち切って独立させたものである。現在国道は、城山の手前を川岸側に迂回するが、かつての身延道は城山のふもとにぶつかると谷津山側の谷間と切通しを抜け、ふたたび川沿いに進んだ。すなわち横山城は甲斐との往還道を押さえる城であり、また東海道の押さえの城でもあった。

文献上では、駿河と甲斐とが緊張状態にあった今川氏親の時代に、興津の領主であった興津正信の城として確認される。大永四年（一五二四）十月に連歌師柴屋軒宗長が横山城を訪ね、「見るたびに　めかれぬ庭の　木草かな」と、庭を賛美する句をつくった。これは正信の「城の庭の山水を発句に」という所望に応えたもので、当時この城に興津氏自慢の山水庭園があったことがうかがえる。さらに永禄十年（一五六七）には連歌師の里村紹巴が、興津牧雲斉らと城山のふもとの居館で連歌を興行した。おそらく庭園を眺めながら歌ったことであろう。

その後今川氏と武田氏との三〇年にもおよぶ同盟関係のもと、横山城が表舞台に登場することはなかったが、この城が戦国武将たちから注目されたのは、皮肉にも今川家滅亡時であり、それは駿河に侵攻した武田信玄の生命線を確保しようとしたときのことである。

●—薩埵山側から見た横山城跡（中央の小山）

【信玄、決死の撤退】　同十一年十二月十三日、信玄は今川方の諸将に対する事前の調略が功を奏して、さしたる抵抗もないまま駿府（静岡市）を攻略した。ところが同日、北条氏政が送った今川氏真救援部隊によって薩埵峠以東を押さえられてしまい、信玄率いる武田勢は駿府とその周辺に封じ込められてしまった。このため信玄は、唯一残された甲斐への退路を確保することと北条軍が興津川を越えることを阻止するために横山城の改修を急いだ。現在見られる遺構は、このときのものと思われる。信玄は翌十二年二月には改修を終え、兵糧を運び入れたら早々に甲斐へ帰国する予定でいた。しかし横山城から興津川を隔てた対岸の薩埵山一帯には、北条氏政の軍勢が横山城を見下ろすように随所に陣を敷き、武田勢を釘付にしていた。

　横山城から甲斐に戻るには、興津川沿いにしばらく北上したあと山中を抜けて富士川に至るのであるが、富士川口（富士宮市）はすでに北条方に押さえられていた。このためうかつに動けば、細く伸び切った信玄の軍勢は挟撃されてしまう恐れがあった。

　しかし北条氏政の目的はここで信玄と決戦することではなく、できるだけ長く駿河に封じ込めて、留守となった甲斐・信濃を信玄の宿敵である上杉輝虎（謙信）に攻めさせることにあった。この間に駿府周辺では、安倍川上流の山中に潜んでいた今川家の残党が氏政の援軍に勇気づけられて、正月以来一揆を展開させていた。さらに三月も後半に入ると、信玄に合わせて遠江に攻め入った徳川家康が、懸川城（掛川市）にこもる今川氏真と和睦交渉を進めだし、家康の矛先は信玄

●―横山城跡概要図（作図：関口宏行）

のいる駿河に向けられそうになった。これを知った信玄はますます窮地に追い込まれ、何とか和睦を阻止しようと織田信長を頼った。そのとき信長の家臣にあてた書状には「信玄ただ今、抛りどころ信長のほか味方無く候。この時少しでもおろそかにされたら、信玄滅亡疑い無く候」と窮状を述べて協力を懇願している。まさに信玄の生涯でも特筆すべき窮地といえよう。

結局信玄の甲府撤退は四月下旬へと長引いた。撤退に当たり信玄は、占領地を確保するために久能山と横山城に兵を残して籠城させた。特に横山城は甲斐との往還道を確保するために、庵原郡と接する甲斐国河内領の領土であり武田家親族衆の穴山信君を城将として守らせた。このとき城内には信君の被官と信玄から預かった兵、そして武田方に帰属して「駿州衆」とよばれた今川旧臣たちが混在し、信玄は帰国に際して久能城とともに城掟を定めた。

一五箇条からなる掟書は、昼三度、夜に五度城内を見回ること、門は午前九時に開けて午後六時に閉めること、今川旧臣たちの本城（本丸）への居住を禁止し、出入りも昼間だけとし、しかも十人までとすること、三の曲輪に家を設けた武田家中の者は会議に参ずること、毎日穴山信君自身が諸曲輪を見回り、堀・築地塀など破損がないか確認すること、城外

●—居館跡から城山を臨む

に出ての防戦を禁止すること、人質の番にぬかりのないようにすることなど、籠城時の緊迫した様子を伝えている。

信玄の本隊が甲斐に向けて撤退したのは四月二十四日早朝のこと。帰路は対陣中から整備を進めていた庵原の山道を選び、樽峠をめざして道を開きながらの帰国であった。留守を預かる横山城の穴山信君らと北条軍との興津川を挟んでの対峙は、暮れにふたたび信玄が駿府に進攻するまでおよんだが、この間両者とも合戦を避け、小競り合いが繰り返される程度であった。なお北条方では、横山城を「興津城」とよんでいた。武田氏が駿河一国を領有化すると政治拠点として江尻城が築かれ、穴山信君も江尻に移り、以後横山城が表舞台に出ることはなかった。

【城跡の現況】 城跡は永く農地として利用されてきたが、現在は放置されて荒廃している。このため城山への登り口は整備されているが、見学は困難な状況にある。しかし本曲輪を中心に階段状に延びた曲輪と多数の掘切が良く残されている。さらに城山の南麓には土塁に囲まれた「奥屋敷」「内屋敷」とよばれている居館跡が残り、蜜柑畑の中には庭石と思われる石が散在している。幕末に編纂された『駿河志料』によれば、かつて泉水跡が田地として残っていたようであり、さらに炭化した米が砂利のようになって出る場所もあったという。これらのことから山麓には居館跡や庭園跡といった地下遺構の存在が期待できる。このように山上の遺構に加えて居館と庭園の遺構、さらにその時代を特定できる文献資料とがセットで残されている戦国城郭は珍しく、今後の整備保存が待ち望まれる。

【参考文献】 前田利久「薩埵峠をめぐる戦い」『東海道薩埵峠』（建設省静岡国道工事事務所、一九九四）

（前田利久）

●一万石大名が築いた城郭風の陣屋

小島陣屋跡

〔国指定史跡〕

〔所在地〕静岡市清水区小島本町字構内・小島町字桑原
〔比　高〕約二〇メートル
〔分　類〕平城（陣屋）
〔年　代〕宝永元年（一七〇四）～明治元年（一八六八）
〔城　主〕瀧脇松平氏
〔交通アクセス〕JR東海道本線「興津駅」から静鉄ジャストライン「三保山の手線」で「小島」または「栗原」下車、徒歩一〇分。

【小島藩の歴史】　小島陣屋跡は、江戸時代中期に成立した一万石の大名、瀧脇松平信治が駿河国庵原郡小島に築いた陣屋跡である。陣屋跡は現在の国道一号の興津から分岐する国道五二号を北に約三・七キロ進んだ興津川右岸の標高六〇メートルの台地上に位置し、小島の集落を一望することができる。

松平信治の養父信孝は、元禄二年（一六八九）、江戸幕府五代将軍徳川綱吉の御用人から若年寄に昇進し、四〇〇〇石を加増され、駿河、上野、武蔵に一万石の領土を有する大名となった。元禄十一年（一六九八）、信孝の後を継いだ信治の時に領地のすべてを庵原・安倍・有度の三郡にまとめられ、小島藩を立藩し、宝永元年（一七〇四）に小島陣屋が築かれた。江戸時代に藩と呼ばれる一万石以上の領地を持つ大名はおよそ三〇〇近く存在したが、小島藩は城を持つことが許されない「無城主大名」のため、その居所として陣屋を構えた。以降、一〇代藩主信敏までの一六四年間、この地で藩政を展開したが、明治元年（一八六八）、徳川家達が駿府藩を立藩したため、小島藩主は上総国桜井（現在の千葉県）に転封となり、小島藩は廃藩となった。

【石垣造りの陣屋】　全国に残る陣屋の多くが石垣や堀を有さない構えに対し、小島陣屋は石垣を用いた城郭風の造りが最大の特徴である。

松平信治がこの地に陣屋を構えたのは、東海道の興津宿から分岐して甲府に至る甲州往還（身延山久遠寺への参詣道でもあることから身延街道ともいわれる）という交通の要所にあり、そこの動向を見張る目的を持っていたことが推察される。

陣屋の西側は標高五〇〇㍍を超える高根山から延びる尾根が南北に連なり、陣屋の西側から南側を囲むように別当沢が流れている。陣屋はこの別当沢の深い谷によって区画され、自然の要害の役割をはたしている。

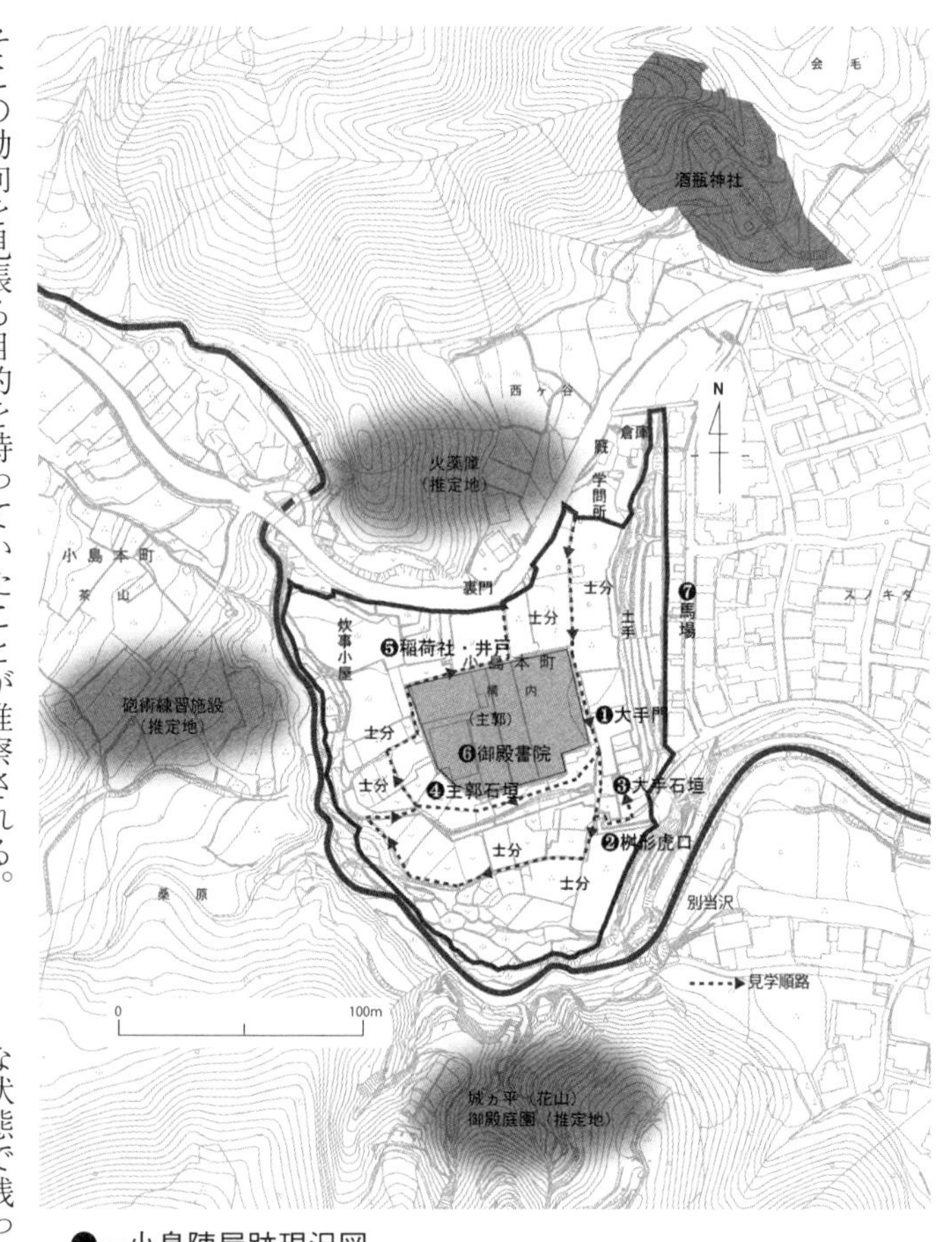

●—小島陣屋跡現況図

陣屋は北から南へ緩やかに傾斜する地に平坦面を確保するため石垣を使って陣屋を構築したものと考えられ、西側から南側にかけて三段の郭で構成されている。

石垣を積んだ陣屋は地震の被害を受けることが多く、特に安政元年（一八五四）の地震の被害は大きく、幕府から借財し石垣を修復している。現在の小島陣屋跡には、比較的大きな切石による布積み、長方形の粗い割石を用いた落積み、大きさの整った間知石による落積みなど数種類の積み方の石垣が見られる。これらは陣屋の築造時、安政の大地震以後の積み直し、さらには明治維新後の積み直しの石垣が混在しているためであるが、城郭にも引けを取らない石垣を用いた陣屋の縄張りは現在も良好な状態で残っている。

【小島陣屋の構造】 小島陣屋は幕末まで存続したにも関わらず絵図がほとんど残っていない。わずかに残る資料は「小島村誌」（大正二年刊行）に掲載された小島藩藩士の福島恭平の描いた「小島陣屋図」である。ただし、絵図は福島氏が約五〇年前の記憶を基に描いたものであり、あまり正確でないと筆者自身が伝えている。

この絵図には、陣屋の中心部に藩主の居住する「御殿建物」や「宝蔵」「槍剣練習所」が描かれており、ここが陣屋の主郭となる。その周りには「士分」と記された方形の区画がいくつも描かれており、御殿の周囲に藩士が屋敷を構えていたことがうかがえる。また、絵図の東側には、別当沢に架かる橋から西に進み、北に折れ曲がった先に「門」が描かれているが、これが陣屋の大手門と考えられる。御殿の北側には「井戸」「稲荷社」「炊事小屋」「裏門」が、北東部には「倉庫」「廁」「学問所」が描かれ、この地区が陣屋の第二郭となる。さらに陣屋の東側には「土手」「馬場」と描かれ、北側から西側、南側を囲むように「柵」が描かれている。また、西側から南側には別当沢が流れ、北面は「山路」と記された道路が描かれている。

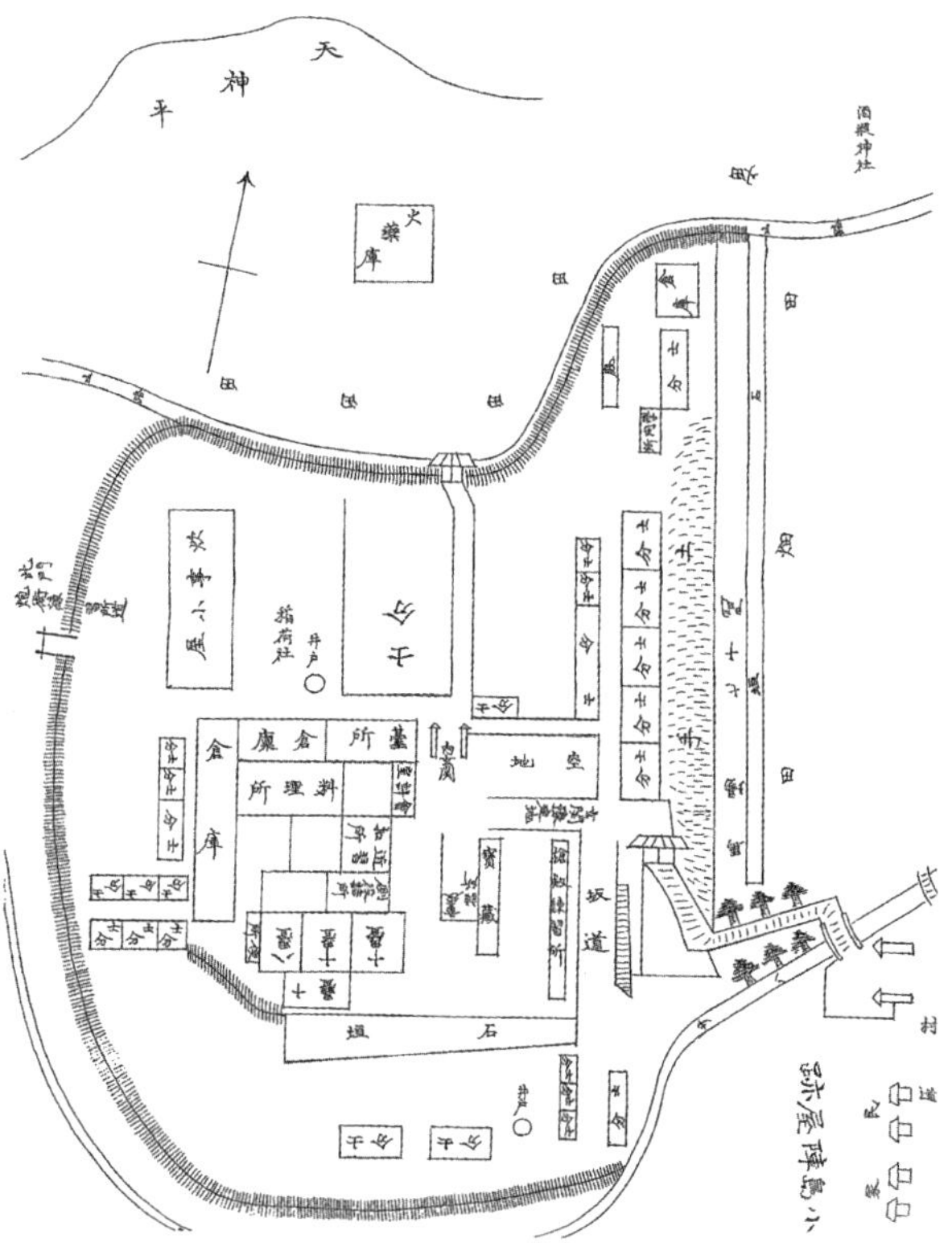

現在の小島陣屋跡は一部地形が改変され建物などは残っていないが、主郭と第二郭とこれらを取り巻く石垣という陣屋の構造がほぼ残っている。

●—小島陣屋図（大正2(1913)年『小島村誌』より）

【陣屋跡をまわる】

陣屋跡周辺の宅地開発や河川整備などにより陣屋本来の大手道がわかりにくくなっているため、陣屋跡へのアクセスは北側道路に接する陣屋の裏門付近から史跡内に至るルートが主に使われており、陣屋跡には見学順路を示した誘導サインが設置されている。

裏門付近に積まれた石垣に沿って北東へ進むと、絵図の「廁」や「学問所」と描かれた場所

●—大手石垣

●—酒瓶神社

（現在は宅地）となる。そこから陣屋の中に進むと第二郭の藩士屋敷があったとされる平坦面に出る。そこを南に進むと絵図に描かれた大手門の跡になる。大手門跡は発掘調査により位置が特定され、正面の柱の間隔が一八尺（五・四メートル）の大きさであることがわかった。

大手門跡の脇にある階段を南に降りると桝形虎口（ますがたこぐち）がある。桝形の北側石垣には櫓台（やぐらだい）の跡と思われる突出した部分があり、西側の石垣はカギ状に突出し、敵が侵入しにくい構造となっている。桝形は絵図に描かれておらず、石垣も安政の地震後に積み直されたものである。

桝形虎口を東に進むと、その先には大手の石垣が見えてくる。この大手に構えられた四メートルを超える石垣は城郭風の陣屋の見どころともいえる。絵図には大手門に至る通路が描かれており、石垣東側が大手道となっていたようである。大手石垣には陣屋築造時の石垣と安政地震後の積み直しの石垣が混在している。

桝形虎口の西に南北に進む道が分岐している。北に進むと主郭南側の石垣を間近で見ることができる。特に主郭南側から西側にかけての石垣は、陣屋築造時の切込接（きりこみはぎ）の石垣が残っている。分岐の南は藩士の屋敷跡となる。ここから主郭を眺めると石垣により三段の郭が形成されていることがわかる。

主郭の南側を抜け陣屋西側から北に進むと主郭北側の稲荷跡となる。陣屋の北側に四段の石積みがあり、江戸時代には稲荷祠が置かれていたとのことである。また、稲荷跡の下には、絵図に描かれている井戸が現在も残っている。

主郭は東西約六〇メートル、南北約五〇メートルの平坦地となる。ここは御殿建物が建っていた場所で、発掘調査により「御殿の書院」の位置が特定された。また、主郭の東側には、大手門から主郭に通じる石段跡が確認されている。

陣屋東側の傾斜地の下には、約一二〇メートルにわたり高さ二メートルほどの石垣が見られる。ここには絵図に描かれている馬場があったとされるが、現在は宅地となっている。また、陣屋跡から別当沢を隔てた南側は「花山」と呼ばれていた。現在は樹木が茂っているが、当時は御殿から眺められる花の咲く樹木や草花が植えられていたのであろうか。

小島陣屋跡を実際に見ていただければ、石垣を多用した城郭風の陣屋の構造や、さまざまな時代に積まれた石垣が存在していることが理解いただけるであろう。

【現存する御殿書院】 陣屋跡から徒歩で一〇分ほどの国道五二号沿いに小島公会堂が建っている。この公会堂は、元は陣屋にあった「御殿の書院」である。

建物は小島陣屋の廃止後、陣屋跡に設立された包蒙舎（ほうもうしゃ）と呼ばれた小学校の校舎に転用され、昭和三年（一九二八）の小学校移転により、現在の場所に移築され地域の公会堂として利用されてきた静岡市指定文化財建造物である。

絵図に描かれている御殿建物の南側部分の「一〇畳」と「八畳」からなる間取りは現在の公会堂の間取りとほぼ一致しており、移築にともない建物は一部改変されてしまっているが、建築当時のおおよその様子を知ることができる。静岡市では、建物を陣屋跡の元の場所への移築復原し、陣屋跡を整備する計画を進めている。

また、小島陣屋跡の周辺には小島藩に所縁のある「酒瓶（さかべ）神社」や「龍津寺（りょうしんじ）」がある。

酒瓶神社はもともと天神山（高根山）山頂にあったが、永禄十一年（一五六八）、武田軍の兵火に焼かれ山麓に降ろされたとの伝承がある。宝暦元年（一七五一）に三代藩主昌信（しげのぶ）が現在の場所に社殿を造営し、社領を寄進した。安政六年（一八五九）には大地震により倒壊した鳥居を八代藩主信進（のぶゆき）とその家臣が奉納している。

陣屋跡の南に位置する龍津寺は、本寺を清見寺とする臨済宗妙心寺派の寺院で、小島藩主の厚い庇護を受け松平家の香華（こうげ）寺となっており、三代藩主昌信の墓碑や元禄十三年（一七〇〇）に建立された山門が残っている。こちらも時間があればぜひ立ち寄ってもらいたい。

【参考文献】 静岡市教育委員会『史跡小島陣屋跡保存管理計画策定報告書』（二〇一〇）、静岡市教育委員会『史跡小島陣屋跡整備基本計画（構想部門）』（二〇一七）、静岡市教育委員会『史跡小島陣屋跡整備基本計画』（二〇一八）

（小島直也）

●今川、北条、武田の攻防で知られた城

蒲原城〈静岡市指定史跡〉

〈所在地〉静岡市清水区蒲原城山
〈比　高〉約一〇〇メートル
〈分　類〉山城
〈年　代〉―
〈城　主〉今川氏、北条氏、武田氏
〈交通アクセス〉JR東海道本線「新蒲原駅」下車、徒歩二五分。

【蒲原城の歴史】　蒲原城は、戦国期今川、北条、武田の三氏が境の城としての重要性から、勢力争いを繰り広げ、文献でもまとまった良好な資料が存在している。

天文六年から始まる今川氏と北条氏の富士川以東をめぐる「河東の乱」と呼ばれる抗争では富士川を挟んで西側の今川氏の前線拠点として蒲原城が存在し、遠江の国人や土豪の飯尾乗連、二俣昌長、原六郎らが、城番として駆り出されて守備している。天文二十三年（一五五四）、北条氏康の娘が今川氏真と婚姻し、駿・甲・相の三国同盟が成立したが以後も朝比奈千代増らの駿河の土豪が在番している。現在では、この城が蒲原氏数代の居城であるとは考えられていない。

永禄十一年（一五六八）には、武田信玄が駿河に侵攻したが、途中蒲原城を攻めずに駿府に入ったため、籠城していた今川氏真の家臣と北条氏の援軍が武田軍を駿府に足止めさせ、信玄は一時帰国することとなった。この時掛川城から短期間ではあるが今川氏真が移っている。永禄十二年（一五六九）武田信玄は、ふたたび駿河掌握のために侵攻し、今度は蒲原城を攻め落とし、北条氏信をはじめとする多くの武将が討死した。武田信玄は直ちに重臣の山県昌景をいれている。

天正十年（一五八二）以後、徳川家康の駿河支配によりその役割を終えたものと考えられる。

【蒲原城の縄張】　蒲原城は、全体としては広大な面積を持ち斜面に階段状の曲輪を配した山城であるが、主要な遺構としては、標高一三七・七メートルの城山に約七〇メートル×二四～四〇メートルの平坦地を持つ本曲輪が存在し、北寄りに八幡神社が鎮座している。曲輪の東西には一メートル未満の比高差で帯曲輪を伴っている。北側にある現況で幅約一三メートルの大堀切と西側に続く竪堀を挟んで約五五メートル×約六〇メートルの平坦面を削り出した善福寺曲輪（標高一二九・四メートル）が存在している。北側の搦手口方面は道路等の建設により大規模に改変されているため不明な部分があるが、自然の谷を利用して築造された大空堀が存在している。

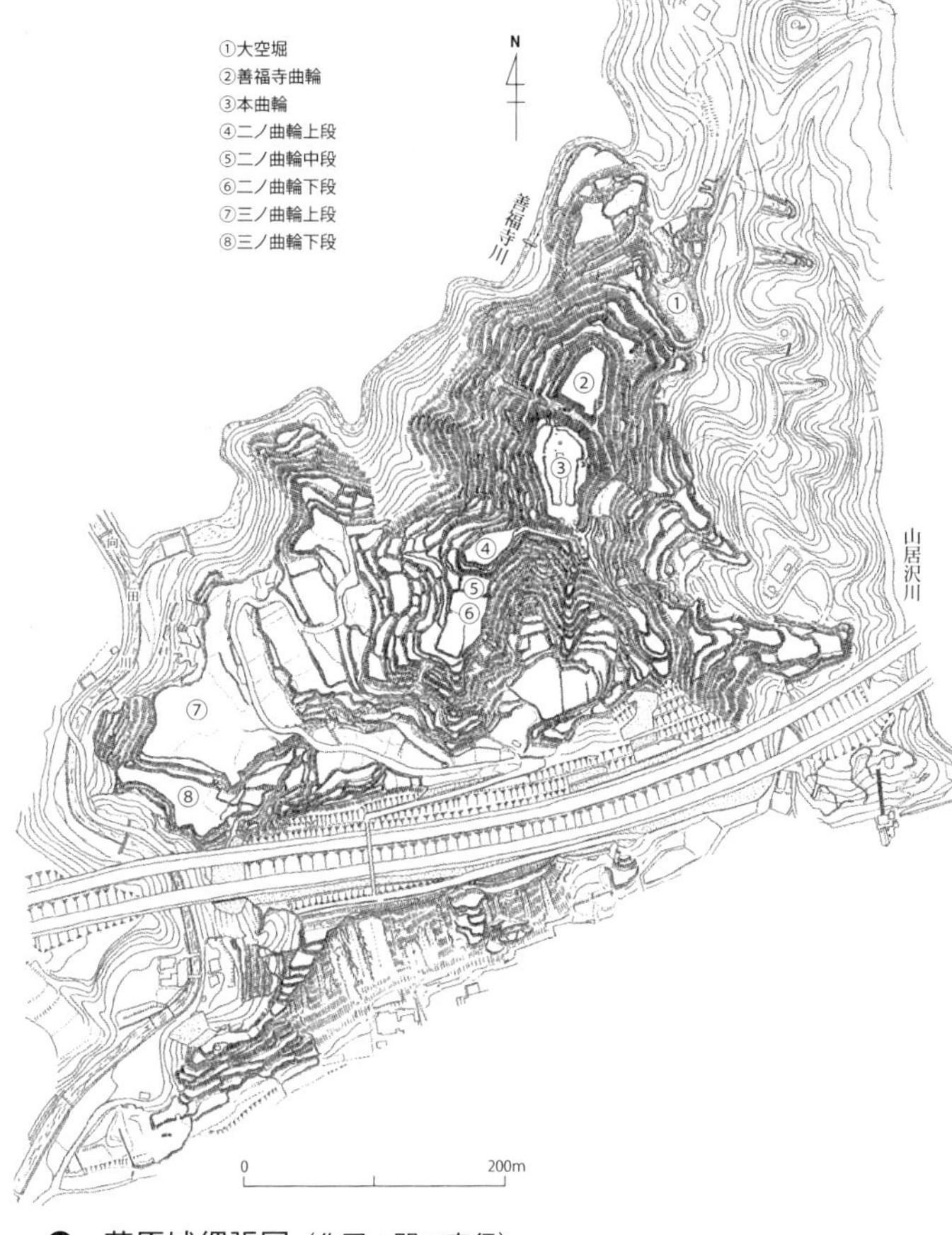

●—蒲原城縄張図（作図：関口宏行）
※昭和40年代以降の地形図と現在の地形図および萩原作成図等を基本とした合成図。

本曲輪の南西側に延びる尾根上には約一二メートルの比高差で二ノ曲輪が上中下の三段に階段状に形成されている。この曲輪はミカン畑として利用されていたが、現在は竹林等で荒廃した状況である。その先約一五〇メートルで三ノ曲輪が存在する。三ノ曲輪の規模は一一五メートル×九〇メートルで、現存している曲輪では最大で馬出曲輪または駐屯地と考えられ、周辺には三ノ曲輪井戸や城兵の水汲み場と考えられる地点も存在している。現在は存在しないが本曲輪の南側に独立した形状の砦として小峯砦が存在していたが、東名高速道路の建設により削平されたために現状ではその姿を確認できない状況である。

【蒲原城の発掘調査】　蒲原城跡では、

●—本曲輪

●—大堀切

昭和四十八年から昭和六十二年にかけて測量調査が実施されているが、昭和六十二年以降は、公園の整備や道路建設にともない確認調査が行われた。本曲輪は、平坦部が神社の建設により大規模な削平が行われたために、建物の柱穴を一ヵ所で確認するにとどまっている。縁辺部には、石積みが確認されている。この石積は蒲原城が機能していた時期の石積である可能性が指摘されているが、今後の検討を待ちたい。

善福寺曲輪と大堀切の調査では、大堀切北側の斜面で大形状の施設（高さ約〇・五メートル）が確認され、橋台であることが考えられているが、本曲輪との標高差から否定的な意見もあるため今後の検討をようする。大堀切からは、多量の炭とともに壁土が本曲輪側から投棄されたような陶磁器片やカワラケ片が堆積していたことが確認されており蒲原城の最後を示す資料として注目される。北側の帯曲輪では、土塁（どるい）が確認されているが、現在みられる土塁はすべてが復元されたものである。さらに、二ノ曲輪や三ノ曲輪でも発掘調査が行われており、溝状遺構や柱穴などが検出されている。

発掘調査により出土した遺物には国産の陶器や中国からの輸入磁器があるが、その出土状況は一五世紀中葉から後半年代の資料が徐々に増加し、一六世紀前半にそのピークを迎え一六世紀末の遺物は出土していない。このことからも蒲原城の機能していた時期および廃城年代を検討するための好資料となっている。

【参考文献】静岡市教育委員会『蒲原城総合調査報告書』（二〇〇七）

（山本宏司）

お城アラカルト

ふたたび日の目を見た国内最大の天守台〈駿府城〉

小泉祐紀

静岡市は、駿府城公園の天守台跡地の整備方針を決定する資料として、天守台の大きさや構造などのデータを得るため、平成二十八年（二〇一六）から四年計画で天守台全体を発掘調査することとした。天守台全体が姿を現すのは、明治二十九年の取り壊し以来約一二〇年ぶりである。

天守台は、現地表より下にある堀から積み上げられた石垣部分が残っていた。掘り出された天守台の規模は、底部で約六八メートル×約六一メートル、堀底からの高さは最大で約五・六メートルであった。現存する江戸城の天守台は、底部で約四六メートル×四二メートルであるため、駿府城の天守台は一辺が江戸城の約一・五倍に相当し、その平面規模は日本一の大きさを誇る。駿府城では、天

●—上空北方向から見た天守台（静岡市提供）

守台の各部位の寸法が記されている絵図が残されており、発掘調査で判明した天守台の大きさは絵図の記載と一致する。また、絵図に記された天守台内側の井戸も発見されたことで、絵図の正確さが明らかとなった。この絵図の記載では、本来の天守台の高さは地上約一二メートル、堀水面からは約一九メートルとのことである。

この発掘調査では、家康が築いた天守台（慶長期天守台）の下層から、さらに古い時代の天守台が初めて発見された。慶長期天守台は割り石を用いた打込み接を基本として勾配が約七六度であるのに対し、新発見の古い天守台は自然石を使った野面積で、勾配が約五八度と緩い。確認面における平面形状は、南北約三七メートル×東西約三三メートルの長方形である。堀に面する石垣の際からは、金箔瓦が三三〇点発見された。この天守台は、天正十三年（一五八五）から駿府城を築いた五ヵ国大名時代の家康か、それに次いで城主となった豊臣家臣の中村一氏時代のもの（天正期天守台）との見方があり、決着していない。いずれにしても、関白秀吉の後ろ盾がなければ駿府に高石垣と金箔瓦をもつ近世城郭を築くことはできなかったと考えられる。その後天下を取った家康は、駿府城を再び居城とする際、天正期の天守台を壊して埋め、その上に巨大な天守台を築いたことがわかってきたのである。

●—慶長期天守台の石垣（北東隅）

●—天正期天守台石垣（静岡市提供）

東部

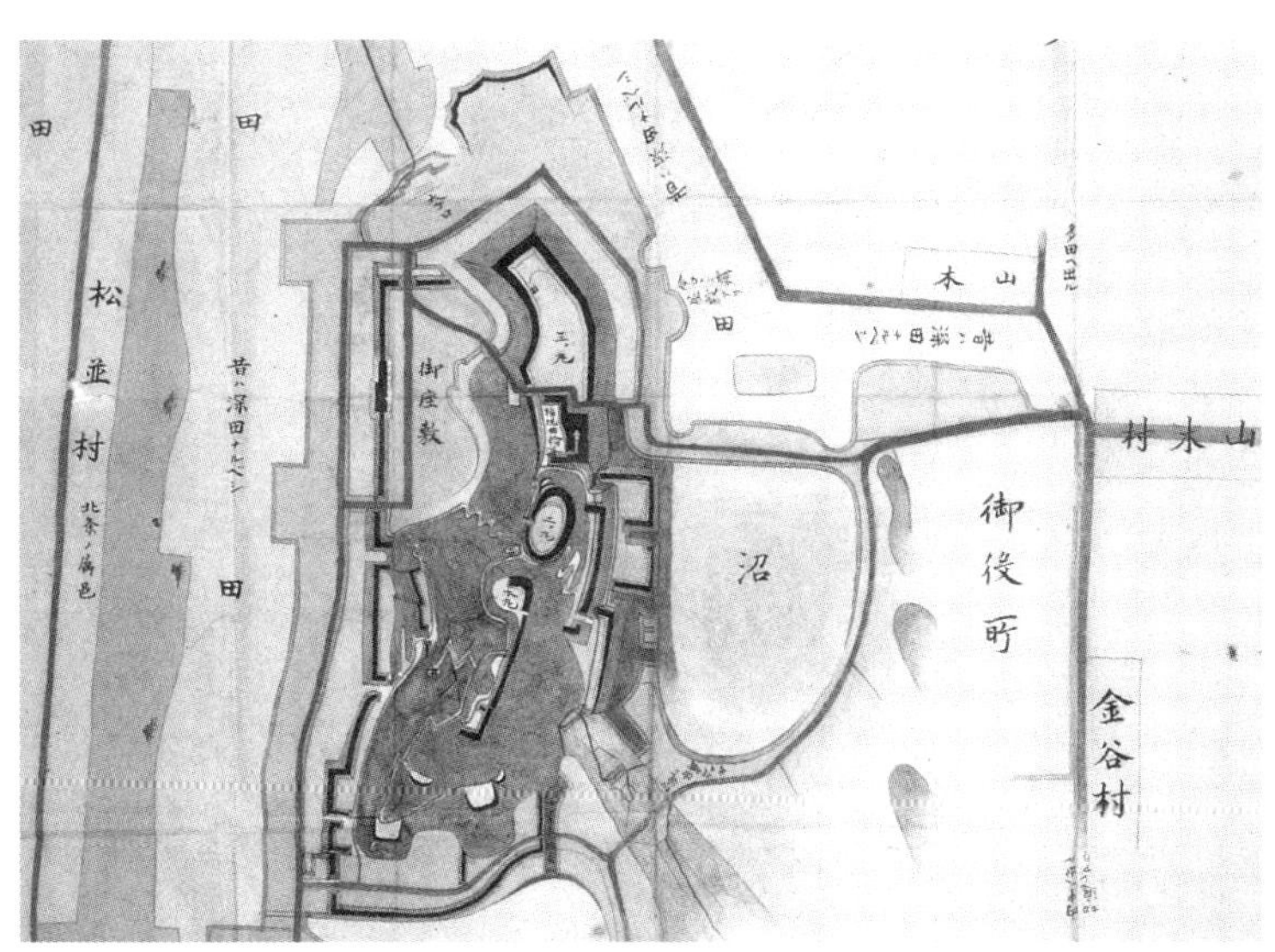

寛政5年韮山古城図

（江川文庫蔵）

●東駿河における重要拠点

興国寺城（こうこくじじょう）〔国指定史跡〕

〔所在地〕沼津市根古屋
〔比　高〕約三五メートル
〔分　類〕平山城
〔年　代〕一五世紀後半〜慶長十二年（一六〇七）
〔城　主〕北条氏・今川氏・武田氏・徳川氏・河毛氏・天野氏
〔交通アクセス〕JR東海道本線「原駅」から富士急バス「東根古屋」下車。

【興国寺城の築城】　小田原北条氏初代の伊勢宗瑞（北条早雲）旗揚げの城として知られる興国寺城。現在の沼津市西部に位置し、愛鷹山南麓に張り出した尾根を利用して築かれた平山城である。指定面積は約一一万平方メートルと広大で、南には古墳時代までも遡る通称「根方街道」が東西に通る。さらに伝天守台からは、伊豆半島までも眼前に見通すことができる。ここに登れば、この城郭が目まぐるしく変化する戦国期の東駿河情勢を語るうえで、重要な位置にあったことを実感できよう。

　この城が歴史上に現れるのは、長享元年（一四八七）宗瑞が今川氏の家督争いを治め、その恩賞として富士下方一二郷と興国寺城を拝領した時とされる。ただし宗瑞がこの城に在城したかは一次史料にはなく、後世に書かれた『今川記』や『今川家譜』に記されているのみであり、さらに居城が富士下方一二郷と離れてしまうことから、この伝承を疑問視する意見もある（大石編二〇一七）。一方、現在の興国寺城が所在する旧駿東郡と富士郡は隣接することから、旧来の研究の通り宗瑞の居城がこの地であったとする研究者もいる（小和田二〇一五、池上二〇一七など）。なお、後者の説を補強するものとして、やや後世の史料となるが、大永八年（一五二八）の「今川氏輝判物写」に「駿河国下方内大塚郷」という記載がある。大塚は本来興国寺城がある阿野荘に位置するが、この記述から戦国期においても、阿野荘の一部が富士下方（荘）と混同されて認識されていた可能性がある。したがって、必ずしも富士下方一二郷と興国寺城は当時の認識として離れた位置にあったとは限らない。

なお、この問題の解決に寄与するものとして、考古学の成果が揃いつつある。現在史跡整備にともなって行われている発掘調査において、城内からは一五世紀後半にまで遡る資料が一定量出土している。つまり城郭であったかはともかく、ここが一五世紀後半には利用されていたことは確実である。文献史的にも考古学的にも不明なところが多い興国寺城の築城時期であるが、この地がいつ城郭として機能したのかは今後の総合的な研究によって解決されていくことになるだろう。

では確実な築城時期はいつになるのか。一次史料としての初見は、天文十八年（一五四九）の「今川義元判物写」にある。今川義元は善徳寺末寺であった興国寺を阿野荘井出郷にあった蓮光寺道場跡地に移転するように命じ、空き地となった興国寺の跡地に城郭を築いたとある。翌年二月には義元が普請の検分に訪れていることから、これは一年をかけた大規模な普請であった。東駿河の拠点として本格的に機能し始めたのはこの時期であったと考えてよいだろう。

【地域の拠点城郭として】 東駿河は、伊豆国、甲斐国と接しており、戦国期において北条氏、武田氏、今川氏の争いの場となった。また、西国からの軍勢にとっては、箱根を越える手前の地ということもあり、関東への導入口として重要視された。そのため、宗瑞の旗揚げ以降の約一〇〇年間、興国寺城の支配者は目まぐるしく変化した。

今川義元が本格的に城郭として普請したのちは、河東一乱の後の駿甲相（駿河の今川氏・甲斐の武田氏・相模の北条氏）三国同盟によって、興国寺城を含む領国境は一時的に平和な時期を迎えた。しかし永禄十一年（一五六八）に武田信玄が富士川沿いを南下して駿河へ出陣、一方、北条氏は今川氏への加勢のため、当主である北条氏政自らが出陣して、富士郡と駿河郡の東域を勢力下におくことに成功した。これにより興国寺城は北条氏のものとなり、ここには重臣である垪和氏が入った。永禄十二年（一五六九）に蒲原城が落城すると興国寺城は武田氏との前線となったことから、その後、いくどとなく武田氏からの攻撃を受けたが、垪和は最後まで城を守り通した。

しかし元亀二年（一五七一）北条氏康が死去すると北条氏政はこれまでの方針を転換させ、武田氏と同盟を結んだ。翌年の正月八日付け「武田信玄書状写」には和睦によって興国寺城が武田氏に渡されたことが記されている。その後、天正七年（一五七九）に沼津に三枚橋城を築いたことで北条氏と

東部

の前線はより東へと移ったが、この段階でも武田氏にとって興国寺城が東駿河の拠点であることには変わりはなかった。

天正十年（一五八二）に武田氏が滅びるとこの地には徳川氏が入った。徳川氏は長久保城・三枚橋城・興国寺城の三城を東駿河の拠点として位置付けており、河東二郡郡代として松井忠次・松平康次を三枚橋城に、興国寺城には牧野康成や松平清宗・家清を置いた。そしてこれらの城は豊臣秀吉の小田原攻めの際に作られた「小田原陣之時黄瀬川陣取図」にも豊臣方の城として描かれている。さらに後世の軍記物による記載であるが、『関八州古戦録』には「東征ノ先陣追々ニ押来テ、富士ノ根方（興国寺城周辺も含めてのことか）」に兵が「野ニモ山ニモ充満」したとある。小田原に向かった豊臣軍は総勢二〇万人を超えるものであることから、この記載もあながち誇張しすぎるものではないだろう。

小田原合戦が終わり、徳川家康が関東に移封されてからは、駿河国は豊臣領になった。三枚橋城には駿河国を任される中村一氏の弟である中村一栄が入城し、興国寺城には、中村の家臣である河毛重次が入った。この地域における豊臣期の史料として、慶長四年（一五九九）の「横田村詮法度」がある。その第四条の後半には「米と大豆のわりは、沼津の町のわりを以て、算用すべく候」とある。つまり中村氏が治める当時の駿河国において、沼津、すなわち三枚橋城周辺が中心的な交換市場であったことが示されており、この交換比率に関する規定は駿河国において府中町（駿府城城下）と沼津でしか行われていないことから、中村領有期になって東駿河の中心は興国寺城ではなく、三枚橋城に移っていた。

そして慶長五年（一六〇〇）の関ヶ原の合戦により徳川家康の覇権が確立した。中村氏は東軍についていたため、加増を受けて伯耆国へ転封、新たにこの地に形成されたのが、大久保忠佐の沼津藩と天野康景の興国寺藩であった。興国寺藩は駿東郡と富士郡の一部にしかすぎず、一万石と小さな藩であったが、天野康景は家康の幼少からの家臣であり、信頼は厚かったとされる人物である。

しかし藩の成立からわずか六年間後の慶長十二年（一六〇七）、天野が突然の逐電、そのまま興国寺藩は廃藩、城は廃城となった。突然のこととはいえ、興国寺藩が存続しなかったのは、この地における中心が三枚橋城とその城下へ移っていたこと、そして東海道が整備されていく中で、戦国期には重要視されていた根方街道が相対的に価値を減らしていたことが起因していると考えられるが、宗瑞の旗揚げから約一〇〇年という長期にわたって東駿河の中心的城郭であった興国寺城は、突然終焉を迎えることになったのである。

【地形と城の構造】 このように複雑な変遷をたどった興国寺城であるが、その立地を見ると、ここが拠点となった理由も見えてくる。まず愛鷹山（あしたかやま）南麓の尾根は、幾筋もの小河川や流水などによって形成された開析谷（かいせきだに）によって隔てられており、興国寺城が立地するのはその尾根の先端で、三の丸のみ平野部に位置する。このような立地から北を除いた三方は、浮島沼に囲まれた天然の要害となっており、その防御性は非常に高い。また沼地と愛鷹山の裾の間には根方街道が通り、さらに浅野文庫所蔵の「諸国古城図」には、城から南へ向けて東海道へとつながる街道、通称「竹田道」が描かれており、興国寺城は二つの街道の交差点となる。高い防御性と交通の要所、この二つが拠点として機能した理由と考えられる。

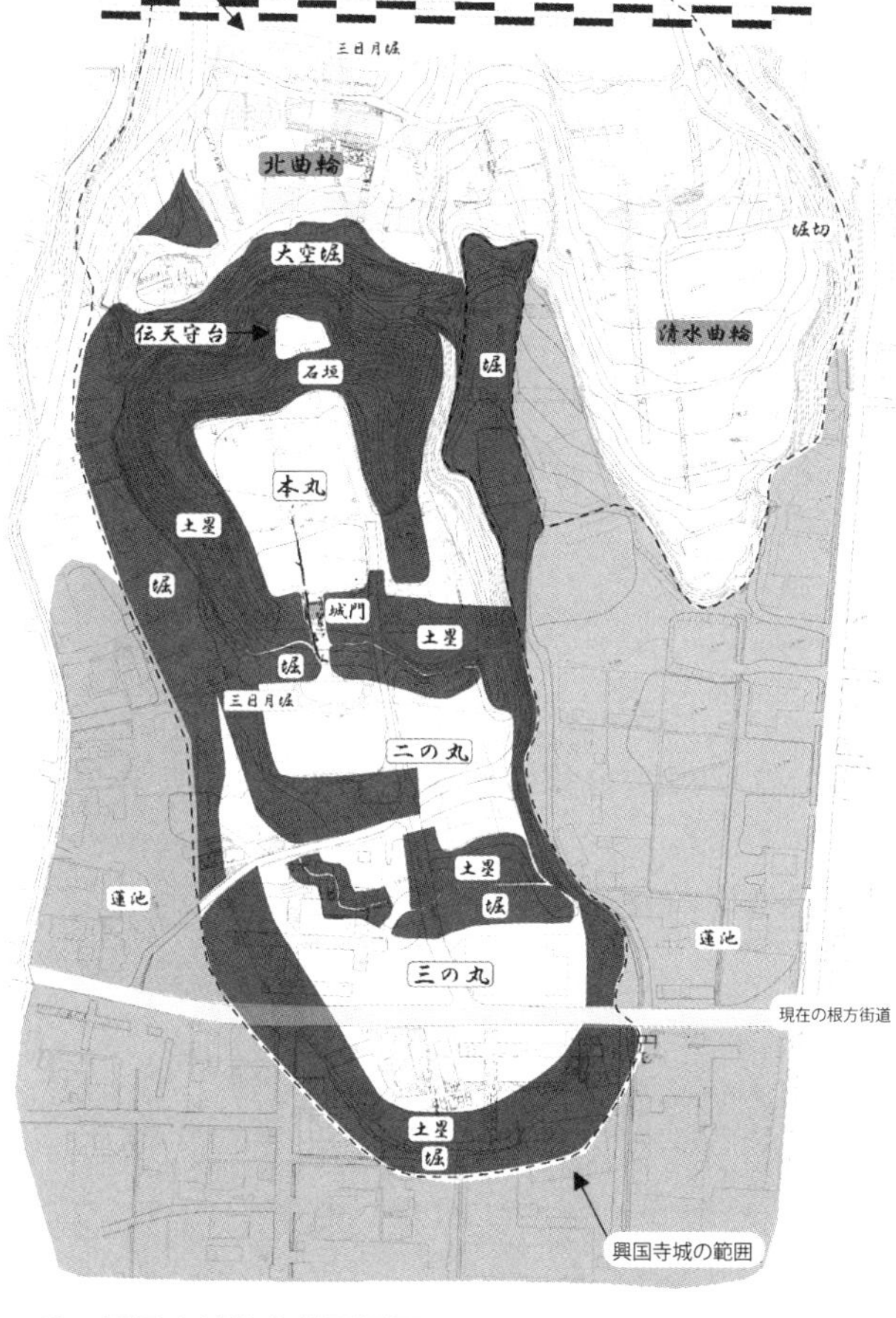

●—興国寺城跡曲輪配置図（沼津市教育委員会提供）

●—興国寺城跡本丸大土塁

次に本城の構造を見ておきたい。北から北曲輪・本丸・二の丸・三の丸が直線的に並び、そして谷を東に隔てた清水曲輪からなる。しかし「諸国古城図」には、北曲輪と清水曲輪が描かれていないことから、天野康景による最終段階では、この二つの曲輪は城外となっていた可能性が高い。つまり現在見える城域や曲輪配置は、一〇〇年間通してそのまま継続されてきたものでない。先にみてきたように、東駿河地域の支配は目まぐるしく変わっており、興国寺城は各城主の持てる軍力や政治的な動向に左右されながら、時には巨大な城となり、時にはやや小さな城へと変化した。今見えている城域は、本来様々な時期を含んだ重層的な城域が、一面的に見えているに過ぎない。

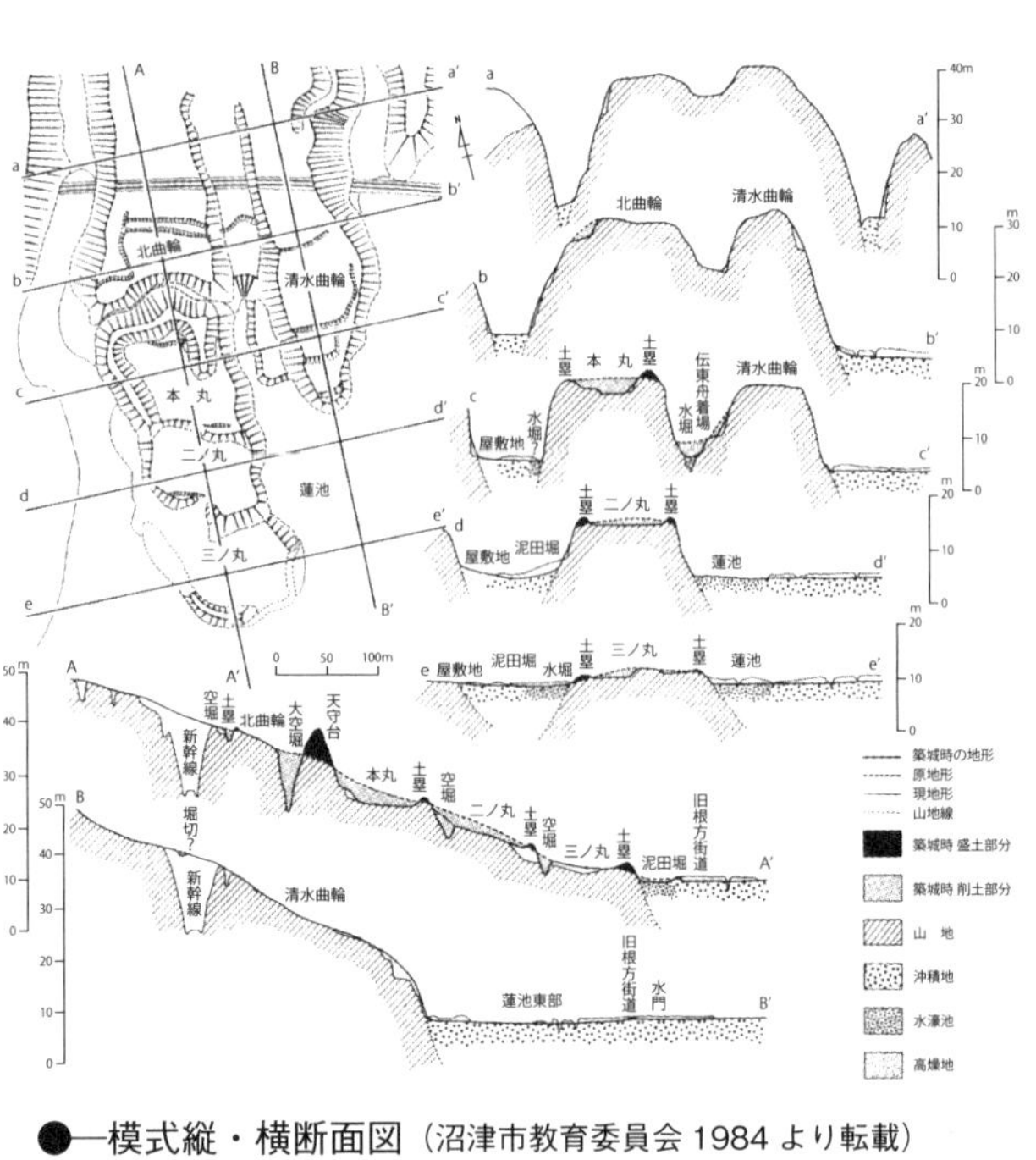

●—模式縦・横断面図（沼津市教育委員会1984より転載）

どの支配者の時にどのような構造であったのか、この解明は本城を語る上での重要な課題である。これを考えるうえで発掘調査の成果が鍵となるが、一つの例として、本丸の南と北曲輪北端で発見された「三日月堀（みかづきぼり）」を紹介しておきたい。北側の三日月堀は新幹線によって破壊されており、詳細は不明であるが、南側の三日月堀では、堀底近くにて一六世紀後半の遺物が出土するとともに、この堀を人為的に埋めて、絵図にも描かれる最終段階の堀へと造り替えを行っていることが確認されている。三日月堀は、静岡県内では武田氏もしくは徳川氏の城郭で多く見られる堀で、城の外郭に付けられる例が多い。興国寺城では本丸より南において三日月堀は未検出であることから、現在の二の丸・三の丸は武田もしくは徳川段階では城外であり、城は北曲輪・本丸という連郭式（れんかくしき）の今よりも小さな構造であった可能性がある。もちろん平野部となる現在の三の丸を放置したということはないであろうから、多少の造成は行っていたであろうが、あくまで城の本体は今よりも小規模な城域であったのだろう。

【地形を生かした高低差】　旧段階が部分的にしかわからないため、以下の内容は城の最終段階である江戸時代初期の姿であることを前提に述べていくことになるが、この段階の興国寺城の見どころとして強調したいのは、そのダイナミックな高低差である。特に本丸は、高さ一〇メートルを超える大土塁で囲まれ、虎口には礎石立ちの櫓門が備わる。本丸の背後には伝天守台がそびえ、そして伝天守台の裏に掘られた最大深度二〇メートルの巨大な空堀は圧巻である。伝天守台のボーリング調査によってこの土塁や伝天守台の造成には大空堀を掘った際に発生した土砂が使われていることが判明していることから、これらの施設はほぼ同時に造成されたと考えられる。

そして最も標高の高い伝天守台の前面には石垣が張られ、伝天守台の両翼には櫓台が備わる。伝天守台および櫓台の発掘調査では、前者には二棟の建物の礎石が、後者には礫敷きの基礎がそれぞれ検出されている。瓦の出土はないことから、一般的にイメージされる天守が建っていたわけではないが、東海道や根方街道から見える伝天守台の姿は、城主の権威を示すには十分なものであったのだろう。大大名が造るような天守がそびえ、石垣で囲われるような城ではないが、今見える興国寺城は戦国時代から江戸時代にかけての過渡期に造られた小大名の力作の城と評することができる。

●―伝天守台礎石（沼津市教育委員会提供）

●―伝天守台の石垣

【参考文献】大石泰史編『今川氏年表　氏親・氏輝・義元・氏真』（高志書院、二〇一七）、小和田哲男『戦国静岡の城と武将と合戦と』（静岡新聞社、二〇一五）、池上裕子『北条早雲　新しい時代の扉を押し開けた人』（山川出版社、二〇一七）、沼津市教育委員会編『興国寺城跡伝天守台跡・伝東船着場跡発掘調査報告書』（一九八四）

（木村　聡）

●伊豆を守る北条水軍の根拠地

長浜城（ながはまじょう）

〔国指定史跡〕

〔所在地〕沼津市内浦長浜・重須
〔比　高〕約三三メートル
〔分　類〕海城
〔年　代〕一五世紀後半～天正十八年（一五九〇）
〔城　主〕土屋氏・梶原氏・大川氏
〔交通アクセス〕ＪＲ東海道本線「沼津駅」から東海バス「長浜城跡」下車。駐車場有

【古くからの御領所】　長浜城跡は現在の内浦長浜・重須の両地区にまたがる海に突き出した岬の上にある。この地域は、当時は「西浦」と呼ばれ、戦国時代にも存在が確認できる北条氏の被官衆の子孫が今もなお暮らしている。被官衆のなかには明応四年（一四九五）頃、伊勢宗瑞（北条早雲）が韮山を拠点とした時には伊勢氏にすでに従ったものもおり、このこともあって西浦は早くから北条氏の御領所となっていた。永正十五年（一五一八）発給の「伊勢家朱印状」には「代官　山角　伊東」と記されていることから、伊勢氏が北条に改姓する前にはすでに西浦に代官が派遣されていたことがわかる。

ただしこの段階から西浦が特別重要な軍事拠点であったわけではない。確かに西浦は、伊豆の拠点である韮山から西へ出るために重要な湊であったと考えられるが、西は今川領であって、伊勢氏とは敵対する関係ではなかった。この地域の役割は先の伊勢家朱印状によれば、「毎日御菜御年貢」を収めることとあり、当時韮山にいた宗瑞らに「毎日御菜」すなわち、毎日のおかずを納入する役割を担っていたようだ。このほかにも永禄六年（一五六三）にはイルカの追い込み漁のことが、さらには北条氏が滅んだ天正十八年（一五九〇）の「西浦七ケ村納所覚」には「タイ、ブリ、ヨコワ、アンコウ、エビ、イカ、タコ」が税として記されている。同年の「浅野長政代官連署状」には長浜の大川氏に対し、徴収の権限を「前々のすちめ（筋目）にまかせ」とあることから、先の魚

介類は北条氏段階においても、一貫して納入されていたものと考えられる。

　このように魚介類の納入がこの地域の重要な役割であったようであるが、この他にもこの地域の被官衆の役割には、海運業があった。天文二十三年（一五五四）発給の「北条家朱印状」には、北条氏康の息女が今川氏真に嫁ぐ際「西浦御領所船方中」に対して「大事之荷物」を「西浦より清水迄」自らが上乗りして船で運べとある。同じ駿河湾とはいえ、彼らは北条領を超えて、今川領までも行っていた。

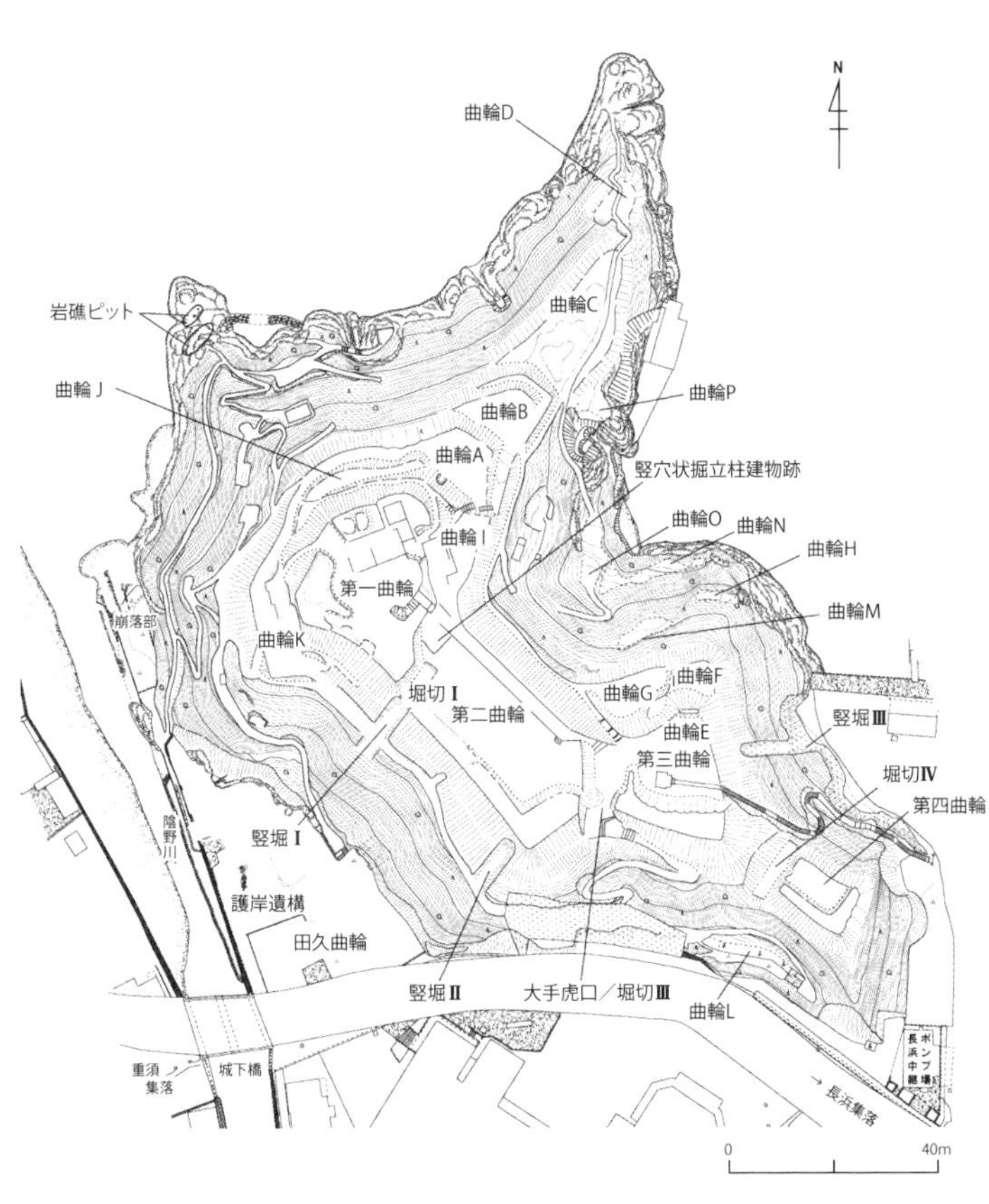

●—長浜城跡曲輪・遺構配置図（沼津市教育委員会 2016 より転載）

【良好な漁場から軍事拠点へ】　以上のように彼らは確かに被官衆であるものの、軍事的に特化した集団であったわけではない。平時の西浦は良好な漁場であり、特に漁を行う際、長浜の城山は魚見の場として利用されていたと考えられることから、彼らは漁民としての性格が強かったのだろう。しかし幾度か伊豆に危機がおよんだ際には、長浜は伊豆を守る軍事拠点として機能し、また被官衆としての働きもあった。

　最初の危機は天文五年（一五三六）に始まる河東一乱の時である。宗瑞段階では今川氏との関係は良好であったが、次代の氏綱の段階では武田・今川氏と争うこととなり、これによって西浦は駿河湾を隔てて今川領との前線地域となった。被官衆出陣そのものも記録はないが、吉原（富士市）周辺で北条氏と今川氏が戦う際に

●—長浜城跡第二曲輪

東部

は、西浦被官衆は韮山からの兵糧などの運漕を担った可能性がある。

河東一乱は天文二十三年（一五五四）の三国同盟によって終結したが、この同盟も永禄十一年（一五六八）に武田氏が破棄し、武田氏は駿河へと侵攻を開始した。これに対し北条氏は今川氏に加勢するため、清水新七郎ら三〇〇人を船で掛川城へ送った。船を用いたことから、この派兵にも西浦被官衆が関係している可能性がある。またこの時の武田信玄の侵攻は伊豆にもおよび、伊豆の最重要拠点である韮山城も攻撃を受けた。記録は残されていないが、韮山を守る長浜城にも影響があったと考えられる。なお、これ以前も含め、この段階に長浜の城山を管理していたのは、西浦の大庄屋であり、永禄二年（一五五九）に編纂された「小田原衆所領役帳」において韮山の付近に十貫文をもつ重須の土豪、土屋氏と推定される。

その後、北条氏は武田氏と甲相同盟を結んで和睦をしたが、その同盟も天正七年（一五七九）に破棄され、再度武田氏との抗争が始まった。この段階では武田氏は駿河国も治めており、伊豆との境の地である沼津に三枚橋城を築くとともに、今川氏の水軍を取り込んで自らの水軍を強固なものに整えていた。伊豆はこれまでにない脅威を迎えていたといえる。そのため、北条氏は天正七年十一月七日付の「北条氏朱印状」において「長浜ニ船掛庭之普請」を命じ、ここに当時江戸湾において里見水軍との抗争で戦果を挙げていた梶原景宗(かげむね)を送った。梶原は当時の最先端軍船である安宅船(あたけぶね)を運用できた水軍将であり、『北条五代記』によれば、彼が運用する安宅船の数は一〇艘にもおよんだらしい。北条水軍の主力艦隊が長浜に集まったといえる。もはやこの脅威は土屋氏をはじめとした地元被官衆では対応できないものになっていたのだろう。

翌年三月には、駿河湾において大規模な海戦が行われた。『北条五代記』によれば、決め手には欠けたものの、梶原と安宅船艦隊の活躍により北条水軍が優勢であった。また天正八年には「年来の戦功浅からず」という理由で大船(安宅船のことか)一艘を新規造船していることから、梶原は伊豆の防衛において一定の戦果を挙げていたようである。だが一方で武田方の水軍将が梶原艦隊を打ち破ったとする「武田勝頼書状」もあることから、実際はどうやら戦いは一進一退であったようだ。

武田氏との抗争は天正十年(一五八二)に織田徳川連合軍が武田氏を滅ぼすことで終結を迎えた。梶原も伊豆を去り、西浦はふたたび平時に戻った。おそらく長浜の城山の管理も地元被官衆に戻されたのだろう。そしてしばらくの間、西浦は平穏であったが、豊臣秀吉の小田原攻めの際、ふたたび緊張状態に入った。天正十七年(一五七九)、韮山を預かる北条氏規(うじのり)に宛てた『北条氏政書状』には、長浜は「韮山外張先之城」であるから、氏規が念を入れて指揮せよとある。「外張」とは「防衛網」のような意味であろう。さらに翌年には氏規から「長浜之城之儀」について申し入れがあった。ここには重須の土屋氏ではなく、長浜の土豪である大川氏の名が記されている。

しかし備えを厚くしたものの、豊臣軍の艦隊は伊豆半島を回り込んで、直接小田原へ向かうものであったため、長浜城付近では大規模な海戦は行われなかった。そして小田原城の開城により長浜城は廃城を迎えたと考えられる。ふたたび漁場としてその性格を戻したのであろう。

【城山の構造】 このように長浜の城山は、平時では魚見の場として利用される一方、戦時の際においては軍事拠点として機能した。戦いのない江戸時代においても魚見の場としての利用が多く、後世の改変が少なかったことから、城郭遺構は今もなお城山にその姿を残している。

城の主要な曲輪は、標高三三メートルの第一曲輪を中心として山側へ向けて、第二・第三・第四曲輪が直線的に並び、さらに海側に向かって曲輪A・B・C・Dが配されている。第一から第四曲輪の間には土塁や堀切が認められるが、これらは山側を中心に造られており、海側には視界を遮るものはなく開放的な造りとなっている。したがって頂上の第一曲輪から海側を見れば、内浦湾すべてを見張ることができるうえ、さらに現在の沼津市街地、すなわち武田方の三枚橋城までも見通すことができる。現在も海には数多くのヨットが係留されているが、当時はこれが軍船であったと想像すれば、今の穏やかな景色とは異なる情景が思い浮かぶことになるだろう。

この第一曲輪では面的な発掘が行われているが、建物跡は検出されなかった。また遺物もその大半は、儀礼行為にも使われる素焼きの器（かわらけ）であって、ここでの生活の痕跡は認めがたい。基本的には見張りの場であるとともに、船団への指示の場所、さらには出陣の際の儀礼行為の場としての利用などもあったかもしれない。一方、最も広い第二曲輪では幾度かの建て替えを経ているものの、計六棟の掘立柱建物があった。遺物は一五世紀後半から一六世紀末ごろまでの生活に関わる陶磁器類も出土しており、第一曲輪との性格の差をうかがわせる。

【第一曲輪を守る二つの施設】　第二曲輪北東隅では方形竪穴に掘られた中に掘立柱建物が三度の建て替えを行った痕跡を残して発見されている。城山唯一の総柱建物跡で、遺物は年代を特定できるものは出土しなかったが、遠江以西より搬入された白色胎土のかわらけがまとまって出土している。遠江以西は北条氏にとっては常に他国であり、なぜこれが長浜に搬入されたのかはわからない。しかし白色胎土のかわらけが廃棄されるこの建物は、他の建物とは異なる性格を持っていたのは明らかである。現段階では、他の建物よりも堅固な構造であること、繰り返し建て直されていることから「第一曲輪の裾」以外では機能しない建物であること、そして第一曲輪への通路や階段が発掘調査で発見されなかったことなどを根拠に、第一曲輪と第二曲輪をつなぐ階段を備えた「櫓」であった可能性が高いと考えられる。

そしてこの櫓と対となって第一曲輪を守る施設が堀切Ⅰである。堀切Ⅰは凝灰岩を掘り込む箱堀で、上幅三・二メートル、深さは一・六メートルで、南西側は斜面に掘られた竪堀に続いていく。二つの堀の間には凝灰岩を掘り残した畝が存在し、堀切Ⅰは曲輪の裾に造られた小さなプールのような形態となっている。

【堀切から虎口への造り替え】　第二・第三曲輪の間には二度の折れをもつ虎口があり、発掘調査では門柱跡も発見されている。ただこの虎口は、当初から虎口であったわけではない。この空間には、元々堀切（ほりきり）があり、これを一定の高さまで埋め戻したうえで、両曲輪の土塁を拡張し、門を備えるという改修を行っていたことが発掘調査で明らかになった。なお、堀の最下層からは一五世紀後半の遺物が出土していることから、北条氏が西浦を治める前からも、城山に防御施設があった可能性もある。そして堀切から虎口への改修は、複雑に横矢（よこや）が掛かる構造であること、さらに虎口付近では一六世紀後半の遺物が出土していることから、先にみたような伊豆に脅威が訪れた時期、すなわち武田氏への備えを強固にした時期に改修されたと考えられる。

●—竪穴状掘立柱建物跡（櫓）（沼津市教育委員会2016より転載）

●—堀切Ⅰ（奥の立ち上がりが畝）（同上）

【安宅船艦隊とその港】『北条五代記』によれば、長浜城付近の集結した安宅船艦隊は重須の港に停泊していたらしい。一次史料では長浜に「船掛庭」を造ったとあるが、長浜は武田方の拠点である三枚橋城から正面にあり、その様子が丸見えになってしまう。一方、重須は城山の北側にある長井崎に遮られることから、相手側から隠れるとともに、ただでさえ穏やかな内浦湾の中でも波風が立たない好条件にある。そのため、安宅船艦隊は重須側に停泊していた可能性が高いと考えられ、現地では重須側に位置する田久留輪に、安宅船のガイダンスとともに原寸大の平面模型が設置されている。

　長浜城跡は、国史跡として整備事業が完了した全国初の水軍の城である。城山もそれほど急峻ではなく、五分もあれば頂上まで行くことができるので、ぜひ現地に上り、平時の穏やかさを望みながら、戦時の緊迫した情景を思い起こしてほしい。

（木村　聡）

【参考文献】沼津市教育委員会『国史跡長浜城跡　整備事業報告書』（二〇一六）

●日本一美しい山城を目指して

山中城（やまなかじょう）〔国指定史跡〕

〔所在地〕三島市山中新田
〔比　高〕約二〇メートル
〔分　類〕山城
〔年　代〕永禄年間（一五五八〜一五七〇）〜天正十八年（一五九〇）
〔城　主〕北条氏（落城時の大将、北条氏勝）
〔交通アクセス〕ＪＲ東海道本線「三島駅」から東海バス三〇分「山中城跡」下車すぐ。駐車場有（無料）

【山中城の位置と地形】　静岡県と神奈川県の境にそびえる箱根山は、カルデラの形成と噴火の繰り返しによって複雑な山体が形成され、さらにその上には主に富士火山を起源とする降下火山灰による箱根西麓ローム層が厚く堆積している。

山中城は箱根山西麓の南西方向に延びる尾根の標高約五八〇メートルに位置する戦国時代末期の山城である。城の範囲は東西約五〇〇メートル、南北約一〇〇〇メートルと推定され、東側は来光川（らいこうがわ）によって形成された比高差一六〇メートルを測る急峻なＶ字谷に、西側は山田川によって複雑な谷地形が形成された要害の地になっている。

【歴　史】　山中城の築城年代は明らかになっていないが、永禄十二年（一五六九）七月二日付の「信玄書状」に武田信玄の軍勢が山中城と韮山城（にらやまじょう）を攻撃した記載があることから、この頃には城としての体裁を整えていたものと考えられている。おそらく築城時期は、駿河、甲斐、相模の三国同盟が崩壊して軍事的な緊張が高まった永禄十年（一五六七）頃で、小田原城の西方防御の拠点となる境目の城、あるいは韮山城、足柄城などと連携する繋（つな）ぎの城として築城されたものと考えられている。また街道を城内に取り込んでいる事から関所としての機能をもっていたこと理解されている。

その後、元亀二年（一五七一）にいわゆる「相甲一和（そうこういちわ）」が成立すると軍事的な価値は一時的に低下するが、豊臣秀吉の小田原攻めに際しては、北条氏の西方防御の要の城として再び脚光を浴びることになる。戦に先立つ天正十五年（一五八

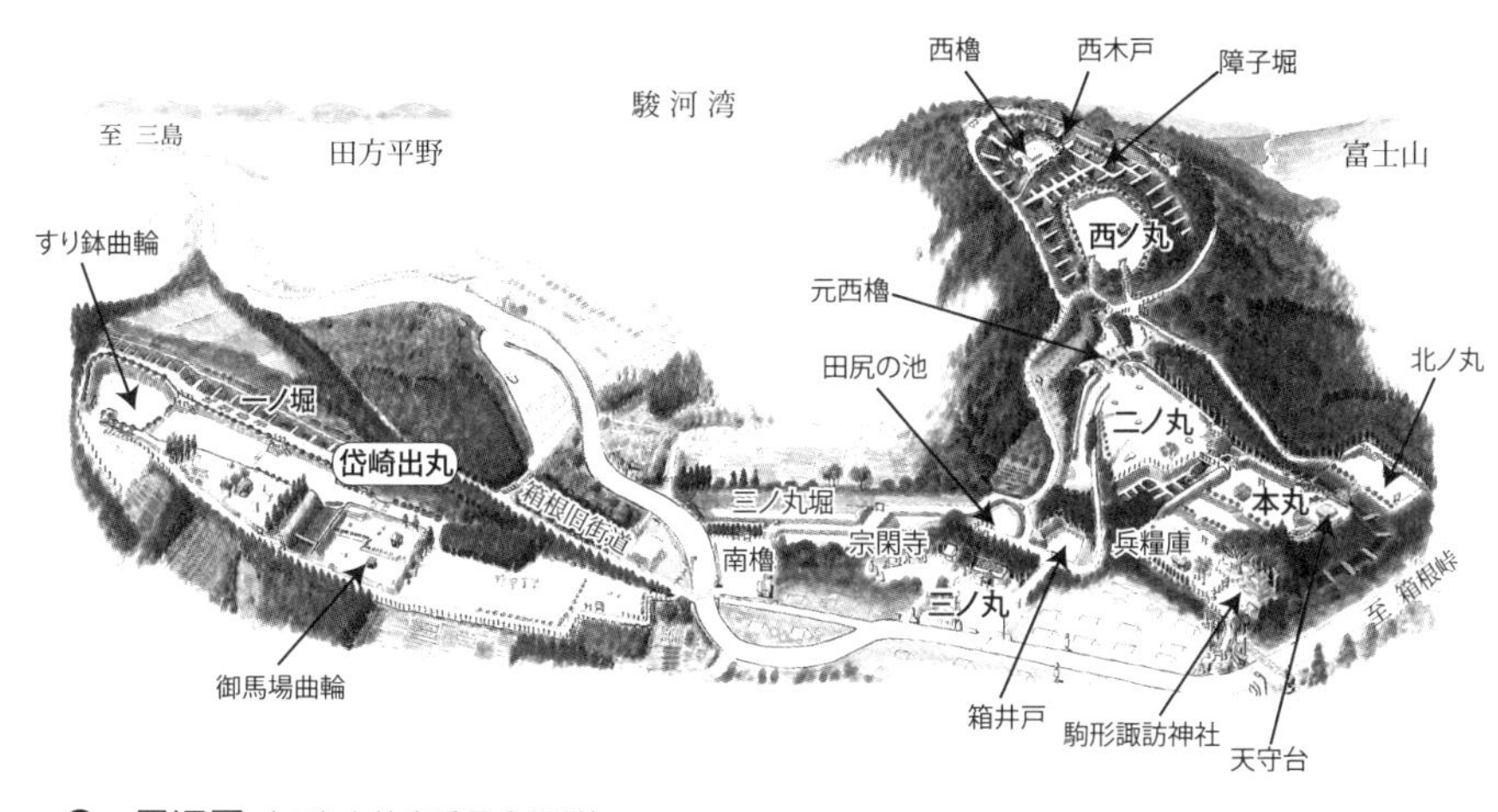

●—周辺図（三島市教育委員会提供）

七）十一月には山中城に守将の松田康長を配置して桑原（静岡県函南町）の百姓に山中城の普請を命じている。さらに天正十七年（一五八九）十一月二十四日に秀吉から北条氏直に宣戦布告がなされると、十二月七日には武具調達の陣触れを領内に発し、城の南西に岱崎出丸の増築を開始した。しかし出丸の完成を見ることなく翌天正十八年（一五九〇）三月二十九日の寅の刻に開戦となった。豊臣秀次、徳川家康など総勢六万七〇〇〇人とも言われる豊臣軍の圧倒的な兵力による力攻めの前に、山中城を守る松田康長以下約四〇〇〇人の北条軍は抗するべくもなく午の刻には落城し、以後廃城となっている。激しい攻防戦の模様は、中村一氏の配下で一番乗りの働きをした渡辺勘兵衛の『渡辺水庵覚書』に詳しく記されているが、眺めの良い山中城から、守備側をはるかに上回る敵兵を見下ろした城兵の心境はいかばかりであっただろう。

【発掘調査の成果】 山中城は標高五八〇メートルの本丸を中心に、そこから放射状に派生する三本の尾根上に曲輪を配置する城である。南西方向に延びる主尾根上に本丸、二の丸、元西櫓、西の丸、西櫓を階段状に配し、北西側の尾根には北の丸、ラオシバ曲輪、南側の尾根には三の丸、南櫓、さらに岱崎出丸を配置している。

山中城発掘調査の最大の成果は、北条氏が多用した、空堀の底に畝を障壁として掘り残す障子堀（堀障子）と呼ばれる堀の実態を明らかにしたことである。西櫓を廻る単列の障子堀は堀全体を一〇区画に区切っており、西の丸西堀に見られる複数列の障子堀は中央の畝から両側に、互い違いの直角

●—富士山を望む 史跡山中城跡

●—堀障子 史跡山中城跡

方向に延びている。障子堀一区画の大きさは、長さ八〜九メートル、幅二メートル程度で、法面の傾斜は約五五度になっている。ひとたびこの堀に落ちたなら、ローム質の滑りやすい土の壁を素手でよじ登ることはほぼ無理である。

このように特徴的な堀を掘った土を版築状に積み上げた土塁は、高さ一・八メートル、法面勾配五八度が一般的である。そして西櫓や本丸土塁の上面には直径約三〇センチの柱穴が等間隔に並んでおり、板塀あるいは柵の存在が推定できる。また土塁は敵の攻撃が予想される方向を正面にして、三方向を「コ」の字状に囲うのが基本である。

堀と土塁によって独立した曲輪を連絡する橋は、土橋と木橋の二種類がある。西の丸と西櫓には堀の一部を掘り残した土橋が存在し、本丸北堀と二の丸西堀では発掘調査結果から四本柱の木橋の存在が明らかになった。また前述の『渡辺水庵覚書』には長さ一〇間余りの欄干橋があったことが記されているが、橋の位置や構造はよくわかっていない。

遺物の出土は発掘調査面積に比較してきわめて少数である。このことは山中城が国境警備の城であり、臨戦時に限って人員が増強される軍事基地としての性格が強かったこと、あるいは敗戦による戦後処理が徹底的に行われたことを物語っている。西の丸や兵糧庫からは日常生活用品である中国産の陶磁器や瀬戸・美濃製品、初山（しょざん）や志戸呂（しとろ）など静岡県在地製品が出土している。いっぽう、西櫓や出丸からは刀や槍、火縄銃や甲冑の部品等の武器、武具類の出土が多くなる傾向が見られ、曲輪の利用形態が異なることを示している。また土塁上や堀底からは多数の角礫や鉄砲玉、少数の大筒玉が出土しており、原始的な投石から最新の鉄砲までを利用した戦闘形態を垣間見ることができる。

【再整備とその成果】 昭和四十九年の第一期環境整備から三〇年経過した頃から芝が枯れ、堀や土塁を覆う土の崩壊が目立ち始めた。そのため平成二十一年度から各種補助金を利用して再整備を実施した。過度の日陰を作って芝枯れの原因となる、伸びすぎた樹木の伐採と剪定（せんてい）を行うことにより、城全体の見通しがよくなったうえに、新たな張芝を行って美しくよみがえった障子堀がはっきり見えるようになったことで、来場者が増えている。さらに複数列の障子堀の特徴を以前は「障子の桟（さん）のよう」と説明していたが、現代風に「ワッフルのよう」という表現に変えたところ、インスタ映えするという理由で、ワッフルを持って障子堀を撮影することが流行っている。また山中城からは、伊豆地方北部から駿河地方一帯、さらには富士山を一望でき、眺望地点として人気の観光スポットとなっている。

【新たな取り組み】 山中城の整備に参加していただくことにより文化財と郷土への愛着を高めることを目的として、平成三十年（二〇一八）にガバメントクラウドファンディングを実施した。寄付をしていただいた方を対象に、十一月に約半日の日程で返礼企画を開催し、学芸員による山中城の案内、発掘現場の見学等を行った。特に学芸員による未整備ゾーンの案内と、普段は立ち入りを制限している障子堀へ降りての写真撮影が好評で、後日撮影データと山中城の四季折々のドローン映像を記念品として郵送した。さらに令和元年には、寄付をしていただいた方の名前やメッセージを印刷した幟旗「山中城」を場内随所に掲示し、令和二年にも同様の企画を実施する計画を進めている。

またこの企画が縁となり、甲冑サークル「禄壽応穏（ろくじゅおうおん）」のメンバー数名が、月に一回程度のボランティアとして甲冑姿で山中城の案内を行い、来城（場）者に喜ばれている。

【参考文献】『史跡―山中城跡―北条流角馬出や障子堀の残る山城』（二〇〇二、三島市教育委員会）

（辻　真人）

●武田氏の築城技術を残す山城

葛山城（かずらやまじょう）

〔裾野市指定史跡〕

〔所在地〕裾野市葛山
〔比　高〕約七〇メートル
〔分　類〕山城
〔年　代〕一六世紀か
〔城　主〕葛山氏
〔交通アクセス〕JR御殿場線「裾野駅」から富岡深良循環バス「御宿」下車、徒歩約二〇分。

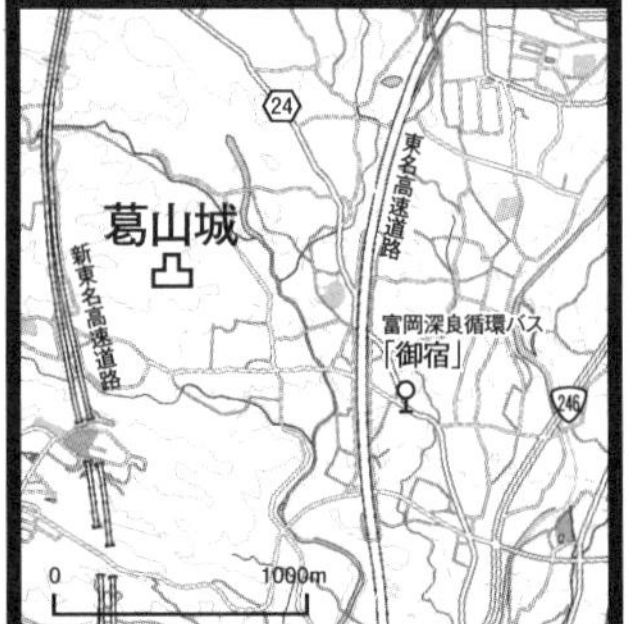

【葛山城の位置】　葛山は、室町・戦国期を通じて、東駿(とうすん)一帯で勢力を誇った今川氏国人衆の葛山氏の本拠だ。城は、愛鷹(あしたか)山から東に派生する愛宕(あたご)山の末端、大久保川沿いの城下集落を一望する標高二七四メートル（比高約七〇メートル）の山頂部に位置する。南麓には葛山氏一族の墓所を擁する仙年寺が位置する。城の南東仙年寺は、城主居館が営まれていた可能性が高い。城の約四〇〇メートルの場所に、土塁(どるい)囲みの経一〇〇メートル程の鎌倉時代の葛山氏居館跡とされる方形館が、その西側一帯には葛山氏の重臣で四天王と呼ばれた半田屋敷跡、萩田屋敷跡が並んでいる。

【葛山氏と今川氏】「大森葛山系図」によれば、葛山氏は藤原道隆(みちたか)の子伊周(これちか)を祖とし、忠親(ただちか)・惟康(これやす)と続き、惟康の孫親家が大森氏を名乗り、惟康の子惟廉が葛山に住んで在地名の葛山氏を名乗ったと言われる。惟廉の孫とみられる葛山惟重(これしげ)は、治承四年（一一八〇）の源頼朝挙兵に弟惟平(これひら)とともに従い、建久四年（一一九三）富士の巻狩(まきが)りで頼朝の宿舎を設営したことから御宿殿とも呼ばれた。裾野市内の御宿の地名は、頼朝の宿舎になったことによるとされる。

今川氏との関係は、はっきりしない。応永二十三年（一四一六）の上杉禅秀(ぜんしゅう)の乱に際しては、今川範国の指揮下に組入れられている。永享十年（一四三八）の永享の乱時には、先鋒を務め活躍した。「文安年中御番帳」には、将軍義政の御番衆のうち四番の在国衆の中に今川氏と並んで葛山氏の名を認めることができる。また、今川氏領国中にあって葛山氏のみ自ら印判状を発給している。発給文書から、その支配地は駿東郡から富士山麓にまで広がり、葛山城を中心に一帯の土豪を支配下におさえていたことが解る。こうした事実から、在地領主として今川氏とまではいかないが、ある程度の独立した地位を認められていたと考えられる。延徳三年（一四九一）、伊勢宗瑞（北条早雲）の堀越御所急襲の折には、今川氏の援軍として参戦し、宗瑞の次男氏時を養子としている。葛山氏の領国が、今川・北条・武田の領国境に位置するため、今川・後北条両者との関係を維持し、生き残りを図ったのであろう。だが、天文六年（一五七三）義元が家督を次ぐと武田家との同盟関係を結んでゆく。そのため今川と北条両氏が対立し「河東一乱」と呼ばれる争いに発展した。葛山氏は縁戚関係にある北条方へ与し、今川氏と争うことになる。天文十四年、乱の終息とともにふたたび今川氏との関係は復活する。

●―遠景（南側より）

【葛山氏の滅亡と武田支配】　永禄十一年（一五六八）葛山氏元は、朝比奈・三浦・瀬名の各氏とともに今川氏から離反し武田氏に内通、本領を安堵されている。これに対し、氏真救援に動いた北条氏は、駿河各地を転戦し、葛山城を奪取し、清水新七郎に与えた。葛山氏は武田方に合流したと思われ、翌年穴山梅雪とともに北条方の大宮城を包囲攻撃しているが、氏元名の文書は、この年を最後に見られなくなる。

元亀二年（一五七一）、武田・北条の和睦が成ると、葛山城も返還される。だが、城に入ったのは葛山氏の名跡を継承した信玄の六男信貞で、御宿監物が後見人となっている。以後、天正十年（一五八二）の武田氏滅亡まで信貞の支配下となるわけだが、信貞自身がここで在地支配を展開したかははっきりしない。信貞は、武田氏滅亡に際し、甲斐善光寺で自刃している。現在見られる城は、元亀二年以降に武田氏の手によって改修された姿で、各所に武田氏の特徴が残されている。

【葛山城の構造】 城は、北側崖地形を背に、東西二五〇メートル×南北七〇メートルの範囲に広がる。尾根頂部に主郭（曲輪Ⅰ）を配し、北を除く下段三方を副郭（曲輪Ⅱ）が取り巻き、東西尾根続きを遮断するために二重堀切を設けた、極めてコンパクトにまとまった戦闘的な姿である。

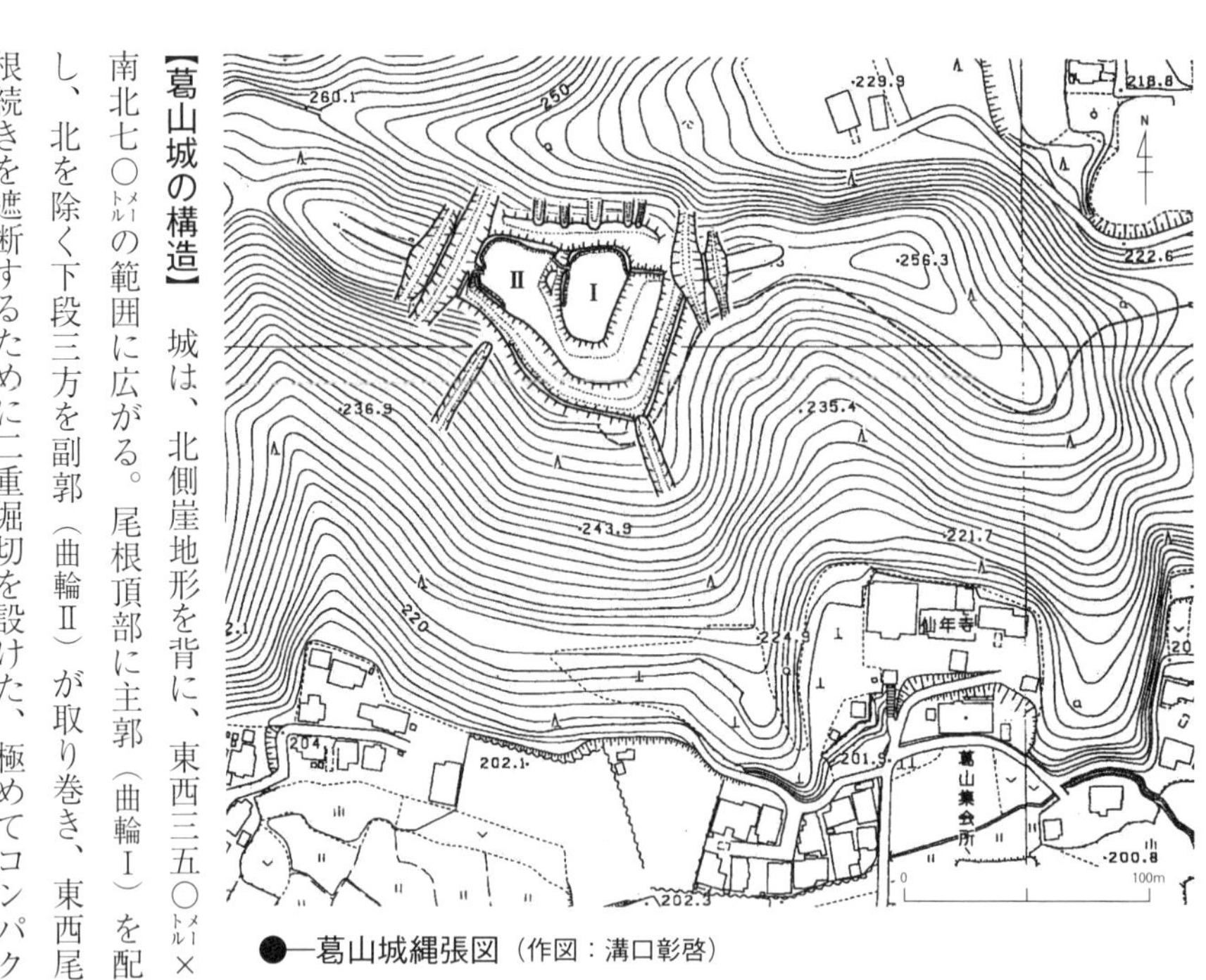

●—葛山城縄張図（作図：溝口彰啓）

最高所に位置する主郭は、南北約四五メートル×東西約二五メートルの規模で台形を呈している。北側から東にかけて土塁（高さ約一・五メートル・敷幅約四メートル）が巡る。東側には一段低く小規模な腰曲輪が設けられ、この脇に土塁を割った副郭への虎口を配す。副郭は、主郭の東・南・西側下段を取り巻く形で配され、主郭との高低差は約五～六メートルとなる。東側から南側にかけては、幅約八～一〇メートルの帯曲輪状であるが、西側は約二五メートル四方の広さを持ち、北と西南西側に土塁を巡らしている。土塁は、東側北端にも主郭から東に延びる形で設けられている。この西側先端部の土塁を開口し、喰違虎口が設けられ、二重堀切に沿って南へと通路が続き、横堀へと至ることになる。

本城の防御の要となるのが、副郭に沿って配された横堀で、総延長は一〇〇メートル程となる。現況は、埋没が激しく土塁を巡らした帯曲輪に見えるが、城外側に土塁を備えた幅五メートル程の規模が推定される。副郭からの通路もここに至っていることから、堀底道が通路として利用されていた可能性は高い。さらに防御を固めるために、横堀に沿った土塁を断ち割る形で、南東隅と南西側から南麓に向かって二条の竪堀が配される。東側竪堀は、仙年寺の脇まで、約一〇〇メートルに渡って続いている。竪堀は、主郭背面にも五条が連続し、北側防御を強固にしている。

東西の尾根続きを遮断するのが二重堀切で、東側は幅約二〇メートルを測り、東尾根筋から続くルートを扼している。この堀切は、後世の通路により埋没が激しく、深さははっきりしない。西側二重堀切は旧状を保ち、現状で東側が幅約一五メートル・深さ約六メートル、西側が幅約一〇メートル・深さ約四メートルである。東西堀切から続く尾根上に明瞭な人工的改変は認められず、基本的な城域は、二重堀切で区画された内部として問題はあるまい。

●—城城東側の堀切と竪堀

●—城城西側を区切る堀切

現在見られる遺構は、大規模な横堀と二重堀切の採用から、元亀から天正段階と考えられる。武田・北条の和睦が成った後の武田氏による改修の可能性が高く、緊張関係の中で天正十年まで逐次改修が施されたとするのが妥当であろう。

なお、仙年寺は、この時期の山麓居館が営まれた場所と推定される。山頂から続く竪堀が西側を、背後から東にかけて尾根筋が巡る地形は、山麓居館を営むにふさわしい地形でもある。

【葛山氏居館跡】　葛山氏居館は、東は宮川の峡谷で、南は大久保川が流れる要害の地に位置する。鎌倉期に遡る方形館（外側で約一〇〇メートル四方）と考えられ、川に面した南を除く三方に高さ三メートル程の土塁が残る（北側は、一度削平したものを復元）。内部には、井戸二基が残り、三ヵ所に虎口が見られるが、北西側が本来の入口で、他は後世の改変である。館の西側には、重臣屋敷が接続して連なっている。この館が葛山城を詰の城として機能を果たしていたかははっきりしない。

【参考文献】加藤理文・中井均編『静岡の山城ベスト五〇を歩く』（サンライズ出版、二〇〇九）、加藤理文編著『静岡県の歩ける城七〇選』（静岡新聞社、二〇一六）、有光友學他『裾野市史』第八巻通史編1（裾野市、二〇〇〇）

（加藤理文）

●駿河・甲斐・相模の境目の城

深沢城

〔県指定史跡〕

〔所在地〕御殿場市深沢
〔比　高〕ほぼ同じ
〔分　類〕平山城
〔年　代〕永禄十二年（一五六九）頃
〔城　主〕北条綱成・駒井昌直・三宅康貞
〔交通アクセス〕JR御殿場線「御殿場駅」から徒歩三〇分、または富士急バス「城入口」下車、徒歩二分。

東部

【駿河・甲斐・相模三国の境界地域】　静岡県の北東部、駿河・甲斐・相模の三国の境界地域に位置する御殿場市・小山町・裾野市は、平安時代に伊勢神宮の荘園「大沼鮎沢御厨」となり、その名残りで現在も人々は親しみを込めて「御厨」という地域名を使っている。深沢城は、御厨の地でも東側、箱根外輪山の西麓の「深沢」にあり、近世以降は足柄街道や矢倉沢通と呼ばれた中世以前の足柄峠越えの東海道に面して立地する。足柄峠を控え、甲斐と相模を結ぶ鎌倉往還と中世以前の東海道が合流する交通路の要所「竹之下」は、深沢城の東方約二・五キロに位置する。深沢城は、御厨の中心から東寄りに外れているが、三国の境界地域である御厨を見渡し、東海道や鎌倉往還を押さえるうえで重要な場所に築かれた城である。

【歴　史】　江戸時代の地誌等では今川氏の築城とされるが、確固たる証拠はない。黒田基樹が指摘しているように、北条氏政関係の史料には永禄十二年（一五六九）に「深沢と号す新地」という記述が見られることから、同年に後北条氏が築城した可能性が高い。以後、三国の境界地域にあって足柄峠越えの東海道や鎌倉往還を押さえる境目の城として、武田氏との間で攻防を繰り返した。元亀二年（一五七一）正月には、大軍で包囲する武田信玄を相手に城主北条綱成は寡兵で善戦するが、金山衆を投入して城の掘り崩しにかかった武田信玄に曲輪一つを残す状態まで攻め込まれ、最後は世に有名な「深沢城矢文」を受けて開城した。

大河ドラマ「真田丸」でも知られる真田家に伝世する「地(じ)黄八幡(きはちまん)の旗印」は、北条綱成が撤退の際に残した旗印を手に入れた武田信玄が「綱成の武勇にあやかれ」と深沢城攻めに従軍した真田家に与えたものだという。これ以後、御厨における後北条氏の最前線は、駿相国境の足柄峠を取り込んだ足柄城まで後退し、深沢城は天正十年（一五八二）の武田氏滅亡まで後北条氏と対峙する最前線となった。天正十年（一五八二）に武田家が滅亡すると、深沢城を守備していた駒井昌直(こまいまさなお)は城に火をかけて退去したと伝わる。天正十二年（一五八四）には小田原への備えとして、徳川氏は三宅康貞(やすさだ)に深沢城を守備させた。天正十八年（一五九〇）の後北条氏滅亡により境目の城としての役目を終えて廃城となり、その後は城や御殿として再利用されることはなかった。

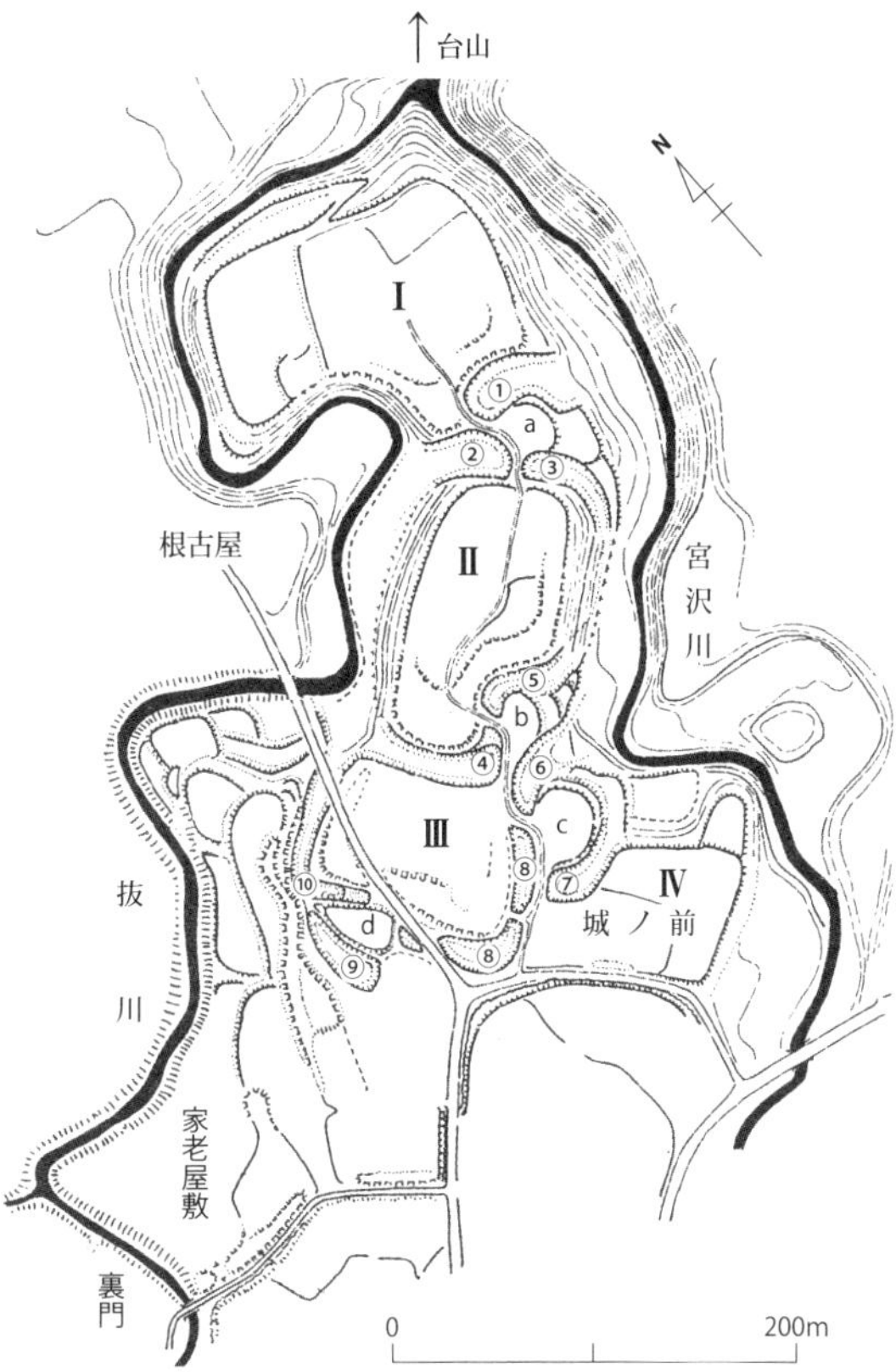

Ⅰ：第Ⅰ郭　①：1号堀　⑥：6号堀
Ⅱ：第Ⅱ郭　②：2号堀　⑦：7号堀
Ⅲ：第Ⅲ郭　③：3号堀　⑧：8号堀
Ⅳ：第Ⅳ郭　④：4号堀　⑨：9号堀
a〜d：馬出　⑤：5号堀　⑩：10号堀

（注）図中の河川の名称は現在とは異なる
（図中）　（現在）
「抜川」　→「馬伏川」
「宮沢川」→「抜川」

●—深沢城縄張図（深沢城見取図「静岡県の中世城館跡」静岡県教育委員会1981年に御殿場市教育委員会が名称を追加）

【自然地形を活かした立地】深沢城は、鮎沢川の支流である馬伏川(まぶせ)（旧呼称は抜川）と抜川(ぬけ)（旧呼称は宮沢川）が蛇行して合流する要害の地に築かれた平山城であり、北から第Ⅰ郭、第Ⅱ郭、第Ⅲ郭が連なり、第Ⅲ郭の東側には第Ⅳ郭の存在が想定される。基本となる城域は、第Ⅱ郭を主郭とし、北・東は馬出(うまだし)aまで、南・西は第Ⅲ郭および付随する馬出dまでの範囲であったと想定される。城内は意外にも平坦であり、第Ⅱ郭以外は馬伏川・抜川の対岸と標高が同じかむしろ低い。樹木に覆われていない第Ⅰ郭を対岸の馬伏川左岸から見ると、城内が丸見えになりかねない状態であることがよく分かる。高さについて弱点を持つ深沢城であるが、深沢の地名が示すように御厨の地を深く削って流れる馬伏川と抜川の両河川が天然の堀となり、城の防御力を高めている。

【富士山麓の特殊な地質】 深沢城の地盤は、約二九〇〇年前に発生した富士山の山体崩壊（御殿場岩屑なだれ）およびその後に発生した御殿場泥流と、おおむね二〇〇〇年前以降の富士山噴火で堆積したスコリア（噴出物）や火山灰からなる。固結した御殿場泥流層は現代の重機を用いても掘削に苦労する固く締まった層であり、軽自動車大の転石が混じることもある。このような泥流層を掘り込んで作られた堀の工事は、相当の困難がともなったものと思われる。

【縄張と発掘調査の成果】 第Ⅰ郭は、第Ⅱ郭との間を1～3号堀によって厳重に隔てられているが、馬出aを介して第Ⅱ郭と接続している。浅野文庫蔵「諸国古城之図」駿河深沢においても、二本の川とその合流点に挟まれた平場として表現されているだけであり、常用の曲輪ではなかったと考えられる。馬伏川と抜川の合流点に挟まれた長辺約一四〇メートル、短辺約九〇メートルを図る城内最大規模の曲輪であり、戦に際しては将兵を駐屯させたと考えられる。なお、馬伏川と抜川の合流点の北側には、台山と呼ばれる小高い場所があり、この曲輪から橋をかけていたとの伝承がある。

第Ⅱ郭は、城内においてもっとも標高の高い曲輪であり、深沢城の主郭である。長辺約一三〇メートル、短辺約七〇メートルを測る南隅の欠けた長方形であり、欠けた部分には、4～6号堀に囲まれた馬出bが作られている。「諸国古城之図」では、曲輪の外縁を巡る土塁が表現されているが、土塁が残るのは馬出bに面した曲輪の南側のみで、ここが城内において明確な土塁が残る唯一の場所である。この曲輪では、御殿場市教育委員会が実施した試掘調査で、米と思われる炭化物の塊や貿易陶磁、カワラケなどが発見された。また、「諸国古城之図」において「ヤクラ」と記載されている辺りでは、試掘調査の結果、扁平な石が二列に並んだ石列と礎石の可能性がある石が発見され、何らかの建物にともなう遺構と想定される。第Ⅲ郭との間は幅約一五メートルの4号堀によって遮断されているが、馬出bを介して第Ⅲ郭と接続している。北条綱成が最後まで立て籠もった曲輪はこの曲輪であろう。

第Ⅲ郭は長辺約一〇〇メートル、短辺約七〇メートルを図る、深沢城の正面に当たる曲輪である。曲輪の外側は、南東から南西にかけては屈曲する幅約一〇メートルの8号堀、北から西にかけては屈曲する幅約一〇メートルの10号堀が巡り、二つの堀は曲輪の西側で互い違いに重なり、喰違虎口を形成している。喰違虎口の前面に設けられているのが馬出dであり、その前面を防御するのが中央で幅約二〇メートルを測る弧状の9号堀である。これが、武田流築城術として紹介されてきた丸馬出と三日月堀である。また、曲輪の南東側には8号堀に隔てられて馬出cが設けられている。

市教育委員会の試掘調査では、曲輪と馬出cの間の8号堀および馬出dの東側に回り込んでいる10号堀で御殿場泥流層を掘り込んだ断面V字形の薬研堀が見つかり、土層の堆積から元は曲輪の外縁に存在した土塁を廃城後に掘り崩して堀へ土砂を流し込み、堀底を平坦に埋め立てたことが判明した。また、8号堀では宝永四年（一七〇七）の富士山宝永噴火で噴出したスコリアが埋められた堀に水平に積もった様子が確認されている。さらに、9号堀も御殿場泥流層を掘り込んだ断面V字形の薬研堀であり、なおかつ畝状に掘り残した部分があることが判明し、堀底に畝状の仕切りを設けた二重三日月堀であった可能性がある。

かつては、武田氏の築城術を色濃く残す城として評価されてきたが、研究者からは徳川氏による大規模な改修が行われた可能性も指摘されており、先に触れた築城時期の問題とともに、近年、ふたたび再評価がなされる話題の城となりつつある。

（勝俣竜哉）

●—9号堀

●—第Ⅱ郭石列検出状況（御殿場市教育委員会提供）

【参考文献】御殿場市教育委員会『静岡県指定史跡深沢城跡確認調査報告書』（二〇〇六）、静岡県教育委員会『静岡県の中世城館跡』静岡県文化財調査報告書第二三集（一九八一）

●開発で失われた東駿河の拠点城郭

長久保城（ながくぼじょう）

〔長泉町指定史跡〕

〔所在地〕長泉町下長窪
〔比　高〕約二五メートル
〔分　類〕平山城
〔年　代〕一六世紀前半～慶長五年（一六〇〇）
〔城主名〕北条氏、今川氏、武田氏、徳川氏、中村氏
〔交通アクセス〕JR御殿場線「長泉なめり駅」から長泉清水循環バス「城山」下車。

【境目の城として】　豊臣秀吉の小田原攻めに際し、箱根を超える豊臣の主要な軍勢は東駿河に一度集結した。先鋒は徳川家康で、家康は天正十八年（一五九〇）二月に駿府を出陣して、二十四日には長久保城に着陣、ここで秀吉の到着を待って、両者は小田原攻略へ向けての軍議を行ったという。長久保城は興国寺城や三枚橋城と並び、東駿河の拠点城郭の一つであった。

その築城時期は定かでないが、天文六年（一五三七）北条氏は今川氏と武田氏が同盟を結んだことから駿河へ侵攻、いわゆる「河東一乱（かとういちらん）」が起こったが、この際に北条氏綱（うじつな）は、駿河国東半分を得て、長久保城を整備したと考えられている（長泉町教育委員会編一九七八）。なお地元には氏綱の整備の前から前身の砦が存在したと伝わるが、国道二四六号線にともなう二の丸・八幡曲輪の発掘調査では、一五世紀後半ごろの国産陶器の出土は希薄である一方、一六世紀前半のものは一定量出土することが報告されている（菊川シンポジウム実行委員会二〇〇五）。このことからも、砦の存在は否定されるものではないが、本格的にこの地が利用され始めたのは一六世紀前半頃と考えて差し支えない。

さて築城からしばらくたった天文十四年（一五四五）、東駿河を奪われていた今川義元（よしもと）は反撃を開始して長久保城へ攻撃を行った。城兵たちはよく耐えたようであるが、当時武蔵国では河越城（かわごえ）が上杉憲政（のりまさ）らによって包囲されており、北条氏はこちらの救援のためにも東駿河を捨てることを選んだ。そ

の結果、武田信玄を仲介にして長久保城は開城となり、今川氏はその領土を回復させて駿河国全域を再び治めることとなった。しかしその後、今川氏が衰退すると、武田氏が駿河国に侵攻、これに乗じて永禄十一年（一五六八）からは北条氏がまた長久保城を支配に置いて武田氏の侵攻に備えた。北条氏は長久保城だけでなく、興国寺城にも城将を配して、武田氏との攻防を繰り広げたが、北条氏康の死去を契機とした甲相同盟が成立すると、駿河国は武田氏の領土となり、直接的な記録はないが、長久保城もこの時に武田氏の支配下に置かれたと考えられる。

武田氏支配段階の様子は判然としないが、武田氏は北条氏の領土により近い沼津の地に三枚橋城を築き、さらに興国寺城をその抑えとしたため、長久保城の位置づけは相対的に低かった可能性も考えられる。しかし続く徳川氏の段階では、北条氏の伊豆の拠点である韮山を抑えるためにも三枚橋城を修築し、さらに長久保城と興国寺城に牧野康成を配置したと史料が残されることから、この地域の支配は三枚橋城を中心としながらもこの三城が連携して担ったと考えられる。これを裏付けるものとして徳川支配の末期の史料ではあるが、天正十七年（一五八九）二月五日に発生した駿河湾の地震の被害について『家忠日記』には「するか川東興国寺、長久保、沼津城之へい（塀）、二かい門迄そんし候」と三城が並列に書き表されているほか、翌年の秀吉による小田原合戦の際に作成された「小田原陣之時黄瀬川陣取図」にはこの三城が、豊臣方の城として描かれている。

小田原合戦後には駿河国は秀吉の配下である中村一氏が治め、その弟である一栄が三枚橋城に入城してこの地の支配を担った。長久保城も中村の支配下に置かれていたはずであるが、その動向は明らかではない。そして三枚橋城が東駿河における政治経済の中心となっていくなか、長久保城は境目の城としての役割を終えたためか、慶長五年（一六〇〇）の関ヶ原の戦いののちに廃城になったと伝わる。

【広大な城域とその構造】　長久保城は南に黄瀬川、西南側は桃沢川とその支流の谷津川、そして東側には梅ノ木沢川による浸食崖に囲まれ、東西約六〇〇メートル、南北約四〇〇メートルにもわたる広大な敷地を持つ。面積だけであれば、同じ東駿河の拠点である興国寺城や三枚橋城と同等か、より巨大な城郭ということになるが、国道二四六号線バイパスや周辺の市街地開発によって地表面観察が可能な城郭遺構は、三の丸北端の土塁と堀、南曲輪の土塁のみとなっている。しかし大規模な開発が実施される前に行われた沼館愛三による記録が残されていることから、その概要を把握することは可能である（沼館

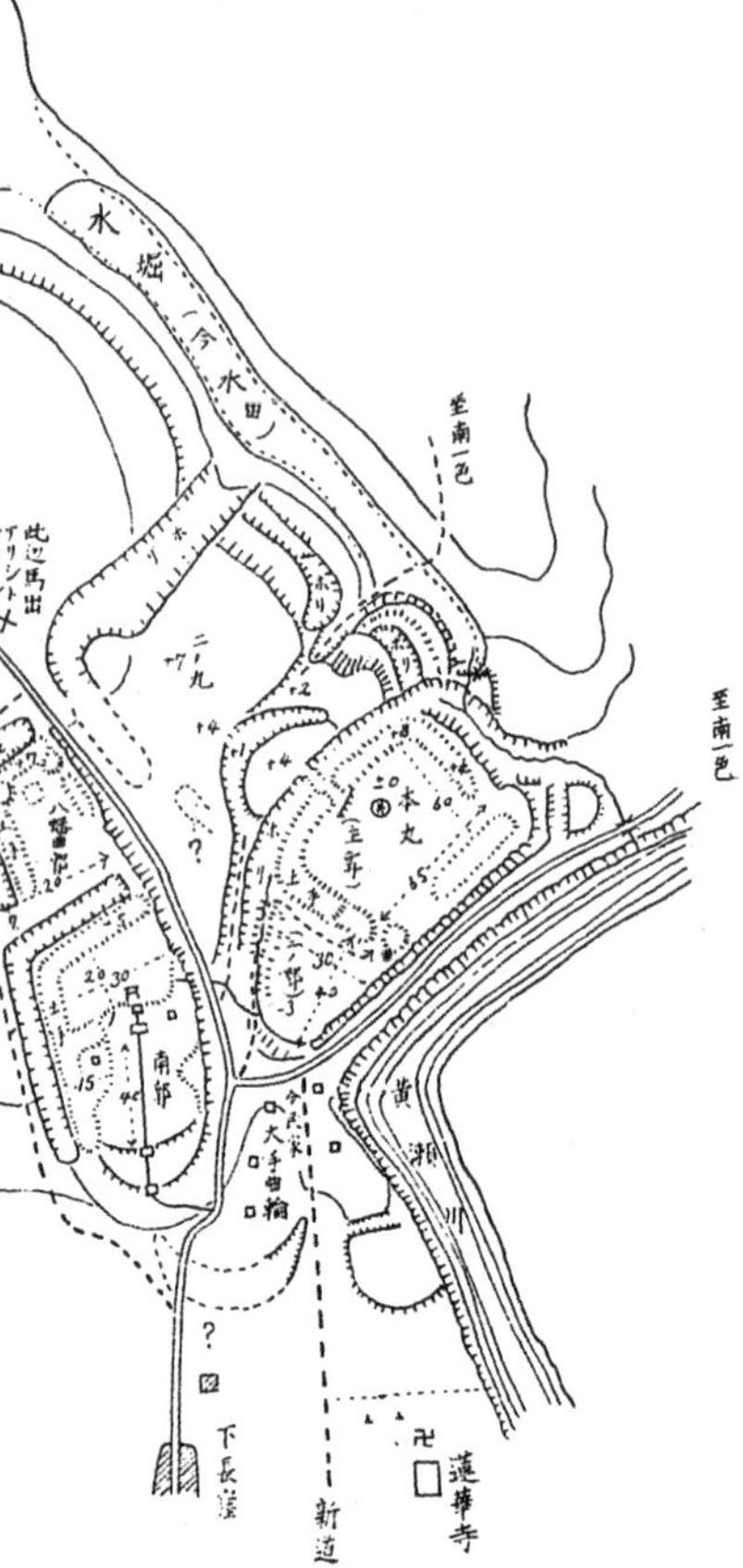

●—長久保城址見取図（沼館 1937 より転載）

一九三七）。なお曲輪の名称は沼館によるもので、ここではそれにしたがって記載する。

現在ショッピングセンターとなっている「本丸」は黄瀬川の北側に位置する。川の蛇行部沿いに本丸を配するのは、三枚橋城と同じ構造である。その規模は東西約一〇〇メートル、南北約八〇メートルで、その中で区画があり、「主郭」と「二ノ郭」に分かれ、「主郭」には高さ八メートルの土塁がめぐり、「二ノ丸」へ向けては馬出が備わっていた。「二ノ丸」は、「本丸」の北側に位置し、ほぼ同規模の曲輪である。発掘調査では曲輪内において六棟以上にもおよぶ掘立柱建物の柱穴が検出され、さらに曲輪の西側と東側を区画する堀の底には約六メートル間隔で畝が見つかっている。堀からは出土遺物が報告されていないため、時期の特定は困難であるが、仮に北条氏の障子堀であったとするならば、永禄十一年のころに比定できようか。そして最も標高が高い曲輪である「三ノ丸」は、その面積も城内最大で、北側に喰違虎口を備える。この虎口の西側は小学校になっていて立入れないが、東側の土塁と堀は良好に残存しており、見学も可能である。

そして本丸の西側、現在「城山神社」となっている「南郭」にも土塁が残っている。段上となっている曲輪内には遊具が備え付けられ、一部破壊されているものの、土塁の高さ

東部

●―長久保城南郭土塁

●―長久保城三の丸土塁

は約五メートルを測り、これは沼館の観察時の高さと大差はない。「南郭」の北側には今は滅失した「八幡曲輪」があり、「八幡曲輪」西側の堀にも畝が伴う。さらにその西側には三日月堀が付くことで、丸馬出（まるうまだし）となっている。堀底からの出土遺物は報告されておらず、これもまた年代の決定はできないが、個別のパーツだけで判断すれば、障子堀の前面に三日月堀が付くという特異な馬出は類例のないものである。もちろんこれらが同時期であるかは検証が必要であるが、このような遺構が検出されるということは、次々と支配者が変わるなか、戦国期を通じて境目の城として機能した長久保城の歴史を物語っているといえよう。

【参考文献】菊川シンポジウム実行委員会編『陶磁器から見る静岡県の中世社会〈資料編〉』（二〇〇五）、長泉町教育委員会編『西願寺遺跡（A地区）長久保城址（二の丸）』（建設省・静岡県教育委員会・長泉町一九七八）、長泉町教育委員会編『長久保城址　八幡曲輪・上野南・大水濠　大平遺跡』（建設省・静岡県教育委員会・長泉町一九八二）、沼館愛三「駿東地方に於ける城郭の研究」『静岡県郷土研究』第九号（一九三七）

（木村　聡）

●駿豆境の要所
戸倉城（とくらじょう）

〈所在地〉清水町下徳倉
〈比　高〉約六〇メートル
〈分　類〉山城
〈年　代〉天正九年（一五八一）〜十八年（一五九〇）
〈城　主〉北条氏、武田氏
〈交通アクセス〉ＪＲ東海道本線「三島駅」から、東海バス「下徳倉」下車。

東部

【駿河国か伊豆国か】　戸倉城の築城時期は諸説あり、文明年間（一四六九〜八七）や天文年間（一五三二〜五四）以後に北条氏と武田氏が争う中で築かれたとする説、そして天正九年八月十八日付けの「北条氏政判物」における「新城」が戸倉城と比定されることから、北条氏と武田氏の第二次の争いがあった天正九年（一五八一）とする説などがある。発掘調査が行われていない以上、詳細は今後の調査に委ねられるが、ここが北条氏と武田氏に戦いにおいて前線となり、築城もしくは改修を受けたことは間違いないだろう。

ここで着目しておきたいのがその名称である。戦国期の史料において、この地のことを武田氏は「豆州戸倉」と記しているが、北条氏は「駿州徳倉」という表現を用いていることが沼津市史にて指摘されている。市史ではこの違いを戸倉（徳倉）が駿河・伊豆の境の地であったため、武田氏はここを北条領国「戸倉」を用い、一方、北条氏はここを武田領国と考えていたため「徳倉」を用いたとする。境界であるからこその二つの表記であろうが、現在においても城の名前は「戸倉城」で、住所は「徳倉」となっているのは興味深い。

【笠原新六郎の内応】　戸倉城がもっとも重要視されたのは、天正九年の北条氏と武田氏による第二次甲相合戦後半の時である。北条氏は韮山（にらやま）の守りのため、天正七年（一五七九）に泉頭（いずみがしら）城を築城した。その後、両氏の争いは激しくなり、このことから新たに泉頭城から狩野川を挟んだ南側の戸倉の地に城を普請した。そしてここを任されたのが、伊豆衆の筆頭とされる笠原新六郎（かさはらしんろくろう）であった。

笠原新六郎は伊豆郡代の役割を担った重臣で、境界の防衛において北条氏の期待は高かったのであろうが、同年十月に武田氏の調略が成功し、笠原は武田方へ寝返ってしまった。国の境の守りを任せていた笠原の内応は北条氏にとって想定外だったのであろうが、すかさず戸倉から約二キロ南に手代山城を築くことで、これに対抗した。そして天正十年（一五八二）に織田徳川連合軍が武田攻略を進めると、北条氏も攻勢に転じ、二月に戸倉城を奪い返した。ただし重要視されたのはこのころまでで、天正十八年（一五九〇）の小田原合戦においては、使用されなかった。

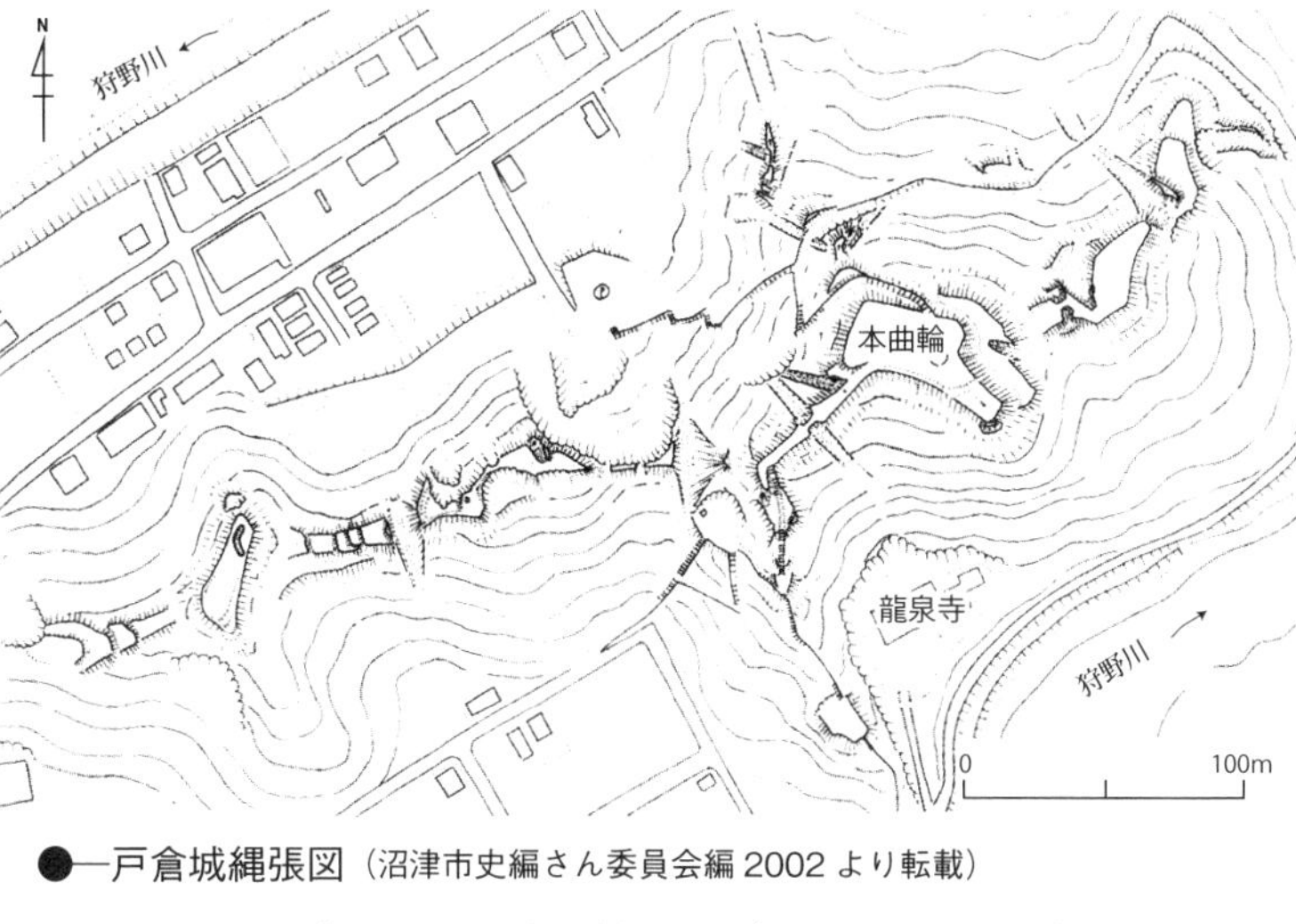

●—戸倉城縄張図（沼津市史編さん委員会編 2002 より転載）

【戦場を見通す見張り台】 以上のように、戸倉城は国境を守る城として重要であったが、遺構の残りはあまり良好ではない。最も標高が高い本曲輪こそ一定の広さを持つものの、虎口（こぐち）や土塁（どるい）は後世の改変で不明になってしまっている。また城山には本曲輪以外に大きな曲輪は認められず、さらに堀切（ほりきり）などは小規模である。しかし本曲輪に備わる展望台を登れば、眼前に泉頭城、南東に韮山城を望む好立地であることから、この城は大規模な軍事拠点として機能したのではなく、激化する戦闘を見張る場として重用されたことが推測される。また居館跡とも伝わる麓の龍泉寺は、狩野川沿いにあることから、戸倉城は川湊とそれを守る砦としても使われていたことも考えられよう。

【参考文献】 沼津市史編さん委員会編『沼津市史　資料編　考古』（二〇〇二）、沼津市史編さん委員会編『沼津市史　通史編　原始・古代・中世』（二〇〇五）

（木村　聡）

●駿相国境の峠に築かれた「境目」の大城郭

足柄城

〔所在地〕小山町竹之下字古城跡
〔比　高〕(峠から)約一〇メートル
〔分　類〕山城
〔年　代〕一六世紀中葉～天正十八年(一五九〇)
〔城　主〕北条氏
〔交通アクセス〕JR御殿場線「足柄駅」下車、徒歩七〇分。東名高速道路「御殿場IC」から三〇分。

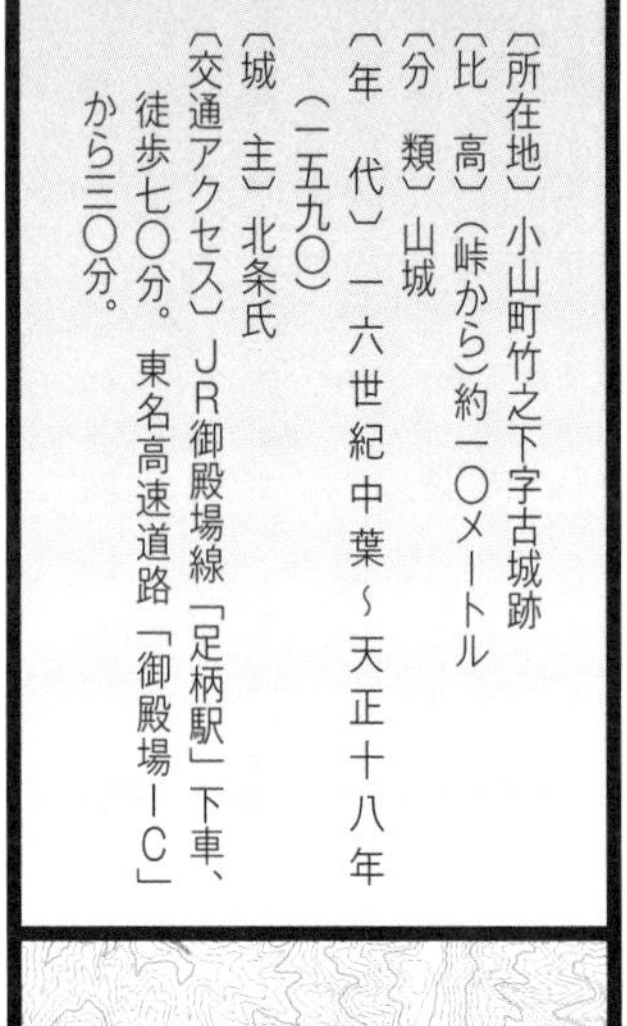

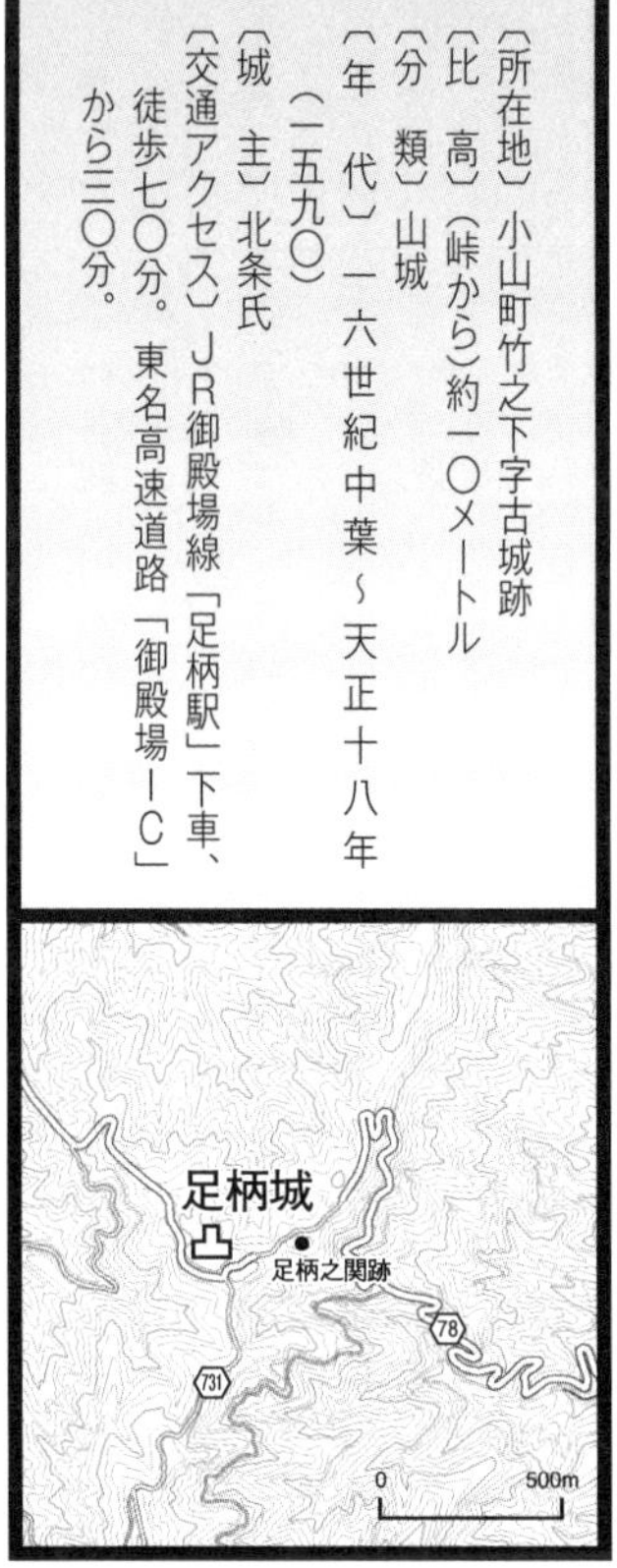

【峠を守る小田原北条氏最前線の城】　駿河国と相模国の国境に位置する足柄峠は、古代には東海道(足柄古道)が通る交通の要衝として「足柄関」が設けられ、『吾妻鏡』に治承四年(一一八〇)に大庭景親が、『太平記』『梅松論』に足利尊氏が同関所を拠点としたとされる。

この場所に本格的に城郭が築かれたのは、室町期に駿河東部～相模西部を支配していた大森氏の時代の可能性もあるが、戦国時代、足柄峠周辺を北条氏(小田原北条氏)が支配するようになってからである。足柄城が初めて文献史料に登場するのは永禄十二年(一五六九)二月のことで、前年末に甲斐の武田信玄が甲相駿三国同盟を破棄して駿河に侵攻したのに対抗し、北条氏は駿河東部に進出、「御国之御大事」として諸城の防備を固め、足柄峠にも小田原の石切職人を派遣し、家臣と相談して小屋を懸けて在番せよと命じている(北条氏康朱印状)。足柄城の本格的築城はこの頃と考えられ、その後対武田氏の重要拠点城郭として、深沢城(御殿場市)落城後の元亀二年(一五七一)三月、第二次甲相合戦直前の天正七年(一五七九)八月に大規模な普請(改修)が行われている。

天正十年(一五八二)三月、織田・徳川連合軍により武田氏が滅亡し、駿河全土が徳川家康の領国となると、同城は対徳川の最前線の城郭となり、北条氏は「足柄当番之事」という城掟を発して、同城に在番する城兵の統制を強めている(北条家定書)。

その後、天下統一を目指す豊臣秀吉との緊張が高まると、天正十五年（一五八七）以降対豊臣軍との戦闘に備えてさらに普請が行われていったことが、文書や発掘調査などにより次第に状況が明らかにされつつある。天正十八年（一五九〇）の小田原合戦時には北条氏光が在城し、山中城（三島市）などとともに小田原城を守る重要な防衛線として機能を発揮することを期待されていたが、豊臣軍の一翼を担う徳川家康の軍によって攻撃され、四月初めにさしたる抵抗もなく落城した模様である（戦わずして開城したという説もあり）。

小田原合戦後の同城の動向についての詳細は不明で、程なく廃城となったと考えられる。

【古道を取り込んだ壮大な縄張】 足柄城は、箱根外輪山金時山から北方に伸びる尾根が一部隆起した、標高七五九メートルの山頂部を中心に足柄峠周辺の尾根・斜面部分を利用し、尾根沿いの古道を取り込む形で築かれている。東西約七〇〇メートル、南北約八〇〇メートルの主城域には主な曲輪が五つあり、俗に「五連郭」といわれる構造を形成している。

山頂部の本曲輪（本城）は東西約四〇メートル、南北約五五メートルの規模で、周囲および中央やや北寄りに土塁の一部とみられる盛土が残存している。中央部北側には「玉手池」と称する井戸址が残り、石積みが一部残存している。

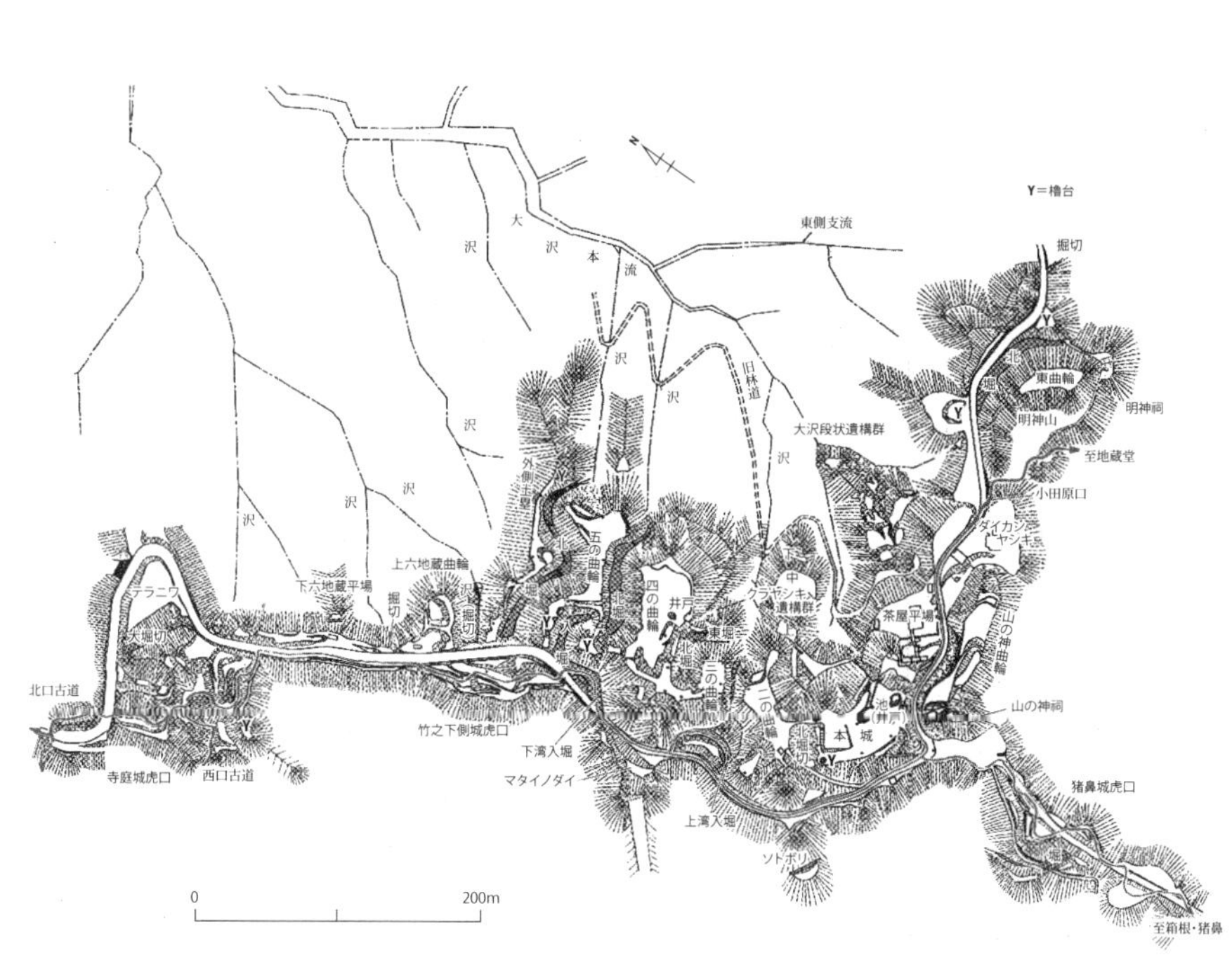

●―足柄城概要図（『足柄城』より引用）

●—足柄城主郭より富士山を望む

●—足柄城の堀障子の断面（2009年に検出）

　本曲輪の西側の堀切を隔てて北に向かって尾根上に二の曲輪、さらに西側に堀切を隔てて三の曲輪が設けられている。二の曲輪は東西約二〇メートル、南北約五五メートルと南北に長い不整形な四辺形状を呈し、東側に突出部と北側に腰曲輪が設けられており、三の曲輪とは土橋でつながっている。三の曲輪は東西約二二メートル、南北約二〇メートルのほぼ正方形の小規模な曲輪であ

るが、東西北の三方に対して見通しが利く、重要な位置を占めている。北西側斜面には石積みがわずかに残存している。

　三の曲輪北側の斜面に沿って、四の曲輪・五の曲輪が設けられている。四の曲輪は東西約八〇メートル、南北約四〇メートルの不整形な長方形をしており、南側から東側にかけて土塁が残存し、中央やや南側には井戸址がみられる。五の曲輪は、東西は張出虎口を含め約一三〇メートル、南北約三〇メートルの不定形の細長い曲輪で、同曲輪に沿って北側に鍵折れ状に屈曲する大規模な堀と外側土塁を設け、北西部の守りを固めている。

　以上の主要な五郭のうち、本曲輪から三の曲輪までの区域は比較的高低差が少なく曲輪を隔てる堀も小規模なのに対し、三の曲輪から北側の四の曲輪から五の曲輪までの区域は曲輪相互の高低差が比較的大きく大規模な堀をともなっており、明らかに差異がみられる。この差異を築城時期の差とみ

る考え方もあるが、今後の考古学的調査などにより検証する必要があるだろう。

五の曲輪の北西には技巧的な折れを用いた竹之下城虎口が存在し、さらに尾根に沿って下方には上六地蔵曲輪などの小規模な曲輪が続き、竹之下宝鏡寺口の道と小足柄口の道を結合して城内に導入する寺庭城虎口（寺場砦）に続いている。

一方本曲輪の北東には山の神曲輪、茶屋平場が存在する。山の神曲輪は東西約一二〇メートル、南北約一八メートルの範囲に九段の狭小な平場が段状に連なる構造になっている。茶屋平場は東西約一四〇メートル、南北約二五〜五〇メートルの瓢箪形をしているが、聖天堂や茶屋、駐車場などにより改変を受けており、築城当時の状況は判然としない。

【発掘調査で明らかになった堀障子の存在】 足柄城では、過去に県道の改築や管理用道路の整備などにともなって緊急の発掘調査が行われている。平成二十一年（二〇〇九）には県道の改築にともない発掘調査が行われ、二の曲輪西側で、同城では初めて堀障子（堀の内部の障壁）が検出された。堀障子は断面が検出されたのみであるが、堀障子間の間隔は約六メートルあり、山中城（三島市）や小田原城（小田原市）などで検出された堀障子に匹敵する規模であったと推測される。堀障子は築城後の比較的早い時期に構築されたと考えられ、堀障子を切って別の堀が掘削されていることも確認されていることから、その後新たに堀を構築したことが想定されている。足柄城の堀は、廃城の約一〇〇年後の宝永四年（一七〇七）に起こった富士山（宝永山）の噴火にともなう降灰により相当部分が火山灰で埋もれていると考えられ、今後発掘調査などにより詳細な状況が明らかになっていくことを期待したい。

また平成二十五年（二〇一三）の管理用道路の整備にともなう発掘調査では高さ約二・八メートルの「石垣」（石積み）が検出された。これは江戸時代の延宝八年（一六八〇）に記された『駿河国駿東郡御厨竹之下村鑑帳』の記述とも符合することから、八王子城（八王子市）や津久井城（相模原市）などでみられるものと同様な「石垣」（石積み）の存在も想定される。今後の調査の進展により、従来の「土の城」のイメージとは一味違う足柄城の姿がみられるかも知れない。

【参考文献】 小山町教育委員会『足柄城』（一九八九）、『小田原市史』別編城郭（小田原市、一九九五）、小山町教育委員会『足柄城Ⅲ』（二〇一〇）、小山町教育委員会『足柄城跡』（パル文化財研究所、二〇一三）

（望月保宏）

●北条氏初代伊勢宗瑞の居城

韮山城・上山田城

〔所在地〕伊豆の国市韮山、伊豆の国市韮山金谷
〔比　高〕韮山城三六メートル、上山田城一七〇メートル
〔分　類〕韮山城・山城、上山田城・陣城
〔年　代〕明応二年（一四九三）頃〜慶長六年（一六〇一）
〔城　主〕韮山城：伊勢宗瑞、北条氏規、内藤信成。上山田城：前野長康
〔交通アクセス〕〈韮山城〉伊豆箱根鉄道「韮山駅」下車、東へ徒歩一五分。〈上山田城〉伊豆箱根鉄道「韮山駅」下車、東へ徒歩四五分。

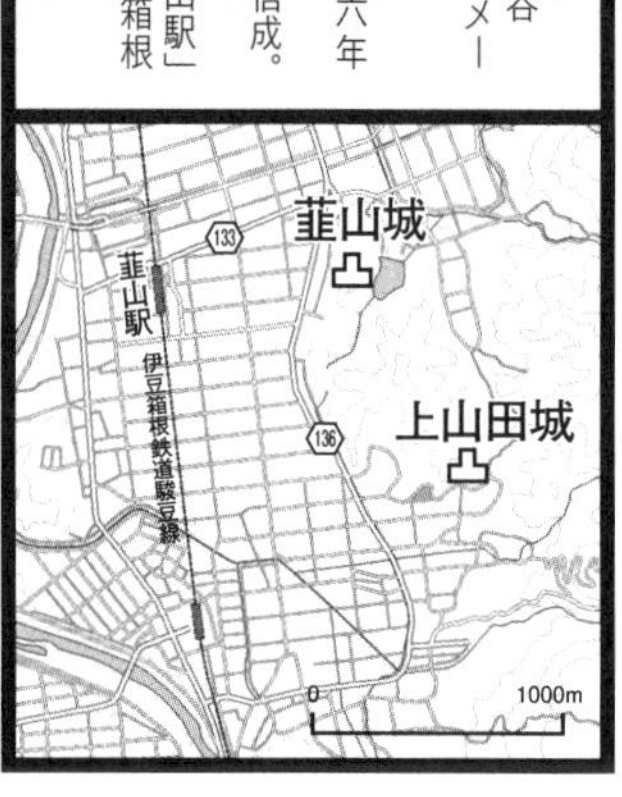

【伊豆最大の山城】　韮山城といえば戦国関東の覇者北条氏初代伊勢宗瑞（北条早雲）の居城として有名である。明応二年（一四九三）に伊豆へ侵攻した宗瑞は堀越公方家を滅亡させた後、伊豆全土を平定し、韮山城を築いて本拠とした。北条氏は二代氏綱の時代に本拠を小田原城に移すが、宗瑞は韮山城に残り、永正十六年（一五一九）に同城内で没している。

　城は伊豆半島北部の田方平野の東方、標高約五〇メートルの通称龍城山に築かれている。龍城山の西側には伊豆最大の狩野川が流れ、周囲には低湿地が広がっている。龍城山の背後には標高約一二八メートルの天ヶ岳が聳え、ほぼ独立した山塊となっている。近世の城絵図には天ヶ岳は描かれないが、実際は天ヶ岳でも城郭遺構が確認されており、韮山城の範囲は天ヶ岳も含む巨大なものである。

【韮山城の歴史】　韮山城は前述したように明応二年（一四九三）に伊勢宗瑞によって築かれたが、宗瑞の死後は豆州（伊豆）と伊豆奥という二郡の支城として位置付けられた。そして郡代として笠原氏、清水氏が入れ置かれた。

　永禄十二年（一五六九）から元亀元年（一五七〇）には武田信玄が伊豆・駿河に侵攻し、韮山城は城下まで攻め込まれている。甲相同盟により武田氏とはいったん和平が成立するものの天正七年（一五七九）に同盟が破綻すると、武田氏との抗争が激化し、天正八年（一五八〇）には駿河湾で海戦があり、北条氏政は清水康英に韮山城を固く守るように命じている。

天正十三年（一五八五）頃よりは天下統一を目指す羽柴（豊臣）秀吉との戦いに備えて改修が進められ、天正十七年（一五八九）には北条氏康の四男氏規が入れ置かれた。翌十八年（一五九〇）には豊臣秀吉の小田原攻めが開始され、韮山城は織田信雄以下四万四〇〇〇の軍勢に包囲された。関東各地の北条方の城が落城するなかで韮山城は三ヵ月におよぶ籠城戦を戦うが、徳川家康の勧告により開城した。

【韮山城の構造】 韮山城の構造は基本的には南北尾根に一直線上に曲輪を配置する連郭式の縄張となる。頂上部に本丸を置き、北方へ二ノ丸、権現曲輪、三ノ丸と続き、南方へは長大な帯曲輪を配し、その先端には塩蔵が配置されている。最近の発掘調査で二ノ丸で礎石建物が検出されている。天ヶ岳へと続く南東尾根には三本の巨大な堀切を設けており、元来、天ヶ岳との間は完全に遮断した構造であったことがわかる。

各曲輪の切岸は高くて急傾斜となる。また、各曲輪には巨大な土塁が巡らされているが、特に東辺に偏って築かれている。本丸から塩蔵に至る尾根筋に構えられた帯曲輪も東辺に長大な土塁を設けているが、これも天ヶ岳との尾根筋を防御するものである。南端に構えられた塩蔵は四周を土塁によって囲繞されているが、その俗称である塩蔵とは塩ではなく、焔硝（塩硝）の塩のみが伝承されたものと考えられ、土塁に囲まれた空間は焔硝蔵であった可能性がある。

なお、韮山城の西側山麓は字御座敷という地名が残る。現在韮山高校となっているが、その立地と字名から山麓居館の場所であったと考えられる。寛政五年（一七九三）に作成された「伊豆国田方郡韮山古城図」に御座敷は水堀によって囲まれた構造が描かれている。ここではこれまでに数次にわたって発掘調査が実施されており、井戸や園池など居館施設にともなうと見られる遺構が検出され、人量のかわらけや陶磁器などが出土している。特に注目されるのが堀の検出である。絵図に描かれた堀や、描かれていない位置からも検出されているが、それらは堀底に畝が残されており、北条氏の築城の特徴である畝堀であったことが判明している。

一方、天ヶ岳に目を向けると、まず天ヶ岳の最北端、江川邸の背後にも江川遺構群と呼ばれる曲輪と堀切が構えられている。天ヶ岳山頂にも土塁や曲輪が設けられ、山頂から三方に伸びる尾根筋にも累々と曲輪や堀切が構えられている。天ヶ岳の尾根筋が痩尾根であり、曲輪は極めて小規模で虎口なども認められない。それに対して堀切は幾重にも巨大なものを構えている。特に堀底には削り残した土手が三本ほど認められるが、これも北条氏の築城の特徴である畝堀である。

発掘調査ではなく、こうして露頭した状態で畝堀を見ることができる事例はまず他にはない。また、尾根筋に構えられた土塁は東辺にのみ築かれているが、これは韮山城と谷を隔てた東側の山々に秀吉軍が築いた陣城に対処するためである。

おそらく秀吉軍との戦いを想定して氏規が急遽普請したものと考えられる。

天ヶ岳から西側に伸びる尾根筋の最先端には土手和田砦と呼ばれる出城が構えられた。天ヶ岳との尾根続きの鞍部は掘

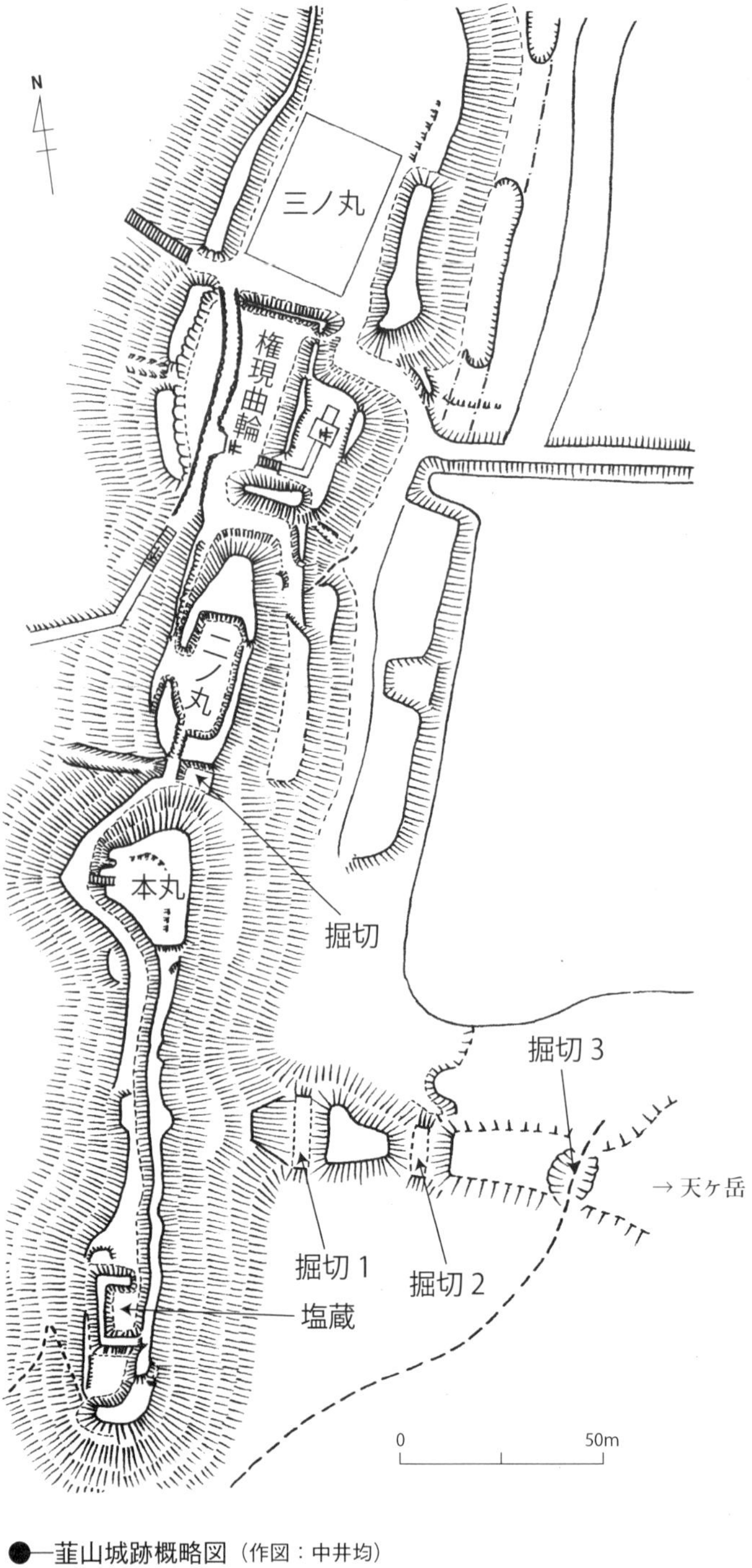

●—韮山城跡概略図（作図：中井均）

り切られておらず、一連の城郭施設として構えられたことがわかる。「伊豆国田方郡韮山古城図」には天ヶ岳で土手和田砦だけは描かれており、江戸時代になってもこの出城跡は韮山城の一部として伝承されていたことが伺える。曲輪配置は極めて単純であるが、南面にL字状に巡る横堀が構えられている。ここでも堀底に土手が確認でき、畝堀が構えられていた。絵図にも畝堀が表現されており、やはり江戸時代にも畝堀の存在が意識されていたことがわかる。ここでも最近発掘調査が実施され、堀の深さが三メートル以上もあったことが確認されている。天ヶ岳のこうした遺構配置から韮山築城当時から城が構えられていたのではなく、氏規により対秀吉戦を想定して新たに築かれたものと考えられる。

●―韮山城塩蔵

●―韮山城二の丸切岸

【秀吉の北条攻め】　韮山城では、北条氏の城だけではなく、秀吉側の攻城戦用の陣城も遺構を残しており注目される。天正十八年（一五九〇）三月十九日より秀吉方の韮山城攻めが開始される。その主力となったのが織田信雄、蒲生氏郷、細川忠興、福島正則ら四万四〇〇〇の軍勢である。城攻めの模様については鍋島直茂に宛てた秀吉の書状に、「韮山之事、御人数三、四万にて被取巻、堀をほりまわし、堀棚を丈夫相付、鳥之かよひも無之被仰付候」と記されており、韮山城を包囲する城攻めを行った。その状況を伝える絵図が残されている。『毛利家文庫』の「小田原陣之時韮山城仕寄陣取図」で、そこには

●—天ヶ岳畝堀

韮山城を包囲する秀吉軍の布陣が描かれている。韮山城から谷筋を隔てた東側の山々には、東北方に石治部、浅弾、大刑と記されており、石田三成、浅野長政、大谷吉継という吏僚たちの陣があった。この場所は現在でも太閤陣場と呼ばれている。秀吉の在陣ではないものの、秀吉軍の吏僚が陣取ったということより太閤陣場と呼ばれるようになったのであろう。

一方、山の先端には、いなば、はちすか陣取、あかし陣取、まへの陣取、いこま陣取と記され、それぞれ稲葉貞通、蜂須賀家政、明石則実、前野長康、生駒親正の陣所であったと考えられる。さらに、韮山城の西側に広がる水田地帯にも中川、山崎、筒井、きし田、森右近、ふくしま、岡本と記されており、それぞれ中川秀政、山崎賢家、筒井定次、戸田勝隆（きし田は誤記）、森忠政、福島正則、岡本重政であると見られる。さらに絵図には「惣方取巻ノ人数二万五千人」とある。一方、小田原城攻めの布陣図には織田信雄、蒲生氏郷、細川忠興らの名前が記されていることより、城攻め当初は織田信雄を総大将とした四万四〇〇〇人の包囲戦であったものが、途中で信雄らは小田原城攻めに向かい、仕寄図に記された武将たち二万五〇〇〇の軍勢となったものと考えられる。

【周囲に残る陣城群】　ところでこうした包囲戦では攻城側の武将たちは単に布陣していただけではなく、陣城を構えていた。そうした陣城遺構が韮山城の東方の山々に残されている。それらは現在北側より本立寺陣城、追越山陣城、上山田山陣城、昌渓院陣城と呼称している。

本立寺陣城は七面山の山頂に構えられており、特に山頂より西南側に派生する尾根筋には長大な土塁と堀切が設けられている。仕寄図の位置から蜂須賀家政の陣城に想定される。なお、仕寄図には各陣所と韮山城との距離を記しているが、はちすか陣取と韮山城間はわずか一町半しかない。まさに指呼の距離で睨みあっていたわけである。

追越山陣城は天ヶ岳にもっとも張り出した尾根先端に構えられている。頂部は方形に削平して曲輪とし、北・西辺には土塁が廻る。仕寄図の位置から明石則実の陣城に想定される。

上山田山陣城は標高一八七・四メートルの山頂部に構えられている。三段の曲輪から構成され、曲輪周囲は土塁囲いとしている。土塁は曲輪内部でL字状に屈曲し、仕切りと桝形状の虎口を何重にも構える複雑な構造となる。それは天正年間の三木城攻めや鳥取城攻め、賤ヶ岳合戦などで構築された陣城と同じ構造であり、織豊系の陣城の典型例として位置付けできる。さらに東南、西南、北東に派生する尾根上には無数の小削平地が造成されており、これらも陣城に伴う防御施設と見られる。仕寄図の位置から前野長康の陣城に想定される。

昌渓院陣城は昌渓院の裏山一帯に構えられた陣城で、頂部には東辺に土塁を構えた主郭があり、北東、北西への尾根筋には堀切を設けている。仕寄図の位置から生駒親正の陣城に想定される。

ところで韮山城の西側は水田地帯で陣城が構えられるよう

●—小田原陣之時韮山城仕寄陣取図（『静岡県史資料編８』より転載）

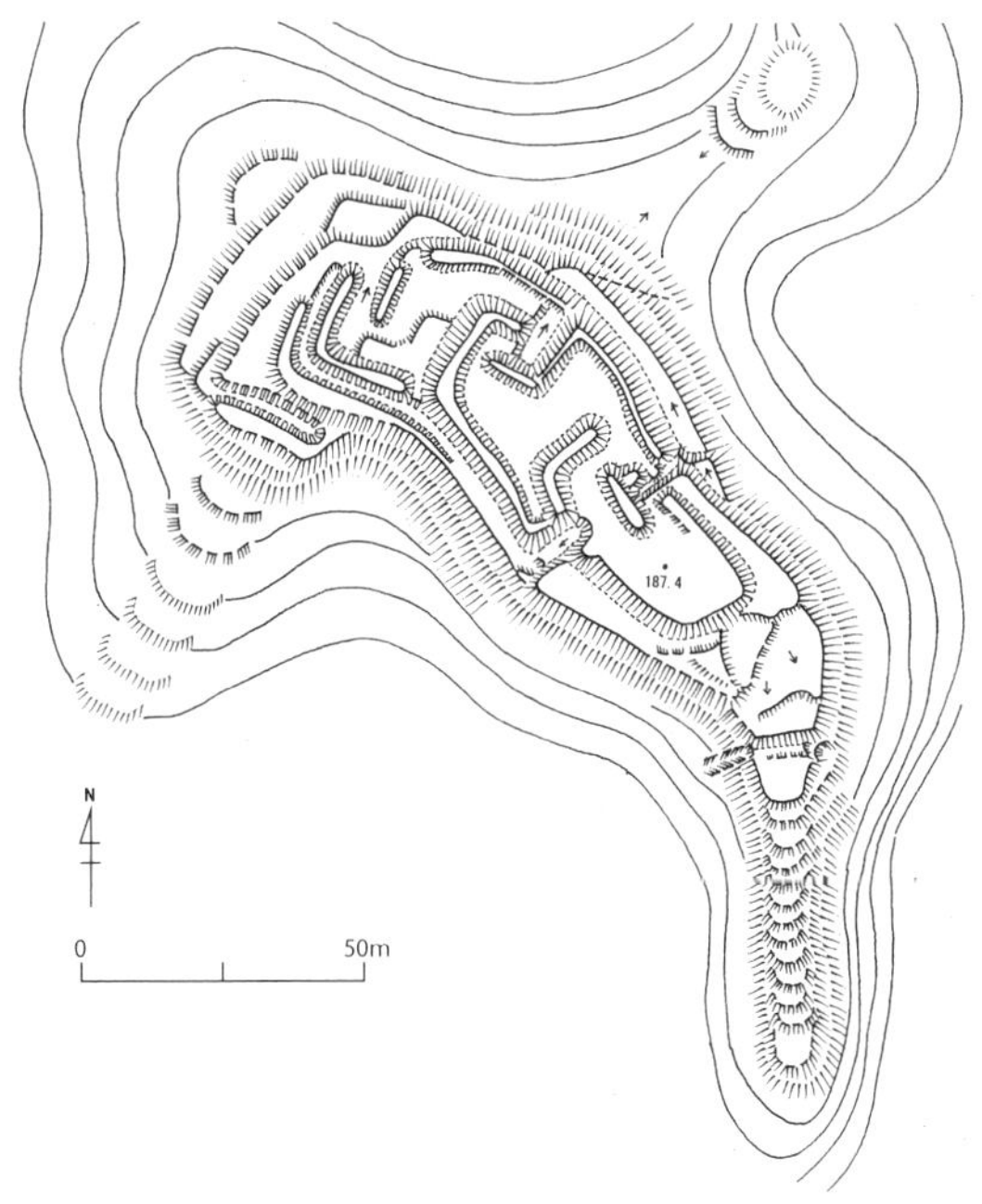

●—上山田城概要図（作図：中井均）

●—上山田城　桝形の土塁

な地形は認められない。仕寄図には中川秀政らが布陣したとあるが、どのような構造だったのであろうか。昭和二十三年に米軍によって撮影された航空写真には韮山城の西側の水田に韮山城を囲い込むように円形に細い区画の水田が写し出されている。さらにこの水田には小字地名として土手内、東土手、西土手、堀合、馬場田、下土手、上土手などが認められ、この地割が韮山城の西側を囲んでいた土塁の痕跡と見られ、「小田原陣之時韮山城仕寄陣取図」は豊臣軍の布陣を極めて正確に描いていることがわかる。

【その後の韮山城】　天正十八年（一五九〇）七月五日に小田原が開城すると北条氏の旧領は徳川家康に与えられた。八月一日に江戸に移った家康は韮山城に内藤信成を入れ置いた。おそらく山城の改修などはおこなわず、山麓の御座敷の居館を利用したのであろう。しかし内藤氏時代は短く、慶長六年（一六〇一）に信成が駿府城に移封されると、韮山城は廃城となった。

　韮山城は韮山城だけではなく、天ヶ岳、土手和田砦など天正十八年（一五九〇）の臨戦体制で増築された諸城とともに、秀吉軍の攻城戦に築かれた陣城群もほぼ完存しており、守る側の城と攻める側の城を一度に見学することができる。

【参考文献】　池谷初恵「韮山城」加藤理文・中井均編『静岡の山城ベスト五〇を歩く』（サンライズ出版、二〇〇九）、中井均「上山田城」加藤理文・中井均編『静岡の山城ベスト五〇を歩く』（サンライズ出版、二〇〇九）、土屋比都司『駿河伊豆の城と中世』（羽衣出版、二〇一五）、土屋比都司「伊豆韮山籠城戦の付城と仕寄遺構—天ヶ岳遺構群にみる戦闘の実態—」『中世城郭研究』第二二号（中世城郭研究会、二〇〇八）

（中井　均）

柏久保城（かしわくぼじょう）

●伊勢宗瑞と狩野氏の激戦を伝える城

〔所在地〕伊豆市柏久保字城山
〔比　高〕約八〇メートル
〔分　類〕山城
〔年　代〕一五世紀後半
〔城　主〕狩野氏（?-）、伊勢氏（北条氏）
〔交通アクセス〕伊豆箱根鉄道「修善寺駅」から徒歩四五分。あるいは、東名高速道路「沼津ＩＣ」から登城口まで四〇分。登城口から徒歩二五分。

【伊勢宗瑞（北条早雲）の戦闘拠点か】　柏久保城は、狩野川支流の古川と大見川が合流する地点の東側、標高一八〇メートルの愛宕山上に築かれた山城である。同城は鎌倉時代初期に幕府の御家人である狩野氏によって築かれたという伝説もあるが、確実な史料で同城の存在が確認できるのは明応六年（一四九七）、四年前の同二年に伊豆に侵攻した伊勢宗瑞（北条早雲）と狩野氏との戦いの際、宗瑞に従った「大見三人衆」（佐藤藤左衛門・梅原六郎左衛門・佐藤七郎左衛門）が同城を守ったことが記された文書で、「柏窪一戦」の文言がみえる。その戦いの際、大見三人衆は宗瑞より感状を賜り、以後の陣夫役などを免除されている。また宗瑞は翌明応七年（一四九八）に伊豆を平定した後も同城を廃城とせず、韮山城の出城として利用したという伝承も残されている。

【自然地形を巧みに取り込んで築かれた要害の城】　城跡は、山頂の愛宕神社周辺の曲輪1を本曲輪（主郭）として東側に曲輪2、曲輪3を連ね、狩野氏と対峙するこれらの曲輪の南側に基底幅約二メートルの土塁を設けた構造となっている。また本曲輪西側には堀切状の遺構が認められるが、南側が緩やかで不自然さが残ることから虎口の一部ではないかという見方もある。一方、曲輪2の北側には「新九郎谷」と呼ばれる急峻な谷地形が残っており（伝承では、もと狩野氏の城であった同城を、伊勢新九郎こと宗瑞の軍勢があえてこの谷を攻め上って城を落としたという）、同城が自然地形を巧みに取り込んで築かれた要害で、宗瑞が狩野氏の居城である狩野城を攻撃する際

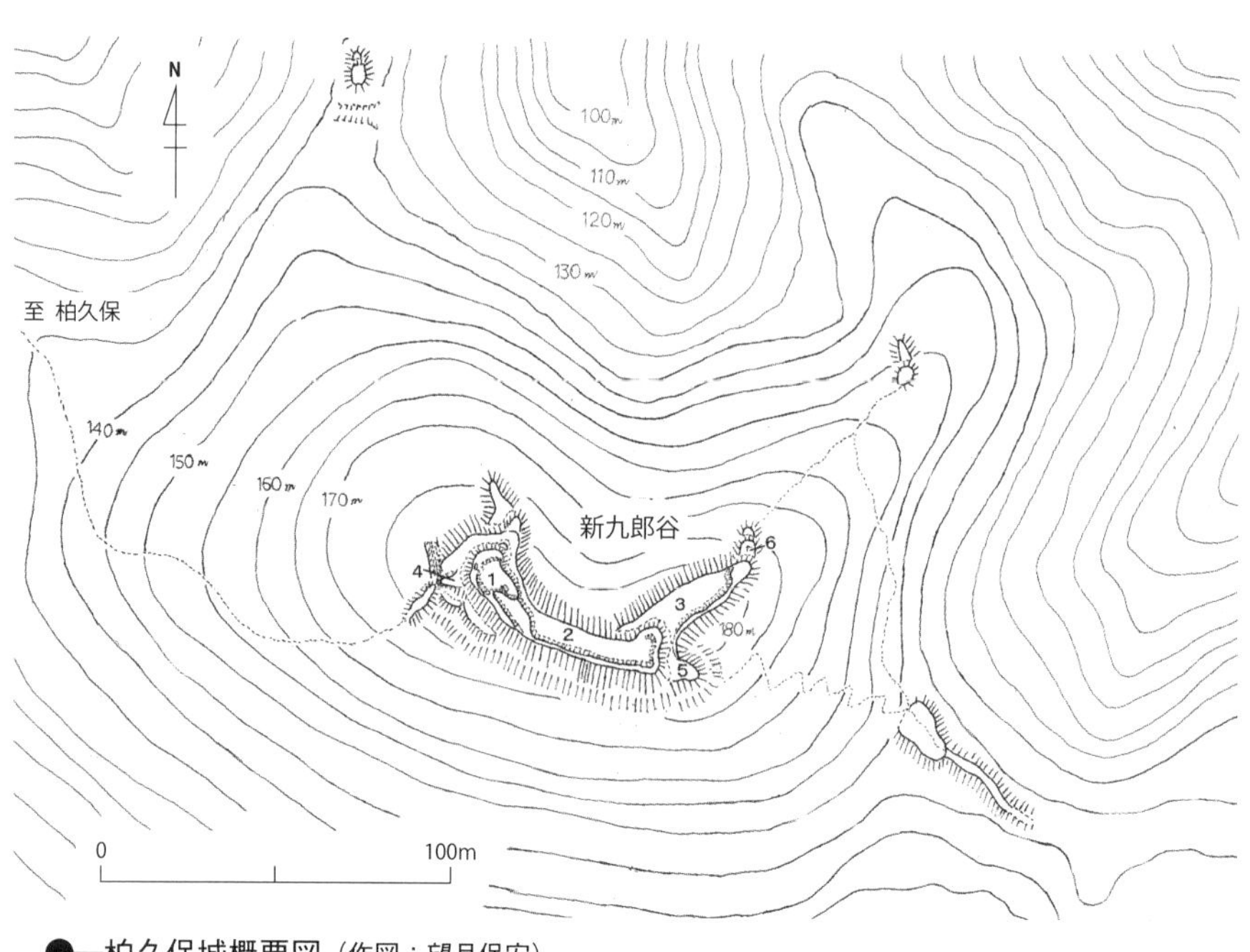

●—柏久保城概要図（作図：望月保宏）

の拠点となったことがうかがえる。

いっぽう、曲輪1の南西下段には腰曲輪4、曲輪2の南東下段には腰曲輪5、曲輪3の北東下段には腰曲輪6が設けられ、更に腰曲輪5から約二〇㍍下った東側の山腹には曲輪7が設けられており、比較的小規模ながらも周囲に目を配った曲輪配置となっている。なお従来の研究者は、同城の北側・北東側に出曲輪状の平場を認めているが、最近の踏査では不明瞭で、曲輪かどうか判然としない状態となっている。

【伊豆中央部の「街道の交差点」に築かれた城】 同城は、三島から南下し天城(あまぎ)を越えて下田(しもだ)方面に向かう下田街道と、修善寺から中伊豆を経由して伊東方面へ向かう街道が交差する交通の要衝に築かれている。前述したように戦略上の重要拠点として伊勢宗瑞が同城を重要視したことは言うまでもなく、伝承にもあるように、伊勢氏（北条氏）によって伊豆が制圧された後も「関所」的な役割を果たした可能性も指摘されている。ただ、文献史料など具体的な資料に乏しく、今後考古学的な発掘調査を含め詳細な調査による解明が期待されている。

【参考文献】 関口宏行「伊豆の戦国城郭—後北条氏の城郭を解明—」『伊豆歴史文化研究』創刊号（一九九八）

（望月保宏）

伊勢宗瑞に抵抗した狩野氏の本拠地か

狩野城

〔伊豆市指定史跡〕

〔所在地〕伊豆市本柿木・青羽根
〔比　高〕約八〇メートル
〔分　類〕山城
〔年　代〕一五世紀後半か
〔城　主〕狩野氏
〔交通アクセス〕伊豆箱根鉄道「修善寺駅」から東海バス「柿木橋」下車、徒歩三〇分。あるいは、東名高速道路「沼津ＩＣ」から車で登城口（本柿木農村公園）まで四五分。登城口から徒歩二〇分。

【狩野氏代々の居城と伝えられる城】　狩野城は、伊豆市の旧天城湯ケ島町柿木地区、狩野川左岸の標高一八九メートルの丘陵上周辺に築かれた山城である。同城は丘陵裾部をめぐる下田街道を見下ろし、南側の天城山系と北側の田方平野を結ぶ要衝に位置しており、陸上・河川双方の交通を掌握できる要衝の地に築かれている。

　地元に伝わる伝承や江戸時代後期に編纂された地誌『豆州志稿』などによれば、同城は平安時代後期（一一世紀後半頃）に藤原南家の流れをくむ狩野氏によって築城されたといわれている。以来約四〇〇年間、狩野氏は同城を本拠地として伊豆半島中央部に君臨し、最終的に一五世紀末、伊豆に侵攻してきた伊勢宗瑞（北条早雲）の攻撃を受けて彼の軍門に下り、狩野城は明け渡されてその役目を終えたとされる。なお障壁画の絵師の系統として有名な狩野派は室町時代中頃に同地の狩野氏から出たといわれているが、同時代史料など確証がなく、謎に包まれている。

　城跡のある丘陵には、東側部分に「本城」「城山上」「城山下」、西側部分に「城」「城山」「城西」などという字が残っているが、いずれも後世の開墾などによる改変のため城郭遺構は認められず、その間の丘陵頂部を中心に四方に延びる尾根上に明瞭な遺構が残存する。

【堀・土塁が巧みに配置された大規模城郭】　丘陵頂部、北側に神社の社殿のある、東西約一五メートル・南北約六〇メートルの比較的広い面積を占める曲輪1（現地の説明板では「中の郭」とされ

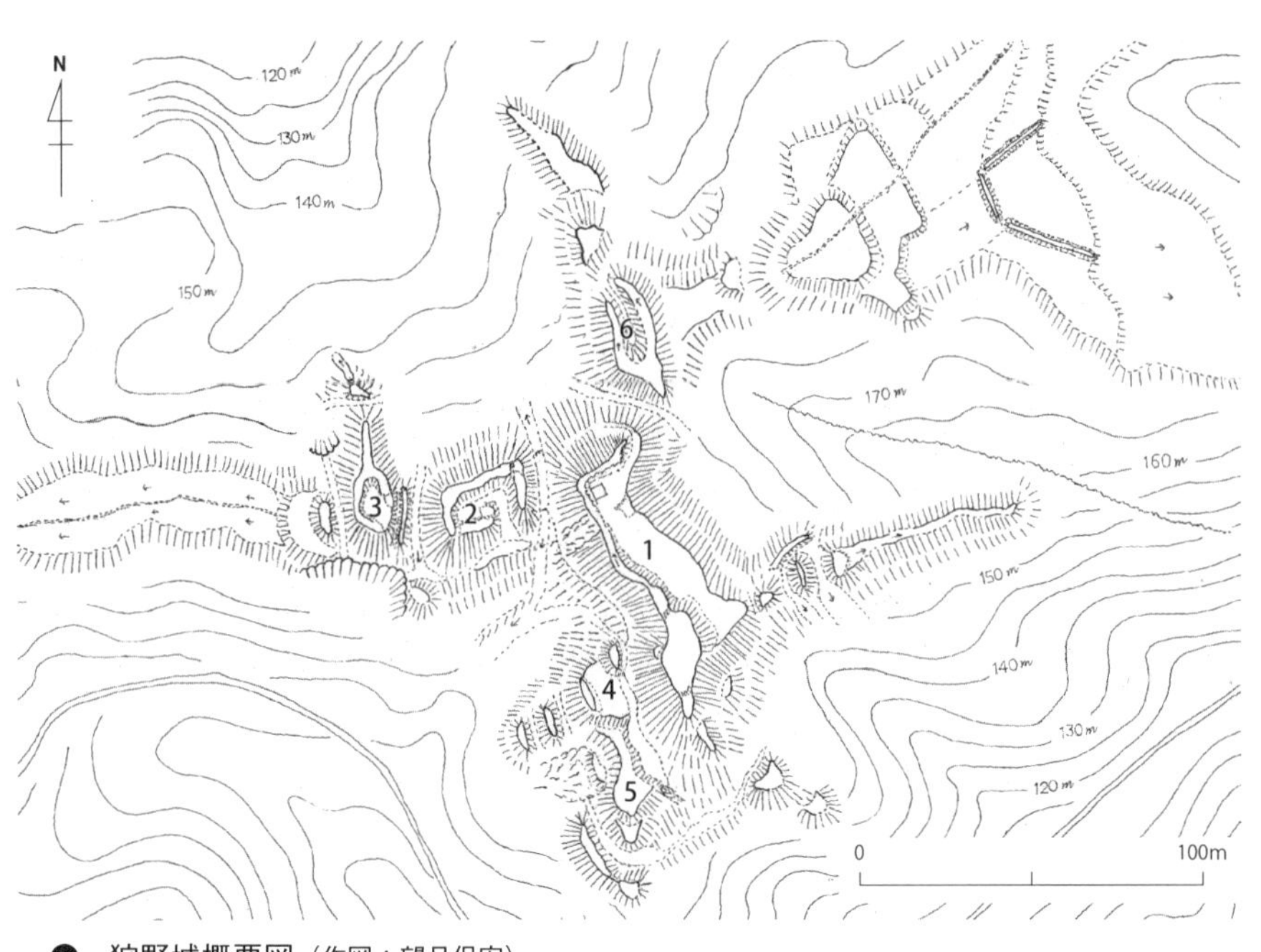

●—狩野城概要図（作図：望月保宏）

ている）が本曲輪（主郭）と考えられ、同曲輪は標高一八九メートルの最高地点を櫓台とし、同地点から東側・北側一帯を削りだして平場・土塁を形成していると推定される。

曲輪1と堀切を隔てた西側の尾根上には、曲輪2と曲輪3および土塁・堀切の連続遺構が残存している。曲輪2は土塁に囲まれた約八メートル四方の小規模な曲輪で、東側を除く三方を土塁に囲まれている。南側には一部崩れてはいるものの桝形虎口を思わせる導入路も認められる。曲輪3は東西約一〇メートル・南北約一五メートルの北向きに尖った舟形を呈しており、曲輪2と3の間には二重堀切がみられ、緩斜面である西側の尾根を伝って攻めてくる敵からの防禦を重視した築城者の意図がうかがえる。

また、曲輪1を頂部とする南側の尾根の斜面上にも曲輪・土塁・堀切が数多く残っている。そのうち、曲輪1の南西斜面に腰曲輪状に設けられた曲輪4・曲輪5は比較的面積が広く、同方向の斜面に分布する一群の小曲輪・土塁・堀の中心的位置にある曲輪と推測される。一方、曲輪1の南側および東側の斜面上にも小曲輪と土塁・堀切が認められ、特に東側斜面の小曲輪と土塁・堀切の連続は、曲輪1から東側に緩やかに伸びる尾根を厳重に守る構造となっている。さらに曲輪1の北側にも幅約二〇メートルの大堀切を隔てて、U字形の土塁が

●―柿木川北岸より城跡を望む

囲む東西約七メートル・南北約一五メートルの曲輪6が存在し、北側の守りの要になっていたと考えられる。

【狩野氏と伊勢宗瑞の激しい攻防を物語る城か】 以上のように、曲輪1を中心に堀や土塁を巧みに配置しつつ、各方面の曲輪が有機的に連携した縄張をもつ同城であるが、前述したように平安時代後期に築城された伝承があるものの、現在確認できる遺構は最終段階の戦国時代初期のものと考えられる。

城そのものの記述はないが、宗瑞が伊豆に侵攻して二年後の明応四年（一四九五）二月に彼が伊東氏に出した文書や、翌年の同五年（一四九六）十二月に宗瑞が高橋氏（現在の松崎町雲見付近を根拠地にしていた土豪）に出した文書には、「狩野道一」との戦いや「柿木之内」の調略に関する内容がみられる。これらのことを参考にするならば、同城は一五世紀後半に狩野荘（現在の伊豆市修善寺～天城湯ケ島地区周辺）に勢力を有していた狩野道一が本拠とした城郭ではなかったかと推測される。道一は当時伊豆国守護であった関東管領上杉氏や堀越御所（伊豆の国市寺家）に拠る堀越公方（足利政知・茶々丸）に従属し、明応二年（一四九三）伊勢宗瑞が伊豆に侵攻した際、狩野城を根拠地に宗瑞に激しく抵抗したのではないかと考えられる。宗瑞との戦いは足かけ六年にお

●―主郭と思われる「中の郭」

よび、最終的に道一は明応七年（一四九八）、堀越公方の足利茶々丸が宗瑞の攻撃により深根城（下田市堀之内）周辺で自害した後、宗瑞に降伏して狩野城を開城したとみられる（明治期に編纂された地誌『増訂豆州志稿』では、道一も修善寺付近で自害したとしている）。なお、子孫の狩野一族は北条氏の家臣として活躍し、松山城（埼玉県東松山市）や八王子城（東京都八王子市）など関東各地に足跡を残している。

【元亀～天正期の改修・再利用はあったのか】　一方、城郭研究家の間では、同城は二重堀切や虎口の入れ方など技巧的な縄張構造が認められることなどから、戦国後期の元亀～天正年間（一五七〇～八〇年代）に大規模に改修されたという見方もある。伊豆半島北部は永禄十二年（一五六九）から翌元亀元年（一五七〇）にかけて武田信玄の軍勢の攻撃を受け、その約十年後の天正七年から十年（一五七九～一五八二）にも信玄の子勝頼率いる武田軍の圧迫を受けている。その際背後の防衛拠点として同城が改修されたという考えである。更に天正十八年（一五九〇）の豊臣秀吉による小田原合戦に先立って改修されたという説もあるが、いずれも裏付けはなく、今後の調査・研究による同城のより詳細な解明が期待されている。

【参考文献】　関口宏行「伊豆の戦国城郭―後北条氏の城郭を解明―」『伊豆歴史文化研究』創刊号（一九九八）、天城湯ヶ島町教育委員会『狩野氏の歴史』（二〇〇四）、西股総生「伊豆狩野城」『東国の城』の進化と歴史』（河出書房新社、二〇一六）

（望月保宏）

●伊勢宗瑞に従った大見三人衆の拠点

大見城（おおみじょう）

〔所在地〕伊豆市柳瀬字城山
〔比　高〕約六〇メートル
〔分　類〕山城
〔年　代〕一五世紀後半か
〔城　主〕大見三人衆
〔交通アクセス〕東名高速道路「沼津IC」から登城口（「伊豆大見の里季多楽」）まで五〇分。伊豆箱根鉄道「修善寺駅」から伊豆箱根バス「実成寺前」下車。いずれも城跡まで徒歩一五分。

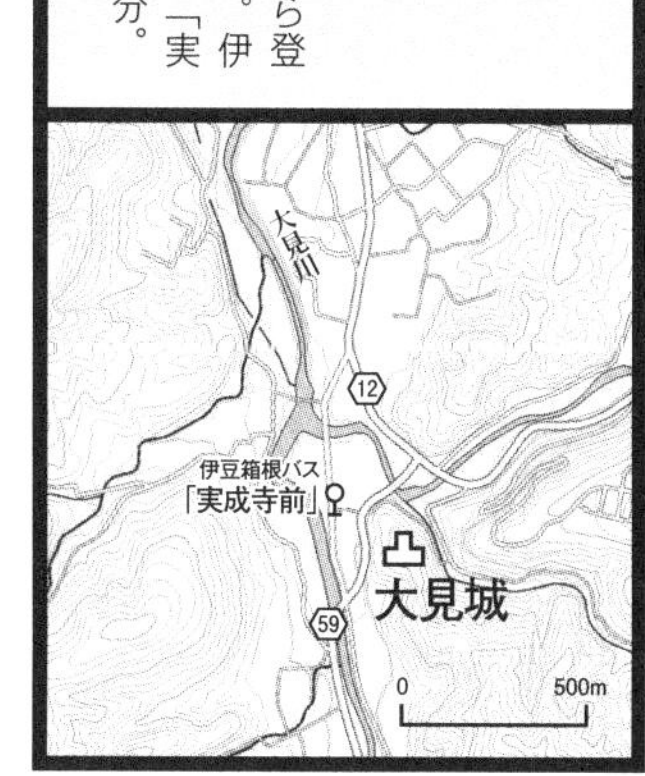

【伊豆半島中央部と東海岸を結ぶ街道沿いの城】　大見城は、大見川とその支流の冷川の合流点の南側の標高二〇七メートルの山上北端に築かれ、修善寺から伊東に向かう街道を抑える要衝に位置している。城跡は古くから地元の人々に「城山さん」と呼ばれ、周辺の地域には「城ケ平」「矢取洞」「馬場沢」「鍛冶谷戸」「敵ケ平」等の地名がみられ、城に関係したものと考えられている。

同城は山頂周辺の北側がやや低い二段構造に整地された東西約二〇メートル・南北約五五メートルの曲輪1を本曲輪（主郭）とし、北側に向かって階段状に曲輪を連ねる連郭式の縄張で築かれており、曲輪1の北側と西側には二段にわたって腰曲輪3・4が設けられている。背後の尾根は幅約一〇メートルの堀切で遮断されており、南側からの敵の攻撃を遮断している。また東西の斜面には竪堀状の遺構も認められるが、自然地形の可能性もあり明確に竪堀とは判断できない。北側中腹の諏訪神社のある曲輪6が、同城では曲輪1に次いで面積の広い曲輪で、その北側斜面には竪堀状の遺構と土塁が認められる。城は全体的に北西側を重点に置いて縄張となっており、伊勢宗瑞（北条早雲）に敵対する狩野氏の拠る狩野城を意識したつくりとなっている。

【「大見三人衆」が守った山城】　同城は、地元の伝承や近代に編纂された『増訂豆州志稿』などの地誌類では、平安時代末の一二世紀頃、桓武平氏の流れをくむ大見平三家政か、子の小藤太成家によって築かれたといわれている。しかし同時代史料からは、明応二年（一四九三）に伊豆に侵攻した伊勢宗瑞にいち早く従った「大見三人衆」（佐藤藤左衛門・梅原六郎左衛門・佐藤七郎左衛門）の城郭であったと考えられ、当初は東側に伊東氏、南側に狩野氏という宗瑞に敵対する国衆の勢力の間にあった重要な戦略拠点であったことが推測できる。

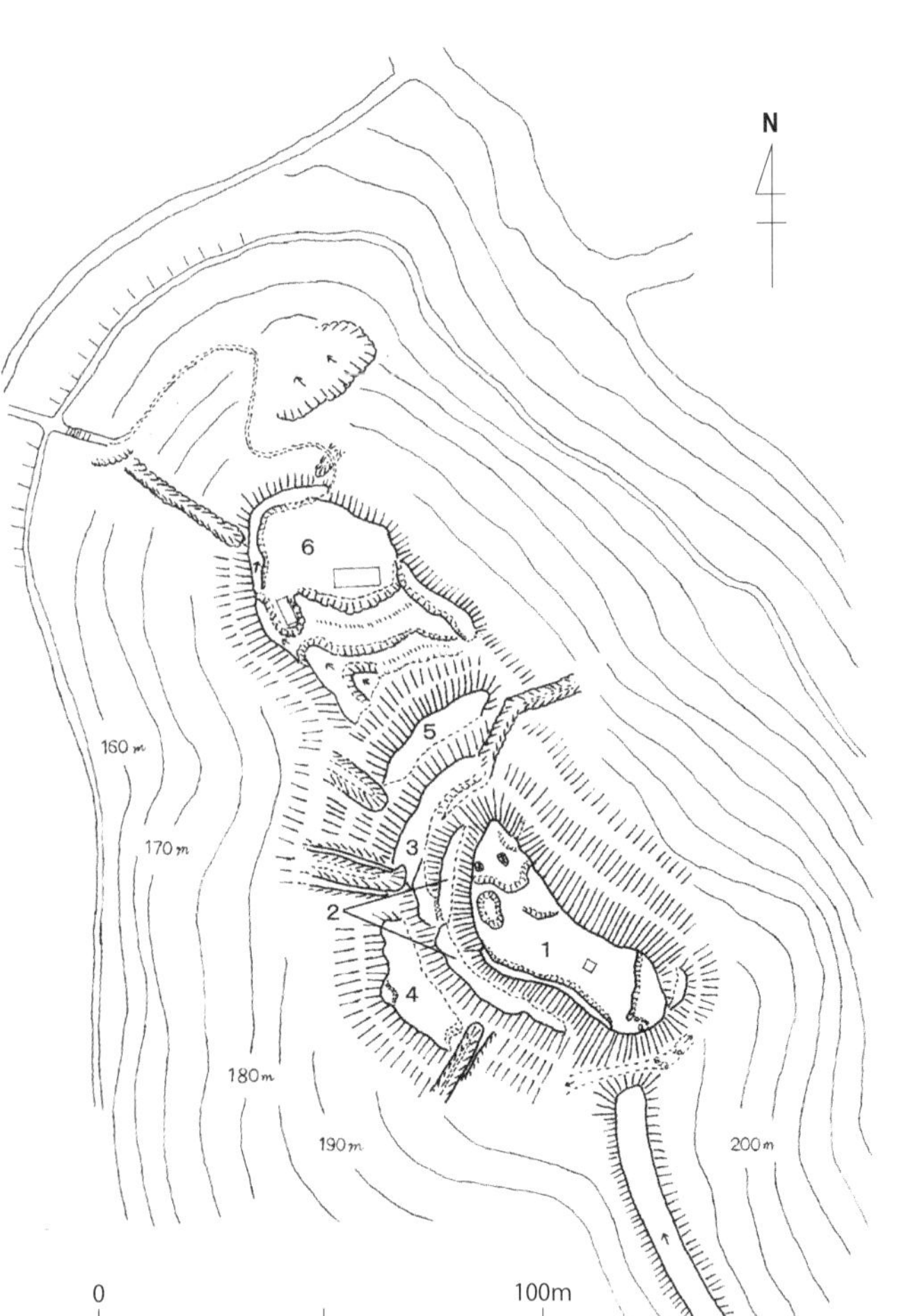

●—大見城概要図（作図：望月保宏）

る。「大見三人衆由来書」などによれば、明応六年（一四九七）宗瑞の拠る柏久保城（伊豆市）が狩野氏の軍勢に囲まれた際、大見三人衆は宗瑞の軍勢の一員として大見城から出撃し、狩野勢の背後から攻めかかってこれを退散させたとある。大見三人衆はその後も大見城の城番として、天正十八年（一五九〇）の小田原北条氏滅亡まで同城を守っていたといわれる。

ただし、城跡の縄張から考えると、同城は戦国時代前期の城郭の様相を色濃く残していると考えられ、一五世紀末以降は大きな改修などもされずに維持されたと考えられてい

【参考文献】中伊豆町教育委員会『大見城—（主）県道伊東西伊豆線改良工事に伴う試掘調査報告書—』（一九九六年）、関口宏行「伊豆の戦国城郭—後北条氏の城郭を解明—」『伊豆歴史文化研究』創刊号（一九九八年）

（望月保宏）

●戦国初期の伊東氏の拠点城郭か

鎌田城（かまだじょう）

〈伊東市指定史跡〉

〈所在地〉伊東市鎌田
〈比　高〉約二〇〇メートル
〈分　類〉山城
〈年　代〉一五世紀後半か
〈城　主〉伊東氏か
〈交通アクセス〉東名高速道路「沼津IC」から奥野ダム駐車場まで六〇分。駐車場から城跡まで徒歩五〇分。

伊豆東海バス「八代田」
鎌田城
伊豆東海バス「城の平」
12
0
500m

【伝説に彩られた謎多き山城】　鎌田城は、伊東の中心市街を貫流し相模灘に注ぐ伊東大川（松川）の中流部の左岸にそびえる標高三一一メートルの城山の山頂周辺に築かれた山城である。この場所は伊東から冷川（ひえかわ）峠を越えて大見・修善寺（しゅぜんじ）方面へと通じる交通の要衝に位置しており、同城が街道の監視および戦略の拠点として築かれたことが推測できる。

同城についての同時代史料は現時点では発見されておらず、江戸時代前期の貞享三年（一六八六）の「豆州賀茂郡東浦鎌田村御差出帳写」には「先年（鎌田）正清（まさきよ）の城と申候へ共何之由緒（ゆいしょ）も無御座候」と記されているのが、同城についての最古の記事である。江戸時代後期の寛政十二年（一八〇〇）に秋山富南（ふなん）により著された『豆州志稿』には「鎌田堡」としてみえ、平安時代末期の鎌田俊長（としなが）の居城であったと記されている。俊長は源義朝（よしとも）の家臣鎌田政家（まさいえ）の子とされ、治承四年（一一八〇）伊豆に流されていた義朝の子頼朝が挙兵した際、これに呼応したものの平氏方の伊東祐親（すけちか）に敗れ、城は落城したと伝えられている。

また幕末の安政四年（一八五七）に書かれた「鎌田村鑑（かがみ）」には、「城山」の項に「本城屋敷」「馬場」「一ノ堀切」「二ノ堀切」「三ノ堀切」などかなり具体的な記載がみられ、城が機能していた当時の状態の復元に参考となる史料である。

近代になると地元に伝わる口碑伝説も記録されるようになり、大正元年（一九一二）に編纂された『田方（たがた）郡伊東町誌』には「鎌田の城が落ちたやら、小幡（おばた）の竿（さお）と弓の矢とが流

●—鎌田城を南西方向より望む

る」などという同城の落城伝説が記されている。その他地元には「荻の夜泣石」や「門野の土塁」などの伝説が残る。「荻の夜泣石」の話は、鎌田城落城の際に傷を負いながらも落ち延びてきた鎧武者がその石の所で落命し、以来夜ごとに悔しいと夜泣きをするという伝承である。また「門野の土塁」は、大川を挟んで城山の対岸の台地上にかつて長い土手（土塁）が築かれており、その土手は城山との間で矢戦を行った際に矢を防ぐために築かれた土手であったという話である。以上のような伝承からも、地元の住民の間には同城の攻防戦や落城が大きな事件として言い伝えられていることが明らかである。しかし近世以降の地誌や伝承などによる築城年代や城主などは、後述する縄張研究や発掘調査の成果を考慮すると信ぴょう性に乏しく、謎の多い山城である。

【伊豆で有数の技巧的な縄張をもつ城】 遺構の残存状況は一部を除き土塁・堀等が比較的良好に残っており、地表面から城の縄張が容易に観察できる。同城は山頂部分を本曲輪（主郭）としてそこから放射状に曲輪を設け、さらに北西方向に虎口を設けるという、伊豆地方では数少ないかなり技巧的な縄張構造となっている。

平面が三角形状を呈する曲輪1が本曲輪（主郭）であり、東西約四〇メートル・南北約三五メートルの北側が神社（竜爪神社）により一部改変されているが、南側および西側、東側の一部に土塁が残存し、神社周辺にも土塁状の盛り上がりが認められることから、かつては周囲を土塁に囲まれていたことも考えられる。

本曲輪の東側に設けられた曲輪2は、東西約二〇メートル・南北約八〇メートルと同城でもっとも広い面積を占めており、北側にやや高まりがみられ、東側に曲輪4に至る虎口と思われる遺構が認められる。さらにその下段に曲輪3・4が帯曲輪状に設けられ、北側の大手方面に連結している。また曲輪4の東側には尾根を遮断する幅約一五メートル、長さ約三〇メートルの大規模な

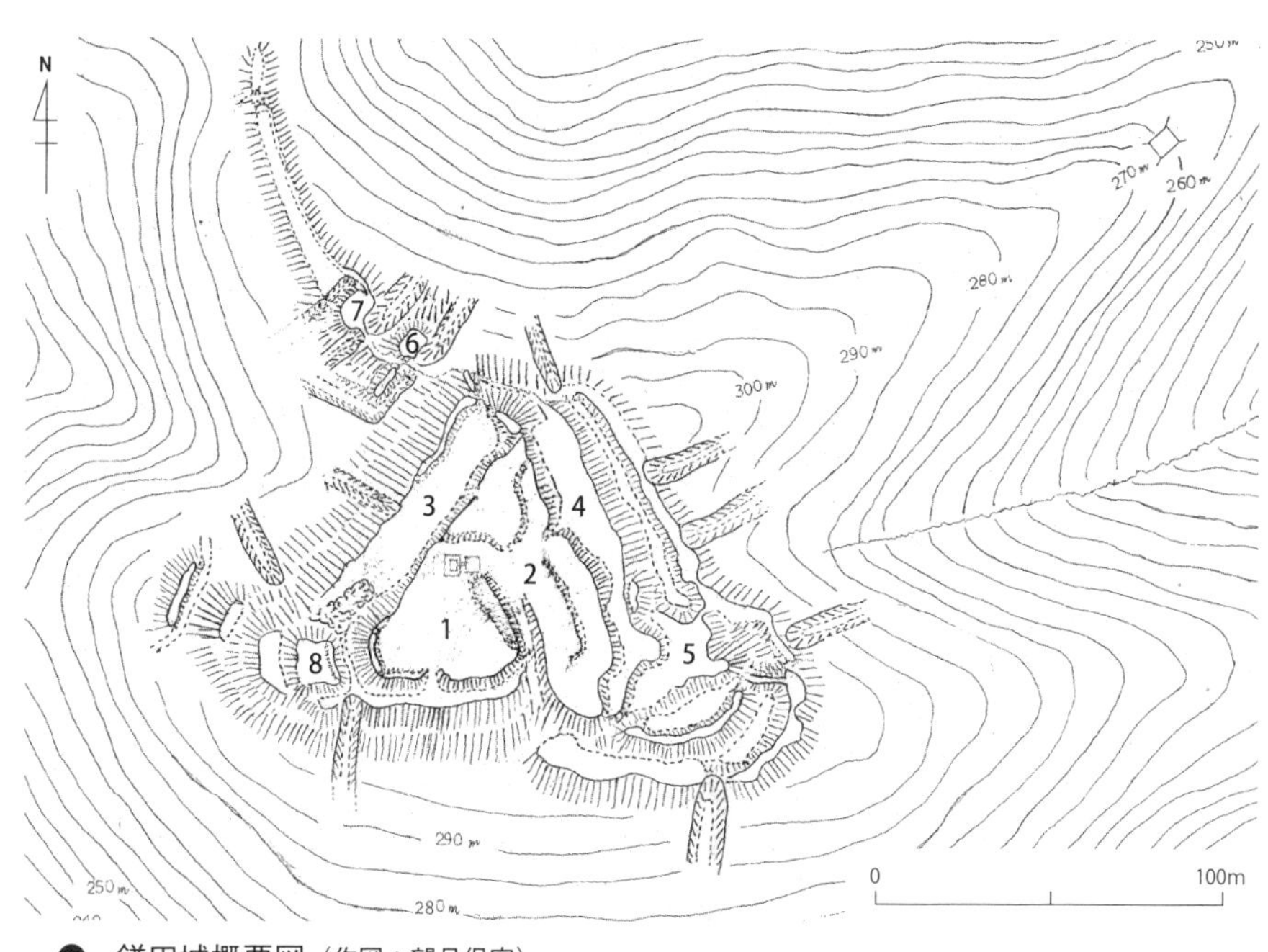

●—鎌田城概要図（作図：望月保宏）

堀切(ほりきり)が認められる。

また曲輪3の北側に伸びる尾根筋が大手道とみられ、同所には方形状の馬出(うまだし)6・7を連ねる「重ね馬出」が存在し、南側の馬出曲輪の南〜西側には土塁に堀切・竪堀(たてぼり)を連結させる技巧的な造りとなっており、同城の見どころの一つである。その他、西側には堀切の西に階段状の小曲輪が連なり、南側にも堀切と竪堀の組合せが認められる。

【発掘調査による新しい知見】 以上のような縄張構造から、同城は小田原北条氏により設けられた一六世紀後半の典型的な城郭とみられていたが、平成十四年（二〇〇二）に伊東市教育委員会によって城の主要部分の発掘調査が行われた結果、従来の見方とは異なる知見が得られることとなった。調査担当者の金子浩之による報告によれば、発掘調査では、建物や柵列の跡と思われる小穴群や土塁・溝・堀跡などの遺構とともに、甕(かめ)・擂鉢(すりばち)などの陶磁器やかわらけ（宴会などに用いる素焼きの土器）、小刀などが出土した。出土した陶磁器は一五世紀後半〜末頃のものとされ、縄張から推定されていた年代観とは約一〇〇年近い差が生じることとなった。またこれらの遺構・遺物の多くは火災を受けており、その後同城が利用された痕跡がないことも報告されている。

【伊勢宗瑞の侵攻に対し抵抗した伊東氏の城か】 明応四年

（一四九五）二月五日に伊勢宗瑞（北条早雲）が伊東氏（現在の伊東市周辺を治めていた国人）に出した文書に、早雲が狩野道一と戦った時、忠節を尽くした伊東伊賀入道（伊東祐遠）に対し、伊東七郷のうち本郷村を知行地として宛行う、というものがある。同文書から、それ以前に宗瑞と狩野道一の間で戦いがあり、伊東祐遠は宗瑞側で戦ったということが明らかである。この文書の年代と発掘調査から得られた年代観がほぼ符合することにより、同城は明応二年（一四九三）に伊勢宗瑞が伊豆に侵攻した際の伊東氏の居城ではないかと推測される。しかも、前述したように発掘調査で検出された遺構・遺物の多くが火災により焼けており、大型の甕なども叩き割られた痕跡があることなどから、同城は戦いにより落城した後廃絶した可能性が高い。

●—東側の長大な堀切

●—北側部分の堀切・竪堀の結合部

以上のことから、伊東氏は鎌田城を根拠地として当初伊豆に侵攻した伊勢宗瑞に敵対したが、明応四年（一四九五）の初め以前に宗瑞の軍の攻撃を受けて落城し、伊東氏は宗瑞の軍門に下った。その直後、同氏は狩野氏との戦いの最前線に送り込まれ、その際の戦功により伊東七郷のうち本郷村のみを所領として安堵された、と考えられる。

ただ、それから約一〇〇年後の一六世紀後半、豊臣秀吉による小田原攻めの際に改修されたのではないかという見解もあり、同城の評価及び位置付けは今後のさらなる研究の進展に期待したい。

【参考文献】金子浩之「鎌田城跡発掘調査概要報告」『伊東の今・昔—伊東市史研究　第四号』（伊東市史編さん委員会、二〇〇四）、金子浩之『戦国争乱と巨大津波—北条早雲と明応津波—』（雄山閣、二〇一六）

（望月保宏）

●伊勢宗瑞と抵抗勢力の激戦を物語る山城

河津城(かわづじょう)

〔所在地〕河津町笹原
〔比　高〕約一八〇メートル
〔分　類〕山城
〔年　代〕一五世紀後半か
〔城　主〕蔭山氏か
〔交通アクセス〕伊豆急行「河津駅」下車、徒歩四〇分。

【伊豆諸島を望む山上に築かれた山城】　河津城（川津城）は、河津川左岸の河口近くにそびえる「城山（大日山）」の山頂（標高約一八〇メートル）周辺に築かれた山城である。城跡からは河津町をはじめ伊豆半島南東部一帯が一望できるほか、晴れた日には海を隔てて伊豆大島から三宅島に至る伊豆諸島を望むことができる。

同城は、寛政十二年（一八〇〇）に秋山富南（あきやまふなん）が編纂した『豆州志稿』の「古蹟」に「川津堡址」として記載がみられ、空堀の存在や、城跡から焼けた米が出てくること、蔭山氏の城と伝えられていることなどが記されている。しかし、同時代史料には城名は全くみられず、実際の築城年代や城主などは不明で、謎に包まれた山城である。

【尾根上に曲輪を設け、堀切で遮断する縄張構造】　同城は「城山」の山頂部分を中心とした最大幅約二〇メートルの比較的狭小な尾根上に曲輪を連ねた、いわゆる「連郭式（れんかくしき）」の縄張構造を呈している。山頂部の、神社が設けられている曲輪が本郭（主郭）とみられ、東西約一五メートル・南北約二五メートルの規模である。一段下の南側に2郭が設けられ、東西約一五メートル・南北約三〇メートルと城内ではもっとも広いが、後世相撲場や石垣などの改変が加えられている。その周囲には腰曲輪、帯曲輪となる小規模な曲輪を配し、特に北側に三本の堀切（ほりきり）を設けた構造が主となっている。なおさらにその北側にも小曲輪や堀切が設けられており、特に北側の防御を重視した縄張となっている。

【発掘調査で明らかになった激戦の跡】　同城は平成三年（一九九一）、公園・遊歩道の建設に先立って河津町教育委員会によって主要部分の発掘調査が行われ、本郭・2郭・4郭の周辺から竪穴状遺構一基、集石遺構六基が検出されている。竪穴状遺構の底部には被熱の跡が認められ、穀物粒をはじめとする大量の炭化物が陶磁器などの遺物とともに出土している。陶磁器は、周辺から出土した物も含めて一五世紀後半～一六世紀前半の所産とみられ、明応二年（一四九三）から同七年（一四九八）までの間、伊勢宗瑞が伊豆に侵攻した際、彼に抵抗する勢力との間で、同城をめぐり激しい戦いが起こったことを物語っていると考えられる。

　なお発掘調査では当該期以降の戦国時代の遺物は確認されなかったが、8郭・9郭など斜面部における防御構造、竪堀と土塁、曲輪のセット関係などから戦国時代後期の様相もみられるとし、同城はいったん放棄された後、何らかの事情で現在の形に構築し直されたのではないかとみる考え方もある。

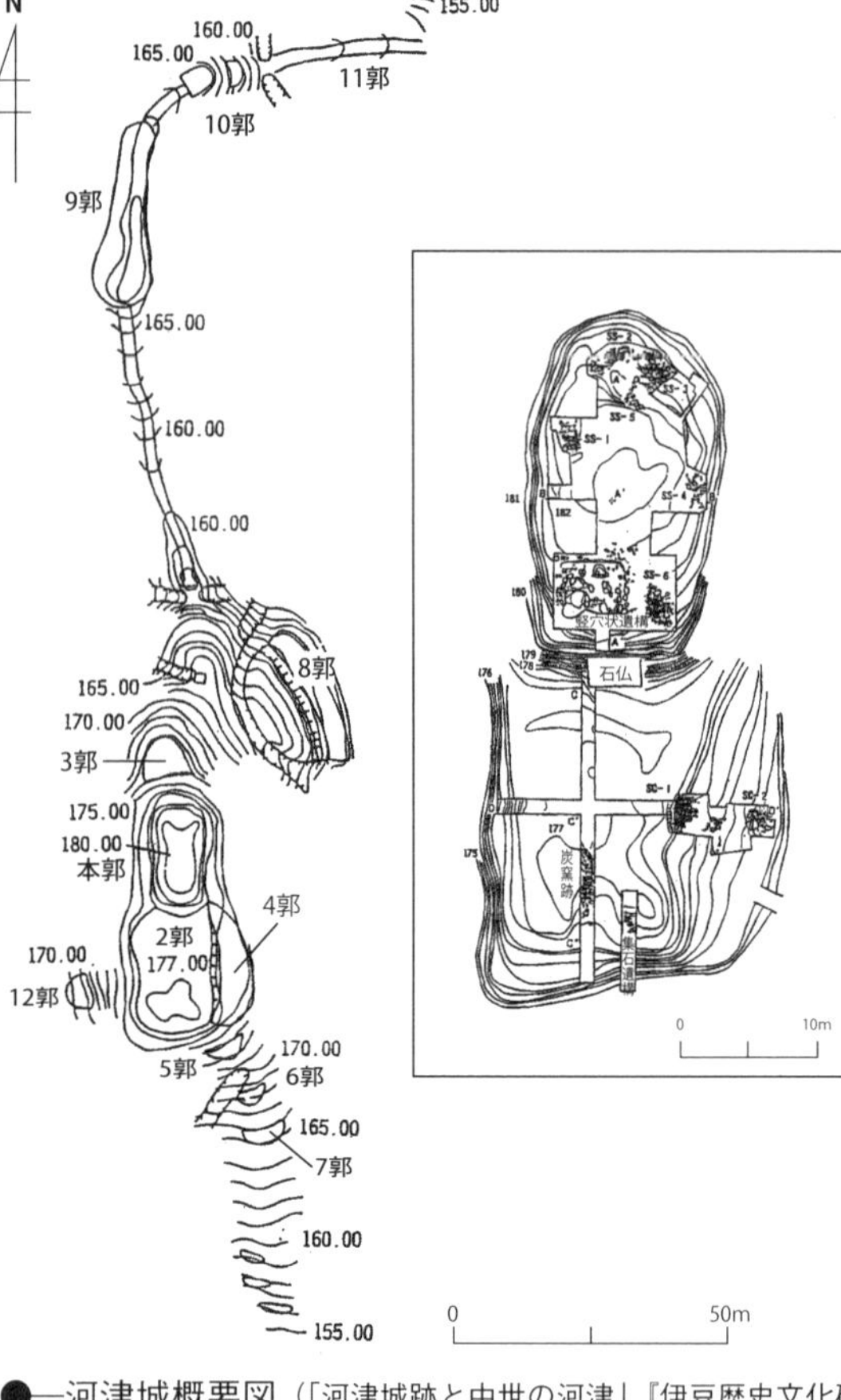

●―河津城概要図（「河津城跡と中世の河津」『伊豆歴史文化研究』創刊号より）

　同城を築城したのは、後世の文献や伝承等によれば、地元の土豪である蔭山氏ではないかといわれているが確証に乏しく、城の機能した年代と併せて検討を要する課題となっている。

【参考文献】河津町教育委員会『河津城跡発掘調査報告書』（一九九三）、宮本達希・小野英樹「河津城跡と中世の河津」『伊豆歴史文化研究』創刊号（一九九八）

（望月保宏）

●豊臣水軍と対峙した伊豆半島南端の根拠地

下田城（しもだじょう）

〔下田市指定史跡〕

〔所在地〕下田市鵜島
〔比　高〕約七〇メートル
〔分　類〕山城・海城
〔年代〕天正十六年（一五八八）～天正十八年（一五九〇）
〔城　主〕清水康英
〔交通アクセス〕伊豆急行「伊豆急下田駅」下車、徒歩二〇分。

【豊臣水軍に備えた築城】　西国から関東への海路を利用した導入ルートは、奥駿河湾に位置する沼津近郊（北伊豆を含む地域）で一度陸に上がり、東伊豆から再度船に乗って入るか、もしくは伊豆半島を大きく回り込むかの二つのルートが考えられる。前者は伊豆半島南端の石廊崎（いろうざき）沖が今でも「潮どまり」を待つほどの海の難所であったこと、また距離として伊豆半島を回るよりは、はるかに短いことから、広く使われたと考えられるが、多量もしくは大型の物資の流通には不向きであり、この場合は後者を選択することとなる。

もちろんこれは物資の運搬に限るものではない。天正十八年（一五九〇）の豊臣秀吉による小田原攻めに際して、豊臣方の水軍は長宗我部元親（ちょうそかべもとちか）勢二五〇〇人をはじめとした総勢一四〇〇〇人余りで押し寄せてきた。小田原城の包囲を行うために大規模な艦隊であったことから、豊臣水軍は西伊豆の諸城を攻略しながら伊豆半島を回り込む必要があった。天正七年（一五七九）から十年（一五八二）にかけて行われた武田水軍と北条水軍の戦いの時には、北条氏は伊豆の中心地である韮山に入らせないため、言い換えれば、伊豆半島内の陸路を通しての小田原攻めを阻止するために、奥駿河湾に位置する長浜城（本書二二四頁）に北条水軍の主力艦隊を集結させたが、この時とは状況が変わっていた。

下田城の築城時期は発掘調査が行われていないことから明らかではないが、天正十六年（一五八八）の「北条氏直判物（うじなおはんもつ）」において、西国勢の水軍の備えのために下田を取り立てて、

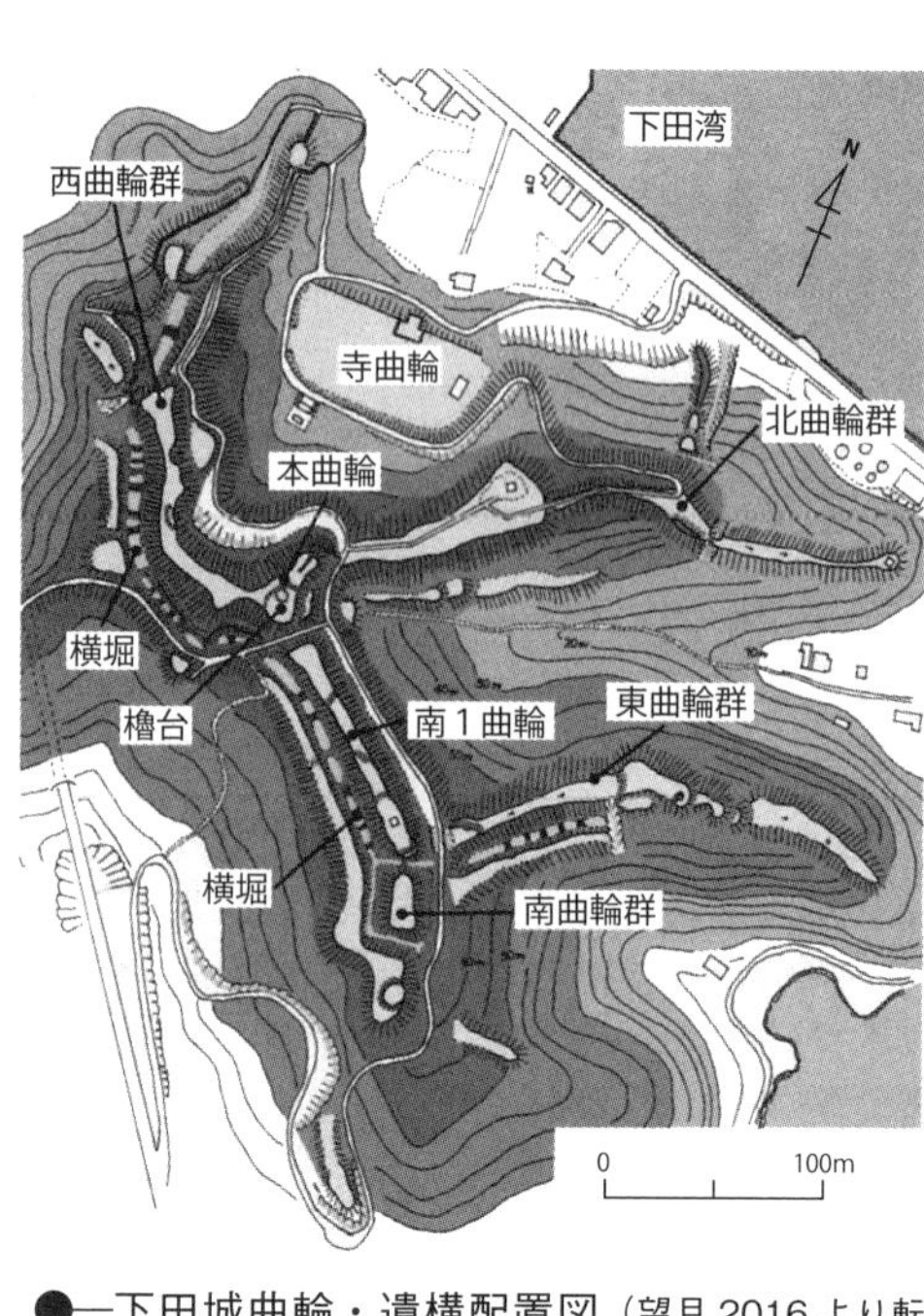

●—下田城曲輪・遺構配置図（望月2016より転載）

ここに清水康英を置いたとあることから、豊臣秀吉との戦に備えた時に本格的に普請されたと考えられる。もちろん下田は古来より良港であることから、これ以前にも城山が利用されていた可能性は否定されるものではない。これは将来的に調査が進展することで明らかになっていくであろうが、『下田市史』では、天正期以前から城があったとし、天文十年代以降に堀切や曲輪群が整えられたとする説を紹介している。

【下田城主清水康英と下田城の備え】　豊臣水軍の備えとして築城（もしくは改修）された下田城には清水康英が入城した。清水氏は伊豆衆の中心の一族であり、伊豆南部の奥郡郡代であった。本拠地は加納（南伊豆町）だったが、三島などにも屋敷を構えて代官も務め、康英の父の綱吉は北条氏二代当主の氏綱から、息子の康英は三代当主の氏康から、それぞれ一字を与えられる北条氏の重臣であった。

下田城には天正十八年の正月に小田原からの援軍が送られるなどの豊臣軍に対しての備えが行われていたが、さらに北条氏は水軍の守りが不足していると考えたためか、里見水軍や武田水軍との戦で功績をあげていた梶原景宗を入城させようとした（「北条氏政書状」『長浜大川文書』）。この時、梶原は船の乗り降りが可能な寺曲輪を持ち場として主張したものの、清水はこれを了解しなかったことから両者は対立してしまった。この対立は北条氏当主へも伝わったが、清水はもとより下田に入っていたことから、梶原は東伊豆、そして安良里城（西伊豆町）への配置とし、下田城の守りは清水を筆頭とした地元衆が担うことになった。しかしその数は全体でも総勢五から六〇〇人余りと、豊臣水軍の数と比べて極めて少ない数であった。『下田市史』では、北条水軍の拠点にしようとした意図はここで消えたとする。

確かにこの城兵の数を考えてみると、実質的に下田城は水軍根拠地として機能しないことが伺える。北条氏が下田城に水軍将である梶原を入れようとしていたことは確かであるため、この城が当初は水軍基地として運用が想定されていたことは間違いない。これは後述する長浜城との縄張の類似性からも想定が可能である。しかし清水は天正七年から十年にかけて行われた武田水軍との戦いの際、伊豆衆の筆頭に近い立場であったにもかかわらず、水軍運用には関わっておらず、代わって伊豆に北条水軍の主力船とともに派兵されたのは、紀伊国出身の傭兵である梶原であった。水軍の実務は梶原にあったのだろう。これは梶原が当時の主力軍船となりつつあった安宅船を中心とした艦隊運用を担えたことがその理由と考えられ、一方、代官などを担っていた清水氏には大型軍船を効果的に運用する能力が無かった可能性が高い。だからこそ、北条氏は清水に城を造らせたあとに梶原を入れようとしたのだろう。

『北条五代記』に従うならば、北条氏が保有していた安宅船は、一艘につき漕ぎ手が五〇人、戦闘員が五〇人の合計一〇〇名が運用に必要な最低人数であったとされる。もちろん安宅船は一艘だけではなく、さらにその他の船もなければ戦えないため、艦隊として運用するにはさらなる人数を

●—下田城跡遠景

●—本曲輪周辺から寺曲輪を見下ろす

●—御茶屋ヶ崎から伊豆諸島を望む

要することになるが、下田城に籠城した六〇〇人余という数は、水軍の主力を担うにしては少ない人数であり、このことから豊臣氏との開戦間近の段階では下田城は水軍基地としての役割は期待されていなかったと考えてよいだろう。城山が巨大であるため、下田城は北条水軍最大の根拠地と評価されることもあるが、後述する小規模な曲輪群に対して巨大な畝堀（うねぼり）や長大な大土塁（おおどるい）などを備えた縄張は、水軍の運用とともに、寡兵での籠城を念頭に置いた考えが反映されている可能性がある。実際、豊臣方も無理な戦闘は行わなかったとはいえ、清水らは少ない人数ながらも五〇日間余り籠城している。下田城の開城は四月終わりのことで、小田原城の開城の約二ヵ月前のことであった。

●—北曲輪群から下田湾を望む

●—本曲輪を守る障子堀

●—南１曲輪の横堀

【地形と城の構造】　このような背景のもとで築城（改修）が行われた下田城であるが、現在は下田公園として開放されている。現在公園の北側は埋め立てられているが、『下田市史』によれば、ここは戦国期には海であり、城山は独立した島のようであったと推測されており、このことからも別名で鵜島城とも呼ばれる。

城の構造は「伝天守台」と呼称される地点を本曲輪とし

て、西・東・北の三方に細い尾根が伸びており、その規模は東西約七〇〇㍍、南北約五〇〇㍍にもおよぶ。しかし尾根上は数多くある山城に見られるような比較的面積が広い曲輪が連続して配されるような構造にはなっておらず、一つの曲輪に大人数が収容できるようにはなっていない。

西曲輪群と北曲輪群から見下ろす位置にあるのが、「寺曲輪」と推測されている曲輪である。ここは梶原景宗が船の乗り降りが唯一できる場所としたことから船溜まりがあったと考えられる。さらに下田公園内の案内看板では寺曲輪周辺に清水の屋敷地を想定しており、これが正しいならば、伊豆防衛という大局は別にしても、もともと在城していた清水の屋敷地を自身の持ち場として主張した梶原が清水と対立してしまったのも致し方ないことであろう。

海側に突き出る尾根においては、東曲輪群の南側を除き、堀や土塁などの防御施設はほとんどなく、切岸(きりぎし)によってのみ整えられている。したがって視界を遮る施設はなく、もし樹木が整理されていれば、遠方まで見通すことが可能である。現在も北曲輪群の先端である馬場ヶ崎からは下田湾が、城山南西の御茶屋ヶ崎からは太平洋と伊豆諸島を望むことができ、さらに本曲輪からは、寺曲輪への視界も良好である。このことからも下田城が海への監視とともに、北側の河口とそこに備わる予定であった水軍を意識して造られていることが想像できる。西日本でみられる「海城」も下田城の北側と同じように、切岸によってのみ防御性を持たせ、視界は開けたものにしておくことから、この点において城造りの共通性が見いだせる。「海城」の縄張の特徴とも

●—本曲輪と南曲輪群とを分ける堀切

●—細尾根に造られた土塁のない曲輪群

いうことができるかもしれない。

このように基本的な城郭プランとその意識は海側を意識していたと考えられるが、一方で、本曲輪と西曲輪群・南曲輪群の外側には、細い尾根筋に造られた小曲輪群一帯のあり様とは対照的な巨大な堀が巡っている。堀は山中城（二二〇頁）のような十字の区画ではないが、韮山城や長浜城でみられる「衝立（ついたて）」のような畝（うね）を伴った堀障子（ほりしょうじ）となっていることが特徴である。その規模は幅五から七メートルほどと小規模であるが、長さは約四〇〇メートルにもおよび、さらに守るべき曲輪群との高低差も非常に大きく、数字以上に巨大な堀に見える。そして現在は公園道として切通しのようになっているが、本曲輪と南1曲輪との間には急角度のV字の堀切（ほりきり）もみられ、本曲輪にはこの堀切側に張り出して見下ろすことができる「櫓台（やぐらだい）」が備わっている。海側とは対照的で、手の込んだ技巧的な山城の構造となっているといえ、このことから城山の弱点を岩礁と急斜面に守られた海側ではなく、南側と考えていたのだろう。

水軍基地として実際に運用された長浜城も海側と陸側とに与えられた城のコンセプトはまったく違っていて、急斜面に守られる海側には切岸によって整えられた曲輪群を除いて防御施設はなく、山側だけに堀や土塁を巡らしている。長浜城と下田城はともに、北条氏が地元衆に城山を整備させてから、水軍将である梶原景宗を入城させた、もしくはさせようとしたことに共通点があり、両城の縄張りの共通性は、北条氏の水軍運用を伴う城の造り方を反映しているのかもしれない。

下田公園は公園道も整備されていることから比較的登りやすい城といえるが、東曲輪群やその南の障子堀は公園道から完全に外れるため、進入には危険が伴う。下田公園は城郭の見学以外にも多くの市民の憩いの場になっているため、見学には十分な配慮が必要である。

【参考文献】下田市史編さん委員会編『下田市史　資料編一　考古・古代・中世』（二〇一〇）、村上海賊魅力発信推進協議会編『日本遺産村上海賊調査研究成果報告書　中世日本の海賊と城』（二〇一九）、望月保宏「下田城」『静岡県の歩ける城70選』（静岡新聞出版社、二〇一六）、『静岡県史　資料編二　考古二』（静岡県、一九九〇）

（木村　聡）

お城アラカルト

都市化で消えた近世城郭——三枚橋城

木村　聡

全国的に見ても三枚橋城ほどその痕跡を現在に残さない城郭も珍しい。三枚橋城は現在の沼津駅の南側に展開した城で、天正七年（一五七九）に武田氏によって築城された。武田氏滅亡後に駿河を治めた徳川氏の段階では、河東二郡郡代である松井忠次（ただつぐ）が入城、さらに徳川氏の関東移封後には、駿府城にて駿河一国を任された中村一氏（かずうじ）の弟の一栄（かずしげ）が城主となった。このころ天守が築かれたと考えられ、政治経済の両側面にて三枚橋城は東駿河の中心地になっていた。

江戸時代になると小田原を治める大久保忠世（ただよ）の弟である大久保忠佐（ただすけ）が三枚橋城に入り、箱根を挟んで兄弟でこの地を治めるとともに、次第に沼津宿も整えられ、城下町としての発展を遂げていった。しかし忠佐が跡継ぎなく死去すると、三枚橋城は廃城となり、沼津宿のみがこの地に残った。天下泰平な世には城は不要だったのだろう。堀は埋め立てられて田や畑地となり、城郭の基本プランは残されたものの、城の姿の一部は失われてしまった。

それから約一〇〇年後の安永六年（一七七七）、水野忠友が三枚橋城跡地に城を築いた。これが沼津城である。沼津城は三枚橋城のころよりも狭い城域であったが、本丸や二の丸は以前と重なっていたため、ただでさえ改変を受けていた三枚橋城の本丸や二の丸の痕跡はさらに滅失してしまった。そして明治時代に入り、沼津藩は廃藩、沼津城も廃城となると、二の丸跡地には沼津兵学校が置かれたが、兵学校も明治五年（一八七二）に閉校、城は競売に出されて解体された。その後、東海道本線開通とともに城域は市街地化が進行し、さらに大正に起こった二度の大火に起因する市区復興改正事業を経ることで、城のプランの大部分は消えてしまった。現在目に見える城跡の痕跡は本丸跡地の沼津中央公園にわずかに見ることができるのみであるが、開発に伴う城内の発掘調査では、ときおり奇跡的に残った城の石垣や堀が発見されることもある。

執筆者略歴

岩木智絵（いわき　ともえ）	1972年生まれ	藤枝市文化財課
海野一徳（うんの　かずのり）	1975年生まれ	藤枝市郷土博物館 学芸員
勝俣竜哉（かつまた　たつや）	1975年生まれ	御殿場市教育委員会
加藤理文（かとう　まさふみ）	1958年生まれ	別掲
河合　修（かわい　おさむ）	1968年生まれ	静岡県文化財課
木村　聡（きむら　さとし）	1984年生まれ	沼津市教育委員会
久野正博（くの　まさひろ）	1962年生まれ	浜松市博物館
小泉祐紀（こいずみ　ゆうき）	1979年生まれ	静岡市文化財課
小島直也（こじま　なおや）	1981年生まれ	静岡市文化財課
齋藤慎一（さいとう　しんいち）	1961年生まれ	(公益財団法人) 東京都歴史文化財団 学芸員
清水　尚（しみず　ひさし）	1957年生まれ	磐田市
辻　真人（つじ　まさと）	1963年生まれ	三島市教育委員会
戸塚和美（とづか　かずみ）	1961年生まれ	掛川市出納局
中井　均（なかい　ひとし）	1955年生まれ	別掲
萩原佳保里（はぎわら　かほり）	1972年生まれ	島田市教育委員会
前田利久（まえだ　としひさ）	1958年生まれ	清水国際高等学校 副校長
松井一明（まつい　かずあき）	1957年生まれ	静岡市歴史文化課
溝口彰啓（みぞぐち　あきひろ）	1969年生まれ	静岡県文化財課
望月保宏（もちづき　やすひろ）	1963年生まれ	静岡県立裾野高等学校 校長
山本宏司（やまもと　こうじ）	1959年生まれ	

編者略歴

中井　均

一九五五年、大阪府に生まれる
一九七九年、龍谷大学文学部史学科卒業
現在、滋賀県立大学人間文化学部地域文化学科教授
〔主要編著書〕
『近江の山城を歩く』（編著、サンライズ出版、二〇一九）、『城館調査の手引き』（山川出版社、二〇一六）、『中世城館跡の考古学』（編著、高志書院、二〇一四）、『近世城郭の考古学入門』（編著、高志書院、二〇一六）

加藤理文

一九五八年、静岡県に生まれる
一九八一年、駒澤大学文学部歴史学科卒業
二〇一一年、広島大学にて学位（博士（文学））取得
現在、袋井市立浅羽中学校教諭
〔主要編著書〕
『戦国の山城を極める』（共著、学研プラス、二〇一九）、『よくわかる日本の城』（学研プラス、二〇一七）、『静岡県の歩ける城七〇選』（編著、静岡新聞社、二〇一六）、『織田信長の城』（講談社、二〇一六）

東海の名城を歩く
静岡編

二〇二〇年（令和二）八月一日　第一刷発行

編　者　中井均（なかいひとし）・加藤理文（かとうまさふみ）

発行者　吉川道郎

発行所　株式会社 吉川弘文館
郵便番号一一三―〇〇三三
東京都文京区本郷七丁目二番八号
電話〇三―三八一三―九一五一〈代〉
振替口座〇〇一〇〇―五―二四四番
http://www.yoshikawa-k.co.jp/

組版・製作＝有限会社 秋耕社
印刷＝株式会社 平文社
製本＝ナショナル製本協同組合
装幀＝河村　誠

ISBN978-4-642-08365-2

中井 均・内堀信雄編

東海の名城を歩く 岐阜編

名城六〇を西濃・本巣郡、中濃・岐阜、東濃・加茂、飛騨に分け紹介。

A5判・二八〇頁 二五〇〇円

中井 均・鈴木正貴・竹田憲治編

東海の名城を歩く 愛知・三重編

名城七一を尾張・三河・三重に分け紹介。

A5判・三二〇頁 二五〇〇円

◎既刊

飯村 均・室野秀文編

六県の名城一二五を紹介！ A5判・平均二九四頁

東北の名城を歩く 北東北編 青森・岩手・秋田 二五〇〇円

東北の名城を歩く 南東北編 宮城・福島・山形 二五〇〇円

峰岸純夫・齋藤慎一編

一都六県の名城一二八を紹介！ A5判・平均三一四頁

関東の名城を歩く 北関東編 茨城・栃木・群馬 二二〇〇円

関東の名城を歩く 南関東編 埼玉・千葉・東京・神奈川 二三〇〇円

吉川弘文館

（価格は税別）